Prozessverträge im US-amerikanischen Zivilprozess

AF888433

Europäische Hochschulschriften Recht

European University Studies in Law

Publications Universitaires Européennes de Droit

Band/ Volume **6112**

Rebekka Sarah Karolewicz

Prozessverträge im US-amerikanischen Zivilprozess

PETER LANG

Bibliografische Information der Deutschen Nationalbibliothek
Die Deutsche Nationalbibliothek verzeichnet diese Publikation in der Deutschen Nationalbibliografie; detaillierte bibliografische Daten sind im Internet über http://dnb.d-nb.de abrufbar.

Zugl.: Passau, Univ., Diss., 2018

Gedruckt auf alterungsbeständigem, säurefreiem Papier.
Druck und Bindung: CPI books GmbH, Leck

D 739
ISSN 0531-7312
ISBN 978-3-631-78684-0 (Print)
E-ISBN 978-3-631-80052-2 (E-PDF)
E-ISBN 978-3-631-80053-9 (EPUB)
E-ISBN 978-3-631-80054-6 (MOBI)
DOI 10.3726/b16075

© Peter Lang GmbH
Internationaler Verlag der Wissenschaften
Berlin 2019
Alle Rechte vorbehalten.
Peter Lang – Berlin · Bern · Bruxelles · New York · Oxford · Warszawa · Wien

Das Werk einschließlich aller seiner Teile ist urheberrechtlich geschützt.
Jede Verwertung außerhalb der engen Grenzen des Urheberrechtsgesetzes ist ohne Zustimmung des Verlages unzulässig und strafbar.
Das gilt insbesondere für Vervielfältigungen, Übersetzungen, Mikroverfilmungen und die Einspeicherung und Verarbeitung in elektronischen Systemen.

Diese Publikation wurde begutachtet.

www.peterlang.com

Für Hannah und Dorothea

Inhaltsverzeichnis

Abkürzungsverzeichnis

aA	Andere Ansicht
a. F.	Alte Fassung
Abs.	Absatz, Absätze
B.R.	West's Bankruptcy Reporter
BGH	Bundesgerichtshof
Bspw.	Beispielsweise
Bzw.	Beziehungsweise
Cal./Cal.2d.	California Reporter/in der zweiten Ausgabe/etc.
Cert.	Petition for a Writ of Certiorari
CPO	Civilprozessordnung
Ders.	Derselbe
Ebd.	Ebenda
F./F.2d.	Federal Reporter/in der zweiten Ausgabe/etc.
F.Supp./F.Supp.2d	Federal Supplement/in der zweiten Ausgabe/etc.
F.R.D.	Federal Rules Decisions
Fn.	Fußnote
FS	Festschrift
FRAP	Federal Rules of Appellate Procedure
FRBP	Federal Rules of Bankruptcy Procedure
FRCP	Federal Rules of Civil Procedure
FRCrimP	Federal Rules of Criminal Procedure
FRE	Federal Rules of Evidence
mwN	Mit weiteren Nachweisen
N.Y.S./N.Y.S.2.d.	New York Supplement/in der zweiten Ausgabe/etc.
Rdnr.	Randnummer/Randnummern
RGZ	Reichsgericht in Zivilsachen
S.	Seite
S. Ct.	Supreme Court Reporter
S.W./S.W.2.d.	South West Reporter/in der zweiten Ausgabe/etc.
u. a.	Und andere; unter anderem
U.S.	Entscheidungssammlung des U.S. Supreme Courts
USC	United States Code
Vgl.	Vergleiche
ZPO	Zivilprozessordnung

Abkürzungsverzeichnis für Bundesgerichte

Court of Appeals:

First Circuit	1st Cir.
Second Circuit	2d Cir.
Third Circuit	3d Cir.
Fourth Circuit	4th Cir.
Fifth Circuit	5th Cir.
Sixth Circuit	6th Cir.
Seventh Circuit	7th Cir.
Eighth Circuit	8th Cir.
Ninth Circuit	9th Cir.
Tenth Circuit	10th Cir.
Eleventh Circuit	11th Cir.
D.C. Circuit	D.C. Cir.
Federal Circuit	Fed. Cir.

Bundesdistriktgerichte:

Middle District of Alabama	M.D. Ala.
Northern District of Alabama	N.D. Ala.
Southern District of Alabama	S.D. Ala.
District of Alaska	D. Alaska
District of Arizona	D. Ariz.
Eastern District of Arkansas	E.D. Ark.
Western District of Arkansas	W.D. Ark.
Central District of California	C.D. Cal.
Eastern District of California	E.D. Cal.
Northern District of California	N.D. Cal.
Southern District of California	S.D. Cal.
District of Colorado	D. Colo.
District of Connecticut	D. Conn.
District of Delaware	D. Del.
District of D.C.	D.D.C.
Middle District of Florida	M.D. Fla.
Northern District of Florida	N.D. Fla.
Southern District of Florida	S.D. Fla.
Middle District of Georgia	M.D. Ga.
Northern District of Georgia	N.D. Ga.
Southern District of Georgia	S.D. Ga.

District of Guam	D. Guam
District of Hawaii	D. Haw.
District of Idaho	D. Idaho
Central District of Illinois	C.D. Ill.
Northern District of Illinois	N.D. Ill.
Northern District of Indiana	N.D. Ind.
Southern District of Indiana	S.D. Ind.
Northern District of Iowa	N.D. Iowa
Southern District of Iowa	S.D. Iowa
District of Kansas	D. Kan.
Eastern District of Kentucky	E.D. Ky.
Western District of Kentucky	W.D. Ky.
Eastern District of Louisiana	E.D. La.
Middle District of Louisiana	M.D. La.
Western District of Louisiana	W.D. La.
District of Maine	D. Me.
District of Maryland	D. Md.
District of Massachusetts	D. Mass.
Eastern District of Michigan	E.D. Mich.
Western District of Michigan	W.D. Mich.
District of Minnesota	D. Minn.
Northern District of Mississippi	N.D. Miss.
Southern District of Mississippi	S.D. Miss.
Eastern District of Missouri	E.D. Mo.
Western District of Missouri	W.D. Mo.
District of Montana	D. Mont.
District of Nebraska	D. Neb.
District of Nevada	D. Nev.
District of New Hampshire	D.N.H.
District of New Jersey	D.N.J.
District of New Mexico	D.N.M.
Eastern District of New York	E.D.N.Y.
Northern District of New York	N.D.N.Y.
Southern District of New York	S.D.N.Y.
Western District of New York	W.D.N.Y.
Eastern District of North Carolina	E.D.N.C.
Middle District of North Carolina	M.D.N.C.
Western District of North Carolina	W.D.N.C.
District of North Dakota	D.N.D.
District of the Northern Mariana Islands	D.N. Mar. Is.
Northern District of Ohio	N.D. Ohio
Southern District of Ohio	S.D. Ohio
Eastern District of Oklahoma	E.D. Okla.

Northern District of Oklahoma	N.D. Okla.
Western District of Oklahoma	W.D. Okla.
District of Oregon	D. Or.
Eastern District of Pennsylvania	E.D. Pa.
Middle District of Pennsylvania	M.D. Pa.
Western District of Pennsylvania	W.D. Pa.
District of Puerto Rico	D.P.R.
District of Rhode Island	D.R.I.
District of South Carolina	D.S.C.
District of South Dakota	D.S.D.
Eastern District of Tennessee	E.D. Tenn.
Middle District of Tennessee	M.D. Tenn.
Western District of Tennessee	W.D. Tenn.
Eastern District of Texas	E.D. Tex.
Northern District of Texas	N.D. Tex.
Southern District of Texas	S.D. Tex.
Western District of Texas	W.D. Tex.
District of Utah	D. Utah
District of Vermont	D. Vt.
Eastern District of Virginia	E.D. Va.
Western District of Virginia	W.D. Va.
District of the Virgin Islands	D.V.I.
Eastern District of Washington	E.D. Wash.
Western District of Washington	W.D. Wash.
Northern District of West Virginia	N.D.W. Va.
Southern District of West Virginia	S.D.W. Va.
Eastern District of Wisconsin	E.D. Wis.
Western District of Wisconsin	W.D. Wis.
District of Wyoming	D. Wyo.

Besondere Bundesgerichte und Bezeichnungen:

Bankruptcy Court	Bankr.
Circuit Court (alte Bezeichnung)	C.C.
Court of Customs and Patent Appeals	C.C.P.A.

Abkürzungsverzeichnis für Zeitschriften

Alabama Law Review	Ala. L. Rev.
Akron Law Review	Akron L. Rev.
Archiv für die civilistische Praxis	AcP
American University Law Review	Am. U. L. Rev.
Arizona State Law Journal	Ariz. St. L.J.
Barry Law Review	Barry L. Rev.
Brooklyn Journal of International Law	Brooklyn J. Int'l L.
Boston College Law Review	B.C. L. Rev.
Boston College International and Comparative Law Review	B.C. Int'l & Comp. L. Rev.
Boston University Law Review	B.U. L. Rev.
California Law Review	Calif. L. Rev.
Capital University Law Review	Cap. U. L. Rev.
Cardozo Law Review	Cardozo L. Rev.
Columbia Law Review	Colum. L. Rev.
Columbia Journal of Transnational Law	Colum. J. Transnat'l L.
Cornell Law Review	Cornell L. Rev.
Cornell International Law Journal	Cornell Int'l L.J.
Duke Law Journal	Duke L.J.
Employee Rights and Employment Policy Journal	Em. Rts. & Emp. Pol'y J.
Florida Law Review	Fla. L. Rev.
George Washington Law Review	Geo. Wash. L. Rev.
Harvard Law Review	Harv. L. Rev.
Harvard Journal of Law & Public Policy	Harv. J.L. & Pub. Pol'y
Hastings Business Law Journal	Hastings Bus. L.J.
Houston Law Review	Hous. L. Rev.
Iowa Law Review	Iowa L. Rev.
Journal of Economic Literature	J. Econ. Lit.
Journal of Dispute Resolution	J. Disp. Resol.
JuristenZeitung	JZ
Juristische Schulung	JuS
Litigation Journal	Litig.
Michigan Law Review	Mich. L. Rev.
Neue Juristische Wochenschrift	NJW
Neue Zeitschrift für Arbeitsrecht	NZA
New York University Law Review	N.Y.U. L. Rev.
Northwestern University Law Review	Nw. U. L. Rev.
Notre Dame Law Review	Notre Dame L. Rev.
Ohio State Journal on Dispute Resolution	Ohio St. J. on Disp. Resol.
Österreichische Juristen-Zeitung	ÖJZ

Recht der internationalen Wirtschaft	RIW
Richmond Journal of Law & Technology	Rich. J.L. & Tech.
SMU Law Review	SMU L. Rev.
SPG Law and Contemporary Problems	SPG Law & Contemp. Probs.
Southern California Law Review	S. Cal. L. Rev.
Stanford Law Review	Stan. L. Rev.
Temple Law Review	Temp. L. Rev.
Tennessee Law Review	Tenn. L. Rev.
Texas Law Review	Tex. L. Rev.
Trial Advocate Quarterly	Trial Advoc. Q.
Tulane Law Review	Tul. L. Rev.
UCLA Law Review	UCLA L. Rev.
Uniform Law Review	Unif. L. Rev.
University of Chicago Law Review	U. Chi. L. Rev.
University of Cincinnati Law Review	U. Cin. L. Rev.
University of Miami Law Review	U. Miami L. Rev.
University of Michigan Journal of Law Reform	U. Mich. J.L. Reform
University of Pennsylvania Law Review	U. Pa. L. Rev.
University of Pittsburgh Law Review	U. Pitt. L. Rev.
University of Richmond Law Review	U. Rich. L. Rev.
University of Illinois Law Review	U. Ill. L. Rev.
Vanderbilt Law Review	Vand. L. Rev.
Villanova Law Review	Vill. L. Rev.
Virginia Law Review	Va. L. Rev.
William and Mary Law Review	Wm. & Mary L. Rev.
Yale Law Journal	Yale L.J.
Yale Law & Policy Review	Yale L. & Pol'y Rev.
Zeitschrift Gewerblicher Rechtsschutz und Urheberrecht, Internationaler Teil	GRUR Int.
Zeitschrift für Rechtspolitik	ZRP
Zeitschrift für Wirtschaftsrecht	ZIP
Zeitschrift für Zivilprozess	ZZP

Vorwort

Diese Arbeit wurde von der Juristischen Fakultät der Universität Passau im Sommer 2018 als Dissertation angenommen. Entstanden ist sie während meiner Zeit als wissenschaftliche Mitarbeiterin an der Universität Passau sowie Aufenthalten als Gastwissenschaftlerin am Boston College und der Duke University. Rechtsprechung und Literatur befinden sich weitgehend auf dem Stand Oktober 2017.

Zum Gelingen der Arbeit haben viele beigetragen, denen ich allen dankbar bin. Mein besonderer Dank gilt meinem Doktorvater, Herrn *Professor Dr. Wolfgang Hau*, der die Entstehung der Arbeit während meiner Zeit als wissenschaftliche Mitarbeiterin an seinem Lehrstuhl großzügig gefördert hat. Gleichermaßen danke ich Herrn *Professor Dr. Dennis Solomon, LL.M. (Berkeley)*, für seinen wertvollen Input und die Erstellung des Zweitgutachtens.

Großer Dank gilt auch der Sozietät Gibson, Dunn & Crutcher LLP, deren Prozessanwälte mir bei einem Forschungsaufenthalt in New York die Sicht der Praxis auf Prozessverträge und konkrete Formulierungsbeispiele nähergebracht haben. Des Weiteren danke ich ihr für das großzügige Gibson Dunn US Fellowship, das mir einen halbjährigen Forschungsaufenthalt an der Duke University ermöglichte. Ferner danke ich dem Boston College für die Aufnahme als Gastwissenschaftlerin und dort insbesondere Herrn *Professor Mark S. Brodin*, der sich auf zahlreiche Diskussionen zum amerikanischen Zivilprozessrecht mit mir einließ und so mein Verständnis für die amerikanische Sicht- und Denkweise entscheidend schärfte.

Für ihre Gesprächs- und Diskussionsbereitschaft, ihren Zuspruch und die Hilfe beim Korrekturlesen danke ich *Professor Dr. Florian Eichel*, *Dr. Gerrit C. Niehoff* und *Dr. Michael W. Müller, M.A., LL.M. (Cambridge)*.

Dank der liebevollen und bestärkenden Unterstützung meiner Familie habe ich auch in schwierigen Phasen der Anfertigung das Ziel meiner Dissertation nie aus den Augen verloren. Meinen Eltern, *Dr. Brigitte Joggerst* und *Dr. Ekkehard Lange*, und meinen Großeltern, *Elke* und *Karl Heinz Joggerst*, danke ich, dass sie mir eine sorgenfreie Studien- und Promotionszeit ermöglicht und meine Dissertation mit großer Anteilnahme begleitet haben. Meiner Tante *Dorothea Lange* und meiner Schwester *Hannah Lange* bin ich für die stets aufmunternden Worte zu jeder Tageszeit, die unbändige Motivation und liebevolle Verpflegung mit Ben & Jerrys Eiscreme zutiefst dankbar. Ihnen ist diese Arbeit gewidmet.

Hamburg, im Januar 2019 Rebekka Sarah Lange

Einleitung

A. Fragestellung

Diese Arbeit widmet sich der Frage, inwiefern das amerikanische Bundeszivilprozessrecht die Möglichkeit von Prozessverträgen vorsieht und wie weitreichend die Ausgestaltungsmöglichkeiten im Einzelnen sind. Durch einen Prozessvertrag können die Vertrags- und Prozessparteien einen Zivilprozess ihren Interessen entsprechend „zuschneiden", indem sie das geltende Prozessrecht abändern, einzelne Prozessnormen neu kombinieren oder gar neu erfinden. Damit können sie unter anderem die Kosteneffizienz ihres Rechtsstreites steigern. Gleichzeitig kann der öffentliche Zivilprozess durch Einräumung prozessualer Gestaltungsmöglichkeiten wie dem Prozessvertrag gegenüber alternativen Streitbeilegungsformen wieder an Attraktivität gewinnen. Insbesondere die massive Zunahme von Schiedsverfahren wird in den USA als eine Bedrohung des Rechtsstaates gesehen, da Streitigkeiten im „Schatten des Rechts" („*the shadow of law*") durch privat gewählte und bezahlte Schiedsrichter beigelegt würden.[1]

Zahlreiche andere Bestrebungen vermochten diesen Trend bislang nicht einzudämmen. Der Vorschlag, die Zivilprozessordnung des Bundes durch Aufnahme weitreichender Offenlegungspflichten der Parteien zu vereinfachen und damit insbesondere die kostspielige *pre-trial discovery*[2] effizienter zu gestalten, vermochte sich bereits 1992 nicht durchzusetzen. Er wurde aus Angst, das amerikanische *adversary system* in ein inquisitorisches zu verwandeln, abgelehnt.[3] Auch der Vorschlag der einvernehmlichen Annahme sogenannter Protokolle,

---

1 *Richman*, Norms and Law: Putting the Horse Before the Cart, 62 Duke L.J. 739, 774 (2012).

2 Die *pre-trial discovery* ist eine Besonderheit im amerikanischen Recht, übersetzt etwa mit „vorprozessualer (Beweis-) Ermittlung", bei der es um die Ermittlung relevanter Tatsachen zur Vorbereitung der Klage geht. Ein vergleichbares Instrumentarium kennt das englische Recht mit der *disclosure*.

3 Der Vorschlag wurde erneut gemacht, wie dem Entwurf des *Committee on Rules of Practice and Procedure* der *Judicial Conference* – einem Gremium, das die Bundeszivilprozessordnung ausarbeitet – vom 8–9. Januar 2015 zu entnehmen ist. Er geht historisch auf den Vorschlag von Sam C. Pointer Jr., damals Bundesrichter des *Northern District of Alabama*, zurück (TAB 1 des Entwurfs) und plädiert erneut für dessen Umsetzung (TAB 2): *Cooper*, Simplified Rules of Federal Procedure, 100 Mich. L. Rev. 1794 (2002); und *Niemeyer*, Is Now the Time for Simplified Rules of Civil Procedure, 46 U. Mich. J.L. Reform 673 (2013).

die von privaten Rechtsanwaltskammern ausgearbeitet werden und die Änderung bestimmter Standardprozessregelungen vorsehen sollen,[4] hat sich bisher nicht etabliert und bietet überdies nicht dieselbe Bandbreite an Gestaltungsmöglichkeiten wie ein Prozessvertrag.

Gerade der Vertrag – und nicht etwa das Gesetz – ist als „Instrument privatautonomer Selbstregulierung“[5] das naheliegende Gestaltungsmittel, um im Parteiinteresse wirtschaftliche und sachgerechte Zivilprozesse zu befördern. Der Vertrag bietet den Vertrags- und Prozessparteien Teilhaberechte am Zivilprozess, durch welche ihre Akzeptanz der gerichtlichen Entscheidung im Einzelfall steigt[6] und gleichzeitig die Findung angemessener Lösungen durch die Rechtsprechung befördert werden. Beides vermag das Vertrauen in die Funktionsweise des Rechtssystems zu stärken.

Die Kenntnis der Gestaltungsmöglichkeiten im amerikanischen Zivilprozess ist besonders mit Zunahme der Handels- und Rechtsbeziehungen zwischen Deutschland und den USA für den deutschen Juristen wichtig. Allerdings führen nicht nur Geschäftsbeziehungen mit amerikanischen Personen und Unternehmen zum Risiko, in den USA verklagt zu werden.[7] Das Vorliegen eines amerikanischen Gerichtsstandes wird grundsätzlich großzügig beurteilt[8] und kann auch bei Verträgen zwischen zwei deutschen Personen oder Unternehmen gegeben sein.[9] Im Fall Bertelsmann/Büttner reichte die nach Beendigung des für den Streit maßgeblichen Arbeitsverhältnisses erfolgte Wohnsitzbegründung in den USA dafür aus, dass dort über Ansprüche zwischen deutschen Staatsbürgern und einem deutschen Unternehmen entschieden wurde.[10]

Gleichzeitig ist die Prozessführung vor amerikanischen Gerichten grundlegend anders, nicht zuletzt, da das dortige Rechtssystem stark adversarisch

---

4 Am weitesten entwickelt sind Protokolle im Bereich des Arbeitsrechts. Im Vorschlag des *Committee on Rules of Practice and Procedure* vom 8–9 Januar 2015 findet sich auch unter TAB 3 eine Auswertung zahlreicher Testversuche für Arbeitsrechtsprotokolle.

5 *Wagner*, Prozeßverträge (1998), S. 4.

6 *Subrin/Minow/Brodin u. a.*, Civil Procedure, 395 (4. Aufl. 2012).

7 Die Begründung amerikanischer Gerichtsbarkeit ist nicht an strenge Voraussetzungen geknüpft; territorial reichen sog. *minimum contacts* zu einem bestimmten Bundesstaat aus, die großzügig beurteilt werden. Sobald sich ein amerikanisches Gericht für zuständig erklärt, liegt es in seinem Ermessen, einen Fall nach den Grundsätzen von *forum non conveniens* an ein ebenfalls zuständiges, geeigneteres Gericht zu verweisen.

8 Vgl. etwa *Alio* DAJV Newsletter 2007, 128.

9 *Göpfert/Berger* ZIP 2005, 1540 (1542).

10 *Göpfert/Berger* ZIP 2005, 1540 (1542).

aufgebaut ist, die Beteiligung einer Jury vorsieht und die Beweisermittlung im Parteibetrieb erfolgt (*pre-trial discovery*). Der Abschluss eines Prozessvertrages vermag nicht nur das Risiko der Anwendung dem deutschen Juristen fremder Prozessnormen zu minimieren. Er kann zudem bereits im Vorfeld einer Rechtsstreitigkeit geschlossen werden, wodurch die Vertragstreue gesteigert, das Prozessrisiko gesenkt, sowie opportunistisches und strategisches Prozessverhalten gezielt sanktioniert und damit unattraktiv gemacht werden können.

Das Hauptanliegen dieser Arbeit ist darin zu sehen, das amerikanische Zivilprozessrecht hinsichtlich seiner Offenheit gegenüber dem Abschluss von Prozessverträgen und der bestehenden Grenzen darzustellen.

B. Begriffserklärung und thematische Eingrenzung

I. Begriffserklärung

Ein Prozessvertag ist eine Vereinbarung, deren unmittelbare Hauptwirkung auf prozessualem Gebiet liegt.[11] Die Begriffe „Vereinbarung", „Abrede" oder „Klausel" werden in der vorliegenden Arbeit synonym zum Vertrag verwandt.[12] Ein Prozessvertrag besteht in der Regel aus mehreren Prozessklauseln, ist aber bei Bestehen nur einer Klausel deckungsgleich mit ihr.

Der für den deutschen Prozessvertrag zentrale Begriff der Prozesshandlung ist dem amerikanischen Recht fremd. Eine Prozesshandlung ist das prozessuale Gegenstück zur Willenserklärung, durch die auf prozessualem Gebiet ein Erfolg herbeigeführt werden soll.[13] Sie führt zur Begründung, Führung und Erledigung

11 *Musielak*, in: Musielak/Voit, ZPO, 14. Aufl. 2017, Einleitung Rn. 66–67; *Wagner*, Prozeßverträge, 1998, S. 25, mit Verweis auf *Oertmann* in Fn. 72 (privatrechtlicher Akt mit prozessrechtlicher Wirkung).

12 Es geht bei Verwendung dieser Begriffe also nicht darum, vom Vertrage abzugrenzende Institute aufzuzeigen, vgl. auch *Schiedermair*, Vereinbarungen im Zivilprozess, 1935, S. 24 f.

13 Auch im deutschen Recht bestand diese Unterscheidung nicht von Anfang an. Ein Großteil unseres Rechts entstammt dem römischen Recht, das seinerzeit Privatrecht und Prozessrecht als Einheit begriff. Das römische Recht kannte lediglich die „*actio*", der wir heute zwei Bedeutungen beimessen: Privatrechtlich ist sie ein „Anspruch", der prozessual durch eine „Prozesshandlung" bzw. „Klage" durchzusetzen ist, vgl. ferner *Kaser/Knütel*, Römisches Privatrecht, 19. Aufl. 2008, S. 396. Hintergrund dessen ist, dass die Römer jeweils privatrechtliche Voraussetzungen und Rechtsfolge zusammen mit der prozessualen Durchsetzbarkeit betrachteten. Für bestimmte Arten von Ansprüchen gab es bestimmte Klagearten, die in sog. Musterformeln im Prozess geltend zu machen waren. Auch im amerikanischen Recht ist die Unterscheidung zwischen

eines Rechtstreites und ist durch prozessrechtliche Vorschriften geregelt.[14] Sinngemäß kennt auch das US-amerikanische Prozessrecht die Prozesshandlung, die rechtzeitig, auf eine bestimmte Art und Weise, und bisweilen gegenüber einer bestimmten Person, etwa dem Richter, vorgenommen werden muss, um Rechtsfolgen hervorzubringen.

Der Prozessvertrag ermöglicht die Verfügung über ein Prozessrecht auch in Antizipation eines Zivilprozesses, während die Rechtsfolgen erst mit Entstehen des Rechts bzw. der Handlungsmöglichkeit eintreten. Der im Vorfeld eines Zivilprozesses geschlossene Prozessvertrag wird vorliegend als vorprozessualer, als *ex ante* oder als antizipierter Prozessvertrag bezeichnet, wobei nicht der Vertragsschluss, sondern die Entstehung des Rechts oder der Handlungsmöglichkeit antizipiert wird.

Durch die Zulassung von Prozessverträgen wird neben der allgemein im Vertragsrecht geltenden Privatautonomie auch die parteiliche „Prozessautonomie" befördert. Der Begriff der Prozessautonomie (*procedural autonomy*) wurde in der amerikanischen Literatur maßgeblich von *Stacie Strong* geprägt und wird, wie von ihr intendiert, in der vorliegenden Arbeit als prozessuales Pendant zur Privatautonomie verwandt.[15]

Für den Abschluss von Prozessverträgen ist zum einen das Verfahrensrecht als Ordnung maßgeblich. Dieses umfasst auch Prozessnormen, die ein Prozessrecht im Sinne eines subjektiven Rechts gewähren. Für jede Norm ist deren Dispositivität und Disponibilität zu prüfen. Die Dispositivität meint die Abdingbarkeit, welche anhand allgemeiner Kriterien, der Normstruktur sowie der der Norm zugrunde liegenden Interessenabwägung zu bestimmen ist.[16] Eine Norm ist disponibel, wenn das in ihr stehende Recht der darüber verfügen wollenden Person zusteht.[17] Der Begriff der Norm umfasst im amerikanischen Recht neben dem kodifizierten Recht auch ungeschriebene, durch Richterrecht entstandene Regelungen.

Daneben ist auch das Vertragsrecht von Bedeutung. Prozessverträge bewegen sich an der Schnittstelle des Verfahrens- und des Vertragsrechts, weswegen

---

Willenserklärungen im Prozess und außerhalb des Prozesses eine reine Begrifflichkeitsfrage, da durch Erklärungen vor Gericht (in ihrer rechtlich vorgeschriebenen Art) andere Rechtsfolgen erzeugt werden als durch solche im (privatwirtschaftlichen) Rechtsverkehr.

14 BGH NJW 1968, 1233.

15 *Strong*, Limits of Procedural Choice of Law, 39 Brooklyn J. Int'l L. 1027 (2014).

16 *Ebd.*

17 *Wagner*, Prozeßverträge, 1998, S. 125.

in der vorliegenden Arbeit auch der Begriff des Prozessvertragsrechts verwandt wird.[18] Das Vertragsrecht gibt dabei Aufschluss über die Wirksamkeitsvoraussetzungen amerikanischer Verträge, also das Vorliegen wirksamen Konsenses sowie über Unwirksamkeitsgründe. In Bezug auf Letztere dient die Sittenwidrigkeitsdoktrin als ein von amerikanischen Gerichten regelmäßig herangezogenes Korrektiv, um einen aus ihrer Sicht ungerechten Vertrag für nichtig zu erklären.

Der Begriff des Verfahrensrechts ist im amerikanischen Recht schwer zu fassen, da entlang der Trennlinie zum Sachrecht auch die Machtaufteilung zwischen Bund und Einzelstaaten verläuft, die seit jeher umstritten und umkämpft ist. Verkompliziert wird die Begriffsfrage durch das Bestehen zweier paralleler Rechtssysteme, die jeweils Vorschriften zum Sach- und Prozessrecht vorsehen. Gleichwohl ist die Fassung des Begriffs zentral, da sie zum einen darüber entscheidet, welches Recht überhaupt angewandt werden darf und muss und zum anderen durch den Prozessvertrag nur das Prozessrecht abgeändert werden kann und soll (dazu im 1. Kapitel A. III.). Daher erfolgt die genaue Begriffsbestimmung des Prozessrechts im 2. Kapitel (A. II.).

II. Thematische Eingrenzung

Diese Arbeit untersucht Prozessverträge im staatlichen Zivilverfahren nach Bundesprozessrecht. Damit sind zunächst alle alternativen Streitbeilegungsformen im nichtstaatlichen Bereich ausgenommen. Sogenannte Schiedsklauseln (*arbitration clauses*) stellen zwar eine Form des Prozessvertrages dar, allerdings wird durch sie das Verfahren aus dem staatlichen Ablauf herausgenommen und vor einem (privat zu bestimmenden) Schiedsrichter durchgeführt. Schiedsklauseln sind gleichwohl in Verbraucher- und Arbeitsverträgen im amerikanischen Alltag weitestgehend der Grundsatz. Daher überrascht es nicht, dass ein Großteil der amerikanischen Rechtsprechung die Wirksamkeit von Prozessklauseln (nicht nur von Schiedsklauseln selbst) im Schiedsverfahren behandelt. An mancher Stelle sind dabei Rückschlüsse auf die Behandlung der entsprechenden Prozessklauseln im rein staatlichen Kontext (also ohne vorhergehendes Schiedsverfahren) möglich, sodass das Schiedsverfahren nicht gänzlich ausgeklammert bleibt.

Auch andere alternative Streitbeilegungsverfahren und Institutionen, etwa Mediation oder Schlichtung, werden nicht behandelt. Mediation zeichnet sich als Verfahren aus, bei dem die Entscheidung ganz den Streitparteien überlassen ist. Der Mediator spricht überdies auch keine Empfehlungen oder Vorschläge

---

18 Auch *Wagner* spricht vereinzelt von Prozessvertragsrecht, *Wagner*, Prozeßverträge, 1998.

für eine mögliche Konfliktregelung aus. Im Unterschied dazu werden bei der Schlichtung Lösungsvorschläge gemacht. Die Schlichtung erfolgt typischerweise vor einer Schlichtungsstelle, die wie das Schiedsgericht eine etablierte Institution ist.

Die Eingrenzung auf das Bundesprozessrecht ist der Vielfalt an einzelstaatlichen Regelungen geschuldet, aus denen sich keine einheitliche Aussage hinsichtlich der Haltung von Gesetzgeber und Gerichten gegenüber einzelnen Erscheinungsformen des Prozessvertrages und damit kein gesteigerter Erkenntnisgewinn erzielen lässt. Aus dem Staatenrecht lassen sich keine allgemeingültigen Zulässigkeits- und Wirksamkeitsvoraussetzungen ableiten. Die Sichtweise einzelstaatlicher Gerichte sowie das einzelstaatliche Prozessrecht werden daher nur punktuell dargestellt.

C. Zielsetzung und Gang der Untersuchung

Die Arbeit ist in vier Kapitel unterteilt. Die Frage, inwiefern das amerikanische Bundeszivilprozessrecht die Möglichkeit von Prozessverträgen vorsieht, kann nur unter Kenntnis der verfahrensrechtlichen Rahmenbedingungen beantwortet werden, die im 1. Kapitel dargestellt werden. Dem deutschen Leser sollen hierfür zunächst das US-amerikanische Gerichtssystem, seine Funktionsweise, sowie die Aufteilung der Kompetenzen zwischen den einzelnen Bundesstaaten und dem Bund erläutert werden (A.). Weiter sollen die Quellen des US-amerikanischen Bundeszivilprozessrechtes (B.), für die sich jeweils gesondert die Frage der Abdingbarkeit stellt, aufgezeigt werden. Ein theoretischer Teil zu den allgemeinen normativen Grundsätzen von Prozessverträgen (2. Kapitel), insbesondere dem Vertragsgegenstand, der rechtlichen Qualifikation von Prozessverträgen (B.) und den vertraglichen Wirksamkeitsvoraussetzungen (C.), legt das Grundgerüst für den praktischen Teil im 3. Kapitel.

Das 3. Kapitel stellt verschiedene Erscheinungsformen von Prozessverträgen und deren Behandlung im US-amerikanischen Fallrecht vor: Untersucht werden Gerichtsstandsklauseln (A.), vertragliche *pre-trial discovery*-Modifikationen (B.), *class action*-Vereinbarungen (C.), allen voran Sammelklageausschlussklauseln (C. II.), Juryausschlussklauseln (D.), und zuletzt Rechtsmittelvereinbarungen (E.). Die im 2. Kapitel aufgezeigten Wirksamkeitserfordernisse und -hindernisse, insbesondere die im amerikanischen Fallrecht häufig als Korrektiv genutzte Sittenwidrigkeitsdoktrin, werden im 3. Kapitel mit Leben gefüllt. Dabei zeigt sich bereits an mancher Stelle, dass bestimmte Interessen, um die es im Anschluss vertieft gehen soll, verstärkt eines Ausgleichs bedürfen, um den

Besonderheiten des Prozessvertrages im Unterschied zu anderen Vertragsarten Rechnung zu tragen.

Der Darstellung des geltenden Prozessvertragsrechts folgt im 4. Kapitel eine Diskussion um den Interessenausgleich *de lege lata* (A.). Im Rahmen der einzelnen untersuchten Interessen werden auch Vorschläge der Fachliteratur für einen Ausgleich *de lege ferenda* aufgegriffen und bewertet. Es folgt eine Zusammenfassung der notwendigen Grenzen der Vertrags- und Prozessautonomie (B.). Das 4. Kapitel schließt mit einer Zusammenfassung der Vorschläge zur klareren Differenzierung unterschiedlicher Prozessvertragsarten sowie für einen Interessenausgleich *de lege ferenda* (C.).

1. Kapitel Verfahrensrechtliche Rahmenbedingungen

A. Das US-amerikanische Gerichtssystem

Charakteristisch für das föderale amerikanische Gerichtssystem ist das parallele Bestehen zweier voneinander unabhängiger[19] Systeme mit Gerichten in drei[20] Instanzen: Das der Bundesgerichtsbarkeit und das der einzelstaatlichen Gerichtsbarkeiten. Aus deutscher Rechtssicht verwunderlich ist, warum die amerikanische Bundesgerichtsbarkeit bereits in erster und zweiter Instanz neben einer einzelstaatlichen bestehen muss. Obgleich ebenfalls föderal organisiert, kennt Deutschland eine Bundesgerichtsbarkeit nur in letzter und höchster Instanz. Die amerikanische Zweiteilung der Bundes- und Staatengerichte bis in die unterste Instanz ist nur in ihrem historischen Wachsen zu verstehen; sie sollte der Stärkung des aus dem Unabhängigkeitskrieg hervorgegangenen Zusammenschlusses der Staaten dienen.[21]

Vor dem freiwilligen Zusammenschluss zu den „Vereinigten Staaten von Amerika“ bestanden dreizehn unabhängige, ehemalige Kolonien, die jeweils bereits über ein eigenes privat- und öffentlich-rechtliches System einschließlich einer eigenen Gerichtsbarkeit verfügten.[22] Bei Verabschiedung der Bundesverfassung im Jahre 1789,[23] die rund sechs Jahre nach Beendigung des Unabhängigkeitskrieges[24] in Kraft trat, verschrieb man sich dem Ziel, „a more perfect Union“ zu schaffen.[25] Dies sollte zunächst durch eingeschränkte Kompetenzübertragung

---

19 Vergleiche etwa die Ausführung dazu in: *Ferris v. Coover*, 11 Cal. 175, 176 (Cal. 1858): „The judiciary system created by the Constitution of the United States is entirely disconnected with, and independent of, the Judiciary of the several States“.

20 Gelegentlich variiert der Aufbau der Staatengerichte zwischen zwei und drei Instanzen. Ferner ist zu beachten, dass in Fällen kleinerer Streitigkeiten spezielle Gerichte vorgeschaltet sind, zum Beispiel *Municipal Courts*, *County Courts* oder *Small Claim Courts*, vgl. auch *Schack*, Einführung in das US-amerikanische Zivilprozessrecht, 4. Aufl. 2011, Rdnr. 8.

21 *Böhm*, Amerikanisches Zivilprozessrecht, 2005, Rdnr. 142.

22 *Mehren/Murray*, Law in the United States, 2. Aufl. 2007, S. 103.

23 Abgestellt wird hier auf die Unterzeichnung durch George Washington am 24. September 1789.

24 Über das genaue Ende ist man sich uneinig, der Unabhängigkeitskrieg endete aber jedenfalls offiziell am 3. September 1783 mit Unterzeichnung des Friedens von Paris.

25 So die Präambel der amerikanischen Verfassung vom 17. September 1787.

an den Bundesstaat bewerkstelligt werden, während im Übrigen die Staatsgewalt bei den Einzelstaaten bleiben sollte. Art. III der Verfassung, der bis dahin nur die Einrichtung eines Bundes-*Supreme Court* vorsah, enthielt eine Ermächtigung des einfachen Gesetzgebers zur Schaffung weiterer, rangniedrigerer Gerichte, die jener mit dem im selben Jahr erlassenen Judiciary Act auch nutzte:[26] Er sah die Einrichtung erstinstanzlicher Bundes-*district courts* vor, und zwar zunächst dreizehn an der Zahl, jeweils einen für die elf die Bundesverfassung unterzeichnenden Staaten, plus einen sowohl für Maine als auch für Kentucky.

Die damit vollbrachte Zweiteilung, von vielen als „dreister Schlag"[27] empfunden, wird teilweise mit dem damaligen Vorbehalt gegen die Überlassung der gerichtlichen Beschlussfassung an die Einzelstaaten erklärt.[28] Man kann die Zweiteilung aber auch als Vertrauensvorschuss gegenüber dem durch die gemeinsame Unterzeichnung der Bundesverfassung erzielten Zusammenschlusses an Einzelstaaten werten.[29] Nachdem die Einzelstaaten im Unabhängigkeitskrieg Seite an Seite gekämpft hatten, vertrauten sie bereits auf das Funktionieren als politische Einheit. Um weiter zusammenzuwachsen, erschien die Einrichtung einer Bundesgerichtsbarkeit zunehmend wichtig. Durch die Übertragung von Hoheitsrechten sprachen die Einzelstaaten ihr Vertrauen in den Staatenbund aus. Gleichzeitig waren sie jedoch noch nicht bereit, vollständig auf ihre Souveränität zu verzichten. Die Zweiteilung des Gerichtssystems ist demnach weniger als Skepsis gegenüber entweder der Bundeseinheit oder der Kleinstaatlichkeit zu verstehen, sondern vielmehr als Kompromiss zwischen bundes- und einzelstaatlicher Souveränität, der ein weiteres Miteinander fördern sollte.

I. Die Bundesgerichte

Art. III Abs. 1 der Bundesverfassung sieht zunächst die Schaffung eines *U.S. Supreme Court* vor, sowie eine Ermächtigung des Kongresses, weitere Gerichte zu bilden, die mit dem Judiciary Act von 1789 zur Einführung erstinstanzlicher *district courts* führte. Die mittlere Instanz – die Rechtsmittelinstanz – kam erst 1891 dazu, und trägt nunmehr den Namen *U.S. Court of Appeals*, 28 USC[30] §§ 1291–1292. Es gibt derzeit 13 *U.S. Court of Appeals* – jeweils einen

---

26 Der Judiciary Act wurde am 24.09.1789 verabschiedet.

27 *Wheeler/Harrison*, Creating the Federal Judicial System, 4 (3. Aufl. 2005).

28 *Wheeler/Harrison*, Creating the Federal Judicial System, 4.

29 In diese Richtung: *Böhm*, Amerikanisches Zivilprozessrecht, 2005, Rdnr. 142.

30 Band 28 des United States Code (kurz USC) enthält die Vorschriften zu „Judiciary and Judicial Procedure", dazu noch genauer im 1. Kapitel unter B. II.

für die elf nummerierten Gerichtsbezirke,[31] einen für den *District of Columbia* und einen für den *Federal Circuit.*[32] Daneben gibt es noch weitere spezielle Bundesgerichte, die für diese Darstellung jedoch zu vernachlässigen sind.[33]

Während die Zuständigkeit der Bundesgerichte enumerativ in Art. III Abs. 2 der Verfassung festgelegt ist, fehlt es an einer Aufzählung der Fälle einzelstaatlicher Zuständigkeit. Im Umkehrschluss dazu, wie auch aus dem 10. Amendment,[34] folgt, dass die Staatengerichte grundsätzlich zuständig sind, soweit nicht die Verfassung ein anderes bestimmt. Art. III nennt neun Fälle bundesgerichtlicher Zuständigkeit, von denen die erste und siebte Fallgruppe in der Praxis besonders wichtig sind:

„Die rechtsprechende Gewalt erstreckt sich [1.] auf alle Fälle [...], die sich aus dieser Verfassung, den Gesetzen der Vereinigten Staaten, und Verträgen, die in ihrem Namen

---

31 Der 1. Bezirk (Sitz des Gerichtes in Boston) umfasst Maine, Massachusetts, New Hampshire, Puerto Rico und Rhode Island; der 2. Bezirk (Sitz in New York) umfasst Connecticut, New York und Vermont; der. 3. Bezirk (Sitz in Philadelphia) umfasst Delaware, New Jersey, Pennsylvania und die U.S. Virgin Islands; der 4. Bezirk (Sitz in Richmond, Virginia) umfasst Maryland, North Carolina, South Carolina, Virginia, West Virginia; der 5. Bezirk (Sitz in New Orleans) umfasst Louisiana, Mississippi und Texas; der 6. Bezirk (mit Sitz in Cincinnati) umfasst Kentucky, Michigan, Ohio und Tennessee; der 7. Bezirk Illinois, Indiana und Wisconsin, mit Sitz in Chicago; der 8. Bezirk mit Sitz in St. Louis beinhaltet die Staaten Arkansas, Iowa, Minnesota, Missouri, Nebraska, North und South Dakota; der 9. Bezirk (Sitz in San Francisco) umfasst Alaska, Arizona, Guam, Hawaii, Idaho, Kalifornien, Montana, Nevada, die Marianen-Inseln; Oregon und Washington; der 10. Bezirk (Sitz in Denver) umfasst Colorado, Kansas, New Mexico, Oklahoma, Utah und Wyoming; der 11. Bezirk (mit Sitz in Atlanta) umfasst Alabama, Florida und Georgia.

32 Nach 28 USC § 1291 ff. unterscheidet man auf Bundesebene zwischen den *court of appeals*, die die elf *circuits* sowie den *Court of Appeals for the District of Columbia* umfassen, und dem *United States Court of Appeals for the Federal Circuit*, der vor allem für Entscheidung in Patentsachen bekannt ist, in denen er bei *appeals* ausschließliche Gerichtsbarkeit hat, 28 USC § 1291 („court of appeals (other than the United States Court of Appeals for the Federal Circuit) [...] The jurisdiction of the United States Court of Appeals for the Federal Circuit shall be limited to the jurisdiction described in sections 1292(c) and (d) and 1295 of this title"), 28 USC § 1292 (c)(2) („shall have exclusive jurisdiction [...] of an appeal from a judgment in a civil action for patent infringement").

33 *Böhm*, Amerikanisches Zivilprozessrecht, 2005, Rdnr. 159.

34 „The powers not delegated to the United States by the Constitution, nor prohibited by it to the States, are reserved to the States respectively, or to the people".

> *abgeschlossen sind oder abgeschlossen werden, ergeben; […] [und 7.] [auf Streitigkeiten] zwischen Bürgern verschiedener Einzelstaaten“.*[35]

Diese beiden Fallgruppen werden in 28 USC § 1331 und § 1332 und dem dazugehörigen Fallrecht konkretisiert:[36] Nach 28 USC § 1331 sollen Bundesgerichte bei *federal questions*[37] zuständig sein, was erläutert wird als *„civil actions arising under the [federal] Constitution, laws, or treaties“*. Nach herrschender Meinung entspringt eine Streitigkeit dem Bundesrecht, wenn dieses den wesentlichen Bestandteil der Klage ausmacht[38] oder ein besonderes Bundesinteresse vorliegt.[39] Für die zweite Fallgruppe, die sogenannte *diversity jurisdiction*, muss nach 28 USC § 1332 der Streitwert über $ 75.000 liegen, die Parteien unterschiedliche US-Einzelstaatsangehörigkeit besitzen[40] *(complete*

---

35 Art. III. Abs. 2 (I): The judicial power shall extend [1.] to all cases, in law and equity, arising under this Constitution, the laws of the United States, and treaties made, or which shall be made, under their authority; […] [7.] between citizens of different states […] [Einfügung der Fallnummern durch Verfasser].

36 Die erste Fallgruppe ist jedoch denkbar weit formuliert und umfasst mitnichten nur die *federal question*-Zuständigkeit, so aber *Halberstam*, RabelsZ 66 (2002), 216 (219). Vielmehr eröffnet die erste Fallgruppe des Art. III Abs. 1 der Verfassung über die in 28 USC § 1331 genannte *federal question jurisdiction* hinaus eine durch Bundesgesetze näher zu bestimmende Bundeszuständigkeit. „Sich aus […] den Gesetzen der Vereinigten Staaten […] ergeben[d]“ bezieht sich nicht nur auf Streitigkeiten, sondern auch auf die Bundeszuständigkeit selbst. Diese kann erst noch einfachgesetzlich erlassen werden. Beispielsweise besteht heutzutage unstreitig eine Bundeszuständigkeit für das Insolvenzrecht, welche durch die Schaffung eines (Bundes-)*United States bankruptcy court* gemäß Art. I der Verfassung und einer entsprechenden Regelung in 28 USC § 1334 geschaffen wurde, sowie eine kartellrechtliche Bundeszuständigkeit, 28 USC § 1337. Würde man verneinen, dass diese beiden Fallgruppen neben der *federal question jurisdiction* von Art. III Abs. 1 Fallgruppe 1 erfasst wären, müsste man sie als verfassungswidrig ansehen, da sie sich unter keine andere Fallgruppe des Art. III Abs. 1 der Verfassung subsumieren lassen.

37 So die amtliche Überschrift.

38 Vergleiche *Franchise Tax Bd. of State of Cal. v. Construction Laborers Vacation Trust for Southern California*, 463 U.S. 1, 27 (1983): „[A case] aris[es] under [federal law within the meaning of § 1331, if] a well-pleaded complaint establishes either that federal law creates the cause of action or that the plaintiff's right to relief necessarily depends on resolution of a substantial question of federal law.“; *Schack*, Einführung in das US-amerikanische Zivilprozessrecht, 4. Aufl. 2011, Rdnr. 41.

39 *Schack*, Einführung in das US-amerikanische Zivilprozessrecht, 4. Aufl. 2011, Rdnr. 41.

40 Dem Text des Art. III Abs. 2 Fallgruppe 7 der Verfassung nach besteht die Diversitätszuständigkeit nur bei US-Staatsangehörigkeit: Er lautet „between citizens of different

diversity),[41] und es darf keine ausschließliche Zuständigkeit einzelstaatlicher Gerichte vorliegen. Hintergrund der *diversity*-Zuständigkeit ist der Gedanke, dass jeder Staat seinen eigenen Staatsbürger bevorzugen würde. Der Kläger, dem die Wahl des Forums zusteht, hätte einen nicht zu rechtfertigenden Vorteil gegenüber dem Beklagten, wenn er im eigenen Bundesstaat Klage erhebt. Die Bundesgerichtsbarkeit soll ein neutrales Forum für die Parteien geben. Die erforderliche *„complete diversity"* liegt daher nur vor, wenn keine der Parteien aus demselben Bundesstaat kommt, was besonders bei Sammelklagen aufgrund der Vielzahl beteiligter Parteien oftmals schwer zu erfüllen ist.

28 USC § 1331 und § 1332 werden als Fälle konkurrierender Bundeszuständigkeit behandelt, bei denen der Kläger die Wahl hat, ob er vor ein Staaten- oder ein Bundesgericht geht.[42] Weitere Fälle gibt es im Kartellrecht (28 USC § 1337), im Bundessteuerrecht (28 USC § 1340) und in Civil-Rights-Angelegenheiten (28 USC § 1343).[43] Fälle ausschließlicher Bundeszuständigkeit sind Streitigkeiten, die das Seerecht (28 USC § 1333), das Insolvenzrecht (28 USC § 1334), und das Patent- und Urheberrecht (28 USC § 1338) betreffen. Im Übrigen sind die einzelstaatlichen Gerichte in der Sache zur Entscheidung berufen.

II. Die einzelstaatlichen Gerichte

Auch die Staatengerichte beruhen im Grundsatz auf dem Gedanken des dreigliedrigen Gerichtsaufbaus. Jedoch variieren sie, ob ihrer souveränen einzelstaatlichen Errichtung, so stark in Bezeichnung und Aufbau, dass sich keine absolute Aussage darüber treffen lässt.[44] Die allgemeine Zuständigkeit liegt bei

---

states", und eben nicht, wie etwa in Fallgruppe 9, die auch ausländische Staaten umfasst, „between a state […] and **foreign states** […]" [Hervorhebung hinzugefügt].

41 Im Unterschied dazu ist *minimal diversity* gegeben, wenn ein Kläger aus einem anderen Bundesstaat als ein Beklagter kommt.

42 *Schack*, Einführung in das US-amerikanische Zivilprozessrecht, 4. Aufl. 2011, Rdnr. 40.

43 Ebd.

44 Beispiele für die Bezeichnungen einzelstaatlicher Gerichte nach Staaten unterteilt finden sich etwa bei *Böhm*, Amerikanisches Zivilprozessrecht, 2005, Rdnr. 164. Bemerkenswert, weil verwirrend, ist die Gerichtsbezeichnung in New York, wo der *Supreme Court* die erste und unterste Instanz ausmacht, darüber die *Appellate Division des Supreme Court* steht, während das höchste Gericht den Namen *Court of Appeals* trägt. Kalifornien wird hingegen oft als Musterbeispiel für einen eingängigen einzelstaatlichen Gerichtsaufbau aufgeführt: *Superior Courts* auf unterster Ebene, *Courts of Appeal* und den *Supreme Court* als oberste Instanz; vgl. bereits *Schack*, Einführung in das US-amerikanische Zivilprozessrecht, 4. Aufl. 2011, Rdnr. 8.

den Staatengerichten.[45] Überdies besteht eine ausschließliche Zuständigkeit in Scheidungs-, Unterhalts- und Sorgerechtsstreitigkeiten,[46] ferner im Erbrecht und bei Streitigkeiten um Eigentumstitel.[47]

In den unter I. genannten Fällen konkurrierender Zuständigkeit hat der Kläger die Wahl, ob er vor ein Staaten- oder ein Bundesgericht geht. Der Beklagte ist durch die Möglichkeit, auf Antrag die Streitigkeit vom Staaten- vor ein Bundesgericht zu verschieben, sogenannter *removal* (28 USC § 1441), geschützt. Eine Verschiebung in die umgekehrte Richtung ist nicht vorgesehen und wird überdies nicht als nötig erachtet, da Kläger tendenziell zu den Staatengerichten, Beklagte zu den Bundesgerichten neigen.[48] Für die Möglichkeit des *removal* müssen gemäß 28 USC § 1441(b) entweder die Voraussetzungen des *diversity of citizenship* (28 USC § 1332) oder gemäß 28 USC § 1441(c) die des 28 USC § 1331 vorliegen.

III. Anwendbares Recht

1. *Kompetenzverteilung und „Problemkind" der* diversity jurisdiction

Die Frage nach dem anwendbaren Recht (Bundes- oder Staatenrecht; Sach- oder Prozessrecht) durch die Gerichte ist eine der komplexesten im amerikanischen Prozessrecht. Zunächst gilt, dass Ansprüche gestützt auf Bundesrecht nach Bundesrecht, und Ansprüche gestützt auf Staatenrecht nach Staatenrecht zu entscheiden sind. Das ergibt sich aus einer grundsätzlichen Kompetenzverteilung zwischen Bund und Ländern, nach der nur bei Bestehen einer expliziten Ermächtigung der Bund, und im Übrigen die Länder zuständig sind.[49] Bestimmte Materien benennt die Verfassung explizit als Bundesmaterien, für die

45 Umkehrschluss aus Art. III Abs. 2, 10. Amendment der US Verfassung.

46 *Barber v. Barber*, 62 U.S. 582, 584 (1858): „We disclaim altogether any jurisdiction in the courts of the United States upon the subject of divorce, or for the allowance of alimony, either as an original proceeding in chancery, or as an incident to divorce a *vinculo*, or from bed and board." [Hervorhebung im Original] Weiter: *Ankenbrandt v. Richards*, 504 U.S. 689, 753 (1992): „We conclude, therefore, that the domestic relations exception, as articulated by this Court since *Barber*, divests the federal courts of power to issue divorce, alimony, and child custody decrees." Allerdings ist der Bundesgesetzgeber nunmehr im Bereich der Kindessorge- und Unterhaltsrecht tätig geworden: Federal Parental Kidnapping Prevention Act, Uniform Child Custody Jurisdiction.

47 *Hay*, US-Amerikanisches Recht, 5. Aufl. 2011, Rdnr. 120 mwN.

48 *Schack*, Einführung in das US-amerikanische Zivilprozessrecht, 4. Aufl. 2011, Rdnr. 49.

49 Umkehrschluss aus Art. III Abs. 2 und 10. Amendment *der Verfassung.*

der Kongress zum Gesetzeserlass ermächtigt[50] und über die die Bundesgerichte Entscheidungsbefugnis haben. Keinerlei Probleme ergeben sich in allen Fällen ausschließlicher Zuständigkeit von Bundes- oder Staatengerichten, in denen das Bestehen von sachlicher Gerichtsbarkeit mit der Autorität, eigenes Recht anzuwenden, zusammenfällt.

In der Vielzahl der Fälle kann jedoch eine Klage sowohl auf Bundes- als auch auf Staatenrecht gestützt werden und sowohl vor einem Bundes- als auch vor einem Staatengericht eingereicht werden, die konkurrierend zuständig sind. Aus prozessökonomischen Gründen wird das angerufene Gericht einheitlich über den Sachverhalt entscheiden.[51] Die einzige Besonderheit, die sich sodann aus dem Befolgen des einleitend genannten Grundsatzes ergibt, ist die, dass für einzelne Fragestellungen das Recht des jeweils anderen Systems – Bundes- oder Staatenrecht – angewandt werden muss. Für die Praxis ergibt sich hieraus gleichwohl kein Problem – das jeweils andere Recht kann durch bestehende höchstrichterliche Rechtsprechung sowie durch Gutachten ermittelt werden.[52] Ein Eingriff in das Machtgefüge zwischen Bund und Staaten findet ebenfalls nicht statt, da Entscheidungen jeweils nur über Fragen des eigenen Rechts bindend im Sinne von *binding precedent* sind.[53]

Schwierig wird es einzig in *diversity*-Fällen: Bei diesen handelt es sich der Sache nach um rein staatenrechtliche Streitigkeiten vor einem Bundesgericht. Wäre eine Frage des Bundesrechts betroffen – etwa die Auslegung eines Bundesgesetzes – ergäbe sich die Zuständigkeit bereits aus den entsprechenden Bundesgesetzen, etwa als *federal question jurisdiction*. Das Bundesgericht entscheidet in *diversity*-Fällen ausschließlich als neutrale Instanz, um – so die

---

50 Eine Liste an Gesetzgebungskompetenzen findet sich etwa in Art. 1 Abs. 8 der Verfassung.

51 Mit wenigen Ausnahmen, beispielhaft genannt sei die *doctrine of abstention* (= Stimmenthaltungsdoktrin), nach der ein Kläger mit einem gemischt bundesstaatenrechtlichen Sachverhalt vor ein Bundesgericht geht, und dieses seine Entscheidung über die bundesrechtliche Frage zunächst aussetzt, während der Kläger gehalten ist, für die staatenrechtliche Frage Aufschluss vor einem Staatengericht zu erlangen.

52 Wenn das Staatenrecht nicht bestimmt werden kann, etwa, weil es keine Gesetze und höchstrichterliche Rechtsprechung zur Frage gibt, muss das Bundesgericht versuchen vorherzusagen, wie eine Entscheidung ausfallen würde, oder es kann das oberste Staatengericht nach seiner Meinung befragen – *certification procedure* – oder die einzelne Frage ganz an ein Staatengericht abgeben.

53 Vgl. etwa *Hay*, US-Amerikanisches Recht, 5. Aufl. 2011, Rdnr. 119, die verbindliche Entscheidung über Bundesrecht etwa obliegt dem *Supreme Court*.

verfassungsrechtliche Intention – eine Diskriminierung von Nicht-Staatenbürgern zu verhindern.

2. *Erie-Doktrin*

Obgleich also mitnichten Bundesrecht betroffen war, fühlten sich Bundesgerichte in *diversity*-Fällen lange Zeit frei, durch ihre Entscheidungen *rules of general common law* zu setzen, also auszulegen, was das Recht eines Staates ist und sein sollte, und dabei selbst entgegenstehendes Staatenrecht außer Betracht zu lassen,[54] sogenannte *Swift v. Tyson*-Doktrin.[55] In der historischen Entscheidung *Erie Railroad Co. v. Tompkins*[56] deckte der *Supreme Court* die zahlreichen Defizite dieser Praxis auf – gesetzliche,[57] politische,[58] und nicht zuletzt

54 *Swift v. Tyson*, 41 U.S. 1, 12 (1842): „Undoubtedly, the decisions of the local tribunals upon such subjects are entitled to, and will receive, the most deliberate attention and respect of this (the Supreme) (C)ourt; but they cannot furnish positive rules, or conclusive authority, by which our own (Supreme Court) judgments are to be bound up and governed (under the Judiciary Act 1789, § 34)".

55 In diesem Fall wurde insbesondere über die Auslegung des Begriffs *laws* i.S.d. § 34 des Judiciary Act diskutiert, namentlich ob dieser neben Gesetzesrecht auch Richterrecht umfasst, unter 41 U.S. 1, 3 (1842): „[...] The phrase 'laws of the several states,' in the 34th section of the judiciary act, means nothing else than the written constitutional system and statutes of such states; [...] if the framers of the act of congress had not known that all the states had such written constitutions of government, [and statutory] laws [...] they would have used the word 'statutes,' the appropriate technical word for laws framed by the word instead of the word 'laws.' If they had intended to embrace in the section, the traditionary, or otherwise derived, common law of such states, as expounded by the decisions of the state courts; [...] they would have incorporated in the section [...] some such general phrase as 'systems of law'".

56 304 U.S. 64 (1938).

57 Diese Praxis verstieß in gesetzlicher Hinsicht gegen den bereits bei *Swift v. Tyson* diskutierten § 34 des Federal Judiciary Act, heute 28 USC § 1652, der besagt: „The laws of the several states, except where the Constitution or treaties of the United States or Acts of Congress otherwise require or provide, shall be regarded as rules of decision in civil actions in the courts of the United States, in cases where they apply".

58 Mit dieser Praxis wurde das Gegenteil dessen erreicht, was man mit der *diversity*-Jurisdiction eigentlich erzielen wollte: Staatsbürger wurden massiv zugunsten von Nicht-Staatsbürgern diskriminiert, da der Nicht-Staatsbürger den Regeln des Heimatstaates entkommen konnte, indem er am Bundesgericht des Beklagtenstaates, etwa, weil dort ein dem Heimatrecht entsprechendes Gesetz fehlte, Klage einreichte. Das Wahlrecht des Klägers bei konkurrierender Zuständigkeit in *diversity*-Fällen gab ihm somit einen nicht gerechtfertigten Vorteil gegenüber dem Beklagten.

verfassungsrechtliche im Hinblick auf das 10. Amendment[59] – und verwarf sie. Er hielt fest, dass Bundesgerichte in *diversity*-Fällen ihrer Entscheidung Staatenrecht zugrunde zu legen hätten.

Während *Erie* zahlreiche interessante Fragen aufwarf, etwa in horizontaler Sicht – wenn Staatenrecht, welches Staatenrecht?[60] –, ist für die vorliegende Arbeit, der es um eine Erfassung des Begriffs und der Reichweite des Prozessrechts geht,[61] einzig die vertikale Dimension, also die Machtaufteilung zwischen Bund und Staaten von Interesse. *Erie* steht für den Satz „*There is no federal general common law*", der vielfach missverstanden worden ist. Eine Kompetenz materielles *Staaten*recht festzulegen hat der Bund nach derzeitigem Verständnis nicht. Das gilt für den Kongress wie auch den *Supreme Court* und alle unter ihm stehenden Bundesgerichte gleichermaßen.[62] Sehr wohl aber hat der Kongress eine Kompetenz materielles *Bundes*recht zu erlassen,[63] das nach der *supremacy*

---

59 Es verwundert, dass *Erie* das 10. Amendment nicht explizit nennt. Für die Entscheidung zentral ist unstreitig die Feststellung, dass die bisherige Praxis der Bundesgerichte die Souveränität der Einzelstaaten verletzte. Für das verfassungsrechtliche Defizit wird dennoch einzig auf das Fehlen einer verfassungsrechtlichen Regelung rekurriert, *Erie Railroad Co. v. Tompkins*, 304 U.S. 64, 78 (1938): „[...] No clause in the Constitution purports to confer such a power upon the federal courts". Nach Ansicht *Condlins* geht es in *Erie* gerade nicht um eine verfassungsrechtliche Streitigkeit, da den Staaten nicht per Verfassung Rechte eingeräumt werden, die der Bund nun verletzt hätte: „[...] To see Erie as a constitutional doctrine is to misread the Constitution. There is no constitutionally fixed area of state regulatory power forever inviolate against federal intrusion. The Tenth Amendment reserves to the states just those 'powers not delegated to the United States by the Constitution, nor prohibited by it to the States.' This is a grant of residuary power left over after one determines the scope of federal power", *Condlin*, A Formstone of our Federalism, 59 U. Miami L. Rev. 475, 509–510 (2005).

60 Es ist laut *Erie* das Recht desjenigen Staates anzuwenden, indem das zur Entscheidung berufene Bundesdistriktgericht seinen Sitz hat. Allerdings beinhaltet „Recht des Staates" auch das Kollisionsrecht dieses Staates, welches wiederum die Anwendung eines anderen Staatenrechtes, etwa desjenigen Staates, in dem der Vertrag geschlossen, der Unfall passiert, oder ähnliches, anordnen könnte.

61 Zur Bundeskompetenz, Bundesprozessrecht zu erlassen, sogleich S. 24 f.

62 „Congress has no power to declare substantive rules of common law *applicable in a State* [...]. And no clause in the Constitution purports to confer *such* a power upon the federal courts", *Erie Railroad Co. v. Tompkins*, 304 U.S. 64, 78 (1938) [Hervorhebung hinzugefügt].

63 Dies folgt bereits aus Art. 1 der Verfassung, der in Abs. 1 beginnt mit „All legislative Powers herein granted shall be vested in a Congress of the United States". So klarstellend auch *Justice Reed*, der mit dem Ergebnis von *Erie* übereinstimmt, wenn auch aus anderen Gründen, in 304 U.S. 64, 90 (1938): „The 'unconstitutional' course referred

clause des Art. VI der Verfassung abweichendes Staatenrecht verdrängt.[64] Auch Bundesgerichte haben aufbauend auf materiellem Bundesrecht bestimmte allgemeingültige Grundsätze entwickelt, so etwa im Kartellrecht, in seerechtlichen Streitigkeiten oder im Arbeitsrecht.[65] *Erie* ist nicht als dogmatische Auslegung der Verfassung zu verstehen, unter der jederzeit – theoretisch[66] – die Bundeskompetenzen durch den Kongress zu seinen, wie auch zugunsten des *Supreme Court* ausweitbar wären. *Erie* verdeutlicht, dass es sich um eine politische Entscheidung handelt, bei der der *Supreme Court* auf bislang ausgeübte Kompetenzen verzichtet, um Spannungen im Verhältnis zu den Einzelstaaten zu minimieren. Als höchstem Gericht obliegt es allein ihm, ein Kongressgesetz oder eine richterliche Praxis für verfassungsgemäß oder für nicht verfassungsgemäß zu erklären. Diese enorme Macht, die heute mehr denn je politisch ausgeübt wird, verdeutlicht folgender Satz von *Justice Jackson*:

> *„We are not final because we are infallible, but we are infallible only because we are final."*[67]

---

to in the majority opinion is apparently the ruling in Swift v. Tyson that the supposed omission of Congress to legislate as to the effect of decisions leaves federal courts free to interpret general law for themselves. I am not at all sure whether, in the absence of federal statutory direction, federal courts would be compelled to follow state decisions. There was sufficient doubt about the matter in 1789 to induce the first Congress to legislate. No former opinions of this Court have passed upon it. Mr. Justice Holmes evidently saw nothing 'unconstitutional' which required the overruling of Swift v. Tyson, for he said in the very opinion quoted by the majority, 'I should leave Swift v. Tyson undisturbed, as I indicated in Kuhn v. Fairmont Coal Co., but I would not allow it to spread the assumed dominion into new fields.' [...] *If the opinion commits this Court to the position that the Congress is without power to declare what rules of substantive law shall govern the federal courts, that conclusion also seems questionable.*" *[Hervorhebung hinzugefügt].*

64 Vgl. Etwa *Shady Grove Orthopedic Associates v. Allstate Insurance Co.*, 559 U.S. 393, 407 (2009): „Congress has undoubted power to supplant state law, and undoubted power to prescribe rules for the courts it has created".

65 In diesen Fällen bestand jedoch bereits materielles Bundesrecht, das die Gerichte sodann interpretierten; vgl. ferner *Subrin/Minow/Brodin/Main*, Civil Procedure, 3. Ausgabe 2008, S. 824, Punkt 6.

66 Die Amerikanische Verfassung ist nicht nur aus deutschem Verständnis heraus sehr kurz und vage gehalten. Dies erklärt sich wieder durch die Entstehungsgeschichte der USA, bei der die ehemaligen Kolonien einer Unterzeichnung nicht zugestimmt hätten, wenn sie im Detail regelte, was Bundes- und was Staatenkompetenz ist. Sie ist als Kompromiss zu verstehen, bei dem es auch heute noch darum geht, die Waage zwischen einzelstaatlicher Souveränität und Macht des Bundes zu halten.

67 *Brown v. Allen*, 73 S.Ct. 397, 427 (1953).

Für *Erie*, wie auch vor allem für diese Arbeit bedeutsam, ist die dem *Supreme Court* durch den Kongress eingeräumte Kompetenz, Bundesprozessrecht zu erlassen. Vom sogenannten Rules Enabling Act von 1934, heute 28 USC § 2072, machte der *Supreme Court* bereits 1937 – also ein Jahr vor Erie – Gebrauch, indem er die Federal Rules of Civil Procedure (FRCP) erließ.[68] Klarstellend erläuterte der *Supreme Court*, dass die in *Erie* dargelegten Grundsätze nur für das materielle und das Kollisionsrecht[69] zur Anwendung von Staatenrecht führen. Eine Bundeskompetenz im Prozessrecht ist bereits in *Erie* nicht bezweifelt worden.[70] Demnach kann der einleitend dargelegte Grundsatz dergestalt ergänzt werden, dass für die prozessuale Durchsetzung der jeweiligen bundes- oder staatenrechtlichen Ansprüche wiederum die grundsätzliche Trennung bundes- und

---

68 Die nahezu unbeschränkte Macht des Kongresses, etwa auch die Ermächtigungsgrundlage des 28 USC § 2072 auszuweiten, bestätigend: *Sibbach v. Wilson & Co.*, 312 U.S. 1, 9 (1941): „Congress has undoubted power to regulate the practice and procedure of federal courts, and may exercise that power by delegating to this or other federal courts authority to make rules not inconsistent with [...] [the] Constitution of the United States; but it has never essayed to declare the substantive state law, or to abolish or nullify a right recognized by the substantive law of the state where the cause of action arose, save where a right or duty is imposed in a field committed to Congress by the Constitution. On the contrary it has enacted that the state law shall be the rule of decision in the federal courts." In dieselbe Richtung: *Shady Grove Orthopedic Associates, P.A. v. Allstate Ins. Co.*, 559 U.S. 393, 400 (2010): „Congress [...] has ultimate authority over the Federal Rules of Civil Procedure; it can create exceptions to an individual rule as it sees fit—either by directly amending the rule or by enacting a separate statute overriding it in certain instances".

69 Zwar bestehen aus kollissionsrechtlicher Sicht keine verfassungsrechtlichen Bedenken – die Frage, welches von mehreren Rechten Anwendung findet ist grundsätzlich ein zentrales, bundesstaatliches Anliegen –, der *Supreme Court* hatte jedoch auch hier Bedenken, dass dem Kläger ein ungerechtfertigter Vorteil durch die Wahl des im günstigeren Kollisionsrecht entstehen könnte, *Reimann/Ackmann*, Einführung in das US-amerikanische Privatrecht, 2. Aufl. 2004, S. 363.

70 *Justice Reed*, in *Erie Railroad Co. v. Tompkins*, 304 U.S. 64, 90 (1938): „[...] No one doubts federal power over procedure"; ferner *Hanna v. Plumer*, 380 U.S. 460, 472 (1965): „One of the shaping purposes of the Federal Rules is to bring about uniformity in the federal courts by getting away from local rules. [...] The purpose of the Erie doctrine, even as extended in York and Ragan, was never to bottle up federal courts with 'outcome-determinative' and 'integral-relations' stoppers—when there are 'affirmative countervailing (federal) considerations' and when there is a Congressional mandate (the Rules) supported by constitutional authority.' Lumbermen's Mutual Casualty Co. v. Wright, 322 F.2d 759, 764 (C.A.5th Cir. 1963)".

einzelstaatlicher Regelwerke intakt bleibt.[71] Die Bundes- und Staatengerichte sind voneinander unabhängige Institutionen und wenden daher jeweils ihr eigenes Prozessrecht an,[72] auch wenn sie – wie Bundesgerichte in *diversity*-Fällen – über fremdes Recht entscheiden.[73] Daraus ergibt sich folgende vereinfachte Darstellung zum anwendbaren Recht:

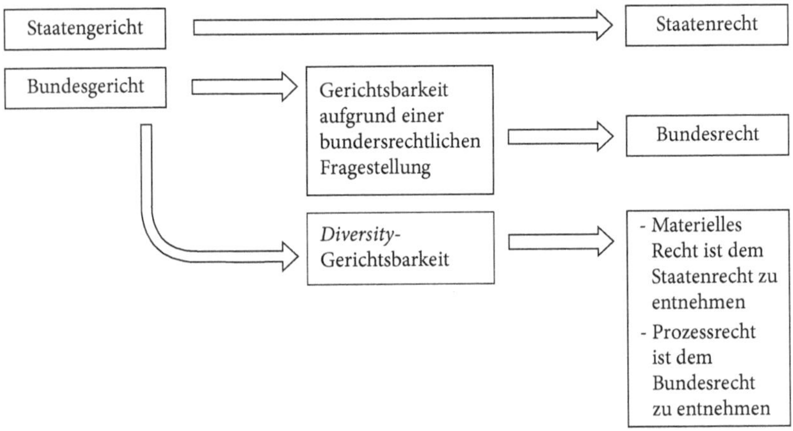

Abb. 1: Quelle: Eigenkreation

71 *Rehm*, in: FS Heldrich, 2005, S. 955 (968); *Reimann/Ackmann*, Einführung in das US-amerikanische Privatrecht, 2. Aufl. 2004, S. 363, siehe dort auch Fn. 7.

72 Vgl. bereits Rule 1 FRCP: „Scope of Rules. These rules govern the procedure in the *district courts of the United States* […].“ [Hervorhebung hinzugefügt]. Vgl. ferner *Santasino v. Karnuth*, 41 N.Y.S.2d 459 (Sup. Ct. 1943): „The Federal Rules of Civil Procedure are limited to matters of procedure in federal district courts, and do not apply to state courts so as to require a state court in naturalization proceedings to follow federal practice relating thereto.“ Siehe auch *Hay*, US-Amerikanisches Recht, 5. Aufl. 2011, Rdnr. 104: Die Staatengerichte wenden ihr eigenes Prozessrecht an, auch wenn es um die Entscheidung über einen auf Bundesrecht gestützten Anspruch geht, über den sie kraft konkurrierender sachlicher Zuständigkeit entscheiden.

73 *Hanna v. Plumer*, 380 U.S. 460, 473 (1965): „To hold that a Federal Rule of Civil Procedure must cease to function whenever it alters the mode of enforcing state-created rights would be to disembowel either the Constitution's grant of power over federal procedure or Congress' attempt to exercise that power in the Enabling Act“.

3. *Post-Erie: Einordnung als und Anwendbarkeit von Bundesprozessrecht*

Viel schwieriger zu beantworten ist die Frage, welche Norm dem materiellen Recht zuzuordnen ist und welche dem Prozessrecht. Eine klare Trennlinie, wie sie im Hinblick auf die Kompetenzverteilung zwischen Bund und Staaten zwingend erscheint, gibt es nicht.[74] In den Folgeentscheidungen zu *Erie* ging es weniger um die dogmatische Ermittlung der Rechtsnatur einer Norm, als vielmehr um die politische Frage, ob Bundes- oder Staatenrecht anzuwenden ist.[75] Ein *outcome-determinative test* sollte vorwiegend sicherstellen, dass solche Regeln, die maßgeblich das Ergebnis – den Urteilstenor – beeinflussen, dem Staatenrecht zu entnehmen seien, um unerwünschtes *forum shopping* durch den Kläger zu verhindern und eine einheitliche Rechtsanwendung sicherzustellen.[76] Die folgenden überarbeiteten richterlichen Grundsätze[77] greifen folglich nur ein, wenn unklar ist, ob eine mit einer staatenrechtlichen Bestimmung in Konflikt stehende Norm dem Prozess- oder dem materiellen Recht zuzuordnen ist (*restated outcome-determinative test*):

1. Eine Regelung der FRCP oder des 28. Bandes des U.S. Codes[78] kann angewandt werden, solange sie die Art und Weise der Rechtsdurchsetzung betrifft, sie materielles Recht nicht „verkürzt, vergrößert oder verändert",[79] und der Kläger nicht genau die Umgehung der staatenrechtlichen Vorschrift beabsichtigte, was typischerweise nicht der Fall sein soll, wenn die ersten beiden Voraussetzungen erfüllt sind (*Hanna v. Plumer*)[80].

---

74 So bereits auch *Justice Reed*, in *Erie Railroad Co. v. Tompkins*, 304 U.S. 64, 90 (1938): „The line between procedural and substantive law is hazy".

75 Obgleich der Ausgangspunkt dieser Frage derselbe ist, entwickelten sich die Argumente von einer dogmatischen Auseinandersetzung der Rechtsnatur hin zu politischen Erwägungen, vgl. etwa *Justice Frankfurter* in *Guaranty Trust Co. of N.Y. v. York*, 326 U.S. 99, 109 (1945): „It is [...] immaterial whether statutes [...] are characterized either as 'substantive' or 'procedural' [...] *Erie R. Co. v. Tompkins* was not an endeavor to formulate scientific legal terminology. It expressed a policy that touches vitally the proper distribution of judicial power between State and federal courts." Zur Ermittlung der Rechtsnatur einer Norm, siehe aber Kapitel 2, B. I.

76 32 Am. Jur. 2d Federal Courts § 331.

77 Die folgende Aufzählung ist angelehnt an die Darstellung in *Subrin/Minow/Brodin u. a.*, Civil Procedure (3. Aufl. 2008), S. 854.

78 Das sind die zentralen Quellen des Bundesprozessrechtes, vgl. dazu sogleich im 1. Kapitel B. II. und III.

79 28 USC § 2072(b): „shall not abridge, enlarge or modify any substantive right".

80 380 U.S. 460 (1965).

2. Alle übrigen Bundespraktiken im Sinne von Fallrecht werden von der Staatenregel verdrängt, wenn sie materiell rechtlich oder *„outcome determinative"* sind bzw. wären, d.h. sich unmittelbar auf das Ergebnis materiell rechtlicher Rechtsdurchsetzung auswirken bzw. auswirken würden (*Guaranty Trust v. York*;[81] *Walker v. ARMCO Steel*[82]).
3. Alle übrigen Bundespraktiken (gesetzlich wie richterlich), die essentiell für den Charakter des Bundesverfahrens sind, gehen einer einzelstaatlichen Regel vor, solange Letztere nicht unmittelbar mit materiellem Recht verflochten ist und keine außergewöhnliche Gefahr einer Rechtsumgehung durch *forum shopping* besteht, was im Wege einer Interessenabwägung zu ermitteln ist (*Byrd v. Blue Ridge Coop*)[83].

Für Fragen der Beweislast[84] und der Verjährungsfrist[85] gilt kraft richterlicher Rechtsprechung Bundesstaatenrecht; es handelt sich aus amerikanischer Sicht also um Fragen des materiellen Rechts. Die Kompetenzverteilung zwischen Richter und Jury,[86] der Verlauf der Hauptverhandlung, die Beweisaufnahme,[87] die Regelungen über das örtlich zuständige Gericht (*venue*), unterliegen wiederum dem Bundesrecht;[88] sind also dem Prozessrecht zuzuordnen.

B. Quellen des US-amerikanischen Bundeszivilprozessrechts

Für die Frage, welche Rechtssätze abdingbar sind, muss zunächst der Fundus an geltenden US-amerikanischen Prozessrechten ermittelt werden. Die USA stehen wie auch Großbritannien und andere Commonwealth-Staaten in der Tradition des *common law*.[89] Im Gegensatz zum deutschen Rechtssystem – einer

81 326 U.S. 99 (1945).

82 446 U.S. 740 (1980).

83 356 U.S. 525 (1958).

84 *Cities Serv. Oil Co. v. Dunlap*, 308 U.S. 208 (1938); *Palmer v. Hoffman*, 318 US 109, 117 (1943).

85 *Guaranty Trust Co. v. York*, 326 U.S. 99 (1945); aA *Kapeliuk/Klement*, Contractualizing Procedure, 2 (2008), nur online erhältliches Manuskript, http://papers.ssrn.com/sol3/papers.cfm?abstract_id=1323056 (zuletzt abgerufen am 09. Oktober 2017); wie auch *Bone*, Party Rulemaking, 90 Tex. L. Rev. 1329, 1347 (2012), beide ordnen die Verjährungsfrist als Prozessrecht ein, ohne dabei zum materiellen Recht abzugrenzen.

86 *Byrd v. Blue Ridge Rural Elec. Co-op., Inc.*, 356 U.S. 525, 540 (1958).

87 *U.S. ex rel. Schwartz v. TRW, Inc.*, 211 F.R.D. 388 (C.D. Cal. 2002).

88 Vgl. Darstellung bei *Böhm*, Amerikanisches Zivilprozessrecht, 2005, Rdnr. 224; ferner *Kapeliuk/Klement*, 2 (2008).

89 *Böhm*, Amerikanisches Zivilprozessrecht, 2005, Rdnr. 184.

civil law Rechtsordnung, die sich vorwiegend auf kodifiziertes Recht gründet – nehmen amerikanische Richter neben der Rechtsfindung auch eine große Rolle bei der Rechtsschöpfung ein. Die von ihnen gefällten Entscheidungen, die (weitestgehend) in sogenannten *reporters* veröffentlicht werden,[90] haben als Präjudizienrecht zu einer bestimmten Rechtsfrage bindende Wirkung gegenüber nachfolgenden Entscheidungen – sogenannte *doctrine of stare decisis.*[91] Im Unterschied dazu ist der deutsche Richter „unabhängig und nur dem Gesetz unterworfen“, Art. 97 I GG. Folglich ist er auch von der Judikative unabhängig, und kann von der Rechtsauffassung übergeordneter Gerichte abweichen, eine eigene neue Rechtsauffassung vertreten und seine bisherige Rechtsprechung ändern und aufgeben.[92]

Neben dem richterlichen Fallrecht findet sich eine beträchtliche Sammlung kodifizierter bundes- und einzelstaatlicher Regelwerke. Die Kodifikationen schreiben entweder richterlich entwickelte Grundsätze nieder oder setzen politische Vorgaben um.[93] Um generelle Aussagen über die Abdingbarkeit von Prozessrecht in den USA zu gewinnen, spielt das einzelstaatliche Recht aufgrund seiner fehlenden Einheitlichkeit bereits bei der Darstellung der Quellen eine nur untergeordnete Rolle. Es sei jedoch darauf verwiesen, dass die einzelnen

---

90 Die für diese Arbeit relevanten sind etwa: für Entscheidungen des *U.S. Supreme Courts offiziell die* U.S. Reports (hier: U.S.) und als „inoffizielle“ Sammlung den *Supreme Court* Reporter (hier: S. Ct.), der Federal Reporter als Sammlung der *Court of Appeals* (hier: F.), das Federal Supplement (hier: F.Supp., bzw. auch F.Supp.2d für die zweite Ausgabe), die Federal Rules Decisions (hier: F.R.D.), den Federal Reporter (kurz F., bzw. F.2d für die zweite, und F.3d. für die dritte Ausgabe), den West’s Bankruptcy Reporter (hier: B.R.); sowie zahlreiche einzelstaatliche Reporter, beispielhaft genannt seien der California Reporter (kurz: Cal., bzw. Cal.2d. oder Cal.3d. für die zweite oder dritte Auflage), der New York Supplement (N.Y.S., bzw. N.Y.S.2d.), South Western Reporter für Arkansas, Kentucky, Missouri, Tennessee und Texas (kurz S.W., bzw. S.W.2d. für die zweite, und S.W.3d. für die dritte Ausgabe).

91 Man unterscheidet *binding precedent* – das sind Entscheidungen, die vom angerufenen Gericht zwingend beachtet werden müssen, darunter fallen Entscheidungen ranggleicher oder -höherer Gerichte, sowie im Verfahren vor Bundesgerichte eine staatenrechtliche Entscheidung, sofern es um die Auslegung des materiellen Staatenrechtes geht – und *persuasive precedent* – Entscheidungen aller anderen Gerichte, die zwar nicht bindend sind, aber als Argumentationslinie verwandt werden können, zum Beispiel wenn es noch kein *binding precedent* zu einer Frage gibt.

92 *Morgenthaler*, in: Epping/Hillgruber, BeckOK GG, Stand 01.09.2014, Art. 97 Rn. 11. Auch im amerikanischen Recht sind wie in jeder Rechtsordnung Rechtsänderungen möglich, sodass die Gerichte ihre Position ändern, oder ein Gesetz geändert wird.

93 *Böhm*, Amerikanisches Zivilprozessrecht, 2005, Rdnr. 186.

Staaten geltendes Bundesrecht, teilweise wortwörtlich, in ihr Recht übernommen haben.[94]

Der Übersichtlichkeit halber werden die folgenden Quellen nach ihrer jeweiligen Stellung in der Normhierarchie, bei der rangniedrigere Vorschriften den ranghöheren nicht widersprechen dürfen, dargestellt.[95] Die bundesstaatliche Verfassung, die United States Constitution von 1789, steht, zusammen mit dem bindenden Fallrecht des *Supreme Court*, an oberster Stelle.[96] Daran schließt sich direkt der United States Code an. Es folgen die Federal Rules, wobei insbesondere die FRCP für die vorliegende Arbeit relevant sind. Darunter stehen die örtlichen Bestimmungen eines jeden Distriktgerichts, sogenannte *local rules*.[97] Erst danach kommen *common law*-Rechtssätze, die aufgrund ihrer Vagheit als Auffangtatbestand greifen sollen.[98] An letzter Stelle stehen die im Rahmen der richterlichen Verfahrensleitung erlassenen Verfügungen.[99]

I. Verfassung

Die Bundesverfassung enthält die Grundlagen der Gerichtsverfassung (Art. III), die *full faith and credit*-Klausel (Art. IV Abs. 1), die Verfahrensgarantie von *due process* (im 5. und 14. Amendment) und das *right to jury trial* vor einem Bundesgericht (im 7. Amendment).[100] All diese verfassungsrechtlich verbürgten Verfahrensgarantien und -rechte könnten einer parteilichen Abbedingung offenstehen.

1. Grundlagen der Gerichtsverfassung, Art. III

Art. III legt in Abs. 1 die Grundsätze der rechtsprechenden Gewalt dar, die sich aus dem *Supreme Court* und niedrigeren Gerichten zusammensetzt. Ferner legt Art. III Abs. 2 Unterabschnitt 1 die sachliche Zuständigkeit der

94 *Schack*, Einführung in das US-amerikanische Zivilprozessrecht, 4. Aufl. 2011, Rdnr. 31.
95 Die folgende Grobeinteilung ist angelehnt an *Bone*, 90 Tex. L. Rev. 1329, 1337 (2012).
96 *Hay*, US-Amerikanisches Recht, 5. Aufl. 2011, Rdnr. 18.
97 Oder auch *local district rules*.
98 In dieselbe Richtung geht *Hay*, US-Amerikanisches Recht, 5. Aufl. 2011, Rdnr. 101, der für den „ungeregelten Fall" auf Fallrecht zurückgreifen will.
99 Bei *Bone* die sog. *trial judge's discretionary case-management orders*, *Bone*, 90 Tex. L. Rev. 1329, 1337 (2012).
100 Vergleiche dazu bereits im 2. Kapitel A. „Gerichtssystem".

Bundesgerichte fest, sogenannte *subject matter jurisdiction*. Eine erstinstanzliche Zuständigkeit des *Supreme Court* besteht für Streitigkeiten von Botschaftern, Ministern, Konsuln, und solchen, an denen die USA als Partei beteiligt sind, Abs. 1 Unterabschnitt 2 S. 1. In allen übrigen Fällen ist der *Supreme Court* lediglich als Berufungs- und Revisionsinstanz zuständig, Abs. 1 Unterabschnitt 2 S. 2. Art. III Abs. 2 Unterabschnitt 3 legt ferner fest, dass es für Strafverfahren das Recht auf eine Jury gibt. Der Vollständigkeit halber sei zuletzt Abs. 3 genannt, der den Hochverrat und dessen rechtliche Behandlung regelt.

Der sachlichen Zuständigkeit kommt derart herausragende Bedeutung zu, dass sie stets, in jeder beliebigen Form und in jeder Instanz, nicht nur von den Parteien[101] geltend gemacht werden kann, sondern überdies auch vom Gericht von Amts wegen zu berücksichtigen ist.[102] Ein Mangel an sachlicher Zuständigkeit kann durch Parteivereinbarung nicht geheilt werden.[103] Auch eine parteiliche Abweichung oder Abbedingung des diesbezüglichen Regelungsgehaltes der Verfassung ist ausgeschlossen; Rule 12(h)(1) FRCP verweist auf die *waivable defenses* in Rule 12(b)(2)-(5) FRCP, wobei Rule 12(b)(1) FRCP, der Einwand fehlender *subject matter jurisdiction*, explizit ausgenommen ist.[104] Eine Begründung durch rügelose Einlassung ist – anders als bei der örtlichen Zuständigkeit[105] – nicht möglich. Es ist keinerlei Abweichung von der inhaltlichen Bestimmung des Art. III Abs. 2 der Verfassung möglich, da dieser nach der Rechtsprechung Rechtssätze beinhaltet, die institutionelle Interessen – wie die

101 Etwa nach FRCP 12(b)(1).

102 FRCP 12(h)(3): If the court determines at any time that it lacks subject-matter jurisdiction, the court must dismiss the action. Siehe ferner *Böhm*, Amerikanisches Zivilprozessrecht, 2005, Rdnr. 201.

103 *Capron v. Van Noorden*, 6 U.S. 126 (1804): „Here it was the duty of the Court to see that they had jurisdiction, for the consent of parties could not give it".

104 Ferner *Gonzalez v. Thaler*, 132 S.Ct. 641 (2012), „Subject-matter jurisdiction can never be waived or forfeited".

105 FRCP 12(h)(1), der auf FRCP 12(b)(2) verweist; vergleiche ferner etwa *Marquest Medical Products, Inc. v. EMDE Corp.*, 496 F.Supp. 1242 (1980): „Personal jurisdiction and venue are both personal privileges of the defendant and both may be waived"; *Albino v. Baca*, 747 F.3d 1162 (2014): „Personal jurisdiction and venue are waivable defects in that they merely concern a choice among courts; they do not concern a prerequisite to bringing suit in any court".

Integrität der Judikative[106] – bewahren sollen und nicht den privaten Interessen der Parteien dient.[107]

Allerdings ist die Stichhaltigkeit dieser Argumentation fragwürdig. Zweifellos dient die Aufteilung staatlicher Macht in Judikative, Exekutive und Legislative zentralen gesellschaftlichen Interessen, indem die Staatsgewalt begrenzt wird, und so Freiheit und Gleichheit der Bürger garantiert werden sollen. Die Sorge um die Unversehrtheit der Judikative, und damit letztlich um die horizontale Gewaltenteilung im Verhältnis Staat–Bürger, ist jedoch unbegründet. Änderungen der *subject matter jurisdiction* wirken sich lediglich auf die Frage aus, ob ein Bundes- oder Staatengericht zuständig ist,[108] erweitern oder verringern also nicht den Herrschaftsbereich der Gerichte gegenüber dem Bürger, und beschneiden auch keine legislativen Kompetenzen des Kongresses oder der einzelstaatlichen Parlamente.[109] Eine Vereinbarung zugunsten eines Bundesgerichtes hat Relevanz für die Zuständigkeit innerhalb der Judikative, es ist das Verhältnis zwischen Bund und Einzelstaaten, also die vertikale Gewaltenteilung, betroffen.[110] Ob ein Bundes- oder Staatengericht entscheidet, berührt sehr wohl vor allem die Interessen der jeweiligen Parteien, wie bereits dargelegt wurde.[111] Maßgeblich für den zwingenden Charakter der *subject matter jurisdiction* ist vielmehr die Vermeidung von Machtkonflikten zwischen Bund und Einzelstaaten. Das zwischen ihnen mühsam austarierte Machtverhältnis ist konfliktanfällig, was alleine die Komplexität der Diskussionen um *Erie* und *post-Erie* Entscheidungen zeigt.[112] Die *subject matter jurisdiction* berührt daneben auch politisch den Machtbereich des Kongresses, welcher das Erfordernis von *complete diversity* aufgestellt hat, mithin *minimal diversity* gerade nicht ausreichen

---

106 *Commodity Futures Trading Com'n v. Schor*, 478 U.S. 833 (1986).

107 478 U.S. 833 (1986): „Separation of powers principles inherent in Article III are not subject to waiver or consent for the same reason that parties cannot confer subject-matter jurisdiction by consent; limitations on subject-matter jurisdiction and the separation of powers principles serve institutional interests that the parties to a lawsuit cannot be expected to protect".

108 *Schack*, Einführung in das US-amerikanische Zivilprozessrecht, 4. Aufl. 2011, S. 17.

109 *Wagner*, Prozeßverträge, 1998, S. 179. Oberbegriff für die einzelstaatlichen Parlamente ist gemeinhin „*State Legislature*". Wie die Bundeslegislative haben die Einzelstaaten (bis auf Nebraska) ein Zweikammersystem, mit einem Ober- und einem Unterhaus. Die genaue Bezeichnung der einzelnen Gesetzgebungskörper variiert.

110 *Wagner*, Prozeßverträge, 1998, S. 179.

111 1. Kapitel *unter A. II.*

112 1. Kapitel A. III.

lässt.[113] Da der *Supreme Court* überdies unter Hinweis auf die zentrale Funktion der *subject matter jurisdiction* als *„the very power to try the case"* die Möglichkeit der Abdingbarkeit verneint,[114] erübrigt sich jede weitere Untersuchung diesbezüglich.

2. Full-faith and credit-*Klausel, Art. IV Abs. 1*

Art. IV Abs. 1 der Bundesverfassung lautet:

> *„Full faith and credit shall be given in each state to the public acts, records, and judicial proceedings of every other state. And the Congress may by general laws prescribe the manner in which such acts, records, and proceedings shall be proved, and the effect thereof."*

Jeder Akt der öffentlichen Gewalt hat Anspruch darauf, in den anderen Bundesstaaten anerkannt zu werden. In Bezug auf Judikativakte heißt das, dass die Staatengerichte im Verhältnis untereinander und im Verhältnis zu den Bundesgerichten verpflichtet sind, die Entscheidungen des jeweils anderen Staates bzw. des Bundesgerichtes vollständig anzuerkennen und im gleichen Umfang wie die eigenen Urteile zu vollstrecken. Auch Bundesgerichte sind verpflichtet, untereinander ihre jeweiligen Urteile anzuerkennen und durchzusetzen. Allerdings ergibt sich diese Pflicht bereits aus der Stellung als Organe desselben staatlichen Souveräns, der USA.[115] Die Anerkennungspflicht erstreckt sich auch auf die Urteilswirkungen des *bars*[116] und *mergers*[117]. Eine einfachgesetzliche Konkretisierung des Art. IV Abs. 1 der Verfassung findet sich in 28 USC § 1738.

Die *full-faith and credit* Klausel gilt für innerhalb der USA erlassene Urteile, nicht jedoch für ausländische. Diese können im Einzelfall nach dem Rechtsstaatsprinzip, dem sogenannten *due-process*-Erfordernis, anerkannt und vollstreckt werden.[118]

---

113 Vergleiche bereits 1. Kapitel A. I.

114 *Wagner*, Prozeßverträge, 1998, S. 179, mwN in Fn. 572.

115 *Böhm*, Amerikanisches Zivilprozessrecht, 2005, Rdnr. 15.

116 Ein klageabweisendes Urteil sperrt eine erneute Geltendmachung desselben Streitgegenstands.

117 Der Anspruch, der klageweise geltend gemacht wurde, geht im klagestattgebenden Urteil auf, er besteht folglich nicht weiter.

118 *Böhm*, Amerikanisches Zivilprozessrecht, 2005, Rdnr. 16.

3. Due-process-*Garantie*

Die *due-process*-Garantie findet sich im 5. Amendment der Verfassung, welches

> *„[N]or shall any person […] be deprived of life, liberty, or property, without due process of law"*

besagt. Und im 14. Amendment Abs. 1 heißt es

> *„[N]or shall any state deprive any person of life, liberty, or property, without due process of law".*

Damit wird der Grundsatz der Rechtsstaatlichkeit niedergelegt, der dem Einzelnen bei Beeinträchtigung seiner Rechte Leben, Freiheit und Eigentum durch staatliches Handeln, gleichgültig ob auf Bundes- oder Staatenebene, Anspruch auf rechtliches Gehör und ein ordnungsgemäßes Verfahren vor einem staatlichen Richter gewährt. Die *due process*-Garantie ist mit ihren Maßgaben für den Zivilprozess im Grundsatz mit dem deutschen Verständnis von Rechtsstaatlichkeit, wie es neben Art. 20 Abs. 3 GG insbesondere in den Art. 101 Abs. 1 und Art. 103 Abs. 1 GG niedergeschrieben ist, vergleichbar.[119] *Due process* und seine Ausprägungen sind aufgrund ihrer fundamentalen Bedeutung für die Rechtsstaatlichkeit weit auszulegen und finden Niederschlag in vielen Normen, auch in einfachgesetzlichen Rechtssätzen.[120]

Im Detail folgen aus der *due-process*-Garantie für den Prozess Mindestanforderungen an die Benachrichtigungspflicht, wie etwa an die Zustellung von Gerichtsdokumenten und an die Anhörung für denjenigen Prozessbeteiligten, der in den genannten Rechtsgütern Leben, Freiheit oder Eigentum betroffen sein könnte.[121] Auch die Garantie auf rechtliches Gehör folgt aus dem *due process*-Gebot.[122]

---

119 Im Unterschied zum deutschen Recht folge jedoch aus dem *due process*-Erfordernis für den Zivilprozess die Notwendigkeit der Prüfung, ob die gerichtliche Zuständigkeit im Einzelfall mit der Verfassung zu vereinbaren sei, vgl. *Böhm*, Amerikanisches Zivilprozessrecht, 2005, Rdnr. 198.

120 Zum Beispiel dienen die Vorschriften zur Gerichtszuständigkeit, etwa die *minimum contacts* des Beklagten zum Forumsstaat im Rahmen der örtlichen Zuständigkeit, der Erfüllung des *due process*-Erfordernisses; *Schack*, Einführung in das US-amerikanische Zivilprozessrecht, 4. Aufl. 2011, Rdnr. 63. Weitere Beispiele sogleich.

121 16C C.J.S. Constitutional Law § 1506 (2014).

122 See *Fuentes v. Shevin*, 407 U.S. 67, 80 (1972) (*due process* erfordert die Anhörung vor der Beschlagnahme von Eigentum der *Supreme Court* sieht das Erfordernis der Benachrichtung und des Rechts, gehört zu werden, als wesentliche Grundlagen für die Wahrheitsermittlung und das Finden einer gerechten Entscheidung); *Armstrong v. Manzo*, 380 U.S. 545, 550 (1965) (den Adoptivvater über ein laufendes Verfahren nicht zu benachrichtigen verletzt *due process*); *Sgitcovich v. Sgitcovich*, 150 Tex. 398, 404 (Tex. 1951) (die Art und Weise der Benachrichtigung muss der Wichtigkeit des *due process* Erfordernisses entsprechen), cert. abgelehnt, 342 U.S. 903 (1952).

Die Prozessparteien müssen über die Anhängigkeit des Verfahrens, den Streitgegenstand sowie das bisherige Vorliegen sachdienlicher Beweise benachrichtigt werden.[123] Das Recht auf Anhörung soll die Möglichkeit einer umfassenden Gegenwehr sicherstellen und hat somit im Rahmen eines der Sache angemessenen Zeitraumes, sowie in einer der Natur der Sache angemessenen Art zu erfolgen.[124] Für den wirksamen Verzicht auf die Zustellung einzelner Dokumente ist auch der Zeitpunkt der Verzichtserklärung maßgeblich.[125]

4. *Recht auf ein Juryverfahren*

Im 7. Amendment der US-Verfassung ist das Recht auf ein Juryverfahren niedergeschrieben.[126] Für das Strafverfahren gibt es zusätzlich die Bestimmung des Art. III Abs. 2 Unterabschnitt 3 der Verfassung.[127] Auch Rule 38(a) FRCP enthält das gleichnamige Recht für das Zivilverfahren. Demzufolge wird eine Jury nur auf entsprechenden Antrag einer Partei berufen. Den Antrag muss sie gemäß Rule 38(b) FRCP spätestens zehn Tage nach Zustellung des letzten *pleading* stellen; andernfalls gilt dies gemäß Rule 38(d) FRCP als Verzicht auf das Recht der Geschworenenverhandlung.[128]

II. United States Code

Die amerikanischen Bundesgesetze sind in einer 52-bändigen Gesetzessammlung, dem United States Code, zusammengefasst. Im 28. Band[129] unter der Überschrift „*Judiciary and Judicial Procedure*" findet sich die Vielzahl der für das Prozessrecht relevanten Normen, enthält dieser Abschnitt doch die Bundesgerichtsverfassung sowie die meisten das bundesgerichtliche Verfahren betreffenden Vorschriften.

---

123 *Brock v. Roadway Exp., Inc.*, 481 U.S. 252, 107 S. Ct. 1740, 95 L. Ed. 2d 239 (1987).

124 Einzelstaatliches Recht dazu: *Meyer v. Jones*, 696 N.W.2d 611 (Iowa 2005) (Iowa); aus *Warnick v. Natchez Community Hosp., Inc.*, 904 So.2d 1019 (Miss. 2004) (Mississippi).

125 Vgl. dazu noch 4. Kapitel, C.

126 Umfasst sind nach dem Wortlaut – „*In suits at common law*" – sowohl der Zivilprozess als auch das Strafverfahren.

127 Siehe bereits B. I. 1.

128 Dazu noch eingehend im 3. Kapitel D., zum Verzicht auf das Juryverfahren durch schlichtes „Nichtstun" vgl. dort insbesondere II. 1.

129 Im Englischen wird der Begriff *title* – also für das Prozessrecht „title 28 of the USC" – verwandt, der im Kontext des United States Codes mit Band zu übersetzen ist, weil es sich um jeweils eigene Bücher handelt. Auch im Rahmen der FRCP findet sich der Begriff *title*, der hier jedoch einzelne Kapitel oder „Titel" bezeichnet, da die

III. Federal Rules

Neben der Ermächtigung zum Erlass der FRCP beinhaltete der Rules Enabling Act in 28 USC §§ 2072–2074 die Ermächtigung des *Supreme Court* für die 1946 in Kraft getretenen Federal Rules of Criminal Procedure (FRCrimP), die Federal Rules of Appellate Procedure (FRAP) (1968), und die 1975 in Kraft getretenen Federal Rules of Evidence (FRE). Neben die FRCP treten ferner die vom Federal Judicial Center[130] herausgebrachten Empfehlungen im kommentierten Handbuch für „Complex Litigation", 2013.[131] Die meisten Staaten haben die FRCP sowie die FRE in ihr eigenes Recht, teilweise wortwörtlich, übernommen. Allerdings ist auch zu beachten, dass eben nicht jeder Bundesstaat eine einzelstaatliche Prozessordnung in kodifizierter Form hat.[132]

IV. Local District Rules

Kraft bundesrechtlicher Ermächtigung in 28 USC §§ 2071 (a)–(b) und den Federal Rules dürfen die lokalen *district courts* gesetzgeberisch tätig werden und eigenes Verfahrensrecht schaffen.[133] Diese sogenannten *local district rules* müssen mit den vom Kongress erlassenen Bundesgesetzen sowie den Federal Rules konform sein. Sie enthalten Regelungen zu allerlei prozessrechtlichen Fragen. Dazu gehören verbindliche Vorschriften zu den einzelnen Verfahrensstadien - von der Klagezustellung, über die *motions*,[134] *discovery*,[135] und richterlichen Erörterungsterminen hin zur gerichtlichen Mediation –, zur Gerichtsbesetzung sowie zu den gestalterischen Vorgaben für einzelne Schriftsätze.[136] Vor ihrem Erlass sind sie

Regelungen in einem Werk enthalten sind und alle dieselbe Rechtsmaterie - das Zivilprozessrecht - regeln.

130 Vergleiche bereits *Schack*, Einführung in das US-amerikanische Zivilprozessrecht, 4. Aufl. 2011, Rdnr. 27, mit dem Verweis auf die Website des Federal Judicial Centers unter www.fjc.gov.

131 Volltext: Annotated Manual for Complex Litigation 4. Ausgabe, 2013.

132 Beispielhaft für einzelstaatliche Prozessordnungen seien der California Code of Civil Procedure (in Kraft getreten 1872) und die Civil Practice Law and Rules von New York (in Kraft seit 1962) genannt.

133 Rule 47 FRAP; Rule 9029 Federal Rules of Bankruptcy Procedure (FRBP); Rule 83 FRCP; Rule 57 FRCrimP.

134 Anträge, die außerhalb der prozessleitenden Schriftsätze gestellt werden.

135 Vgl. im 3. Kapitel B. I.

136 *Böhm*, Amerikanisches Zivilprozessrecht, 2005, Rdnr. 189.

öffentlich bekanntzumachen und die Möglichkeit zur Stellungnahme (durch die Ortsansässigen) zu geben.[137]

Eine Verletzung dieser Vorschriften kann zur Zurückweisung des Schriftsatzes führen, zum Verlust von Prozessrechten[138] und im Einzelfall zu weitgehenden Sanktionen.[139] Daher ist es von zentraler Bedeutung, dass Inhalt und Folgen der Verletzung den Prozessparteien bekannt sind. Um ein gewisses Maß an Übersichtlichkeit zu wahren, sind die örtlichen Bestimmungen der verschiedenen *district courts* online abrufbar.[140]

V. *Common Law*-Grundsätze

In der Normpyramide folgen sodann allgemeine Grundsätze des *common law*. Der Begriff *common law* hat unterschiedliche Bedeutungen: Zunächst kann er die Gesamtheit der geltenden Rechtsvorschriften in Abgrenzung zu denen eines *civil law*-Systems bezeichnen. Ferner können die Gesamtheit richterlichen Fallrechts, sowie die der *common law*-Rechtsordnung zugrundliegenden allgemeinen englischen Grundsätze *at common law* gemeint sein.[141] Als Quelle geltenden Rechts sind hier die beiden letztgenannten Kategorien relevant. Richterliches Fallrecht bindet die Gerichte untereinander und ist somit auf allen Stufen der Normhierarchie von Bedeutung. Aus dem englischen Recht überlieferte *common law*-Grundsätze hingegen dienen als Lückenfüller, und werden daher erst im ungeregelten Fall bedeutsam.[142] Sie stehen mithin fast an letzter Stelle in der Normenhierarchie.

---

137 Der 28 USCA § 2071 gibt keine Auskunft, was für die örtliche Gerichte damit gemeint ist. 28 USCA § 2074 gibt nähere Auskunft zum vom *Supreme Court* zu befolgenden förmlichen Verfahren.

138 Zum Beispiel Verlust des Rechts auf ein Geschworenenverfahren; „Notes of Advisory Committee on Rules" zu Rule 83 FRCP, 1995 Amendment. Allerdings muss auf das Bestehen der *local rules* explizit hingewiesen werden, damit ein solcher Rechtsverlust eintreten kann.

139 Vergleiche *Böhm*, Amerikanisches Zivilprozessrecht, 2005, Rdnr. 189 mit Verweis auf die „Notes of Advisory Committee on Rules" zu Rule 83 FRCP, 1995 Amendment. Diese sprechen bei Verletzung der *local rules* vom gerichtlichen Erlass von *„substantive penalties"*, jedoch ohne konkretes Beispiel.

140 http://www.uscourts.gov/Court_Locator/CourtWebsites.aspx (zuletzt abgerufen am 9. Oktober 2017).

141 Unterscheidung ähnlich vorgenommen: *Böhm*, Amerikanisches Zivilprozessrecht, 2005, Rdnr. 184.

142 *Hay*, US-Amerikanisches Recht, 5. Aufl. 2011, Rdnr. 101.

VI. Verbindliche richterliche Festlegungen

Als Abschluss besonderer Erörterungstermine, den *case management conferences*, können unter richterlicher Aufsicht im Sinne und unter Mitwirkung der Parteien verbindliche Festlegungen für die Durchführung der *discovery* sowie die Vorbereitung der gerichtlichen Hauptverhandlung getroffen werden. Die Grundlage dazu bietet Rule 16(a)–(f) FRCP, während die *case management orders* in Rule 16(e) FRCP genannt sind. Die Termine wie auch die Beschlüsse selbst sind im Sinne der Prozessökonomie so nah wie möglich an das eigentliche Verfahren anzugliedern. Gegenständlich wird über die in Rule 16(c) FRCP genannten Themen mit den Prozessparteien gesprochen, beispielsweise die genaue schriftliche Festlegung des Klageziels und die entscheidungserheblichen Fragen, wodurch nebensächliche, unerhebliche Ziele und Fragen bereits im Vorfeld ausgeschlossen, sowie Tatsachen auf ihre Streitigkeit untersucht werden sollen. Im Ergebnis soll ein Plan für den Verfahrensablauf sowie die Beweiserhebung aufgestellt werden, wodurch Kosten gespart und die Verletzung von Persönlichkeitsrechten im Rahmen der sonst weitreichenden *discovery* verhindert werden sollen.[143]

VII. Restatements of Law

Restatements haben, trotz ihres äußeren Erscheinungsbildes, keine Gesetzeskraft, solange sie nicht offiziell vom höchsten Gericht oder durch Gesetz übernommen worden sind. Allerdings sind sie als Rechtsquelle dennoch bedeutsam, da es sich bei ihnen um von ausgewählten Juristen aus der Praxis, dem Richteramt und dem Professorium erarbeitete allgemeine Rechtsgrundsätze handelt, die ein Abbild „gemeinamerikanischen Rechts" sein sollen.[144] Das geltende

143 Dazu noch eingehend im 3. Kapitel unter B. I. 3. c., insbesondere seien die unzulässigen *fishing expeditions* genannt, eine sog. unspezifische Suche nach Beweisen, bei der auf gut Glück gegnerische Informationen ausgespäht und ausgewertet werden.

144 Zur Autorität der *Restatements* führt etwa Clark aus: „A restatement, then, can have no authority than as the product of men learned in the subject who have studied and deliberated over it. It needs no other and what could be higher?" Die Restatements werden als „common law 'persuasive authority' with a high degree of persuasion" bezeichnet, *Goodrich*, in: *Field* (Hrsg.), Centenary Essays, 1949, S. 241 (244). Vgl. Auch Black's Law Dictionary (9· Aufl. 2009); sowie *Schack*, Einführung in das US-amerikanische Zivilprozessrecht, 4. Aufl. 2011, Rdnr. 32: Die Restatements sollen die Einzelstaaten zum Erlass entsprechenden Rechts anregen.

amerikanische Recht soll in den *Restatements*, die es zu nahezu jedem Rechtsgebiet gibt, dargestellt und systematisiert werden. Im Anschluss an die Grundlegung eines Rechtssatzes finden sich Kommentierungen und eine Liste des einschlägigen Fallrechts der Bundes- und der Bundesstaatengerichte. Es ist unüblich, eine in den *Restatements* niedergelegte allgemeine Rechtsregel (*general rule of law*) nicht zu befolgen:

> „*[The rejection of a Restatement rule will be] with the knowledge that the rule which [the court] rejects has been written by the people who by training and reputation are supposed to be eminently learned in the particular subject and that the specialists' conclusions have been discussed and defended before a body of very able critics. The presumption is in favor of the Restatement and the course of decision since its appearance shows that the presumption is very seldom overthrown.*“[145]

145 *Goodrich*, in: *Field* (Hrsg.), Centenary Essays, 1949, S. 241 (244).

2. Kapitel Allgemeine Normative Voraussetzungen von Prozessverträgen

A. Einleitung

Der Vertrag ist ein geeignetes Rechtsinstitut für die Vertragsparteien, einen Ausgleich ihrer gegensätzlichen Interessen zu bewerkstelligen. Er ist kein Exklusivinstitut des Privatrechts, sondern kann auch im öffentlichen Recht, mithin auf dem Gebiet des Prozessrechts geschlossen werden.[146]

Da Prozessverträge in der Rechtsprechung des *Supreme Court* noch nicht als allgemeines Rechtsinstitut etabliert sind, lässt sich eine Vorgehensweise bei der Beurteilung prozessbezogener Vereinbarungen nur anhand einer Betrachtung von Entscheidungen zu einzelnen Prozessverträgen ermitteln. Gerichtsstandsklauseln werden im amerikanischen Recht nach einem zweistufigen Vorgehen beurteilt:[147] Im ersten Schritt wird die *contract validity,*[148] im zweiten die *reasonableness of enforcement*[149] geprüft. Diese Begrifflichkeiten der Vertragswirksamkeit und der Angemessenheit der Durchsetzung – auf dem Prüfstand vor dem Gericht besser als Angemessenheit der Aufrechterhaltung zu bezeichnen – können auf andere Erscheinungsformen von Prozessverträgen übertragen werden. Sie sind allerdings nicht als starres Prüfungsschema zu verstehen und dürfen den Blick auf die inhaltlichen Fragen nicht verstellen.

Für die Vertragswirksamkeit sind zunächst allgemeine vertragliche Grundsätze wie die Geschäftsfähigkeit, die rechtswirksame Stellvertretung und das

---

146 Kritisch *Hoffman*, Whither Bespoke Procedure, 2014 U. Ill. L. Rev. 389, 400 (2014).

147 Der im Rahmen von Gerichtsstandsklauseln entwickelte zweistufige Test ist auf andere Erscheinungsformen des Prozessvertrages übertragbar. Der Test wurde in *The Bremen* entwickelt, in dem es um internationale Gerichtsstandsklauseln ging. Andere Entscheidungen des *Supreme Court* bezüglich Gerichtsstandsklauseln konzentrieren sich mal auf die vertragliche Klauselwirksamkeit – so *Carnival Cruise Line* – und mal auf die prozessuale Durchsetzbarkeit – so etwa *Stewart*. Daraus darf nicht geschlossen werden, dass das zweistufige Vorgehen aufgegeben wurde, sondern vielmehr dass im Fall das jeweils Problematische ausführlicher untersucht wurde, eingehend *Marcus*, The Perils of Contract Procedure , 82 Tul. L. Rev. 973, 1024 (2008).

148 Zu verstehen als das wirksame Zustandekommen des Vertrages.

149 Zu übersetzen etwa mit der gerichtlichen Aufrechterhaltung des Prozessvertrages im Sinne einer Verurteilung entsprechend der parteilichen Abrede.

Fehlen von Willensmängeln[150] maßgeblich. Zumeist wird an dieser Stelle noch nicht geprüft, ob eine Norm (oder konkret: ein Recht) abdingbar ist. Anders ist dies bei offensichtlicher Unabdingbarkeit. Die Gerichte stellen dann bereits auf der ersten Stufe das Fehlen eines tauglichen Vertragsgegenstandes fest. Sie berufen sich dabei entweder auf die im amerikanischen Fallrecht eine große Rolle spielende Sittenwidrigkeitsdoktrin oder auf *public policy*-Gründe.[151]

Der zweite Schritt, die Bestimmung des legitimen Einsatzbereichs von Prozessverträgen, beschäftigt sich mit der Disposivität des Vertragsgegenstandes – der Frage, ob eine Norm zwingend ist oder abbedungen werden kann – und der Disponibilität – ob die Vertrags- und Prozessparteien über sie verfügen können. Die Frage, ob die gerichtliche Aufrechterhaltung des Prozessvertrages „angemessen" ist (*reasonableness of enforcement*), ist im Wege einer umfassenden Interessenabwägung zu beantworten. Der Interessenausgleich findet entweder unter dem Gesichtspunkt der Sittenwidrigkeit, die sich im amerikanischen Gerichtssaal großer Beliebtheit erfreut, oder der Prüfung eines Verstoßes gegen *public policy*-Gründe statt.

Dem Herzstück der gerichtlichen Prüfung von Prozessverträgen, dem Ausgleich widerstreitender Interessen, ist das gesamte 4. Kapitel gewidmet. Im Übrigen wird für den Zweck dieser Arbeit die Prüfungsreihenfolge umgekehrt und es werden zunächst Erwägungen angestellt, die bei Anwendung der genannten zweiteiligen Prüfung eigentlich dem zweiten Schritt, dem legitimen Einsatzbereich des Prozessvertrages, zuzuordnen wären. Denn vor Darlegung der wichtigsten vertraglichen Wirksamkeitserfordernisse und Einwände (dazu unter B.) muss geklärt werden, was überhaupt Gegenstand eines Prozessvertrages sein kann und welche Rechtsnatur er hat (A.), denn damit hängt seine Zulässigkeit zusammen.

B. Vertragsgegenstand und Rechtsnatur von Prozessverträgen

Ein Prozessvertrag ist definiert als Vertrag mit unmittelbarer Rechtswirkung auf dem Gebiet des Prozessrechts.[152] Durch ihn nehmen die Parteien einvernehmlich auf die Gestaltung ihres Rechtsstreits vor Gericht Einfluss, etwa durch Modifikation der *pre trial discovery*, der Beweisermittlung im Parteibetrieb, oder

150 Zum Beispiel *M/S Bremen v. Zapata Off-Shore Co.*, 407 U.S. 1, 10 (1972).

151 Dazu sogleich unter C. II. und III., sowie ebenfalls im 4. Kapitel unter B. II. 3.

152 *Musielak*, in: Musielak/Voit, in: ZPO, 14. Aufl. 2017, Einleitung Rn. 66–67; *Wagner*, Prozeßverträge, 1998, S. 25, mit Verweis auf *Oertmann* in Fn. 72 (privatrechtlicher Akt mit prozessrechtlicher Wirkung).

durch Abwahl des Jury-Verfahrens. Durch den Prozessvertrag können sie sich aber auch zu einem bestimmten prozessualen Verhalten verpflichten, z.B. vor einem bestimmten Gericht zu klagen oder dazu, keine Rechtsmittel einzulegen.

Vertragsgegenstand sind also Prozessnormen, die ein „Prozess*recht*" im Sinne eines subjektiven Rechts gewähren, das dem Rechtsinhaber eine Handlungs- oder Gestaltungsmöglichkeit einräumt. Teilweise folgt das Recht aus einer Norm selbst, so z.B. beim Recht auf eine Abänderung der *pre-trial discovery*-Regelungen aus Rule 29 FRCP, dem Recht auf Einlegung einer Klage als Sammelklage aus Rule 23 FRCP oder dem Recht auf ein Juryverfahren aus Art. VII der US Verfassung sowie Rule 38 FRCP. Teilweise ergibt sich das Recht auch aus Sinn und Zweck der Vorschriften, z.B. wird das Recht, ein Rechtsmittel einzulegen, von 28 U.S.C. §§ 1291 - 1296 vorausgesetzt, und das Recht, einen Gerichtsstand zu vereinbaren, in 28 U.S.C. § 1404(a) und Rule 12(b)(3) FRCP.

Die einzelnen Prozess*rechte* sind zugleich Teil des Prozessrechts als Ordnung, also des Verfahrensrechts als Gesamtheit aller Rechtsnormen, die eine verbindliche staatliche Entscheidungsfindung umfassen. Ermittelt man, was Vertragsgegenstand sein kann, muss es sich zunächst um eine Norm handeln, die dem Verfahrensrecht als Ordnung zuzuordnen ist. Weiter muss diese Norm ein Recht oder eine Gestaltungsmöglichkeit beinhalten, das bzw. die disponibel und dispositiv ist (Disponibilität und Disposivität des Rechts).

Dem Prozessrecht als Ordnung liegen eigene Wertungen zugrunde, sodass für jedes Prozessrecht gesondert geprüft werden muss, ob es den Vertrags- und Prozessparteien überhaupt zusteht, und ferner, ob es abdingbar ist. Dafür stellt sich die Frage, welchen Wertungen ein Prozessvertrag entsprechen muss, damit er zulässig und wirksam ist – nur denen des Prozessrechts und/oder denen des Vertragsrechts? Hierfür gilt es, die Rechtsnatur des Vertrages zu bestimmen.

Nachfolgend wird untersucht, wann ein Recht bzw. eine dieses gewährende Norm Teil der Verfahrensordnung in Abgrenzung zu einem materiellen Recht ist (I.) und ferner, was sich daraus für die Rechtsnatur des Vertrages ergibt (II.).

I. Qualifikation eines Rechts als Prozessrecht

Die in der amerikanischen Fachliteratur aktuell diskutierten Prozessrechte, die Gegenstand eines Prozessvertrages sein sollen, werden dort als prozessual bezeichnet, ohne dass eine Abgrenzung zum materiellen Sachrecht vorgenommen wird.[153] Zwar erscheint es einsichtig, die Frage, ob ein Recht dem

153 Vergleiche etwa *Paulson* , Ariz. St. L.J. 471, 481 f. (2013), der sich immerhin der Abgrenzungsfrage widmet, jedoch lediglich und recht pauschal feststellt, dass Prozessrecht

Verfahrensrecht zuzuordnen ist, durch einen Blick in die kodifizierten und durch Richterrecht geschaffenen Verfahrensordnungen (des Bundes oder der Staaten) zu beantworten. Gleichwohl können diese im Hinblick auf den im 1. Kapitel unter A. III. dargestellten Kompetenzenstreit zwischen Bund und Ländern nur darüber Auskunft geben, dass der „Verfasser", also der Gesetzgeber oder Richter, selbst von der Einordnung als Verfahrensrecht ausging, nicht jedoch, dass es sich auch tatsächlich um solches handelt. Umgekehrt ist es auch denkbar, dass eine im Sachrecht stehende Norm tatsächlich unmittelbare Rechtswirkung auf dem Gebiet des Prozessrechts zeitigen kann, so z.B. eine Rechtswahlklausel, die teilweise dem materiellen Recht zugeordnet wird.

Zahlreiche Entscheidungen setzen sich damit auseinander, ob der *Supreme Court* bei Erlass der FRCP im Rahmen der durch 28 USC § 2072(b)(1) vorgezeichneten Grenzen – „Such rules shall not abridge, enlarge or modify any substantive right" – gehandelt hat.[154] Dabei ist jedoch zu berücksichtigen, dass es

---

jedenfalls nicht „*the outcome on the merits*" vorbestimmen darf. Das Fehlen einer dogmatischen Einordnung anprangernd auch *Kapeliuk/Klement*, 2 (2008), um sie sodann ebenfalls zu unterlassen. Keine Definition oder dogmatische Abgrenzung von Prozessrecht und materiellem Recht ferner bei: *Dodge*, The Limits of Procedural Private Ordering, 97 Va. L. Rev. 723 (2011); *Horton*, The Shadow Terms, 57 UCLA L. Rev. 605 (2010); *Bone*, 90 Tex. L. Rev. 1329 (2012), vergleiche etwa seine Ausführungen zur Verjährungsfrist auf S. 1347, welche seit der *Supreme Court*-Entscheidung in *Guaranty Trust Co. v. York*, 326 U.S. 99 (1945) unstreitig materiell-rechtlich ist; *Hoffman*, 2014 U. Ill. L. Rev. 389 (2014). Anders jedoch in der Rechtsprechung, in der eine Abgrenzung zwischen Prozess- und materiellem Recht sehr wohl vorgenommen wird, wenngleich diese – in der Tradition von *Erie Railroad Co. v. Tompkins*, 304 U.S. 64 (1938) stehend – vor allem auf rechtspolitische, und weniger auf dogmatische Gesichtspunkte abstellt.

154 Unter den aktuellsten Bundesentscheidungen etwa: *Shady Grove Orthopedic Associates, P.A. v. Allstate Ins. Co.*, 559 U.S. 393 (2010); *American Copper & Brass, Inc. v. Lake City Indus. Products, Inc.*, 757 F.3d 540 (6th Cir. 2014); *James River Ins. Co. v. Rapid Funding, LLC*, 658 F.3d 1207 (10th Cir. 2011); *Horowitch v. Diamond Aircraft Industries, Inc.*, 645 F.3d 1254 (11th Cir. 2011); *In re Grand Jury Proceedings*, 616 F.3d 1186 (10th Cir. 2010); *Morel v. DaimlerChrysler AG*, 565 F.3d 20 (1st Cir. 2009); *Byrnes v. Lockheed Martin Corp.*, 257 Fed.Appx. 34 (9th Cir. 2007); *Interfaith Community Organization v. Honeywell Intern., Inc.*, 399 F.3d 248 (3rd Cir. 2005); *Kondaur Capital Corp. v. Cajuste*, 849 F.Supp.2d 363 (E.D.N.Y. 2012); *Driscoll v. George Washington University*, 42 F.Supp.3d 52 (Wash. D.C. 2012); *3M Co. v. Boulter*, 842 F.Supp.2d 85 (Wash. D.C. 2012); *In re Wellbutrin XL Antitrust Litigation*, 756 F.Supp.2d 670 (E.D. PA. 2010); *Ward v. Estaleiro Itajai S/A*, 541 F.Supp.2d 1344 (S.D. Fla. 2008); *Lindner v. Meadow Gold Dairies, Inc.*, 515 F.Supp.2d 1141 (D. Haw. 2007).

sich um eine rein akademische Auseinandersetzung um politische Kompetenzen handelt, ist der Supreme Court doch zugleich auch oberste Instanz für Fragen der Verfassungsmäßigkeit und somit in einer Position, sein gesetzgeberisches Tätigwerden bei Schaffen der FRCP jederzeit für insgesamt verfassungsgemäß zu erklären.[155]

Die Prüfung des prozessrechtlichen Charakters muss grundsätzlich für jede einzelne Norm gesondert erfolgen.[156] Sofern jedoch der *Supreme Court* in seiner Kompetenz als oberstes Verfassungsgericht die Verfassungsmäßigkeit einer bestimmten Norm des Bundesprozessrechts erklärt hat, folgt daraus zugleich, dass diese in Abgrenzung zum materiellen Recht der Verfahrensordnung zuzuordnen ist. Für die FRCP hat der Supreme Court im Übrigen die prozessuale Vermutung der Verfassungsmäßigkeit aufgestellt.[157]

Die unmittelbar auf *Erie* folgenden Entscheidungen des *Supreme Court* setzten sich vermehrt mit der Verfassungsmäßigkeit einiger Regelungen des 28. Bandes des US Codes sowie der FRCP auseinander.[158] Die Maßstäbe für die

---

155 Vgl. bereits im 1. Kapitel A. III. 2 und den dort genannten Ausspruch von *Justice Jackson*: „We are not final because we are infallible, but we are infallible only because we are final", *Brown v. Allen*, 73 S.Ct. 397, 427 (1953).

156 *Gensler*, Federal Rules of Civil Procedure, Rule 1: „To be valid, a Federal Rule must pass [...] a test Justice Harlan somewhat critically referred to as the 'arguably procedural, ergo constitutional' test", *Justice Harlan* in *Hanna v. Plumer*, 380 U.S. 460 (1965). Für den Erlass materiellen Rechts fehlt eine Bundeskompetenz, die, wie dargelegt, gemäß dem 10. Amendment der US Verfassung bei den Einzelstaaten liegt. So nochmal klarstellend: *Sibbach v. Wilson & Co.*, 312 U.S. 1 (1941): „The statute authorizing Supreme Court to prescribe [...] rules is restricted in its operation to matters of pleading and court practice and procedure".

157 *Hanna v. Plumer*, 380 U.S. 460 (1965); *Burlington Northern R. Co. v. Woods*, 480 U.S. 1 (1987); *Ward v. Estaleiro Itajai S/A*, 541 F.Supp.2d 1344 (2008); ferner *Condlin*, 59 U. Miami L. Rev. 475 (2005); *Ely*, The Irrepressible Myth of Erie, 87 Harv. L. Rev. 693 (1974); so auch *Helms v. Richmond-Petersburg Turnpike Authority*, 52 F.R.D. 530 (E.D. Va. 1971): „[A] Strong presumption exists that Supreme Court, in prescribing rules, acted within the scope of its power; thus party mounting constitutional attack on rule carries heavy burden of showing that rule is substantive in nature."; *Gensler*, Federal Rules of Civil Procedure, Rule 1: „[...] Because Federal Rules survive the rulemaking process, which includes several levels of scrutiny and the approval of the Supreme Court, Federal Rules carry a presumption of validity. Thus, it should come as no surprise that, to this date, the Supreme Court has found no Federal Rule to have more than the permissible incidental effect".

158 Vgl. zu Erie sowie den nachfolgenden Entscheidungen bereits im 1. Kapitel A. III. 2. und 3.

Beurteilung der Verfassungsmäßigkeit von Bundesprozessrecht – und damit die Einordnung als Verfahrensrecht – können sich dabei jedoch nicht ausschließlich an den *Erie* Kriterien orientieren. *Erie* hatte eine andere Zielsetzung, nämlich die Unterbindung von unerwünschtem *forum shopping* durch den Kläger und die Sicherstellung einer einheitlichen Rechtsanwendung.[159] Unter diesem Blickwinkel erklären sich die Aussagen mancher Richter, dass die Unterscheidung zwischen Prozessrecht und materiellem Recht irrelevant sei, so etwa *Justice Frankfurter* in *Guaranty Trust Co. v. York*:

> *„It is […] immaterial whether statutes […] are characterized either as 'substantive' or 'procedural' […] Erie R. Co. v. Tompkins was not an endeavor to formulate scientific legal terminology. It expressed a policy that touches vitally the proper distribution of judicial power between State and federal courts*".[160]

In diese Richtung geht auch *Justice Scalia* in *Shady Grove Orthopedic Associates v. Allstate Insurance Co.*:

> *„Erie involved the constitutional power of federal courts to supplant state law with judge-made rules. In that context, it made no difference whether the rule was technically one of substance or procedure; the touchstone was whether it 'significantly affect[s] the result of a litigation*"".[161]

Tatsächlich hilft die in *Erie* und dessen Nachfolgern zugrunde gelegte Definition bei der dogmatischen Einordnung eines Rechts als Verfahrensrecht kaum weiter: Eine Regelung soll der Verfahrensordnung zugeordnet werden, sofern sie nicht „maßgeblichen" Einfluss auf das Ergebnis eines Zivilprozesses hat.[162] Das englische Wort „*substantial*" im Sinne von „Maßgeblichkeit"[163] ist eigentlich nicht mit „*substantive*" zu verwechseln, weil Letzteres im rechtlichen Kontext den Gegenbegriff zu „prozessual" bildet. Verwirrenderweise wird jedoch das

---

159 *Hanna v. Plumer*, 380 U.S. 460 (1965); vgl. auch American Jurisprudence, Second Edition Database updated February 2015 The Erie doctrine, 32 AMJUR 2d Federal Courts 310 (2015); 32 AMJUR 2d Federal Courts 310 (2015); ferner dazu bereits im 1. Kapitel A. III. 2. und 3.

160 *Guaranty Trust Co. of N.Y. v. York*, 326 U.S. 99 (1945).

161 *Shady Grove Orthopedic Associates v. Allstate Insurance Co.*, 559 U.S. 393, 406 (2009).

162 326 U.S. 99 (1945): „The question is whether such a statute […] *significantly* affect the result of a litigation". Und ferner *Byrd v. Blue Ridge Rural Elec. Co-op., Inc.*, 356 U.S. 525 (1958): „[The test is whether] the outcome [of the decision] […] would be *substantially* affected by whether the issue […] is decided by […] [a federal procedural rule or a State rule]" [Hervorhebung hinzugefügt].

163 Anstelle von *substantial* im Erie-Sinne wird auch oft von *outcome-determinative* gesprochen.

„*substantive right*" mit dem „*substantial right*" gleichgesetzt bzw. Ersteres soll durch Letzteres definiert werden.[164] Im Umkehrschluss bliebe für das Verfahrensrecht lediglich jede – gemessen an was, dem Urteilstenor?[165] – „triviale" und „unerhebliche" Regelung übrig.[166] Nach dieser Definition könnten selbst klassisch prozessrechtliche Normen, wie etwa solche, die sich mit der Funktionsweise des Gerichtes befassen, für materielles Recht erklärt werden, solange sie von außerordentlich wichtiger Bedeutung für das Ergebnis in der Sache sind.[167]

Bisweilen findet sich jedoch der Versuch einer Definition, so etwa in *Hanna v. Plumer*[168] unter Verweis auf *Sibbach v. Wilson & Co.*:[169]

> *„Procedure, – the judicial process for enforcing rights and duties recognized by substantive law and for justly administering remedy and redress for disregard or infraction of them."*

Gleichzeitig scheint *Hanna* von einer einzelfallabhängigen Einordnung als Prozessrecht auszugehen:

---

164 Vergleiche etwa *Shady Grove Orthopedic Associates, P.A. v. Allstate Ins. Co.*, 559 U.S. 393 (2010), in dem „*substantive rights*" mit „*substantial rights*" gleichgesetzt werden, S. 409: „the phrase (‘*substantive rights*’ in the Rules Enabling Act) connotes [...] that by its use Congress intended that in regulating procedure this Court [US Supreme Court] should not deal with important and *substantial rights*"; und auch auf S. 406: „In that [Erie] context, it made no difference whether the rule was technically one of substance or procedure; the touchstone was whether it ‘*significantly* affect[s] the result of a litigation’." [Hervorhebung hinzugefügt]. So auch *Byrd v. Blue Ridge Rural Elec. Co-op., Inc., Byrd v. Blue Ridge Rural Elec. Co-op., Inc.*, 356 U.S. 525 (1958), auf S. 548, 549, 550 „*substantive*" im Sinne „materiellen Rechts" verwandt, was auf S. 536, 537, 539, 546, 548, 549, 550, 551 (insgesamt zehn Mal) durch „*substantial*" im Sinne von „Maßgeblichkeit" oder „Wesentlichkeit" definiert wird; unterschiedliche Wortbedeutung später auch klarstellend *Affholder, Inc. v. Southern Rock, Inc.*, 746 F.2d 305 (5th Cir. 1984): „What is ‘substantive’ [dort definiert als *substantial*] for Erie purposes and what is ‘substantive’ for purposes of the Rules Enabling Act are not necessarily the same. „

165 Der Vergleichspunkt für die Maßgeblichkeit wird leider konsequent offengelassen.

166 Dass eine Regelung „Nebeneffekte" – sog. „*incidental effects*" – auf materielles Recht zeitigen kann, wird dabei jedoch in Kauf genommen, *Mississippi Pub. Corp. v. Murphree*, 326 U.S. 438 (1946); *Hanna v. Plumer*, 380 U.S. 460 (1965); *Shady Grove Orthopedic Associates, P.A. v. Allstate Ins. Co.*, 559 U.S. 393 (2010).

167 In diese Richtung auch *Byrd v. Blue Ridge Rural Elec. Co-op., Inc.*, 356 U.S. 525, 537 (1958).

168 *Hanna v. Plumer*, 380 U.S. 460 (1965).

169 *Sibbach v. Wilson & Co.*, 312 U.S. 1 (1941).

> *„The line between 'substance' and 'procedure' shifts as the legal context changes"*.[170]

In die Richtung einer Einzelfallabgrenzung geht auch *Guaranty Trust Co.*:

> *„[T]he words 'substance'" and "'procedure' '[e]ach impl[y] different variables depending upon the particular problem for which [they] are used"*.[171]

In jüngster Zeit gibt es Ansätze, ein der Verfahrensordnung zuzuordnendes Recht oder eine dieser unterstehende Norm abstrakt zu fassen:

> *„What matters is what the rule itself regulates: If it governs only 'the manner and the means' by which the litigants' rights are 'enforced,' it is valid [as procedural law]; if it alters 'the rules of decision by which [the] court will adjudicate [those] rights,' it is not."*[172]

Regelungen, die klassischerweise die *manner and the means of enforcement* betreffen, sind etwa solche über das zur Entscheidung berufene Gremium[173] sowie der Durchführung einer Klage als Individual- oder Gruppenklage.[174]

Unklar ist wiederum, was unter die *rules of decision* zu subsumieren ist. Zur Gruppe nicht-prozessrechtlicher Regelungen werden – insoweit kaum verwunderlich – materielle Rechte selbst, sowie die gerichtliche „Abhilfe" gezählt.[175] Dass die *rules of decision* bis dato noch nicht dem Prozessrecht zugeordnet werden, ist verwunderlich. Damit scheint der *Supreme Court* nach wie vor am *Erie* Test – trotz seiner Mängel – festzuhalten, die prozessuale Natur einer Norm anhand ihrer Auswirkung für das Ergebnis eines Rechtsstreites zu bestimmen.[176]

---

170 *Hanna v. Plumer*, 380 U.S. 460, 471 (1965).

171 *Shady Grove Orthopedic Associates, P.A. v. Allstate Ins. Co.*, 559 U.S. 393, 419 (2010), der auf *Guaranty Trust Co. of N.Y. v. York*, 326 U.S. 99, 108 (1945) verweist.

172 *Shady Grove Orthopedic Associates, P.A. v. Allstate Ins. Co.*, 559 U.S. 393 (2010).

173 *Byrd v. Blue Ridge Rural Elec. Co-op., Inc.*, 356 U.S. 525 (1958).

174 „Such rules [like rules allowing multiple claims] neither change plaintiffs' separate entitlements to relief nor abridge defendants' rights; they alter only how the claims are processed […] A class action, no less than traditional joinder (of which it is a species), merely enables a federal court to adjudicate claims of multiple parties at once, instead of in separate suits. And like traditional joinder, it leaves the parties' legal rights and duties intact and the rules of decision unchanged", *Shady Grove Orthopedic Associates, P.A. v. Allstate Ins. Co.*, 559 U.S. 393, 408 (2010).

175 *Shady Grove Orthopedic Associates, P.A. v. Allstate Ins. Co.*, 559 U.S. 393 (2010), „[…] Each [of the tested Rules of Civil Procedure] undeniably regulated only the process for enforcing those rights; none altered the rights themselves, the available remedies, or the rules of decision by which the court adjudicated either".

176 *Byrd v. Blue Ridge Rural Elec. Co-op., Inc.*, 356 U.S. 525 (1958).

Gleichwohl enthalten auch die FRCP umfassende Regelungen zum Verfahrensablauf, sowie der Beziehung des Gerichtes zu den Parteien, womit die praktische Relevanz der nicht-prozessualen *rules of decision* wohl gering ist. Nur sofern eine der Vertragsparteien die Wirksamkeit einer die FRCP-Regelungen abändernden oder ausschließenden Vereinbarung infrage stellt, trifft sie die Beweislast für die materielle Rechtsnatur. Im Übrigen gilt es, sich an den bisher existierenden Einordnungen von Regelungen zum Prozessrecht durch den *Supreme Court* zu orientieren.

II. Rechtsnatur von Prozessverträgen

Die Bestimmung der Rechtsnatur eines Prozessvertrages wird im deutschen Recht unterschiedlich gehandhabt. Grob unterteilt gibt es drei Schulen: Die der Vertragstheoretiker, die den Prozessvertrag als materiell-rechtlichen Verpflichtungsvertrag über prozessuale Beziehungen klassifizieren,[177] die der Prozess- bzw. Prozesshandlungstheoretiker,[178] sowie die der vermittelnden Schule.[179] Ein

177 Dieser Ansicht allen voran *BGH* NJW 1997, 2885, 2886; NJW 1989, 1431, 1432; NJW 1986, 1438, 1439; NJW 1983, 2772, 2773; NJW 1972, 391, 393; NJW 1972, 1622, 1623; NJW 1971, 323, 324; NJW 1968, 1233 (Gerichtsstandsklauseln); *BGH* NJW 1987, 651, 652; NJW 1964, 591 (Schiedsvereinbarungen); *Reichold*, in: Thomas/Putzo, ZPO, 36. Aufl. 2015, § 1029 Rn. 1 (Schiedsvereinbarungen). Einen materiell-rechtlichen Verpflichtungsvertrag über prozessuale Beziehungen gibt es streng genommen gar nicht – so überzeugend dargelegt durch *Wagner*, Prozeßverträge, 1998, S. 47. Eine derartige Aufspaltung der „Vertragszuordnung zwischen Tatbestand und Inhalt" sei nicht nur „analytisch verfehlt, sondern auch sachlich überflüssig", prozessuale Verpflichtungsverträge seien ohne Weiteres anzuerkennen. Verpflichtungen – egal welcher Art – seien kein dem materiellen Recht vorbehaltenes Institut, die vielfach unreflektiert angenommene Gleichung „Verpflichtung = Schuldrecht = Privatrecht", sei falsch, S. 37.

178 Den Prozessvertrag unter Anwendung eines weiten Prozesshandlungsbegriffes als Prozesshandlung auffassend: *Baumgärtel*, Wesen und Begriff der Prozeßhandlung einer Partei im Zivilprozeß, 1957, S. 289, 291; *Schiedermair*, Vereinbarungen im Zivilprozess, 1935, S. 167 f.; aA *Schwab*, Probleme der Prozeßhandlungslehre, in: FS Baumgärtel, 1990, S. 503 ff.; *Eickmann*, Beweisverträge im Zivilprozeß, 1987, S. 27 f.; *Rosenberg*, der für die Einordnung als prozessrechtlichen Vertrag fordert, dass es sich um eine einseitige Prozesshandlung handelt, die das Verfahren unmittelbar gestaltet, weshalb „Verträge" von vornherein ausscheiden, vgl. *Wagner*, Prozeßverträge, 1998, S. 22 f.

179 Siehe weitere Nachweise bei *Wagner*, Prozeßverträge, 1998, S. 16, für Schiedsvereinbarungen S. 40, Fn. 151; *Hellwig*, Zur Systematik des zivilprozeßrechtlichen Vertrages, 1968, S. 32, 35 f.

Erkenntnisgewinn für das amerikanische Recht lässt sich allenfalls durch Abstraktion der in der deutschen Rechtslehre entwickelten Unterscheidungskriterien erzielen.

Die Rechtsnatur von Prozessverträgen ließe sich zunächst nach dem Zeitpunkt des Vertragsschlusses im laufenden Prozess und/oder vor einer Gerichtsperson bestimmen. Denn der Vertrag zeichnet sich dann durch ein besonderes Dreiecksverhältnis zwischen Gericht, Kläger und Beklagten aus. Daraus könnte sich die Anwendung des Verfahrensrechts für die Frage der Zulässigkeit und Wirkung des Vertrages rechtfertigen. Allerdings vermag dies nicht zu überzeugen, denn die Anwendung prozessrechtlicher Vorschriften auf den Vertrag kann bereits vor Entstehen dieses Dreiecksverhältnisses erforderlich sein. Die Attraktivität Rawl'scher *pre-dispute* Verträge gebietet eine Anwendung des Verfahrensrechts auch zum *ex ante*-Zeitpunkt.

Sofern die Art und Weise des Vertragsschlusses durch Antrag und Annahme die Anwendung materiell-rechtlicher Vorschriften rechtfertigen soll, vermag dies ebenfalls nicht zu überzeugen.[180] Der Vertrag ist wertungsneutral. Aus der Tatsache, dass ein Vertrag vorliegt, folgt eben nichts über seine Rechtsnatur. Die Anwendung materiell-rechtlicher Vorschriften bedarf ebenfalls nicht der Einordnung als materiell-rechtlichen Vertrag, denn dessen gedankliche Überlegungen – etwa zur Sittenwidrigkeit – sind bei Fehlen speziell prozessrechtlicher Vorschriften ohne Weiteres übertragbar.[181]

Ferner gibt es im deutschen Recht den Ansatz, nach Tatbestand und Wirkung zu unterscheiden. Es kommt nach *Oertmann* nicht so sehr darauf an, ob Privatrechtsgeschäft oder Prozesshandlung, sondern vielmehr auf die Frage, inwieweit dies und inwieweit jenes.[182] Soweit der Tatbestand Kennzeichen eines Vertrages

---

180 So aber irrtümlich: *JF Enterprises, LLC v. Fifth Third Bank*, 824 F.Supp.2d 818 (N.D. Ill. 2011): „[…] A contract is governed by state law, [therefore] the validity of a jury trial waiver is similarly governed by state law".

181 Eine analoge Anwendung von Vorschriften findet sich vereinzelt auch in der amerikanischen Rechtsprechung, vgl. etwa PRODWARR § 2:9 (zur analogen Anwendung produkthaftungsrechtlicher Vorschriften); *Wagner v. Baird*, 48 U.S. 234 (1849), *DelCostello v. International Broth. of Teamsters*, 462 U.S. 151 (1983) und *Reed v. United Transp. Union*, 488 U.S. 319 (1989) (u. a. zur analogen Anwendung von Verjährungsfristen); *Owens v. Okure*, 488 U.S. 235 (1989) und *City of Monterey v. Del Monte Dunes at Monterey, Ltd.*, 526 U.S. 687 (1999) (zur analogen Anwendung gesetzlich vorgesehener Ansprüche); *Chauffeurs, Teamsters and Helpers, Local No. 391 v. Terry*, 494 U.S. 558 (1990) (diskutiert verschiedene Analogien bei anwaltlicher Fehlberatung).

182 *Oertmann* ZZP 1915, 389 (405).

hat, sollen materiell-rechtliche Vorschriften greifen, während die Rechtsfolgen, sofern sie im prozessualen Bereich liegen, ausschließlich nach Prozessrecht zu beurteilen seien. Dieser Ansicht liegt die Bestrebung zugrunde, die Anwendung von materiellem Vertragsrecht auf die Beurteilung des wirksamen Zustandekommens der Prozessabrede zu rechtfertigen. Dafür besteht keine Notwendigkeit, da einer (jedenfalls analogen) Anwendung des Vertragsrechts auf den Vertragsschluss nichts entgegensteht – weder Wertungen des Vertragsrechts noch des Verfahrensrechts.

Weiter kann nach Art und Weise der Rechtsfolgen des Vertrages differenziert werden (Unmittelbarkeitskriterium). Die Zuordnung als ein dem Prozessrecht angehörigen Vertrages könnte nur dann gerechtfertigt sein, wenn der Vertrag unmittelbare Rechtsfolgen im Sinne eines Automatismus zeitigt. Auch für Prozesshandlungen wird zwischen Erwirkungs- (Tätigwerden des Gerichts erforderlich) und Bewirkungshandlungen (unmittelbare Rechtswirkung im Prozess) unterschieden; eine Zuordnung zum Gebiet des Prozessrechts sei nur bei Letzterem gerechtfertigt.[183] Im amerikanischen Zivilprozess fehlt ein Automatismus.[184] Prozessverträge sind regelmäßig einredeweise im Prozess geltend zu machen,[185] als *defense* des Klägers[186] oder als *affirmative defense* des Beklagten.[187] Alle Einreden dem materiellen Recht zuzuordnen, erschiene gleichwohl sinnwidrig. Daher ist auch das Abgrenzungskriterium der Unmittelbarkeit abzulehnen.[188]

Überzeugend erscheint es, Verträge und die auf sie anzuwendenden Vorschriften entsprechend des Vertragsinhaltes zu bestimmen. Unstreitig sollen Prozessverträge die Vertragsparteien verpflichten und zugleich prozessuale Wirkungen

---

183 Diese Überlegung besonders konsequent durchgeführt: *Rosenberg*, Stellvertretung im Prozeß, 1. Teil, 1906, S. 99 ff.; vgl. die Ausführungen dazu bei *Wagner*, Prozeßverträge, 1998, S. 22 f.; Prozessuales Rechtsgeschäft könne nur die Prozesshandlung sein.

184 *Marcus*, 82 Tul. L. Rev. 973, 1026 (2008): „A clause does not take away a court's power to adjudicate but instead encourages a court to exercise its discretion, which it has independent of the clause, to give effect to the parties' wishes".

185 Im Rahmen der ersten Schriftsätze (*pleadings*), Rule 8, 12(b)(Satz 1) FRCP, oder, wenn die Einrede unter die abschließende Aufzählung von Rule 12(b)(Satz 2) fällt, als Antrag (*motion*).

186 Rule 8(b) FRCP.

187 Rule 8(c) FRCP.

188 Das Kriterium der Unmittelbarkeit macht umgekehrt im deutschen Recht sehr wohl Sinn, weil es dort die dem *common law* fremde Unterscheidung zwischen Verfügungs- und Verpflichtungsgeschäften gibt. Ein Verfügungsgeschäft ist klassisches Mittel, um die Rechtslage unmittelbar zu gestalten, während das Verpflichtungsgeschäft nur schuldrechtlicher Natur ist.

zeitigen. Ob man deshalb einen Vertrag mit Doppelnatur, einen materiell-rechtlichen Vertrag sui generis mit prozessualen Wirkungen oder einen prozessualen Vertrag unter analoger Anwendung materiell-rechtlicher Vorschriften annimmt, ist zweitrangig neben der Feststellung, dass jedenfalls Verfahrensrecht hinsichtlich der Zulässigkeit und Wirkung und Vertragsrecht hinsichtlich des wirksamen Zustandekommens des Prozessvertrages (direkt oder analog) Berücksichtigung finden müssen.

Zielen Prozessklauseln also darauf ab, den Entscheidungsfindungsprozess („the manner and the means by which the litigants' rights are enforced")[189] abzuändern, müssen die diesen regelnden Verfassungsordnungen von Bund und Ländern maßgeblich sein. Ansonsten würden prozessuale Wertungen umgangen, die sowohl dem Schutz überindividueller Interessen dienen,[190] als auch zum Schutz der Parteien selbst gelten.[191] Insoweit es um die vertragliche Bindung geht, ist Vertragsrecht anzuwenden (dazu sogleich unter B.).

Daneben sind über das Prozessrecht auch inzident Wertungen der Verfassung maßgeblich. Das Verfahrensrecht wiederholt und konkretisiert Verfassungsgarantien, wie etwa das Recht auf ein Juryverfahren, Rule 38 FRCP, aber auch das Gebot der Rechtsstaatlichkeit und den Anspruch auf rechtliches Gehör (*due process of law*). Die verfahrensrechtliche Verankerung von Verfassungsrecht kann wiederum zu einer Verschärfung vertragsrechtlicher Anforderungen führen. So wird ein höherer Konsensstandard gefordert, wenn es um den Ausschluss von Prozessrechten mit Verfassungsrang geht.[192]

Die weitreichend etablierte Form von Prozessverträgen – die Gerichtsstandsklausel – hat der *Supreme Court* in *Stewart*[193] hinsichtlich ihrer Rechtsfolgen dem Verfahrensrecht unterstellt, wodurch die Einordnung als prozessrechtlicher Vertrag gerechtfertigt ist.[194] Was die Frage der Erfüllung der Zulässigkeits- oder

---

189 *Shady Grove Orthopedic Associates, P.A. v. Allstate Ins. Co.*, 559 U.S. 393 (2010).

190 Vgl. dazu noch ausführlich: 4. Kapitel A. I., III. und IV.

191 Dazu noch eingehend im 4. Kapitel unter A. II.

192 Eingehend im 4. Kapitel, insbesondere unter A. II. 1. b., insb. aa., sowie C. *Ware*, Arbitration Clauses, Jury-Waiver Clauses, and other Contractual Waivers of Constitutional Rights, 67 SPG Law & Contemp. Probs. 167 (2004); *Sternlight*, Mandatory Binding Arbitration and the Demise of the Seventh Amendment Right to a Jury Trial, 16 Ohio St. J. on Disp. Resol. 669 (2001); *Noyes*, If You (Re)Build It, They Will Come: Contracts to Remake the Rules of Litigation in Arbitration's Image, 30 Harv. J.L. & Pub. Pol'y 579, 635 (2007).

193 *Stewart Organization, Inc. v. Ricoh Corp.*, 487 U.S. 22 (1988).

194 Aus der Anordnung der Anwendung von Bundesrecht durch den *Supreme Court* folgt, wie unter A. II. dargelegt, dass Bundesrecht, insofern es die in 28 USC § 2072(b)

Wirksamkeitsvoraussetzungen angeht, hat der *Supreme Court* in *Atlantic Marine*,[195] wenn auch kryptisch, die Anwendung von Bundesrecht angeordnet, womit er die Zuordnung zum Verfahrensrecht bestätigt hat.[196] Auch die Regelungen zum Juryverfahren gehören zur Verfahrensordnung.[197] Juryausschlussklauseln werden regelmäßig als prozessrechtliche Vereinbarungen angesehen.[198]

---

dargelegten Grenzen einhält, prozessrechtlicher Natur sein muss. 28 USC § 2072(b) wird über seine Funktion als Ermächtigungsgrundlage für den Erlass der FRCP bei jeglichem Bundesrecht als Richtschnur herangezogen.

195 *Atlantic Marine Const. Co., Inc. v. U.S. District of Texas*, 134 S. Ct. 568 (2013).

196 *Nanda/Pansius*, Litigation of international disputes in U.S. courts (2003) 03, LOID § 7:7, Onlineversion zuletzt März 2015 aktualisiert; Brief of Professor Stephan E. Sachs as Amicus Curiae in Support of Neither Party, 2013 WL 3362094, *Atlantic Marine Const. Co., Inc. v. U.S. District of Texas*, 134 S. Ct. 568 (2013), gleichzeitig auf S. 29 darauf hinweisend, dass diese Position kontrovers ist. Im Gegensatz dazu ist die Rechtsnatur der Gerichtsstandsklausel im deutschen Recht strittig. Der *BGH* ordnet sie als materiell-rechtlichen Vertrag ein, BGH NJW 1972, 391, 393: „[...] Eine Gerichtsstandsklausel [ist], jedenfalls, wenn sie – wie hier – vor dem Prozeß getroffen ist, keine Prozeßhandlung, [...] sondern ein materiellrechtlicher Vertrag, dessen Zustandekommen sich nach bürgerlichem Recht [...] richtet." Die herrschende Lehre misst ihnen eine ausschließlich prozessuale Wirkung bei und nimmt daher eine prozessuale Vereinbarung an, auf die sie zur Lückenfüllung die Vorschriften des bürgerlichen Rechts entsprechend heranzieht, vgl. BeckOK ZPO/*Toussaint* ZPO § 38 Rn. 1 – 1.1 mwN.

197 *Simler v. Conner*, 372 U.S. 221 (1963).

198 *In re: Allied Systems Holdings, Inc. and Others v. Yucaipa American Alliance Funds and others*, 524 B.R. 598 (2015); *Goettsch v. Goettsch*, 29 F.Supp.3d 1231 (N.D. Iowa 2014); *Frappier v. Countrywide Home Loans, Inc.*, 750 F.3d 91 (1st Cir. 2014); *New Skies Satellites, B.V. v. Home2US Communications, Inc.*, 9 F.Supp.3d 459 (D.N.J. 2014); *Avants v. Prospect Mortg., LLC*, 987 F.Supp.2d 1218 (D.N.M. 2013); *Elm Ridge Exploration Co., LLC v. Engle*, 721 F.3d 1199 (10th Cir. 2013); *InCompass IT, Inc. v. XO Communications Services, Inc.*, 719 F.3d 891 (8th Cir. 2013); *Client Funding Solutions Corp. v. Crim*, 943 F.Supp.2d 849 (N.D. Ill. 2013); *In re Felice*, 480 B.R. 401 (Bankr. D. Ma. 2012); *Allied Irish Banks, p.l.c. v. Bank of America, N.A.*, 875 F.Supp.2d 352 (S.D.N.Y. 2012); *In re Basile*, 472 B.R. 147 (Bankr. D. Ma. 2012); *Bank of America, N.A. v. Jill P. Mitchell Living Trust*, 822 F.Supp.2d 505 (D. Md. 2011); aA, materiell-rechtliche Staatenangelegenheit: *JF Enterprises, LLC v. Fifth Third Bank*, 824 F.Supp.2d 818 (N.D. Ill. 2011), indem vom Vorliegen eines Vertrages – irrtümlich – auf die Anwendbarkeit von Illinois'schem Sachrecht geschlossen wird: „[...] A contract is governed by state law, [therefore] the validity of a jury trial waiver is similarly governed by state law."; *LSREF2 Baron, LLC v. Alexander SRP Apartments, LLC*, 15 F.Supp.3d 1295 (N.D. Ga. 2013), im Ergebnis eigentlich keine Anordnung zur Anwendung von einzelstaatlichem Sachrecht – „Where the right to a jury trial is threatened, federal law applies

C. Wirksames Zustandekommen von Prozessverträgen

Die Zulässigkeit und Wirkung eines amerikanischen Prozessvertrages richtet sich also vornehmlich nach der Verfahrensordnung, während sein wirksames Zustandekommen nach materiellem Vertragsrecht beurteilt wird. Das folgt aus der Einordnung als Vertrag sowohl auf dem Rechtsgebiet des Prozessrechts als auch des Vertragsrechts. Bei einer Überprüfung von Bundesgerichten ist somit Bundesprozessrecht für die prozessuale Zulässigkeit und Wirkung maßgeblich.

Sein wirksames Zustandekommen richtet sich nach allgemeinen *common law*-Grundsätzen zum Vertragsschluss sowie einzelstaatlichem Sachrecht. In den wenigen Fällen, in denen der Vertragsschluss selbst problematisch war, haben die Gerichte offengelassen, aus welcher dieser beiden Rechtsquellen sich die Unwirksamkeit ergab.[199] Im Ergebnis ist dies für Prozessverträge, die keine komplexe Gestaltung der materiellen Rechtslage zum Gegenstand haben, auch weitgehend irrelevant. Denn dass sich diese beiden Rechtsquellen in ihren Grundsätzen kaum unterscheiden, ist nicht zuletzt den Bestrebungen des *American Law Institute*, „gemeinamerikanisches Recht" (oder auch: *general rules of law*)[200] in *Restatements* darzustellen und zu systematisieren, zu verdanken.[201] Das Vertragsrecht wird im *Restatement (Second) of Contracts* dargestellt,[202] in dem im Anschluss an die Darlegung eines Rechtssatzes Kommentierungen sowie eine

---

[…], but this does not mean that […] contractual waivers entered into knowingly and voluntarily shall always be enforced" – sondern zu Anwendung von einzelstaatlichem Prozessrecht aus Rechtsschutzgesichtspunkten: „Georgia law provided more protection of jury trial right than federal law, and application of Georgia law did not diminish any federal right that either party possessed".

199 Brief of Professor Stephan E. Sachs as Amicus Curiae in Support of Neither Party, 2013 WL 3362094, *29, *Atlantic Marine Const. Co., Inc. v. U.S. District of Texas*, 134 S. Ct. 568 (2013) mwN. Professor Stephan E. Sachs schlägt auf S. 31 vor, stets die vertragliche Wirksamkeit zu unterstellen, „[so] the Court need not 'wade into Erie's murky waters'„.

200 *Goodrich*, in: *Field* (Hrsg.), Centenary Essays, 1949, S. 241 (244).

201 Vgl. bereits 1. Kapitel B. VII.; ferner *Farnsworth*, Contracts, 26 (4. Aufl. 2004); *Goodrich*, in: *Field* (Hrsg.), Centenary Essays, 1949, S. 241 (244); Black's Law Dictionary (9· Aufl. 2009); Schack, Einführung in das US-amerikanische Zivilprozessrecht, 4. Aufl. 2011, Rdnr. 32.

202 Dem ersten Restatement folgte 1981 das zweite Restatement, welches kontinuierlich aktualisiert wird. Die Online-Datenbank zum zweiten Restatement ist auf dem Stand von März 2015.

Liste einschlägigen Fallrechts von Bundes- wie Bundesstaatengerichten zu finden sind.[203]

Im Übrigen sind lediglich die Grundlagen des Vertragsrechts zu beachten, insbesondere das Vorliegen von Zustimmung (I.), die wirksam ohne Willensmängel zustande gekommen ist, das Fehlen formaler oder materieller Sittenwidrigkeit (II.) sowie das Nichtentgegenstehen von *public policy*-Gründen (III.).

I. Konsensprinzip

1. Bedeutung

Das Konsensprinzip besagt, dass Verträge deshalb bindend sind, weil sich die Parteien des Vertrages binden wollten.[204] Der wirksame Vertragsschluss setzt die Äußerung von Zustimmung voraus, die sich in irgendeiner Art und Weise manifestiert haben muss,[205] sodass eine vernünftige (dritte) Person von einem Vertragsschluss ausgehen darf.[206] Aus dem Vorliegen von Zustimmung wird der Wille, sich auch binden zu wollen, gefolgert. Es gilt ein objektiver Standard, weshalb es grundsätzlich nicht darauf ankommt, ob ein Vertrag tatsächlich gelesen oder verstanden wurde.[207]

---

203 *Farnsworth*, Contracts, 27.

204 *Marcus*, 82 Tul. L. Rev. 973, 981 (2008).

205 Restatement (Second) of Contracts § 17 [1] (1981): „[...] the formation of a contract requires a bargain in which there is a manifestation of *mutual assent* to the exchange and a consideration“, und: „It is essential to a bargain that each party manifest assent *with reference to the manifestation of the other*“, Restatement (Second) of Contracts § 23 (1981); Schlüssiges Verhalten kann für „*manifestation of assent*“ ausreichen, vgl. Restatement (Second) of Contracts § 19 (1981) [Hervorhebungen hinzugefügt].

206 Restatement (Second) of Contracts § 19 (1981), comment c): „[A party] is not responsible for that appearance [of assent on his part] *unless he knows or has reason to know that his conduct may cause the other party to understand that he assents.*“ [Hervorhebung hinzugefügt].

207 Restatement (Second) of Contracts § 19 [3] [1] (1981): „The conduct of a party may manifest assent even though he does not in fact assent.“; Insbesondere bei „*standardized contracts*“, vgl. Restatement (Second) of Contracts § 211 [2] (1981): „Such a writing is interpreted wherever reasonable as treating alike all those similarly situated, without regard to their knowledge or understanding of the standard terms of the writing.“; Und in der Kommentierung hierzu: „[The] purpose [of standardized contracts] would not be served if a substantial number of customers retained counsel and reviewed the standard terms. [] Employees regularly [...] have only a limited understanding of its terms and limited authority to vary them. Customers do not in fact ordinarily understand or even read the standard terms. [...] But they understand that they are

2. *Widerlegliche Konsens- und Wirksamkeitsvermutung*

Liegt ein schriftlicher oder elektronischer Vertrag mit Unterschrift vor, wird Konsens widerleglich vermutet.[208] Es handelt sich dabei um eine Vermutung im materiell-rechtlichen Bereich: dem Vertragsrecht. Die Vermutungsfolge kann nur durch den Beweis des Gegenteils, also den Beweis des Nichtvorliegens von Zustimmung inklusive Bindungswillens, gekippt werden, was schwierig sein dürfte.[209] Allerdings kann der Vermutung auch durch Bestreiten ihrer Voraussetzung die Grundlagen entzogen werden, etwa indem die Urheberschaft einer Unterschrift bestritten wird. Hierfür ist nicht notwendig, zu beweisen, dass der Gegner die Unterschrift gefälscht habe, sondern es ist ausreichend, die Vertrauensgrundlage für die Vermutung von Zustimmung zu erschüttern.

Aus dem Vorliegen eines bestimmten Vertragstypus wird darüber hinaus die Wirksamkeit des Vertrages vermutet, so z.B. für die Gerichtsstands-, die Schieds- oder die Rechtsmittelausschlussklausel.[210] Auch hier kann sich derjenige, der sich auf die Unwirksamkeit des Vertrages beruft, entweder durch Hervorrufen

---

assenting to the terms not read or not understood, subject to such limitations as the law may impose."

208 Restatement (Second) of Contracts § 19 [3] [1], § 211 (1981).

209 *Sears, Roebuck & Co. v. Lea*, 198 F.2d 1012 (6th Cir. 1952); *High v. Capital Senior Living Properties 2-Heatherwood, Inc.*, 594 F.Supp.2d 789 (E.D. Mich. 2008); *Fleming Companies, Inc. v. Thriftway Medford Lakes, Inc.*, 913 F.Supp. 837, 843 (D.N.J. 1995).

210 Bspw. für **Gerichtsstandsklauseln**: *Atlantic Marine Const. Co., Inc. v. U.S. District of Texas*, 134 S. Ct. 568, 581 (2013); *Carnival Cruise Lines, Inc. v. Shute*, 499 U.S. 585 (1991); *Stewart Organization, Inc. v. Ricoh Corp.*, 487 U.S. 22, 33 (1988); *M/S Bremen v. Zapata Off-Shore Co.*, 407 U.S. 1, 17 (1972); *Cardoni v. Prosperity Bank*, 805 F.3d 573, 580 (5th Cir. 2015); *Mitsui & Co. (USA), Inc. v. Mira M/V*, 111 F.3d 33, 35 (5th Cir. 1998); *Ginter ex rel. Ballard v. Belcher, Prendergast & Laporte*, F.3d 439, 441 (5th Cir. 2008); für **Schiedsklauseln**: *AT & T Technologies, Inc. v. Communications Workers of America*, 475 U.S. 643 (1986); für **Rechtsmittelausschlussklauseln** (obgleich die Vermutung streitig ist, vgl. im 3. Kapitel E. II. 6.): *Calamari/Perillo*, Contracts, 16; *Payne v. S.S. Tropic Breeze*, 423 F.2d 236, 438 (1st Cir. 1970); *U.S. v. Beras*, 571 Fed. Appx. 68, 69 (2nd Cir. 2014); *U.S. v. Gomez-Perez*, 215 F.3d 315, 319 (2nd Cir. 2000); wohl auch *MACTEC, Inc. v. Gorelick*, 427 F.3d 821, 830 (10th Cir. 2005) („courts routinely enforce agreements that waive the right to appellate review over district court decisions"); *U.S. v. Gomez-Perez*, 215 F.3d 315, 319 (2nd Cir. 2000); **nicht** jedoch für **Juryausschlussklauseln**: *Hodges v. Easton*, 106 U.S. 408, 412 (1882); *Aetna Ins. Co. v. Kennedy to Use of Bogash*, 301 U.S. 389, 393 (1937); vgl. ferner zur Beweislast V., sowie die Ausführungen zur Wirksamkeit der verschiedenen Prozessverträge im 3. Kapitel.

ernstlicher Zweifel an der Grundlage der Vermutung (Bestreiten der Echtheit der Unterschrift, Aufzeigen möglicher Willensmängel) oder durch Beweis des Gegenteils (z.B. Abschluss eines Aufhebungs- oder Modifikationsvertrages) gegen die Vermutung wehren.

3. Erhöhung der Voraussetzungen in bestimmten Fallgruppen

Dadurch ist in bestimmten Fallgruppen ein stärkeres Schutzniveau erforderlich, um dem Schutzgedanken des Zivilprozesses Rechnung zu tragen, namentlich die Durchsetzung berechtigter und die Abwehr unberechtigter Ansprüche zu gewährleisten.[211]. Besteht zwischen den Vertragsparteien eine starke Informations- und Verhandlungsasymmetrie, kann es sein, dass eine Partei Vertragsklauseln zu ihrem einseitigen Vorteil durchsetzen kann, ohne dass der anderen Partei dies bewusst ist (fehlende Kenntnis oder kein Verständnis) oder sie etwas dagegen tun kann (sie daher rational ignorant gegenüber der Regelung ist). Das Vorliegen von Zustimmung erscheint fraglich, wenn eine informierte und rational handelnde Partei eine bestimmte Klausel nicht vereinbart hätte.[212] Der Markt funktioniert nicht immer als angemessener Ausgleichsmechanismus, wonach eine weniger günstige Regelung sich auch in niedrigeren Preisen widerspiegelt,[213] sodass ein rechtliches Korrektiv notwendig ist, welches auch im Stellen höherer Anforderungen an das Vorliegen wirksamer Zustimmung gefunden werden kann.[214]

An den wirksamen Ausschluss bestimmter Rechte werden bereits *de lege lata* strengere Anforderungen gestellt, so beim Ausschluss verfassungsrechtlich garantierter Rechte[215] sowie diesen im Rang gleichstehender Rechte, die zentral für das Funktionieren des Rechtssystems sind.[216] Für das Vorliegen wirksamen

211 *Wagner*, Prozeßverträge, 1998, S. 152.

212 Dazu im 4. Kapitel unter A. II. 1. b. aa. (3) (a).

213 Zur wirtschaftsliberalen Haltung insbesondere der Bundesgerichte im 4. Kapitel unter A. II. 1. b. aa. (2), zur Kritik unter (3) (a).

214 Dazu noch eingehend im 4. Kapitel, insbesondere unter A. II. 1. b., insb. aa., sowie C.

215 Vergleiche dazu *Ware*, Arbitration Clauses, Jury-Waiver Clauses, and other Contractual Waivers of Constitutional Rights, 67 SPG Law & Contemp. Probs. 167 (2004); *Sternlight*, Mandatory Binding Arbitration and the Demise of the Seventh Amendment Right to a Jury Trial, 16 Ohio St. J. on Disp. Resol. 669 (2001); *Noyes*, If You (Re) Build It, They Will Come: Contracts to Remake the Rules of Litigation in Arbitration's Image, 30 Harv. J.L. & Pub. Pol'y 579, 635 (2007).

216 *Ware*, 67 SPG Law & Contemp. Probs. 167 (2004); *Sternlight*, 16 Ohio St. J. on Disp. Resol. 669, 678 (2001); *Noyes*, 30 Harv. J.L. & Pub. Pol'y 579, 581 (2007), vgl. etwa die Anforderungen an den Rechtsmittelausschluss, Kapitel 3. E. II. 5. a.

Konsenses wird in diesen Fällen gefordert, dass der Verzicht *voluntarily, intelligently and knowingly* erklärt wird.[217] Für die Wirksamkeit der Zustimmung sind ferner die Regeln über Geschäftsfähigkeit,[218] Willensmängel[219] und Stellvertretung[220] zu beachten. Besonderheiten im Vergleich zum deutschen Recht, die hier besonders hervorzuheben wären, bestehen im Hinblick auf amerikanische Prozessverträge nicht.

Generell müssen Prozessverträge in *good faith and fair dealing* geschlossen worden sein.[221] Ein Mangel dieser Voraussetzungen kann vom Gericht als Beweis fehlender Zustimmung gewertet werden, oder – so der häufigere Fall – als Indiz für das Bestehen einer vertragsrechtlichen *defense* wie Sittenwidrigkeit oder Betrug gewertet werden.[222]

4. *Besonderheiten bei vorprozessualen Vereinbarungen*

Teilweise werden besondere Voraussetzungen an das Vorliegen wirksamen Konsenses bei vorprozessualen Vereinbarungen gestellt.

Rawl'sche unter dem Schleier des Nichtwissens geschlossene *ex ante*-Vereinbarungen werden noch eingehend im 3. und 4. Kapitel untersucht.[223] Bei Ihnen handelt es sich um Vereinbarungen, die im Vorfeld einer Rechtsstreitigkeit, etwa mit Abschluss des materiell-rechtlichen Vertrages geschlossen werden. Zu diesem frühen Zeitpunkt befinden sich die Parteien in einem Zustand der Ungewissheit über ihre spätere Rolle in einem potentiellen Prozess. Ihre Interessen sind daher weitgehend gleichgerichtet. Deshalb sind sie tendenziell geneigt, Regelungen zu treffen, die für beide Seiten vorteilhaft sind.

Vorprozessuale Vereinbarungen sind vielversprechend. Denn sie ermöglichen eine Minimierung oder gar einen Ausschluss strategischen und opportunistischen Verhaltens beim Vertragsschluss. Sie können die Vertragstreue steigern

---

217 *Noyes*, 30 Harv. J.L. & Pub. Pol'y 579, 583 (2007).

218 Restatement (Second) of Contracts § 12–§ 16 (1981).

219 Vgl. Etwa Restatement (Second) of Contracts § 151–§ 158 (1981).

220 Vergleiche Restatement (Second) of Contracts § 19 [3] [1], § 52 (1981), Punkt c) „Agency": „The rules stated in the Restatement of this Subject are supplemented by the law of agency, and in the absence of contrary statement it is assumed that any necessary act may be performed on behalf of a contracting party by his agent."

221 *Alle-Murphy*, Are Compulsory Arbitration Clauses in Consumer Contracts Enforceable? A Contractual Analysis, 75 Temp. L. Rev. 125, 150 (2002).

222 Dazu eingehend zum Fallrecht im 3. und zur Literaturdiskussion im 4. Kapitel.

223 4. Kapitel, A. II. 2.

und die Motivation zu prozessieren senken. Auch die Einigungsbereitschaft im Falle eines Zivilprozesses kann erhöht werden.

Gleichwohl bestehen Bedenken gegen derartige Vereinbarungen, weshalb im 3. Kapitel für jeden Prozessvertrag die Zulässigkeit eines vorprozessualen Vertragsschlusses geprüft wird.[224] Besondere Sorgen bereiten vorprozessuale Verträge zwischen Parteien ungleicher Verhandlungsstärke sowie solche, die einen Verzicht auf Prozessrechte mit Verfassungsrang vorsehen. Vorprozessuale Verträge dürfen nicht dazu führen, dass eine Partei unbedacht oder aus einer Zwangslage heraus auf die Ausübung ihrer Prozessrechte verzichtet. *Due process of law* muss in jedem Verfahrensstadium gewahrt sein. Dazu gehört auch der vorprozessuale Bereich, in dem eine Partei abwägt, ob sie den Rechtsweg überhaupt beschreitet.

Diesen Bedenken kann durch Übertragung des für die Abbedingung von verfassungsrechtlich garantierten Prozessrechten geltenden Standards begegnet werden.[225] Demnach müssen vorprozessuale Vereinbarungen *voluntarily, intelligently and knowingly* geschlossen werden; das Vorliegen von Zustimmung wird eng ausgelegt.[226] Eine materiell-rechtliche Wirksamkeitsvermutung, wie sie für manche Vertragstypen besteht, soll nicht gelten. Darüber hinaus gibt es weitere, im 4. Kapitel erörterte Möglichkeiten eines Übereilungsschutzes, wie ein generelles Verbot vorprozessualer Klauseln in bestimmten Fallkonstellationen, die Einhaltung bestimmter Formvorschriften, Aufklärungspflichten sowie die Forderung nach anwaltlicher Vertretung.

II. Vertragsrechtliche Einwände, insbesondere Sittenwidrigkeitsdoktrin

Ein Vertrag – materieller wie prozessualer Natur – muss fair und frei geschlossen worden sein.[227] Typische vertragsrechtliche Einwände sind die Sittenwidrigkeit

---

224 3. Kapitel, A. II. 2. (Gerichtsstandsklauseln); B. II. 1. (*pre-trial discovery*-Modifikationen); D. II. 2. (Juryausschlussklauseln); E. II. 4. (Rechtsmittelvereinbarungen).

225 *D. H. Overmyer Co. Inc., of Ohio v. Frick Co.*, 405 U.S. 174 (1972); vgl. auch *Noyes*, 30 Harv. J.L. & Pub. Pol'y 579, 603 (2007).

226 *Noyes*, 30 Harv. J.L. & Pub. Pol'y 579, 583 (2007).

227 *Sims v. Wyrick*, 743 F.2d 607, 610 (8th Cir. 1984); *American Red Cross v. Community Blood Center of the Ozarks*, 257 F.3d 859, 864 (8th Cir. 2001), in welchem verwirrenderweise zwischen der Wirksamkeit und der Maßgeblichkeit einer Vereinbarung vor Gericht unterschieden wird („While [these] stipulations are binding, only 'stipulations of fact fairly entered into are controlling and conclusive'"). Diese Unterscheidung macht etwa dann Sinn, wenn ein sittenwidriger Vertrag erfüllt werden kann, die Rückforderung des Geleisteten jedoch ausgeschlossen sein soll, sowie eine originäre Klage

einer Klausel, das Vorliegen von Betrug, Übervorteilung, oder Nötigung bei Vertragsschluss.[228] Die Sittenwidrigkeitsdoktrin ist dabei das im Rahmen von Prozessverträgen am häufigsten von den Gerichten genutzte rechtliche Korrektiv, wobei sie bisweilen als ein verschiedene vertragsrechtliche Einwände umfassendes Generalkorrektiv verwandt wird.

1. *Allgemeines*

Die Sittenwidrigkeit beurteilt sich grundsätzlich nach einzelstaatlichem Vertragsrecht,[229] welches für den Vertragsschluss eines die FRCP (oder den Federal Arbitration Act, FAA) abändernden Prozessvertrages anwendbar ist. Das folgt bereits aus der Rechtsnatur des Prozessvertrages als einem nach materiellem Recht zustande gekommenen Vertrag, wird für die Schiedsklausel jedoch explizit durch die Öffnungsklausel des 9 USC § 2: „valid [...] save upon such grounds that exist in law or equity" bestätigt. Darüber hinaus ist die Sittenwidrigkeit in § 153 sowie § 208 des Restatement (Second) of Contracts (1981) niedergelegt.

Sie entstammt dem Billigkeitsrecht (*law of equity*), nach dem ein sittenwidriger Vertrag als „a contract so unfair as to 'shock the conscience'" definiert wurde.[230] Maßgeblich war jedoch nicht das Gewissen „aller billig und gerecht Denkenden", wie im deutschen Recht,[231] sondern das des *Chancellors*.[232] Heute hängt die Sittenwidrigkeit nicht mehr einzig vom Gerechtigkeitsempfinden des vorsitzenden Richters ab, sondern ist von den politischen, kulturellen wie gesellschaftlichen Umständen geprägt.[233]

---

auf Erfüllung unterbunden werden soll. Eine Erläuterung der Unterscheidung wird jedoch nicht vorgenommen, sondern nur auf *Sims v. Wyrick* verwiesen, welcher jedoch bereits die vertragliche Verpflichtung bei Vorliegen von Willensmängeln verneint.

228 So etwa der *Supreme Court* im Bezug auf Schiedsklauseln in *Doctor's Associates v. Casarotto*, 517 U.S. 681 (1996).

229 *Acorn v. Household Intern., Inc.*, 211 F.Supp.2d 1160, 1171 (N.D. Cal. 2002); *Chalk v. T-Mobile USA, Inc.*, 560 F.3d 1087, 1092 (9th Cir. 2009); *Thornburg*, Designer Trials, 2006 J. Disp. Resol. 181, 193 (2006); *Kapeliuk/Klement*, 37 (2008).

230 *Alle-Murphy*, 75 Temp. L. Rev. 125, 151 (2002), unter Verweis auf *Coles v. Trecothick*, 32 Eng. Rep. 592, 597 (1804).

231 MüKoBGB/*Armbrüster* BGB § 138 Rn. 14.

232 *Alle-Murphy*, 75 Temp. L. Rev. 125, 151 (2002).

233 208 Restatement (Second) of Contracts; 2-302 Uniform Commercial Code.

Das amerikanische Recht kennt zwei Arten von Sittenwidrigkeit:[234] Eine Vertragsklausel kann sittenwidrig erlangt werden (*procedural unconscionability*) oder aber dem Inhalt nach sittenwidrig sein (*substantive unconscionability*).[235] Das einzelstaatliche Recht misst diesen beiden Formen der Sittenwidrigkeit unterschiedliche Bedeutung zu. Manche Staaten erfordern das Vorliegen beider – *procedural* und *substantive unconscionability* –,[236] für andere ist *substantive unconscionability* maßgeblich,[237] wieder anderen genügt das Vorliegen einer der beiden Formen.[238]

2. Procedural Unconscionability

Defizite im Verhandlungsprozess, die zum Vorliegen von *procedural unconscionability* führen können, sind etwa Zwang oder Ausbeutung einer ungleichen Verhandlungsposition.[239] Manche Gerichte gehen beim Vorliegen eines nichtverhandelbaren, *prima facie* einseitig begünstigenden Formularvertrag[240] vom Ausnutzen einer ungleicher Verhandlungsposition aus und nehmen *procedural*

---

234 Vgl. etwa die Unterscheidung im kalifornischen Recht: West's Ann.Cal.Civ.Code §§ 1668, 1670.5(a); Application of Whitehaven S.F., LLC v. Spangler, 2014 WL 4494168 oder S.D.N.Y., 2014.

235 Vgl. etwa Unterscheidung bei *Horton*, UCLA Law Review, 605, 622 (2010); ferner *Szetela v. Discover Bank*, 97 Cal.App.4th 1094, 1099 (Cal. Ct. App. 2002): „Procedural unconscionability addresses the manner in which agreement to the disputed term was sought or obtained, such as unequal bargaining power between the parties and hidden terms included in contracts of adhesion. [...] Substantive unconscionability addresses the impact of the term itself, such as whether the provision is so harsh or oppressive that it should not be enforced."

236 *Luna v. Household Finance Corp. III*, 236 F.Supp.2d 1166, 1174 (W.D. Wash. 2002) (Kalifornien); allerdings mit der Einschränkung, dass nicht beide Formen gleichermaßen stark vorliegen müssen: „These elements, however, need not be present to the same degree. The more substantively oppressive the contract term, the less evidence of procedural unconscionability is required to come to the conclusion that the term is unenforceable, and vice versa.", *Szetela v. Discover Bank*, 97 Cal.App.4th 1094, 1100 (Cal. Ct. App. 2002).

237 *Chalk v. T-Mobile USA, Inc.*, 560 F.3d 1087, 1093 (9th Cir. 2009); *Vasquez-Lopez v. Beneficial Oregon, Inc.*, 210 Or.App. 553, 567 (Or. Ct. App. 2007) (Oregon).

238 *Vasquez-Lopez v. Beneficial Oregon, Inc.*, 210 Or.App. 553, 567 (2007) (Oregon); *Tjart v. Smith Barney, Inc.*, 107 Wash.App. 885, 898 (Wash. Ct. App. 2001) (Washington).

239 *AT&T Mobility LLC v. Concepcion*, 131 S.Ct. 1740, 1746 (2011).

240 Eingehend zu den unterschiedlichen Formen an Formularverträgen sowie dem Interessenausgleich im 4. Kapitel A. II. 1. b. aa. (1).

unconscionability an.[241] Diese Auffassung wird nicht vom *Supreme Court* geteilt.[242] Einige (vor allem einzelstaatliche) Gerichte folgen dieser *Supreme Court* Auffassung grundsätzlich, stellen jedoch entscheidend auf das Kriterium der Kenntnis des Vertragsinhaltes ab, dem die „schwächere Partei" zustimmt. Für manche ist tatsächliche Kenntnis zwingend, für andere reicht die Möglichkeit der Kenntnisnahme aus.[243] Teilweise wird die schwache Verhandlungsposition nicht als Faktor im Rahmen der *procedural unconscionability*, sondern der *substantive unconscionability* berücksichtigt,[244] abhängig davon, ob man sie für den Vertragsschluss (*procedural unconscionability*) oder für die Ausgestaltung des Vertragsinhaltes (*substantive unconscionability*) als maßgeblich ansieht.

3. Substantive Unconscionability

Der Vertrag ist sittenwidrig, wenn sein Inhalt besonders einseitig ist.[245] Das ist der Fall, wenn er eine Partei ungerechtfertigt begünstigt[246] oder wenn besonders harsche Folgen für die andere Partei zu erwarten sind.[247] *Procedural*

---

241 *Ting v. AT&T*, 319 F.3d 1126, 1148 (9th Cir. 2003).

242 *Carnival Cruise Lines, Inc. v. Shute*, 499 U.S. 585, 593 (1991) („In this context, it would be entirely unreasonable for us to assume that respondents-or any other cruise passenger-would negotiate with petitioner the terms of a forum-selection clause in an ordinary commercial cruise ticket. Common sense dictates that a ticket of this kind will be a form contract the terms of which are not subject to negotiation, and that an individual purchasing the ticket will not have bargaining parity with the cruise line").

243 *Aral v. EarthLink, Inc.*, 134 Cal.App.4th 544, 560 (Cal. Ct. App. 2005) („Although the forum selection clause here is contained in an adhesion contract, that clause in an adhesion contract is enforceable even though the defendant did not actually read it") (Kalifornien); *Intershop Communications v. Superior Court*, 104 Cal.App.4th 191, 201 (Cal. Ct. App. 2002) (Kalifornien); *Cohn Law Form v. YP Southeast Advertising & Publishing, LLC*, 2015 WL 3883242, 6 (Tenn. Ct. App. 2015) („even assuming that the contracts and the forum selection clause constitute contracts of adhesion, this conclusion does not render the contracts unenforceable") (Tennessee). Eingehend zu dieser Thematik noch im 4. Kapitel unter A. II. b. (1).

244 *Chalk v. T-Mobile USA, Inc.*, 560 F.3d 1087, 1094 (9th Cir. 2009) „In analyzing an arbitration clause for substantive unconscionability, under Oregon law, the inquiry considers whether the clause is rendered unconscionable when the disparity in bargaining power reflected in the clause's adhesive nature is combined with terms that are unreasonably favorable to the party with the greater power."

245 *Armendariz v. Foundation Health Psychcare Services, Inc.*, 24 Cal.4th 83 (Cal. 2001).

246 *Acorn v. Household Intern., Inc.*, 211 F.Supp.2d 1160, 1170 (N.D. Cal. 2002); *Szetela v. Discover Bank*, 97 Cal.Rptr.2d 867–68.

247 *AT&T Mobility LLC v. Concepcion*, 131 S.Ct. 1740, 1746 (2011).

unconscionability und *substantive unconscionability* liegen häufig gemeinsam vor: Eine Nichtverhandelbarkeit bzw. eine schwache Verhandlungsposition führt oftmals zu einseitigen Vertragsbedingungen. Das Vorliegen eines einseitigen Vertrages oder einer nichtverhandelbaren Klausel führen dabei nicht per se zur Sittenwidrigkeit.[248]

4. *Geltendmachung*

Die Sittenwidrigkeit einer Vertragsklausel ist einredeweise geltend zu machen.[249] Der Einwand der Sittenwidrigkeit ermöglicht eine Gegenwehr, nicht jedoch eine Klage selbst.[250] Der Verwender einer Klausel riskiert mithin im schlimmsten Falle deren Unwirksamkeit, nicht aber, Schadensersatz zu zahlen.[251] Dadurch wird eine Übervorteilung zwar nicht vollständig verhindert; gleichwohl aber der Anreiz einer übervorteilenden Klausel erheblich verringert.

III. ***Public policy***

Public policy-Gründe, die sich aus Gesetzen, Richterrecht oder ungeschriebenen Rechtssätzen ergeben, sind das zweite von der Rechtsprechung häufig genutzte Korrektiv unbilliger Ergebnisse. Zum einen können sich aus *public policy* vertragliche Unwirksamkeitsgründe ergeben. Vereinzelt wird das Fehlen wirksamer Zustimmung im Rahmen von *public policy* diskutiert.[252]

Zum anderen können die *public policy*-Gründe mit der besonderen Rechtsnatur des Prozessvertrages in Verbindung stehen und dessen Zulässigkeit

---

248 *Ting v. AT&T*, 319 F.3d 1126, 1149 (9th Cir. 2003) „Although parties are free to contract for asymmetrical remedies and arbitration clauses of varying scope [...] the doctrine of unconscionability limits the extent to which a stronger party may, through a contract of adhesion, impose the arbitration forum on the weaker party without accepting that forum for itself."

249 *MacKinnon v. IMVU*, Inc., 2014 WL 5488404.

250 Manche Staatengesetze sehen jedoch mittlerweile im Kontext von Verbraucherverträgen die Möglichkeit der Klage wegen Sittenwidrigkeit vor, so zum Beispiel der California Consumer Legal Remedies Act (CLRA), oder der Florida Deceptive and Unfair Trade Practices Act.

251 *Horton*, 57 UCLA L. Rev. 605, 664 (2010).

252 *McCall v. U.S. Postal Service*, 839 F.2d 664, 667 (Fed. Cir. 1988), obgleich hier im Ergebnis verneint: „the public interest against involuntary waivers of rights [may] weigh against the enforcement of this agreement and [may render an agreement] void as a matter of public policy."

begrenzen.[253] Durch Prozessklauseln darf insbesondere nicht der Gesetzeszweck bestimmter Schutzgesetze (wie zum Beispiel der Verbraucherschutz) unterlaufen werden. Im Rahmen von Sammelklageausschlussklauseln werden *public policy*-Gründe etwa zur Invalidierung der Klausel herangezogen, wenn die Ausschlussklausel zur faktischen Haftungsfreizeichnung des Verwenders führen könnte.[254] Aufgrund der vorzunehmenden Interessenabwägung, werden die *public policy*-Gründe im 4. Kapitel dargestellt.[255]

IV. *Doctrine of Separability* und *Severability*

Eine Klausel, mit der eine prozessuale Regelung erzielt wird, muss nicht in einem vom materiell-rechtlichen Vertrag physisch getrennten Dokument aufgeführt sein, um einen wirksamen Prozessvertrag zu konstituieren. Kauf- und Prozessvertrag können gemeinsam in einer Vertragsurkunde aufgeführt und vereinbart werden. Nach der *doctrine of separability* wird der prozessrechtliche Teil des Vertrages als eigenständiger (Prozess-)Vertrag behandelt.

In Folge der *doctrine of separability* ist der Prozessvertrag vom materiell-rechtlichen Vertrag abstrakt. Unwirksamkeitsgründe in Bezug auf Letzteren führen nur dann auch zur Unwirksamkeit des Prozessvertrages, wenn sie sich gerade auch auf die prozessrechtlichen Bestimmungen beziehen. Im Fall *Prima Paint Corp. v. Flood & Conklin Mfg. Co.*[256] musste der *Supreme Court* entscheiden, ob die festgestellte betrügerische Verleitung zum Vertragsschluss sich auch auf die prozessrechtlichen Bestimmungen auswirke. Obgleich der *Supreme Court* anerkannte, dass die (materiell-rechtlichen wie prozessualen) Bestimmungen insgesamt vom Betrug geleitet zustande kamen, erklärte er die prozessuale Bestimmung, die Schiedsklausel, für wirksam, mit der Begründung, dass die Unwirksamkeit genau dieser Klausel nicht gesondert geltend gemacht wurde.[257]

Daneben ist die *doctrine of severability* (Theorie der Trennbarkeit) wichtig, welche mit einer salvatorischen Klausel vergleichbar ist. Nach dieser Theorie soll ein Vertrag trotz einzelner unwirksamer Bestimmungen wirksam sein.[258] Das

253 Restatement (Second) of Contracts § 178 (1981): When a Term Is Unenforceable on Grounds of Public Policy.
254 Dazu näher im 3. Kapitel unter C. II. 3.
255 Vgl. daher dazu eingehend im 4. Kapitel, B. II. 3.
256 *Prima Paint Corp. v. Flood & Conklin Manufacturing. Co.*, 388 U.S. 395 (1967).
257 388 U.S. 395, 402 (1967).
258 *Taylor/Cliffe*, Civil Procedure By Contract: A Convoluted Confluence of Private Contract And Public Procedure In Need of Congressional Control, 35 U. Rich. L. Rev. 1085, 1130 (2002).

gilt jedoch nur, – vergleichbar zu § 139 BGB – wenn die unwirksame Bestimmung nicht so wesentlich für die Vertragsparteien ist, dass sie andernfalls den Vertrag nicht geschlossen hätten.[259] An die Stelle der unwirksamen Bestimmung tritt dispositives Gesetzesrecht.

V. Beweislast

Im Zivilrecht muss die beweisbelastete Partei grundsätzlich nur die überwiegende Wahrscheinlichkeit[260] ihrer Tatsachendarstellung darlegen. Die Beweislast trägt derjenige, der die Unwirksamkeit einer Klausel behauptet. Das Vorliegen von Sittenwidrigkeit erfordert außergewöhnliche Umstände, die schwer darzulegen und zu beweisen sind.[261] Für manche Klauseln hat der *Supreme Court* widerlegliche, materiell-rechtliche Wirksamkeitsvermutungen aufgestellt, so zum Beispiel für Gerichtsstandsklauseln,[262] Schiedsklauseln[263] und Rechtsmittelausschlussklauseln,[264] nicht jedoch für den verfassungsrechtlich geschützten Anspruch auf ein Juryverfahren.[265]

---

259 Restatement (Second) of Contracts § 184 Section 1 (1981).

260 Sog. „Preponderance of evidence"; im Gegensatz zum Strafrecht, wo eine Tatsache ohne berechtigte Zweifel dargelegt und bewiesen werden muss.

261 § 7.12 Unconscionability, 2014 WL 1353579 (C.C.H.): „Because of judicial deference to commercial contracts, there is a presumption of conscionability, and it requires an „exceptional" case for the terms of a commercial [...] contract to be found unconscionable".

262 *Atlantic Marine Const. Co., Inc. v. U.S. District of Texas*, 134 S. Ct. 568, 581 (2013); *Carnival Cruise Lines, Inc. v. Shute*, 499 U.S. 585 (1991); *Stewart Organization, Inc. v. Ricoh Corp.*, 487 U.S. 22, 33 (1988); *M/S Bremen v. Zapata Off-Shore Co.*, 407 U.S. 1, 17 (1972); *Cardoni v. Prosperity Bank*, 805 F.3d 573, 580 (5th Cir. 2015); *Mitsui & Co. (USA), Inc. v. Mira M/V*, 111 F.3d 33, 35 (5th Cir. 1998); *Ginter ex rel. Ballard v. Belcher, Prendergast & Laporte*, F.3d 439, 441 (5th Cir. 2008); F.3d 439, 441 (2008): „Under federal law, forum-selection clauses are presumed enforceable, and the party resisting enforcement bears a 'heavy burden of proof.'".

263 *AT & T Technologies, Inc. v. Communications Workers of America*, 475 U.S. 643 (1986): „[W]here the contract contains an arbitration clause, there is a presumption of arbitrability."

264 *Calamari/Perillo*, Contracts, 16; *Payne v. S.S. Tropic Breeze*, 423 F.2d 236, 438 (1st Cir. 1970); *U.S. v. Beras*, 571 Fed.Appx. 68, 69 (2nd Cir. 2014); *U.S. v. Gomez-Perez*, 215 F.3d 315, 319 (2nd Cir. 2000); wohl auch *MACTEC, Inc. v. Gorelick*, 427 F.3d 821, 830 (10th Cir. 2005) („courts routinely enforce agreements that waive the right to appellate review over district court decisions"); *U.S. v. Gomez-Perez*, 215 F.3d 315, 319 (2nd Cir. 2000).

265 *Hodges v. Easton*, 106 U.S. 408, 412 (1882); *Aetna Ins. Co. v. Kennedy to Use of Bogash*, 301 U.S. 389, 393 (1937).

3. Kapitel Einzelne Prozessverträge

A. Gerichtsstandsklauseln

I. Rechtliche Bedeutung von Gerichtsstandsklauseln im amerikanischen Zivilprozess

Mit einer Gerichtsstandsklausel wird die Zuständigkeit eines Gerichts für die Verhandlung und Entscheidung künftiger Rechtsstreitigkeiten vereinbart. Gerichtsstandsklauseln erfreuen sich aufgrund verschiedener Vorzüge großer Beliebtheit: Durch sie können die Parteien ein für sie günstiges oder neutrales Forum wählen, an dem geklagt werden soll (Prorogation), oder ein für sie ungünstiges Forum ausschließen (Derogation).[266] Die Festlegung kann exklusiv auf ein bestimmtes Forum lauten oder eine weitere Zuständigkeit neben den bestehenden Gerichtsständen eröffnen. Kosten und zeitintensive Auseinandersetzungen über Gerichtsbarkeit und Gerichtsstand zu Beginn eines Gerichtsverfahrens werden (in der Theorie jedenfalls) vermieden.[267] Kosten können auch durch Minimierung von Reisekosten der Parteien oder Zeugen oder durch die Befassung nur *eines* Gerichts mit einer Vielzahl gleichgelagerter Sachverhalte durch verschiedene Kläger (z.B. von Passagieren eines Kreuzfahrtschiffes) gesenkt werden.[268] Sind die Parteien in verschiedenen Foren ansässig, können parallele Gerichtsverfahren an den jeweiligen Foren vermieden werden.[269] Das Verfahren wird hinsichtlich des Forums und des dort anzuwendenden Rechts vorhersehbar und planbar. Durch Gerichtsstandsklauseln können auch bestimmte Informationen vermittelt werden, die anderweitig schwer zu vermitteln sind.[270] Die Wahl eines abgelegenen Forums etwa kann Kommunikation einer erhöhten Bereitschaft, den Vertrag einzuhalten sein. Gerichtsstandsklauseln können so Vertrauen zwischen den Parteien schaffen und stärken.

Im amerikanischen Rechtskreis ist eine vertragliche Bestimmung des Forums sowohl hinsichtlich der internationalen/interstaatlichen Zuständigkeit[271] – welcher (Einzel-) Staat? – als auch der örtlichen Zuständigkeit, *venue*, – welches

266 *Solimine*, Forum-Selection Clauses and the Privatization of Procedure, 25 Cornell Int'l L.J. 51, 52 ff. (1992).

267 *Solimine*, 25 Cornell Int'l L.J. 51, 52, 58 (1992).

268 *Carnival Cruise Lines, Inc. v. Shute*, 499 U.S. 585 (1991).

269 *Solimine*, 25 Cornell Int'l L.J. 51, 52 (1992).

270 *Kapeliuk/Klement*, 23 (2008).

271 Auch territoriale Zuständigkeit genannt.

Gericht im gewählten Staat? – möglich. Die örtliche Zuständigkeit ist in 28 USC § 1390 ff., insbesondere in § 1391(b),[272] geregelt. Die sachliche Zuständigkeit, geregelt in Art. III § 2 der Verfassung, 28 USC §§ 1330 ff., hingegen ist der Entscheidungsmacht der Parteien entzogen.[273] Die Wahl des Forums ist im innerstaatlichen Bereich aufgrund der Verschiedenartigkeit des materiellen Rechtes, das dem jeweiligen Staatenrecht zu entnehmen ist, zugleich eine Wahl zugunsten eines bestimmten *set of rules*. Auch prozessual kann die Klausel von Bedeutung sein, da jedes Gericht sein eigenes Prozessrecht anwendet.

In Abgrenzung dazu ermöglicht eine Gerichtsstandsvereinbarung im deutschen Rechtsraum die Abweichung von der örtlichen Zuständigkeit, soweit kein ausschließlicher Gerichtsstand durch Gesetz bestimmt wird und auch im Übrigen die Voraussetzungen der §§ 38 ff. ZPO erfüllt sind. Im staatlichen Rechtszug ist eine darüberhinausgehende Vereinbarung der Verfahrensordnung entsprechend der §§ 1042 ff. ZPO nicht möglich. Eine diesbezügliche Änderung der Gesetzeslage wurde am Deutschen Juristentag 2014 abgelehnt.[274]

Die Literatur zu Gerichtsstandsklauseln vermag ganze Bibliotheken zu füllen, weshalb im Folgenden vor allem auf die in diesem Zusammenhang problematischen Fragen sowie aktuelle Entwicklungen eingegangen wird.

II. Vereinbarungen zugunsten eines innerstaatlichen Bundesforums

Lange Zeit wurden Gerichtsstandsvereinbarungen misstrauisch beäugt. Grund hierfür war vor allem die Derogation, die Abwahl eines gesetzlich zuständigen Gerichts, die nicht in der Macht der Parteien liegen sollte (sogenannte *ouster*[275]

---

272 28 USC § 1391(b) Venue in General. —A civil action may be brought in—

(1) a judicial district in which any defendant resides, if all defendants are residents of the State in which the district is located;
(2) a judicial district in which a substantial part of the events or omissions giving rise to the claim occurred, or a substantial part of property that is the subject of the action is situated; or
(3) if there is no district in which an action may otherwise be brought as provided in this section, any judicial district in which any defendant is subject to the court's personal jurisdiction with respect to such action.

273 Vgl. dazu bereits 1. Kapitel B. I. 1.

274 Siehe „Beschlüsse des 70. Deutschen Juristentages 2014" in Hannover, Beschluss Nr. 20, Ablehnung mit einer Mehrheit von 55 zu 20 Stimmen.

275 „*To ouster*" hat in anderem Kontext stets ein „Zwang"-Element, etwa die zwangsweise Entfernung, Verdrängung von Personen, Räumung, oder Amtsenthebung. Es liegt nahe, dass das Gericht bei Begründung der *ouster-doctrine* die Abwahl des gesetzlich

doctrine).[276] Der internationale Handel hat es allerdings erforderlich gemacht, sich im Vorfeld einer Streitigkeit auf bestimmte Foren, teilweise verbunden mit Rechtswahlklauseln hinsichtlich des anwendbaren materiellen Rechts, zu einigen. Somit verabschiedete sich der *Supreme Court* mit seinen Entscheidungen in den Fällen *The Bremen*[277] und *Carnival Cruise Line*[278] von der bis dahin vorherrschenden *ouster doctrine*. Gerichtsstandsklauseln werden nunmehr regelmäßig validiert.[279]

1. *Wirkung und prozessuale Geltendmachung*

Unsicherheiten ergeben sich heutzutage nach wie vor aus der Tatsache, dass eine Gerichtsstandsvereinbarung keine Derogation eines ansonsten zuständigen Gerichtes im Sinne eines Automatismus begründet.[280] Ein nach 28 USC § 1391(b) örtlich zuständiges Gericht bleibt also trotz anderweitiger Gerichtsstandsvereinbarung erstmal zuständig.[281] Den Begriff der Derogation kennt das amerikanische Recht gleichwohl, meint damit jedoch nur die vertragliche Abwahl eines gesetzlich zuständigen Gerichts.[282]

---

zuständigen Gerichts durch Parteivereinbarung ebenfalls als zwanghafte Enthebung des Gerichtes von seiner Zuständigkeit gesehen hat.

276 Vergleiche etwa *Home Ins. Co. of New York v. Morse*, 87 U.S. 445, 451 (1874): „(A) greements in advance to oust the courts of the jurisdiction conferred by law are illegal and void".

277 Bei dem es jedoch um eine im Anschluss zu diskutierende Gerichtsstandsvereinbarung zugunsten eines internationalen Forums – England – ging; *M/S Bremen v. Zapata Off-Shore Co.*, 407 U.S. 1 (1972).

278 *Carnival Cruise Lines, Inc. v. Shute*, 499 U.S. 585 (1991).

279 *Atlantic Marine Const. Co., Inc. v. U.S. District of Texas*, 134 S. Ct. 568, 581 (2013); *Carnival Cruise Lines, Inc. v. Shute*, 499 U.S. 585 (1991); *Stewart Organization, Inc. v. Ricoh Corp.*, 487 U.S. 22, 33 (1988); *M/S Bremen v. Zapata Off-Shore Co.*, 407 U.S. 1 (1972); *Cardoni v. Prosperity Bank*, 805 F.3d 573, 580 (5th Cir. 2015); *Mitsui & Co. (USA), Inc. v. Mira M/V*, 111 F.3d 33, 35 (5th Cir. 1998).

280 Anders im deutschen Recht, vgl. dazu auch *Eichel/Niehoff* RIW 2014, 329 (329).

281 *Atlantic Marine Const. Co., Inc. v. U.S. District of Texas*, 134 S. Ct. 568, 573 (2013) „If a case falls within one of § 1391(b)'s districts, venue is proper; if it does not, venue is improper [...] Whether the parties' contract contains a forum-selection clause has no bearing on whether a case falls into one of the specified districts." Ferner auch auf S. 577: Einzig § 1391 entscheidet darüber, ob die örtliche Zuständigkeit gegeben ist. „Petitioner's contrary view improperly conflates the special statutory term 'venue' and the word 'forum'".

282 *Solimine*, 25 Cornell Int'l L.J. 51, 52 (1992).

Der fehlende Automatismus wirkt sich auf die Rechtslage des Beklagten aus:[283] Würde eine Gerichtsstandsvereinbarung unmittelbar zur Unzuständigkeit des abgewählten Gerichts führen, wäre dem Kläger jeder Anreiz genommen, dort zu klagen. Denn bei Unzuständigkeit weist das Gericht die Klage typischerweise gemäß 28 USC § 1406(a) ab. Nur ausnahmsweise, sofern es „die Gerechtigkeit erfordert", wird die Sache an das zuständige Gericht verwiesen.[284] Wenn das abredewidrig angerufene Gericht jedoch trotz Klausel zuständig ist, bleibt dem Beklagten nur die Möglichkeit gemäß 28 USC § 1404(a)[285] eine Überweisung an das vereinbarte Bundesgericht zu beantragen, was für ihn Kosten generiert.[286]

§ 1404 ist eine Kodifizierung der *forum-non-conveniens*-Doktrin des Common Law für Bundesgerichte untereinander.[287] Nach dieser Doktrin kann ein an sich zuständiges Gericht von der Ausübung seiner Zuständigkeit absehen, wenn eine Interessenabwägung ergibt, dass die Verhandlung vor einem anderen Gericht sachdienlicher und angemessener erscheint. Die Interessenabwägung, die klassischerweise eine Abwägung privater und öffentlicher Belange vorsieht, birgt dabei große Unsicherheiten für den Beklagten. In *Steward* noch hielt der *Supreme Court* fest, dass eine Gerichtsstandsvereinbarung zwar ein bedeutender Faktor in dieser Abwägung sei, sie aber weder zwingende noch gar keine Beachtung finden solle, sondern nur die, die ihr nach § 1404(a) zuteilwerde.[288] Zudem birgt die unterschiedliche Gewichtung privater und öffentlicher Belange in den Bundes- und Staatengerichten große Unwägbarkeiten.

---

283 Wenn über die Wirksamkeit einer Gerichtsstandsklausel gestritten wird, wird es immer der Kläger sein, der abredewidrig Klage an einem anderen als dem vertraglich festgelegten eingereicht hat, und der Beklagte, der sich auf die Wirksamkeit der Klausel beruft.

284 Wortlaut des 28 USC § 1406(a): „The district court […] shall dismiss, or if it be in the interest of justice, transfer such case".

285 28 USC § 1404 – Change of venue: (a) For the convenience of parties and witnesses, in the interest of justice, a district court may transfer any civil action to any other district or division where it might have been brought or to any district or division to which all parties have consented.

286 Zu anderen möglichen Rechtsbehelfen wie Rule 12(b)(3) (Klageabweisung wegen „improper venue") bzw. Rule 12(b)(6) FRCP (Klageabweisung wegen „failure to state a claim upon which relief can be granted") oder 28 USC § 1406(a) sogleich noch unter 1.

287 134 S. Ct. 568, 580 (2013). Eine Verweisung an ein Staatengericht erfolgt mangels entsprechender Kodifikation weiterhin kraft der *forum-non-conveniens*-Doktrin.

288 *Stewart Organization, Inc. v. Ricoh Corp.*, 487 U.S. 22, 23 (1988): „A forum-selection clause should receive neither dispositive consideration nor no consideration, but rather the consideration for which Congress provided in § 1404(a)".

Beispielhaft seien für private Belange genannt: Der leichtere Zugang zu Beweismitteln, etwa die Möglichkeit der Inaugenscheinnahme von Räumlichkeiten/Grundstücken, die Möglichkeit, die verpflichtende Teilnahme und Mitwirkung an der Verhandlung für widerwillige Zeugen anzuordnen (sofern sachdienlich) sowie die Kosten für die Einbeziehung bereitwilliger Zeugen.[289] Öffentliche Belange wiederum sind administrative Schwierigkeiten wie etwa die Überlastung eines Gerichts, ein öffentliches Interesse an einer Verhandlung der Streitigkeit vor Ort, ein mit dem anwendbaren Sachrecht vertrautes Gericht[290] und die Unbilligkeit, Staatsbürger in einem Forum ohne Bezug zur Streitigkeit mit einer Jurypflicht zu belasten.[291]

Für mehr Rechtssicherheit hat der *Supreme Court* jüngst mit seiner Entscheidung in *Atlantic Marine Construction*[292] gesorgt:[293] Ein Gericht darf im Fall einer Gerichtsstandsklausel bei der Abwägung nach § 1404(a) nur noch öffentliche Belange berücksichtigen.[294] Die Beachtlichkeit eines öffentlichen Belanges, der

289 *Piper Aircraft Co. v. Reyno*, 454 U.S. 235, 241 (1981) unter Verweis auf *Gulf Oil Corp. v. Gilbert*, 330 U.S. 501, 508 (1947); *Woodley*, Litigation in Federal Courts, 52 (2. Aufl. 2014).

290 Zu beachten ist jedoch, dass die Überweisung nach § 1404(a) an das vereinbarte Gericht keine Anwendung der Kollisionsnormen des abredewidrig angerufenen Forums mit sich zieht, *Atlantic Marine Const. Co., Inc. v. U.S. District of Texas*, 134 S. Ct. 568, 574 (2013): „[Its holding] rested in part on the District Court's mistaken belief that the Virginia federal court would have been required to apply Texas' choice-of-law rules instead of Virginia's." Die sonst für Verweisungen nach § 1404(a) gemachte Ausnahme von der Klaxon-Regel, wonach jedes Gericht die Kollisionsregeln desjenigen Staates anwenden, in dem sie sitzen, gilt nicht, wenn § 1404(a) der Durchsetzung einer Gerichtsstandsklausel dient. Es bleibt damit bei Klaxon, *Klaxon Co. v. Stentor Elec. Mfg. Co.*, 313 U.S. 487 (1941), vgl. *Atlantic Marine Const. Co., Inc. v. U.S. District of Texas*, 134 S. Ct. 568, 582 (2013).

291 *Piper Aircraft Co. v. Reyno*, 454 U.S. 235, 241 (1981) unter Verweis auf *Gulf Oil Corp. v. Gilbert*, 330 U.S. 501, 508 (1947); *Woodley*, Litigation in Federal Courts, 52.

292 *Atlantic Marine Const. Co., Inc. v. U.S. District of Texas*, 134 S. Ct. 568 (2013).

293 So bereits *Eichel/Niehoff* RIW 2014, 329.

294 *Atlantic Marine Const. Co., Inc. v. U.S. District of Texas*, 134 S. Ct. 568, 574 (2013). Die privaten Belange wurden bereits bei Abschluss der Gerichtsstandsklausel durch die Parteien selbst berücksichtigt, vgl. etwa auf S. 584: „But when J-Crew entered into a contract to litigate all disputes in Virginia, it knew that a distant forum might hinder its ability to call certain witnesses and might impose other burdens on ist litigation efforts. It nevertheless promised to resolve its disputes in Virginia." Siehe dazu ferner *Eichel/Niehoff* RIW 2014, 329 (330).

zu einem „außergewöhnlichen Fall" führen müsste, soll dabei die Ausnahme sein.[295]

Sofern der Kläger abredewidrig vor einem Staatengericht klagt, kann dieses zwar nicht nach 28 USC § 1404(a) an das Bundesgericht überweisen, sondern nur nach der *forum-non-conveniens*-Doktrin. Dabei greifen gleichwohl dieselben Überlegungen wie bei einer Abweisung nach 28 USC § 1404(a).[296]

Vor *Atlantic Marine Construction*[297] war die Durchsetzung einer Gerichtsstandsklausel durch verschiedene Rechtsbehelfe denkbar: Der Antrag nach Rule 12(b)(3)[298] (*improper venue*) setzt die örtliche Unzuständigkeit voraus und wurde unter der Annahme angewandt, dass eine Gerichtsstandsklausel jedem nicht vereinbarten Gericht die örtliche Zuständigkeit nehme. Daher konnte mit diesem Antrag eine Verweisung ohne Interessenabwägung des Gerichtes erreicht werden. Auch die Anträge nach Rule 12(b)(6)[299] (*failure to state a claim upon which relief can be granted*) sowie nach 28 USC § 1406(a) sollten eine Verweisung ohne richterliches Ermessen möglich machen.[300] Nunmehr sind alle Gerichte an die *Supreme Court*-Entscheidung gebunden, nach der der Rechtsbehelf aus 28 USC § 1404(a) der Richtige ist.[301]

2. *Zeitpunkt der Vereinbarung*

Ob vorprozessuale Vereinbarungen zulässig sind, ist für jede Erscheinungsform des Prozessvertrages gesondert zu prüfen.[302] Gerichtsstandsklauseln sind klassisches Beispiel für vorprozessual geschlossene Prozessklauseln, da durch sie

---

295 *Atlantic Marine Const. Co., Inc. v. U.S. District of Texas*, 134 S. Ct. 568, 582 (2013) unter Verweis auf *Stewart Organization, Inc. v. Ricoh Corp.*, 487 U.S. 22, 33 (1988) „[...] Forum-selection clauses should control except in unusual cases".

296 *Woodley*, Litigation in Federal Courts, S. 53.

297 *Atlantic Marine Const. Co., Inc. v. U.S. District of Texas*, 134 S. Ct. 568 (2013).

298 Rule 12 FRCP Defenses and Objections: When and How Presented; Motion for Judgment on the Pleadings; Consolidating Motions; Waiving Defenses; Pretrial Hearing: [...] (b) How to Present Defenses. Every defense to a claim for relief in any pleading must be asserted in the responsive pleading if one is required. But a party may assert the following defenses by motion: [...] (3) improper venue [...].

299 Rule 12(b)(6) FRCP: [...] failure to state a claim upon which relief can be granted.

300 *Eichel/Niehoff* RIW 2014, 329 (333).

301 *Atlantic Marine Const. Co., Inc. v. U.S. District of Texas*, 134 S. Ct. 568, 577 (2013).

302 Eingehend zu „Bedenken und Notwendigkeit eines Übereilungsschutzes" bei vorprozessualen Verträgen im 4. Kapitel unter A. II. 2. c.

festgelegt wird, in welchem Forum überhaupt Klage erhoben werden soll. Sie werden daher klassischerweise vor Anhängigkeit der Klage geschlossen.[303]

3. *Wirksamkeitsvoraussetzungen*

Es bestehen keine besonderen Anforderungen an die Wirksamkeit einer Gerichtsstandsklausel. Unabhängig vom Status der Parteien gilt eine materiell-rechtliche Vermutung zugunsten der Klauselwirksamkeit.[304] Sie kann nur gekippt werden, wenn die Klausel ungerecht oder übervorteilend bzw. sittenwidrig ist, betrügerisch erlangt wurde, einer Partei ihr Recht auf eine Gerichtsverhandlung – den sogenannten *day in court* – nehmen würde, oder gewichtige *public policy*-Gründe gegen sie sprechen.[305] Die Gerichte, insbesondere die Bundesgerichte, legen die Ausnahmen zur Wirksamkeitsvermutung streng aus.[306] Der *Supreme Court* erklärte sogar eine erst nach Vertragsschluss vorgelegte,

---

303 Anhängigkeit als relevanter Zeitpunkt; *Kapeliuk/Klement*, Changing the Litigation Game: An Ex Ante Perspective on Contractualized Procedures, 91 Tex. L. Rev. 1475, 1475 (2013), vgl. zum Zeitpunkt der Vereinbarung auch Kapitel 4, A. II. 2. b.

304 *M/S Bremen v. Zapata Off-Shore Co.*, 407 U.S. 1, 15 (1972): Auf S. 15: „[…] we conclude that the forum clause should control absent a strong showing that it should be set aside"; auf S. 18 „[…] it should be incumbent on the party seeking to escape his contract to show that trial in the contractual forum will be so gravely difficult and inconvenient that he will for all practical purposes be deprived of his day in court. Absent that, there is no basis for concluding that it would be unfair, unjust, or unreasonable to hold that party to his bargain."; *Carnival Cruise Lines, Inc. v. Shute*, 499 U.S. 585, 593 (1991); *Davis/Hershkoff*, Contracting for Procedure, 53 Yale L. & Pol'y Rev. 507, 524 (2011).

305 Siehe etwa: *Coastal Steel Corp. v. Tilghman Wheelabrator Ltd.*, 709 F.2d 190, 202 (3d Cir. 1983): „That rule is that a forum selection clause is **presumptively valid** and will be enforced by the forum **unless** the party objecting to its enforcement establishes (1) that it is the **result of fraud or overreaching**, (2) that enforcement would violate a **strong public policy** of the forum, or (3) that enforcement would in the particular circumstances of the case result in litigation in a jurisdiction so **seriously inconvenient as to be unreasonable**." *Coastal Steel* aufgegriffen in *Hadley v. Shaffner*, 2003 WL 21960406, 4 (D. Del. 2003): „Generally put, forum selection clauses are enforced so long as enforcement at the time of litigation would not place any of the parties at a **substantial and unfair disadvantage** or otherwise **deny a litigant his day in court**." Und bereits: *M/S Bremen v. Zapata Off-Shore Co.*, 407 U.S. 1, 1 (1972): „The forum-selection clause (…) is binding on the parties unless respondent can meet the heavy burden of showing that its enforcement would be **unreasonable, unfair, or unjust**." [Hervorhebungen hinzugefügt].

306 Dazu noch eingehend im 4. Kapitel unter A. II. 1. b.

sich im Kleingedruckten auf der Rückseite eines Kreuzfahrttickets befindliche Gerichtsstandsklausel für wirksam.[307]

Nach deutschem Rechtsverständnis wäre die Gerichtsstandsklausel nicht einmal wirksam in den Vertrag einbezogen worden. Die Zustimmung zu einem Vertrag kann sich nur auf solche Vertragsbestandteile beziehen, die bei Vertragsschluss vorlagen und für die die Möglichkeit der Kenntnisnahme bestand. Auch die fehlende Differenzierung zwischen Gerichtsstandsklauseln in Verbraucherverträgen und Unternehmerverträgen ist zweifelhaft.[308] Bei ungleichem Parteistatus (insbesondere einer „asymmetrischen Verfahrensgewandtheit“[309]) oder bei Vorliegen von Formularverträgen, deren Abschluss nur auf einer *take-it-or-leave-it*-Basis angeboten wird,[310] daher typischerweise eine rationale Ignoranz gegenüber dem Vertragsinhalt besteht, gibt es die Gefahr der Übervorteilung sowie im Extremfall des faktischen Rechtsverlusts, wenn die Gerichtsstandsklausel dazu führt, dass gar nicht erst geklagt wird.[311]

4. *Beweislast*

Aufgrund der materiell-rechtlichen Vermutung zugunsten der Klauselwirksamkeit[312] trifft die Beweislast für die Unwirksamkeit den abredewidrig klagenden

---

307 *Carnival Cruise Lines, Inc. v. Shute*, 499 U.S. 585, 597 (1991) (*Justice Stevens* in seinem *dissent*: „fine print on the back of the ticket“; „only the most meticulous passenger is likely to become aware of the forum-selection provision“; „many passengers, like the respondents in this case, [...] will not have an opportunity to read paragraph 8 until they have actually purchased their tickets“; „product of disparate bargaining power between the carrier and the passenger, and they undermine the strong public interest in deterring negligent conduct.“).

308 4. Kapitel A. II. 1. b. aa. (3) (a).

309 Ausdruck so für das Schiedsverfahren verwandt bei *Wagner*, Prozeßverträge, 1998, S. 157.

310 Einem sog. *adhesion* oder auch *boilerplate contract*. Zur Definition und Umfang eines solchen vgl. im 4. Kapitel A. II. 1. b. aa. (1).

311 Näher zu den Fallgruppen mit erhöhtem Schutzbedarf sowie zu den Vorschlägen für ein erhöhtes Schutzniveau im 4. Kapitel unter A. II. 1. b. sowie unter C.

312 *Atlantic Marine Const. Co., Inc. v. U.S. District of Texas*, 134 S. Ct. 568, 581 (2013); *Carnival Cruise Lines, Inc. v. Shute*, 499 U.S. 585 (1991); *Stewart Organization, Inc. v. Ricoh Corp.*, 487 U.S. 22, 33 (1988); *M/S Bremen v. Zapata Off-Shore Co.*, 407 U.S. 1 (1972); *Cardoni v. Prosperity Bank*, 805 F.3d 573, 580 (5th Cir. 2015); *Mitsui & Co. (USA), Inc. v. Mira M/V*, 111 F.3d 33, 35 (5th Cir. 1998).

Kläger.[313] Die Einschränkung des „klägerischen Privilegs der Forumswahl“[314] wird dadurch gerechtfertigt, dass er seine Forumswahl bereits vor der Klage ausgeübt habe, nämlich mit seiner Zustimmung zur Gerichtsstandsvereinbarung.[315] Bei Verhandlung der Klausel haben die Parteien selbst eine Abwägung vorgenommen und auf private Belange zugunsten der übrigen Vertrags-, insbesondere der Preisgestaltung verzichtet.[316]

III. Vereinbarungen zugunsten eines innerstaatlichen Staatenforums

Für die Verweisung an ein prorogiertes Staatengericht ist 28 USC § 1404(a) nicht anwendbar. Es steht nicht in der Macht eines Bundesgerichtes, eine Streitigkeit an ein Staatengericht zu überweisen. Das Bundesgericht kann jedoch, auf generelle Grundsätze der *forum-non-conveniens*-Doktrin zurückgreifend, die Klage abweisen, wenn das Staatengericht das sachdienlichere und angemessenere Forum ist. Auch hier greifen die Überlegungen zu § 1404(a), sodass nur öffentliche Belange gegen das prorogierte Gericht hervorgebracht werden können und der Kläger die Beweislast für deren Vorliegen trägt.[317]

Auf einzelstaatlicher Ebene besteht die Tendenz, dem Verbraucherschutz eine höhere Bedeutung einzuräumen als der Privatautonomie.[318] Die Unwirksamkeit von Gerichtsstandsklauseln aus Gründen von *public policy* kann sich dabei allgemein aus einzelstaatlichen Verbraucherschutzgesetzen (oder anderen Schutzgesetzen) ergeben, ohne dass sich das Gesetz explizit auf Gerichtsstandsklauseln

---

313 *Atlantic Marine Const. Co., Inc. v. U.S. District of Texas*, 134 S. Ct. 568, 574 (2013): „The plaintiff's choice of forum [durch abredewidrige Klageerhebung] merits no weight, and the plaintiff, as the party defying the forum-selection clause, has the burden of establishing that transfer to the forum for which the parties bargained is unwarranted“.

314 *Eichel/Niehoff* RIW 2014, 329 (331).

315 *Atlantic Marine Const. Co., Inc. v. U.S. District of Texas, Atlantic Marine Const. Co., Inc. v. U.S. District of Texas*, 134 S. Ct. 568, 582 (2013): „When a plaintiff agrees by contract to bring suit only in a specified forum – presumably in exchange for other binding promises by the defendant – the plaintiff has effectively exercised its 'venue privilege' before a dispute arises“.

316 *Atlantic Marine Const. Co., Inc. v. U.S. District of Texas*, 134 S. Ct. 568, 574 (2013): „The court should not consider the parties' private interests aside from those embodied in the forum-selection clause“.

317 *Woodley*, Litigation in Federal Courts, 53.

318 Vgl. dazu noch im 4. Kapitel A. II. 1. b. aa. (2) (a).

beziehen müsste.[319] Ganz drastisch besagte ein nunmehr durch Fallrecht teilweise ersetztes Gesetz in North Carolina, § 22B-3:

> *„Except as otherwise provided in this section, any provision in a contract entered into in North Carolina that requires the prosecution of any action or the arbitration of any dispute that arises from the contract to be instituted or heard in another state is against public policy and is void and unenforceable"*.[320]

Ähnlich lautet ein entsprechendes Gesetz in Montana, wie vorliegend vom *Supreme Court in Montana* besprochen:

> *„Midland asserted that § 28-2-708, MCA renders the forum-selection clause void. We agree. That statute provides: 'Restraints upon legal proceedings (are) void. Every stipulation or condition in a contract by which any party thereto is restricted from enforcing his rights under the contract by the usual proceedings in the ordinary tribunals or which limits the time within which he may thus enforce his rights is void'"*.[321]

IV. Vereinbarung zugunsten eines internationalen Forums

Auch bei einer Vereinbarung zugunsten eines ausländischen Gerichtes ist 28 USC § 1404(a) nicht anwendbar und es muss auf allgemeine Grundsätze der *forum-non-conveniens*-Doktrin zurückgegriffen werden. Die Interessenabwägung folgt denselben Grundsätzen wie unter I., wobei im Rahmen der öffentlichen Belange überprüft wird, ob das anzuwendende Recht *inherently unfair* ist.[322]

Manche Literaturstimmen konstatieren, dass ausländischen Gerichtsstandsklauseln mit viel Misstrauen begegnet würde.[323] So werden Fälle angeführt, bei

---

319 *Paulson*, 45 Ariz. St. L.J. 471, 486 (2013); *Chuang*, Assigning the Burden of Proof in Contractual Jury Waiver Challenges, 10 Em. Rts. & Emp. Pol'y J. 205 (2006).

320 Im Fall *U.S. ex rel. TGK Enterprises, Inc. v. Clayco, Inc.*, 978 F.Supp.2d 540 (E.D.N.C. 2013) ging es um vom Anwendungsbereich des North Carolina Gesetzes ebenfalls umfassten Schiedsvereinbarungen. Dazu heißt es unter *headnote* 10: „Federal Arbitration Act (FAA) preempted a North Carolina law that found agreements to arbitrate that required out-of-state arbitration of contracts entered into in North Carolina were void and unenforceable as against public policy." Für den hier relevanten Bereich des staatlichen Verfahrens fehlt eine Aussage zur Wirksamkeit bzw. Unwirksamkeit des N.C. Gen. Stat.§ 22B-3.

321 *State ex. rel. Polaris Industries, Inc. v. District Court of Thirteenth Judicial Dist. In and For Yellowstone County*, 215 Mont. 110 (Mont. 1985).

322 *Schack*, Einführung in das US-amerikanische Zivilprozessrecht, 4. Aufl. 2011, Rdnr. 79.

323 Vergleiche etwa *Lee*, Forum Selection Clause, 35 Colum. J. Transnat'l L. 663, 663 (1997): „A defendant facing suit in a United States court, whether in diversity or in state courts, may encounter difficulties in having the forum selection clause enforced, particularly if the choice of forum is foreign."

denen das internationale Forum als *inconvenient* beurteilt wird, selbst wenn eine der Parteien im gewählten Forum wohnhaft ist.[324] Als Begründung wird angeführt, dass amerikanische Gerichte besorgt seien über den Standard des im internationalen Forum vorhandenen formellen und materiellen Rechts.[325] Andere wiederum halten solche Klauseln zugunsten ausländischer Gerichte als „einigermaßen verlässliches Instrument vertraglicher Risikovorsorge",[326] jedenfalls seit der Entscheidungen in *The Bremen*.[327]

V. Vereinbarungen zugunsten eines bestimmten Rechts und kollisionsrechtliche Besonderheiten

Das Gericht wird die Rechtswahl der Parteien regelmäßig honorieren, es sei denn, das Interesse des Staates an Anwendung seines Rechtssystems kann nicht dargelegt werden. Nach der sogenannte *minimum contacts doctrine* muss dargelegt werden, dass Mindestkontakte zwischen dem Staat, dessen Recht angewandt werden soll und dem zugrunde liegenden Sachverhalt bestehen.[328] Ein Verstoß hiergegen verletzt das *due process*-Erfordernis.[329]

Auch in Abwesenheit einer expliziten Rechtswahlbestimmung soll mit einer ausschließlichen Gerichtsstandsvereinbarung zugunsten amerikanischer Gerichte meist zugleich das anwendbare Sachrecht kollisionsrechtlich abgesichert werden.[330] Allerdings gilt im Grundsatz für die Überweisung nach 28 USC § 1404(a), dass das Recht des Staates des verweisenden Gerichtes Anwendung findet.[331] Denn der *Supreme Court* befürchtet einen Missbrauch des

324 *Fordham v. Ventramex*, 2007 WL 1598084 (S.D. Ohio 2007).

325 So *Paulson*, 45 Ariz. St. L.J. 471, 487 (2013).

326 *Eichel/Niehoff* RIW 2014, 329.

327 *M/S Bremen v. Zapata Off-Shore Co.*, 407 U.S. 1 (1972).

328 *Schack*, Einführung in das US-amerikanische Zivilprozessrecht, 4. Aufl. 2011, Rdnr. 65.

329 *Schack*, Einführung in das US-amerikanische Zivilprozessrecht, 4. Aufl. 2011, Rdnr. 63.

330 *Eichel/Niehoff* RIW 2014, 329.

331 *Van Dusen v. Barrack*, 376 U.S. 612, 638 (1964). Für ein Bundesgericht, das einen Fall in *diversity* hört, ist das eigentlich eine Ausnahme von der horizontalen Komponente in *Erie* (Wenn Staatenrecht, welches Staatenrecht?), wonach es das Sachrecht desjenigen Staates anzuwenden hätte, in dem es seinen Sitz hat. In *diversity*-Fällen, in denen ein Gericht des Staates A an ein Bundesgericht im Staat B gemäß § 1404(a) verweist, hat Letzteres also ausnahmsweise nicht Staatenrecht von A, sondern Staatenrecht von B anzuwenden. Der *Supreme Court* in *Van Dusen* nutzt einen Kunstgriff, um den dargelegten Grundsatz bei Anwendung des § 1404(a) mit *Erie* im Einklang zu bringen, ohne von einer „Ausnahme" zu sprechen. Die Anwendung des Rechtes desjenigen

Beklagten, sich durch geschickten Einsatz des *transfer* ein ihm günstiges Sach- und Kollisionsrecht zu sichern.[332] Eine klägerische Missbrauchsgefahr in dieser Ausgangslage besteht gleichwohl nicht, denn er hat zunächst die freie Wahl, in welchem Forum er Klage erhebt.

Im Zusammenhang mit Gerichtsstandsklauseln wurde dieser Grundsatz jedoch in *Atlantic Marine Construction* für unanwendbar erklärt. Bei Vorliegen einer vertraglichen Vereinbarung liegt die Gefahr des Missbrauchs beim Kläger, der abredewidrig klagt und sich bei Mitnahme des Rechtes ans prorogierte Gericht das ihm günstigste Sachrecht sichern kann.[333] Unabhängig von der Frage, ob die Gerichtsstandsklausel erlangt wurde, kann jedenfalls nicht vom Missbrauch des Beklagten gesprochen werden, wenn er mit dem *transfer* im Ergebnis die Einhaltung der Vereinbarung erreichen möchte.

B. Vertragliche *Pre-Trial Discovery*-Modifikationen

I. Rechtliche Bedeutung der *Pre-Trial Discovery* im amerikanischen Zivilprozess

Das Verfahrensstadium der *pre-trial discovery* (kurz *discovery*), geregelt im 5. Kapitel der FRCP und ergänzt durch *local rules*, ist eine amerikanische Besonderheit.[334] In dieser Phase findet eine umfangreiche Tatsachenaufklärung und Beweissicherung auf Kosten der Parteien statt.[335] Kläger und Beklagter bedienen sich hierfür der einzelnen *discovery*-Instrumente, namentlich der *depositions*[336]

Staates, indem das Bundesdistriktgericht seinen Sitz hat, sei so zu lesen, dass es im vorliegenden Fall das nach § 1404(a) verweisende Gericht meine.

332 *Van Dusen v. Barrack*, 376 U.S. 612, 638 (1964).

333 *Eichel/Niehoff* RIW 2014, 329 (332).

334 Ein vergleichbares Instrumentarium kennt allerdings das englische Recht mit der *disclosure*, siehe bereits einleitend.

335 *Subrin/Minow/Brodin u. a.*, Civil Procedure, 380.

336 *Depositions*, Rule 27–32 FRCP, sind beeidete Antworten, sog. *out-of-court testimonies*, einer Partei oder eines Zeugen auf mündlich (Rule 30 FRCP) oder schriftlich (Rule 31 FRCP) gestellte Fragen, wobei im Unterschied zu den *interrogatories* zahlreiche Gegenfragen in Form eines „Frage-Antwort-Spiels" zu erwarten sind; Black's Law Dictionary (9th ed. 2009), Stichwort *deposition*; *Schack*, Einführung in das US-amerikanische Zivilprozessrecht, 4. Aufl. 2011, Rdnr. 116; *Böhm*, Amerikanisches Zivilprozessrecht, 2005, Rdnr. 437.

und *interrogatories,*[337] ferner der Vorlage von Urkunden, beweglicher Sachen oder Ortsbesichtigungen,[338] sowie medizinischer Untersuchungen.[339]

Die *discovery* findet im Anschluss an die *pleadings*, welche mit den vorbereitenden Schriftsätzen im deutschen Zivilprozessrecht vergleichbar sind (Klageschrift, -erwiderung, Replik, Duplik etc., Rule 7 FRCP), und vor der mündlichen Verhandlung, dem *trial* im engeren Sinne, statt. Während die vorbereitenden Schriftsätze inhaltlich knappgehalten sind,[340] soll mit der *discovery* gezielt der in der Verhandlung zu behandelnde Streitstoff eingegrenzt werden.[341]

1. Zielsetzung

Die *discovery* dient dem Zivilprozess in dreierlei Hinsicht:[342] Zunächst soll sie Informationsdefizite ausgleichen. Oftmals hat der Beklagte die relevanten Informationen,[343] sodass der Kläger auf Ebene der *pleadings* nicht mehr als bloße Vorwürfe vortragen kann. In diesem Fall braucht der Kläger die *discovery* zur Substantiierung seiner Klage. Auch im umgekehrten Fall ist die *discovery* sinnvoll: Zwar werden hier vom Kläger auf *pleading*-Ebene bereits umfangreichere, tatsächliche Ausführungen zur Sache erwartet, sodass sich der Beklagte bereits seine Strategie überlegen kann. Durch die *discovery* kann er gleichwohl die Stichhaltigkeit der Klägerargumentation in der Klageschrift überprüfen und gegebenenfalls widerlegen. Bisweilen wird vertreten, der Informationsaustausch solle eine „allumfassende Wahrheitsermittlung"[344] gewährleisten, denn Ziel des

---

337 *Interrogatories*, Rule 33 FRCP, sind schriftliche Beweisanfragen, bei denen die andere Partei alle erforderlichen Nachforschungen anstellen, Black's Law Dictionary (9th ed. 2009), Stichwort *interrogatory*; *Schack*, Einführung in das US-amerikanische Zivilprozessrecht, 4. Aufl. 2011, Rdnr. 118; *Böhm*, Amerikanisches Zivilprozessrecht, 2005, Rdnr. 420.

338 Rule 34 FRCP.

339 Rule 35 FRCP.

340 *Schack*, Einführung in das US-amerikanische Zivilprozessrecht, 4. Aufl. 2011, Rdnr. 99.

341 *Subrin/Minow/Brodin u. a.*, Civil Procedure, 377, *pleadings* und *discovery* sind seit jeher begrifflich eng verknüpft. Vor Normierung der *discovery* war es Sache *der pleadings* die Einhaltung von Mitteilungspflichten, die Eingrenzung des Streitgegenstandes und die Sachverhaltsaufklärung zu gewährleisten. Im Ergebnis wurde die Aufbereitung und Eingrenzung des Streitstoffes im Vorfeld des Verfahrens jedoch als mühselig und ungenügend empfunden, *Hickman v. Taylor*, 329 U.S. 495, 500 (1947).

342 *Subrin/Minow/Brodin u. a.*, Civil Procedure, 380.

343 *Subrin/Minow/Brodin u. a.*, Civil Procedure, 379.

344 *Schack*, Einführung in das US-amerikanische Zivilprozessrecht, 4. Aufl. 2011, Rdnr. 111; vgl. auch *Hickman v. Taylor*, 329 U.S. 495, 507 (1947).

Zivilprozesses sei das „Streben nach Gerechtigkeit".[345] Eine Verfahrensführung „*by ambush*"[346] – aus dem Hinterhalt – solle gänzlich verhindert werden. Dieses Verständnis von *discovery* und Zivilprozess greift gleichwohl zu kurz, denn es bleibt sehr wohl Raum für taktische Überlegungen, dazu sogleich unter 3.[347]

Ein Zivilprozess und insbesondere die potentiell kostspielige *discovery* müssen für die Parteien finanzierbar sein. Der erwartete Nutzen muss in Relation zu ihren Kosten stehen. Indem die *discovery* von den Parteien finanziert wird, besteht grundsätzlich ein Anreiz, die einzelnen *discovery*-Instrumente nicht bis ins Letzte auszureizen und anzuwenden, sondern frühzeitig den Streitstoff einzugrenzen. Gleichermaßen besteht damit grundsätzlich auch die Bereitschaft, die *discovery* sinnvoll eingrenzende Prozessverträge zu schließen.[348] Auch kann der Abschluss von Vergleichen in diesem (noch frühen) Verfahrensstadium gefördert werden, etwa im Rahmen der *discovery*-Konferenz, auf der der bisherige Ermittlungsstand und die potentiellen Gesamtkosten der *discovery* und des Verfahrens besprochen werden. Es gilt, die richtige Balance zwischen allumfassender Wahrheitsermittlung einerseits und Effizienz andererseits zu erreichen.

Zuletzt entlastet das derzeitige *discovery*-System die Öffentlichkeit: Eine Tatsachenermittlung auf Kosten der Parteien spart Steuergelder sowie knappe Ressourcen des Gerichts.[349]

2. *Rollenverteilung*

Die Parteien sind, wie auch im deutschen Zivilprozess, Herr des Verfahrens, und bedienen sich der einzelnen *discovery*-Instrumente, durch die sie an potentielles Beweismaterial gelangen wollen, in eigener Sache. Während der deutsche Richter jedoch erheblichen Einfluss auf die Beibringung von Tatsachen ausüben kann, etwa Beweise von Amts wegen erheben kann,[350] ist dies im amerikanischen

---

345 Zum Ziel des Zivilprozesses noch im 4. Kapitel unter A. I. 2. a. und b. sowie B. I.

346 *Miles v. M/V Mississippi Queen*, 753 F.2d 1349, 1353 (5th Cir. 1985); *Lee v. Central Gulf Towing, L.L.C.*, No. Civ.A.04-1497, 2004 WL 2988478, *1 (E.D.La. 2004). Bis zur Einführung der *discovery* durch die FRCP war „trial by surprise" die Norm, *Subrin/Minow/Brodin u. a.*, Civil Procedure, 377.

347 Vgl. auch Kapitel 4, A. II. 1. a. und d. Vgl. über dies *Bone*, Agreeing to Fair Process: The Problem with Contractarian Theories of Procedural Fairness, 83 B.U.L. Rev. 485, 493 (2003); so auch *Moffit*, Customized Litigation, 75 Geo. Wash. L. Rev. 461, 508 (2007).

348 Dazu noch im 4. Kapitel unter A. II. 1. a.

349 Das gilt sodann erst recht für die *discovery* sinnvoll eingrenzende Vereinbarungen, dazu im 4. Kapitel unter A. III. 1.

350 Der deutsche Richter kann neben der Beweiserhebung von Amts wegen (z. B. § 144 I ZPO, § 448 ZPO, §§ 142, 143, 273 II Nr. 5 ZPO) auf verschiedene Weise Einfluss auf

Zivilprozess gerade nicht möglich.[351] Das amerikanische Denken ist beherrscht von einem tiefsitzenden Misstrauen gegenüber staatlicher Macht und vom Glauben an die Eigenverantwortlichkeit.[352] Daher ist staatliche Macht grundsätzlich subsidiär und der amerikanische Richter nimmt eine weniger aktive Rolle als die Parteien ein. Manche beschreiben diese Rolle als die eines passiven Zuhörers, der lediglich am Ende der Verhandlung auf Grundlage der Parteivorträge eine Entscheidung trifft.[353] Es wird argumentiert, dass, wenn jedem Akteur eines Gerichtsprozesses jeweils nur eine Aufgabe zuteilwird, er diese bestmöglich meistern wird.

> *„The judge is to serve as neutral and passive arbiter. […] [T]he theoretical assertion [is] that the best decision maker is one whose sole function is adjudication. […] Among the greatest dangers in this regard [is] that the judge will abandon neutrality if encouraged to search for material truth"*.[354]

Auch wenn es keine gerichtliche Beweisermittlung als solche gibt, nimmt der Richter gleichwohl zunehmend eine verfahrensleitende Funktion ein. Er kann und wird in der Regel eine *pre-trial*-Konferenz anordnen, Rule 16, 26 (f) FRCP, in der ein verbindlicher Zeitplan für die *discovery* aufgestellt wird, Erwartungen sowie der bisherige Ermittlungsstand erörtert werden und teilweise das parteiliche Vorgehen zur Klärung von Einzelfragen gerichtlich festgelegt wird.[355] Daher

---

die Beibringung von Tatsachen ausüben. So kann er etwa gemäß § 139 ZPO darauf hinwirken, dass sich die Parteien vollständig und genügend erklären und sachdienliche Anträge stellen (§ 139 I 2 ZPO), sowie auf das Fehlen von Prozessvoraussetzungen aufmerksam machen, § 139 III ZPO. Der deutsche Richter ist dazu verpflichtet, bewusst falsche Aussagen der Parteien unberücksichtigt zu lassen (§ 138 I ZPO), *Musielak/Voit*, Grundkurs ZPO, 12. Aufl. 2014, Rdnr. 105.

351 *Subrin/Minow/Brodin u. a.*, Civil Procedure, 377.

352 *Subrin/Minow/Brodin u. a.*, Civil Procedure, 378; so auch *Carrington*, Renovating Discovery, 49 Ala. L. Rev. 51, 54 (1997): („historic distrust of concentrated power"; „historic distrust of residing power in one person or limited groups"; „We do not think that judges would ferret out negative aspects of our opponent's case and positive information to prove our own claims or defenses with the same motivation and intensity that self-interest propels.").

353 Typisches Merkmal des *adversarial system* in *common law* Ländern wie den USA ist, dass die Anwälte von Kläger und Beklagten die Positionen ihrer Partei vor einen unparteiischen Richter oder eine Jury bringen, der bzw. die auf Grundlage des vorgetragenen eine Entscheidung trifft. In Abgrenzung dazu findet im inquisitorischen System eine Tatsachenermittlung von Amts wegen – meist durch den Richter – statt.

354 *Landsman*, Readings on Adversarial Justice (1988), S. 35.

355 *Böhm*, Amerikanisches Zivilprozessrecht, 2005, Rdnr. 388.

ist die Beschreibung als „passiver Zuhörer" verfehlt, wenngleich auch nicht von einer „aktiven Rolle" die Rede sein kann, die im adversarischen Prozess klassischerweise den Parteien zukommt.[356]

3. *Spannungsquellen und Ansätze gesetzlicher Lösungen*

Obgleich die *discovery*-Regelungen damit eine einzigartige Rolle im amerikanischen Rechtsgefüge spielen, werden sie vielfach kritisiert und sind zentrales Anliegen von Rechtsreformen, sowie den hier interessierenden Modifikationen durch Prozessverträge. Ihren berühmt-berüchtigten Ruf als Verursacher hoher Kosten und als Quelle des Missbrauchs verdankt die *discovery* drei eng miteinander verwobenen Spannungsquellen:[357]

a. Kooperation vs. Rivalität

Auf der einen Seite treten sich die Parteien im *common law* klassischen *adversarial trial* als Kontrahenten gegenüber. Das gilt jedenfalls für die Phase der Hauptverhandlung. Auf der anderen Seite sind sie für die Sachverhaltsaufklärung im Rahmen der *discovery* auf Kooperation angewiesen. Gerade der Beklagte hat bisweilen exklusiven Zugriff auf relevante Informationen und Beweise, ohne die der Kläger keine Chance hat, seinen Fall zu gewinnen.[358] Aus diesem Grund wurde die Beweisermittlung im Rahmen der *discovery* bewusst aus dem kontradiktorischen Kontext der Hauptverhandlung herausgenommen und dieser vorgeschaltet.[359]

Dies vermag jedoch nicht die Gegensätzlichkeit der Interessen aufzuheben. Die Situation ab Klageerhebung ist vergleichbar mit der eines Gefangenendilemmas:[360] Zwar würden beide Seiten von einer durchgängigen, kooperativen,

---

356 Zur Richterrolle noch eingehend im 4. Kapitel unter A. I. 2. b. sowie unter C. V.

357 *Subrin/Minow/Brodin u. a.*, Civil Procedure, 381.

358 *Subrin/Minow/Brodin u. a.*, Civil Procedure, 379.

359 *Brazil*, The Adversary Character of Civil Discovery, 31 Vand. L. Rev. 1295, 1303 (1978) („[discovery] should take place in an essentially nonadversarial context").

360 Das Gefangenendilemma lässt sich wie folgt beschreiben: Zwei Gefangene (Partei A und B) werden der gemeinschaftlichen Begehung einer Straftat verdächtigt. Sie werden in unterschiedlichen Räumen verhört und müssen ihre Strategie ohne Kenntnis der Wahl des jeweils anderen festlegen. Sie können kooperieren oder verraten. Verrät A den B, während B „kooperiert", also schweigt, kann A im Prozess gegen B als Kronzeuge aussagen, und erhält lediglich eine symbolische Strafe (bestes Ergebnis für A), während B die Höchststrafe erhält (schlechtestes Ergebnis für B). Schweigen A und B, werden sie jeweils für kleinere Delikte verurteilt (zweitbestes Ergebnis für A und B). Verraten sie sich beide gegenseitig, erwartet sie eine Gefängnisstrafe, allerdings

zielgerichteten Beweisermittlung profitieren, weil sie dadurch Geld und Zeit sparen könnten und schneller zur eigentlichen Beilegung ihrer Streitigkeit vordringen könnten. Möglicherweise würden auch ohnehin alle relevanten Informationen „ans Licht kommen", sodass es besser wäre, sie anfänglich und freiwillig preiszugeben. Gleichzeitig weiß jedoch keine Partei, ob auch die andere kooperiert. Gibt die eine Seite aus ihrer Sicht wertvolle Informationen preis, in der Hoffnung, die andere Seite werde das ebenfalls tun, riskiert sie gleichzeitig, der anderen Seite zum Sieg zu verhelfen. Denn Letztere kann sich auf den Standpunkt stellen, ihre Informationen werde Erstere auch durch Sanktionsandrohungen nach Rule 37 FRCP nicht erhalten, eventuell, weil Erstere nicht einmal von diesen Informationen weiß. Besonders wenn eine Partei nahezu alle relevanten Informationen hat, ist das Risiko des „Verrats" durch sie (oder um die Spieltheorieterminologie zu verwenden: der „Nichtkooperation") ungleich größer und für die andere Seite umso schwerwiegender. In der Theorie des Gefangenendilemmas ist die Handlungsoption der Nichtkooperation, während die andere Seite kooperiert, die strategisch beste.

Der Anreiz, freiwillig Informationen preiszugeben, ist mithin nicht besonders hoch.[361] Stattdessen ist es wahrscheinlicher, dass beide Seiten versuchen werden,

---

nicht die Höchststrafe, weil sie mit den Ermittlungsbehörden zusammengearbeitet haben (drittbestes Ergebnis für A und B). Ob eine Strategie „gut" oder „schlecht" ist kann nicht absolut gesagt werden, da sie immer auch von der Strategie des Gegners abhängt. Im Falle der *discovery* ist es die wirtschaftlich beste Handlungsoption für A (1. Handlungsoption), wenn Partei B kooperiert, indem er dem A Zugang zu für diesen potentiellen und essentiellen Beweisen ermöglicht, während A selbst den B mit unbrauchbarem Material „zuschüttet", oder *discovery*-Anfragen nicht ausreichend beantwortet (beantwortet er sie gar nicht, drohen ihm Sanktionen nach Rule 37 FRCP). Daneben ist ein sinnvoller Austausch an Informationen normativ gewollt und für A und B gleichermaßen von Vorteil (2. Handlungsoption). „Verraten" beide Parteien (3. Handlungsoption), indem sie die jeweiligen *discovery*-Anfragen torpedieren, tragen sie – in der Theorie jedenfalls – beide die Folgen ihres Handelns zu gleichen Teilen (was gedanklich jedoch voraussetzt, dass sie beide wertvolle Beweise in ihrem Machtbereich haben). Am schlechtesten ist die Situation für die Partei, die sich für Kooperation entschieden hat, während die andere Partei nicht kooperiert. Von Gefangenendilemma spricht auch *Kapeliuk/Klement*, 16 (2008) mwN in Fn. 62.

361 *Kapeliuk/Klement*, 16 (2008): „[C]ooperation is difficult to attain […], since, as in a Prisoner's Dilemma situation, each litigant is better off unilaterally defecting [meint in diesem Kontext „zu verraten"], irrespective of her adversary's strategy. There is thus a tension between the likely defection outcome (equilibrium) of the adversarial game, and the normatively appealing outcome of cooperation. Although cooperation

durch Nichtkooperation einen Vorteil gegenüber der anderen Partei zu erlangen.[362] Der *discovery* wird vorgeworfen, den Widerstreit der Parteien noch verschärft zu haben:

> „*Discovery has greatly expanded the arenas in which those [adversary] forces can operate. It has provided attorneys with new weapons, devices, and incentives for the adversary gamesmanship that discovery was designed to curtail.*"[363]

Das Gefangenendilemma ist am besten durch vorprozessuale Vereinbarungen aufzulösen, die zu einem Zeitpunkt geschlossen werden, zu dem beide Parteien unwissend hinsichtlich der Lage in einem späteren Prozess sind.[364] Gesetzliche Wege, um den Ausgangskonflikt zu entschärfen, sehen die FRCP mit weitreichenden Mitwirkungspflichten der Parteien vor. Zunächst setzt die 1993 neugefasste[365] Rule 26(a)(1) FRCP mit den *Initial Disclosures* unaufgeforderte[366] Offenlegungspflichten beider Seiten hinsichtlich *aller* relevanten Informationen fest.[367] Lediglich das Preisgeben von Informationen, die für die eigene

---

is better for both parties, and therefore Pareto dominates defection, the latter is often unavoidable".

362 *Kapeliuk/Klement*, 91 Tex. L. Rev. 1475, 1483 (2013): „It is often the case that during trial, litigants abuse various procedural mechanisms, such as discovery and provisional remedies, to impose excessive costs on their counterparts. The parties are locked in strategic Prisoner's Dilemma situations, where each litigant tries to gain advantage over her counterpart by not cooperating. Their failure to cooperate might therefore amount to a mutual loss".

363 *Brazil*, 31 Vand. L. Rev. 1295, 1303 (1978).

364 Dazu noch im 4. Kapitel, A. II. 2.; vgl. auch *Kapeliuk/Klement*, 91 Tex. L. Rev. 1475, 1483 (2013); *Kapeliuk/Klement*, 6 (2008).

365 *Advisory Committee on Rules*, Änderung von 1993.

366 Die Pflicht zur anfänglichen Offenlegung besteht demnach unabhängig von einem *discovery*-Antrag einer Partei, Rule 26(a)(1)(A) FRCP. Teilweise wird die *initial disclosure* daher auch „automatische" Offenlegungspflicht genannt, so *Schack*, Einführung in das US-amerikanische Zivilprozessrecht, 4. Aufl. 2011, Rdnr. 499.

367 Die Umsetzung der *initial disclosure*-Pflicht in Rule 26(a)(1) FRCP ging allerdings nicht so weit, wie es der Vorschlag im Jahr 1992 von Sam C. Pointer Jr., damals Bundesrichter des *Northern District of Alabama*, an das *Committee on Rules of Practice and Procedure* der *Judicial Conference* – ein Gremium, das die Federal Rules of Civil Procedure macht – vorsah. Aus Angst, das *adversarial system* könne in ein inquisitorisches mutieren, wurde er seinerzeit weitestgehend abgelehnt. Sam C. Pointer Jr.s Aufarbeitung wurde jedoch im neusten Reformvorschlag vom 8.-9. Januar 2015 erneut aufgegriffen (vgl. TAB 1 des Vorschlags) und für dessen Umsetzung plädiert (TAB 2): *Cooper*, 100 Mich. L. Rev. 1794 (2002); und *Niemeyer*, 46 U. Mich. J.L. Reform 673 (2013).

Seite nachteilig sind, wurde nunmehr aus dem Anwendungsbereich der Vorschrift genommen.[368] Diese muss eine Partei nur noch auf Nachfrage offenbaren.[369] Ferner hilft auch die bereits erwähnte, nach Rule 26(f) FRCP vorgesehene Durchführung einer *pre-trial*-Konferenz, einen gemeinsamen *discovery*-Durchführungsplan zu entwerfen und zu befolgen. Zuletzt ordnet Rule 37 FRCP Sanktionen bei Nichtkooperation an. Typischerweise werden die Parteien jedoch drastische Maßnahmen der offenen Nichtkooperation vermeiden wollen, zumal sie die Sachverhaltsaufklärung der anderen Seite auch unter dem „Deckmantel der Kooperation" torpedieren können.

b. Intendierte Wahrheitsermittlung vs. Missbrauchspotential

Das zweite Spannungsverhältnis ist eines jeder Rechtsnorm innewohnende: Die Regeln der *discovery* können im Sinne der Gesetzesintention sinnvoll eingesetzt zu einer effektiven Sachverhaltsaufklärung führen, die eine zügige Konfliktlösung vorantreibt und die Kosten gering hält; sie können jedoch auch missbraucht werden, zu Ineffizienz und zu nachteiligen Ergebnissen führen.[370] Manche Partei betreibt die *discovery* besonders extensiv, um die Kosten für den Gegner in die Höhe zu treiben.[371] Auch die Suche nach weiteren denkbaren Klagegründen oder gar Geschäftsgeheimnissen durch sogenannte *fishing expeditions* ist beliebt.[372] Vor diesen schützen die Gerichte bislang nur zurückhaltend.[373] Auch der Empfänger einer *discovery*-Anfrage kann die sinnvolle Tatsachenermittlung behindern, indem er auf Anfragen mit einer „Zumüllung" des Antragstellers mit

---

368 Vgl. dazu *Schack*, Einführung in das US-amerikanische Zivilprozessrecht, 4. Aufl. 2011, Rdnr. 143, mit Verweis in Fn. 497 auf den *dissent* von *Justice Scalia* im Gesetzgebungsverfahren, welches die Offenlegungspflichten reformierte; 113 S.Ct. 581–587.

369 *Schack*, Einführung in das US-amerikanische Zivilprozessrecht, 4. Aufl. 2011, Rdnr. 143; zum *right against self-incrimination* ferner noch unter c.

370 *Subrin/Minow/Brodin u. a.*, Civil Procedure, 381.

371 *Kapeliuk/Klement*, 3 (2008); *Kapeliuk/Klement*, 91 Tex. L. Rev. 1475, 1483 (2013).

372 *Kapeliuk/Klement*, 16 (2008): „The litigants might [use (sic)] these mechanisms to uncover private, yet irrelevant for the case, information or to impose unnecessary costs on their adversaries. During the early stages of trial, courts cannot discern the true motivation behind each litigant's actions, and they cannot distinguish procedural measures taken in good faith, from those aimed merely to pressure or constrain the other party."

373 *Schack*, Einführung in das US-amerikanische Zivilprozessrecht, 4. Aufl. 2011, Rdnr. 111 mwN.

unwichtigen Dokumenten reagiert, sodass sich die Suche nach den relevanten Informationen als die Suche nach der Nadel im Heu gestaltet.[374]

Im Hinblick auf die Möglichkeit des Klägers den Beklagten mit kostspieligen *discovery*-Anfragen in einen Vergleich zu zwingen, spricht man auch von der sogenannten *nuisance value of discovery*.[375] Dem Kläger wird das gelingen, wenn die Beantwortung seiner *discovery*-Anfragen die Kosten eines Vergleichs übersteigen:

> *„The greater the anticipated or actual legal expense, the more attractive that settlement becomes. And because it costs less to prepare a discovery request than to answer one, parties can inflict costs on their opponents with broad discovery requests, regardless of the value of the information to the requesting party.“*[376]

Nach der *American Rule* kann der Beklagte selbst im Falle des Obsiegens, anders als im deutschen Recht nach §§ 91 ff. ZPO, keine Kostenerstattung vom Kläger verlangen,[377] weswegen es im Einzelfall wirtschaftlich sinnvoll sein kann, sich selbst bei unbegründeten Ansprüchen zu vergleichen.

Gleichzeitig ist jedoch zu beachten, dass die *discovery* auch deshalb extensiv betrieben wird, weil neue Beweise während der Hauptverhandlung nicht mehr eingeführt werden dürfen[378] und die Anwälte Haftpflichtprozesse wegen unzureichender Sachverhaltsaufklärung vermeiden wollen.[379] Im Übrigen zeigen Studien, dass die *discovery* im Regelfall sinnvoll genutzt wird.[380] Es sind lediglich ein paar wenige Fälle, die die Gesamtkosten der *discovery* in die Höhe treiben.

---

374 *Schack*, Einführung in das US-amerikanische Zivilprozessrecht, 4. Aufl. 2011, Rdnr. 113 („Informationsoverkill“).

375 *Schack*, Einführung in das US-amerikanische Zivilprozessrecht, 4. Aufl. 2011, Rdnr. 114.

376 *Subrin/Minow/Brodin u. a.*, Civil Procedure, 389.

377 *Schack*, Einführung in das US-amerikanische Zivilprozessrecht, 4. Aufl. 2011, Rdnr. 22.

378 *Pfeil-Kammerer*, Deutsch-amerikanischer Rechtshilfeverkehr in Zivilsachen, 1987, S. 228. Nur in „außerordentlich engen Grenzen“ sind Ausnahmen zulässig, *Böhm*, Amerikanisches Zivilprozessrecht, 2005, Rdnr. 562. Zudem ist zu beachten, dass im Rahmen der *discovery* gewonnene Erkenntnisse nicht ohne weiteres Beweismittel werden. Sie müssen erst – und zwar zu Beginn der mündlichen Verhandlung – in den Prozess eingeführt und ins Sitzungsprotokoll aufgenommen werden, um zu Beweismitteln zu werden, *Subrin/Minow/Brodin u. a.*, Civil Procedure, 421.

379 *Schack*, Einführung in das US-amerikanische Zivilprozessrecht, 4. Aufl. 2011, Rdnr. 112.

380 „[T]he typical case has relatively little discovery, conducted at costs that are proportionate to the stakes of litigation, and […] discovery generally […] yields information that aids in the just dispositions of cases“, *Willging*, An Empirical Study of Discovery

c. *Umfassende Tatsachenermittlung vs. Schutz der Privatsphäre*

aa. Reichweite der *Discovery*

Zuletzt steht das Ziel umfassender Tatsachenoffenlegung in ständigem Konflikt mit dem Schutz der Privatsphäre. Generell darf eine Partei nach Rule 26(b)(1) FRCP durch die *discovery* jeden Umstand ermitteln, der für Klage oder Verteidigung irgendwie relevant („regarding any [...] matter that is relevant to any party's claim or defense") und nicht vertraulich ist („nonprivileged"). Die Relevanz der Information wird damit nur durch ihren irgendwie gearteten Zusammenhang zum streitigen Sachverhalt begründet. Nicht erforderlich ist hingegen, dass die Einführung der Information in die mündliche Verhandlung als Beweis zulässig ist („need not be admissible at trial"), solange nur „the discovery appears reasonably calculated to lead to the discovery of admissible evidence." Durch die Möglichkeiten einer *e-discovery*, die die Suche nach Informationen auf elektronisch gespeicherte Daten, zum Beispiel in sozialen Netzwerken,[381] ausweitet, ist der Pool an ermittelbaren Daten noch vergrößert worden.[382]

Die damit weit gefasste *discovery* wird kritisch beäugt als „license to snoop [...] and find out the intimate thoughts of [...] people".[383] Und tatsächlich kann die ungeheure Reichweite der Eingriffsmöglichkeiten privater Anwälte teilweise mit derjenigen verglichen werden, die staatlichen Strafverfolgungsorganen in anderen Ländern zukommt.[384] Sie geht sogar teilweise über die Möglichkeiten deutscher Ermittlungsbehörden hinaus, indem sie den parteilichen Anwälten – die hier die Funktion unserer staatlichen Ermittlungsbehörden einnehmen – auch Eingriffe in die Intimsphäre gestatten.[385]

---

and Disclosure Practice Under the 1993 Federal Rule Amendments, 39 B.C. L. Rev. 525, 527 (1998).

381 *Kashi/Wendler*, Recent Events in the Timeline of Social Media Discovery and the Evolving Dispute Over the Ultimate Form of Surveillance, 34 No. 2 Trial Advoc. Q. 19 (2015).

382 Das Phänomen der elektronisch gespeicherten Information hat noch mehr Fragen, wenige Antworten, und etwas Reform aufgeworfen, *Subrin/Minow/Brodin u. a.*, Civil Procedure, 379.

383 *Kole*, Why I Love Document Reviews, 33 Litig. 53, 53 (2007).

384 *Hazard*, From Whom No Secrets Are Hid, 76 Tex. L. Rev. 1665, 1676 (1998) („ordinarily afforded in other countries only to prosecutorial criminal investigations by government agencies").

385 *Hazard*, 76 Tex. L. Rev. 1665, 1676 (1998) („Discovery [...] goes after [...] most private thoughts, such that this kind of discovery, to them, resembles self-incrimination. [...]").

bb. Grenzen der *Discovery*

Nichtsdestotrotz gelten die weitreichenden Eingriffsrechte und Kooperationspflichten nicht schrankenlos. Zunächst sieht Rule 26(b)(2)(C) FRCP vor, dass die *discovery* nicht übermäßig weit („*overly broad*")[386], nicht übermäßig beschwerlich („*[unduly] burdensome*"), sowie allgemein unverhältnismäßig sein darf.[387]

Ferner wird die *discovery* durch bestimmte Privilegien begrenzt. So besagt Rule 26(b)(1) FRCP: „Parties may obtain discovery regarding any nonprivileged matter […]". Solche Privilegien können sich etwa aus der Verfassung ergeben. Zunächst kann sich eine Partei zur Abwehr einer *bestimmten discovery*-Anfrage – also nicht zur Abwehr *jeglicher* Befragung[388] – auf ihr Recht gegen Selbstbelastung aus dem 5. Amendment der Verfassung berufen.[389] Sie muss hierfür nachweisen, dass die Befürchtung einer Selbstbelastung im Falle der Kooperation begründet wäre.[390] Das Privileg gibt mithin kein generelles Aussageverweigerungsrecht und

---

386 Der in der Literatur verwandte Begriff „overly broad" meint dabei den vom Gesetzeswortlaut her auf „unreasonably cumulative or duplicative" lautenden Einwand, *Subrin/Minow/Brodin u. a.*, Civil Procedure, 411.

387 Zu diesen Einwänden eingehend *Subrin/Minow/Brodin u. a.*, Civil Procedure, 409.

388 Die Partei kann sich nicht generell einer schriftlichen oder mündlichen Befragung, oder gar der Teilnahme an der *pre-trial*-Konferenz oder der mündlichen Verhandlung durch Berufung auf das 5. Amendment entziehen. Es darf die Beantwortung einer bestimmten Frage verweigert werden, *Hutcheson v. U.S.*, 369 U.S. 599, 619 (1962), sowie die Staatengerichtsentscheidungen *State v. Lougin*, 749 P.2d 173, 176 (Wash. Ct. App. 2009); *Campbell v. Schroering*, 763 S.W.2d 145, 147 (Ky. Ct. App. 1988).

389 Das Recht oder Privileg muss geltend gemacht werden, *Garner v. U.S.*, 424 U.S. 648, 656 (1976); *U.S. v. Johnson*, 76 F.Supp. 538, 540 (M.D. Pa. 1947); *U.S. v. Monia*, 317 U.S. 424, 427 (1943). Es stellt – im Falle des Beklagten – eine sog. *affirmative defense* dar, *Carretto*, The Right Against Self-Incrimination in Civil Litigation, 39 (2001). Ausnahme, sog. *self-executing*-Privileg, wenn ein Gesetz entsprechendes bestimmt, vgl. *Jenny v. State*, 447 So.2d 1351, 1353 (Fla. 1984), in dem ein Staatengesetz eine Immunität eines Zeugen für bestimmte Beweisfragen statuierte.

390 Eine pauschale Behauptung des 5. Amendments reicht nicht aus, *North River Ins. Co., Inc. v. Stefanou*, 831 F.2d 484, 487 (4th Cir. 2012); *U.S. v. Raniere*, 895 F.Supp. 699, 704 (D.N.J. 1995); bei einer pauschalen Behauptung des Rechts in mündlichen Befragungen eines Zeugen, vgl. *Carretto*, The Right Against Self-Incrimination in Civil Litigation, 41, sowie zu schriftlichen Anfragen, *ders.* auf S. 46, mwN in Fn. 50. Die Beweislast für das Vorliegen des Rechtes gegen Selbstbelastung trägt derjenige, der sich darauf beruft. Während die Beweislast sich zunächst auf die ordnungsgemäße Geltendmachung – keine pauschale Behandlung, Rechtzeitigkeit – beschränkt, ist die Beweislast höher, wenn die Partei angibt, dass die Aussage der Anfangspunkt einer zur letztlichen Belastung führenden Beweiskette ist.

seine Erhebung führt auch nicht dazu, dass eine Befragung als solche unzulässig wird.[391] Da die Berufung auf das Privileg gegen Selbstbelastung ein gewisses Missbrauchspotential birgt, kann einem das Schweigerecht im Einzelfall verwehrt bleiben.[392] Überdies werden aus dem Schweigen einer Partei oftmals nachteilige Schlussfolgerungen gezogen,[393] weshalb es von Vorteil sein kann, auf sein Weigerungsrecht zu verzichten.

Neben dem Selbstbelastungsprivileg gibt es das Anwalt-Mandanten-Privileg, das eine *discovery* hinsichtlich bestimmter Informationen ausschließt.[394] Im Unterschied zur *work product rule*,[395] die ebenfalls eine Freistellung von der *discovery* ermöglicht, allerdings ausschließlich dem Schutz des *adversary system* dient, besteht das Anwalts-Mandanten-Privileg (*attorney-client privilege*) zum Schutz des Mandanten.[396] Sofern die Kommunikation zwischen Anwalt und Mandant betroffen ist, werden Informationen mithin über das *attorney-client*-Privileg geschützt.[397] Alle anderen Informationen des Anwaltes, die keine

---

391 *Hutcheson v. U.S.*, 369 U.S. 599, 619 (1962); *United States v. Cefalu*, 338 F.2d 582, S. 584 (7th Cir. 1964).

392 *Glimcher Properties Ltd. Partnership v. NJMM, LLC*, 2000 WL 1738415, 2 (S.D.N.Y. 2000); *United States v. 4003–4005 5th Ave.*, 55 F.3d 78, 84 (2d Cir. 2006).

393 *Schack*, Einführung in das US-amerikanische Zivilprozessrecht, 4. Aufl. 2011, Rdnr. 125 mwN.

394 *Navajo Nation v. Confederated Tribes and Bands of the Yakama Indian Nation*, 331 F.3d 1041 (9th Cir. 2003); *In re Dow Corning Corp.*, 261 F.3d 280 (2d Cir. 2001); *U.S. v. Talao*, 222 F.3d 1133 (9th Cir. 2000); *Wharton v. Calderon*, 127 F.3d 1201 (9th Cir. 1997).

395 Seit *Hickman v. Taylor*, 329 U.S. 495 (1947) normiert in Rule 26(b)(3) FRCP, welche nunmehr die anwaltlichen Gedankengänge und Prozessstrategie von der *discovery* freistellt, *Upjohn Co. v. U.S.*, 449 U.S. 383, 385 (1981); *N. L. R. B. v. Sears, Roebuck & Co.*, 421 U.S. 132 (1975).

396 *U.S. v. Deloitte LLP*, 610 F.3d 129, 139 (D.C. Cir. 2010): „The attorney-client privilege and the work-product doctrine serve different purposes: the former protects the attorney-client relationship by safeguarding confidential communications, whereas the latter promotes the adversary process by insulating an attorney's litigation preparation from discovery."; *U.S. v. American Tel. and Tel. Co.*, 642 F.2d 1285, 1299 (D.C. Cir. 1980).

397 *Upjohn Co. v. U.S.*, 449 U.S. 383, 385 (1981), mit folgendem Wortlaut zusammengefasst unter Headnote 10: „[The] notes and memoranda […] were, if they revealed communications, protected by attorney–client privilege, and to extent they did not reveal communications, they revealed attorney's mental processes in evaluating the communications and disclosure would not be required simply on showing of substantial need and inability to obtain equivalent without undue hardship"; *F.T.C. v. Grolier Inc.*, 462 U.S. 19, 22 (1983).

Kommunikation mit dem Mandanten wiedergeben, jedoch ebenfalls die Vorbereitung des Prozesses betreffen, werden von der *work product rule* geschützt.[398] Strittig ist, ob es im Rahmen der *discovery* ein Psychotherapeutenprivileg gibt.[399] Ein Journalistenprivileg hat wiederum regelmäßig hinter dem Bedürfnis nach vollständiger Tatsachenermittlung zurückzustehen.[400] Die Berufung auf eines der genannten Privilegien ist im Einzelfall obsolet, wenn die andere Partei darlegen kann, dass die Informationen für ihre Prozessführung unerlässlich und nicht anderweitig zu beschaffen sind.[401]

Daneben kann eine Partei auch die gerichtliche Anordnung einer *discovery*-Beschränkung beantragen, wenn dies zur Abwendung folgenschwerer Nachteile für sie erforderlich ist, Rule 26(c) (*protective order*). Das gilt nicht nur, aber auch bezogen auf nachhaltige Verletzungen der Privatsphäre. Das Gericht kann dabei ein einzelnes *discovery*-Instrument gänzlich verbieten, die *discovery* zeitlich begrenzen oder eine anderweitige Beschränkung vorsehen. Die Verfassungsmäßigkeit der *protective orders* wird diskutiert, weil sie das Informationsrecht, die Pressefreiheit, bzw. die Rechte aus dem 1. Amendment einschränken, ist aber wohl gegeben.[402]

---

398 Ebd.

399 Dafür, unter Berufung auf Rule 501 FRE: *In re Sealed Case (Medical Records)*, 381 F.3d 1205, 1207 (D.C. Cir. 2004); *Jaffee v. Redmond*, 518 U.S. 1 (1996). Verneinend, *Gilbreath v. Guadalupe Hosp. Foundation Inc.*, 5 F.3d 785, 761 (5th Cir. 1993).

400 *Brokers' Choice of America, Inc. v. NBC Universal, Inc.*, 757 F.3d 1125 (10th Cir. 2014); *U.S. v. Sterling*, 724 F.3d 482 (4th Cir. 2013); *Baker v. Goldman Sachs & Co.*, 669 F.3d 105 (2d Cir. 2012); *In re Grand Jury Subpoena*, 201 Fed.Appx. 430 (9th Cir. 2006); *U.S. v. Treacy*, 639 F.3d 32 (2d Cir. 2011); *Lee v. Department of Justice*, 413 F.3d 53 (D.C. Cir. 2005); *McKevitt v. Pallasch*, 339 F.3d 530 (7th Cir. 2003); *In re Fitch, Inc.*, 330 F.3d 104 (2nd Cir. 2003); *Gonzales v. National Broadcasting Co., Inc.*, 194 F.3d 29 (2d Cir. 1999).

401 *F.T.C. v. Grolier Inc.*, 462 U.S. 19, 20 (1983); vgl. auch Rule 26(b)(2)(B) FRCP „court may nonetheless order discovery from such sources if the requesting party shows good cause".

402 Schutzmaßnahmen des Gerichtes, die *discovery*-Anfragen einer Partei ablehnen oder einschränken, stellen keine Verletzung von First Amendment Rechten – zum Beispiel der Informations- oder Pressefreiheit – dar. Der Einsatz der einzelnen *discovery*-Möglichkeiten stellt keinen Hoheitsakt dar, da er im Privatbetrieb der Parteien erfolgt. Die Schutzmaßnahmen nach Rule 26(c) FRCP stellen damit keine „staatliche Zensur" dar, und verstoßen – jedenfalls im Falle der Darlegung eines guten Grundes – nicht gegen das 1. Amendment. *Seattle Times Co. v. Rhinehart*, 467 U.S. 20, 32 (1984). Den staatlichen Hoheitsakt in der Anordnung der Durchführung einer *discovery* sehend,

Allerdings agieren die Gerichte bislang sehr zurückhaltend mit dem Erlass.[403]

II. Vereinbarungen nach Rule 29 FRCP

Das adversarische Modell beruht auf dem Gedanken, dass ein weitgehend privat gestaltetes Verfahren der Gerechtigkeit am dienlichsten ist.[404] Damit im Einklang steht die Überlegung, dass die Parteien nicht nur für die Beweisermittlung zuständig sein sollen, sondern ihnen auch großer Spielraum zur vertraglichen Ausdehnung und Einschränkung derselben zuteilwerden soll.[405] Insbesondere Rule 29 FRCP ist im Rahmen einer vertraglichen Änderung der *discovery*-Regelungen zentral, denn er gestattet, dass „the parties may stipulate that [...] procedures governing or limiting discovery be modified" (Rule 29(b) FRCP).[406] Zwar steht zu Beginn der Regelung der Vorbehalt einer anderweitigen gerichtlichen Anordnung, welche sowohl in einer einzelfallbezogenen richterlichen Anordnung als auch im vom Gericht

---

allerdings einen niedrigeren Standard für die Verletzung des 1. Amendments anlegend: *In re San Juan Star Co.*, 662 F.2d 108 (1st Cir. 1981), *headnote* 5: „Communications prohibited by a protective order restricting dissemination of information obtained through court-ordered depositions qualify for protection under the First Amendment; however, because the taking of depositions is a judicially-powered process compelling information that has not yet passed through the adversary-judicial filter for testing admissibility, such information is not deserving of full First Amendment protection; accordingly, restraints imposed by such protective orders will be scrutinized under a less severe standard than that ordinarily applied to prior restraints."

403 Beispielsweise war im Fall *Shingara v. Skiles*, 420 F.3d 301, 306 (3d Cir. 2005) nicht einmal die Weitergabe aller im Rahmen der *discovery* erlangten Informationen an die Presse ausreichend, um aus Sicht des Gerichtes die öffentliche Meinung übermäßig zu beeinflussen.

404 Dazu bereits B. I. 1.

405 *Kapeliuk/Klement*, 11 (2008).

406 Rule 29 FRCP. Stipulations About Discovery Procedure: Unless the court orders otherwise, the parties may stipulate that:

(a) a deposition may be taken before any person, at any time or place, on any notice, and in the manner specified—in which event it may be used in the same way as any other deposition; and

(b) other procedures governing or limiting discovery be modified—but a stipulation extending the time for any form of discovery must have court approval if it would interfere with the time set for completing discovery, for hearing a motion, or for trial.

erlassenen abstrakt-generellen *local rules* liegen kann. Dieser Vorbehalt bezieht sich aber vor allem auf *local rules*. Eine Zustimmung des Gerichtes zu den Parteiabreden ist grundsätzlich nicht erforderlich.[407] Nur ausnahmsweise ist nach Rule 29(b) FRCP die Zustimmung des Gerichtes zur getroffenen Vereinbarung erforderlich und zwar, wenn das im Rahmen der *discovery*-Konferenz vereinbarte Fristende der *discovery*, ein Vernehmungs- oder ein Verhandlungstermin betroffen sind.[408] Denn nach Sinn und Zweck der Vorschrift soll der im Rahmen der Konferenz (mühsam) vom Richter aufgestellte *discovery*-Plan nicht kurzerhand ohne seine Mitsprache obsolet werden.

Grundsätzlich steht damit die Partei- und Prozessautonomie, entsprechend der aktiven Rolle der Parteien im Zivilprozess,[409] im Vordergrund. Rule 29 FRCP erlaubt eine Eingrenzung, Ausweitung oder anderweitige Änderung von Rule 26–37 FRCP. Dadurch können die aufgezeigten, der *discovery* innewohnenden Spannungsquellen grundsätzlich aufgelöst und das Ziel einer Balance zwischen Gerechtigkeit und Effizienz erreicht werden:[410]

> *„Litigants can lower their costs by cooperatively limiting their investment in trial, refraining from discovery abuse, avoiding unnecessary motions, and negotiating a possible settlement in an open and collaborative manner.“*[411]

Eine Kostensenkung soll bei Rule 29 FRCP auch dadurch erzielt werden, dass die Änderungen nicht von einer vorherigen Anrufung des Gerichtes und Erwirkung entsprechender Beschlüsse abhängig, sondern ohne Gerichtsbeschluss wirksam sind (*„self executing“*; *„lawyer-managed discovery“*[412]).[413] Die Änderungen

---

407 *Gensler*, Federal Rules of Civil Procedure, Rule 29: „the rule contemplates that the parties may stipulate to modifications without first having to seek leave“.

408 Rule 29(b) FRCP wortwörtlich durch *local rules* (Bundesdistriktgericht Nevada) bestätigt, *Kaffko v. Quepasa Corp.*, 2011 WL 4442654, 3 (D. Nev. 2011).

409 Vergleiche zur Richterrolle in Abgrenzung zur Parteirolle auch eingehend im 4. Kapitel A. I. 2. b. aa.

410 Das Ziel der Effizienz ist neben der Gerechtigkeit ausdrücklich genannt in der Begründung des *Advisory Committee's* zu den Änderungen von 1993 an Rule 29 FRCP. Ferner *Garza v. Webb County, Tex.*, 296 F.R.D. 511, 512 (S.D. Tex. 2014); *Lee v. Central Gulf Towing, L.L.C.*, No. Civ.A.04–1497, 2004 WL 2988478, 2 (E.D.La. 2004).

411 *Kapeliuk/Klement*, 16 (2008).

412 *Lee v. Central Gulf Towing, L.L.C.*, No. Civ.A.04–1497, 2004 WL 2988478, 2 (E.D.La. 2004): „lawyer-managed discovery“.

413 Dies ergibt sich aus der Gesetzesintention (Anmerkungen des beratenden Ausschusses 1993 zu Rule 29(b) FRCP) sowie im Umkehrschluss zu Rule 29(b) FRCP, der die Zustimmung des Gerichtes (in Form eines Gerichtsbeschlusses, dem *„leave of court“*) für die dort aufgezählten Fälle explizit anordnet. Vgl. auch *Gensler*, Federal Rules of Civil Procedure, 29; *R & R Sails Inc. v. Insurance Co. of State of PA*, 251 F.R.D. 520,

müssen zudem nicht schriftlich sein. Das Schriftlichkeitserfordernis wurde in der Änderung der Rule 29 FRCP 2007 gestrichen.[414] Nach Rule 29(a) FRCP sind Vereinbarungen hinsichtlich der Art, Zeit und Ort der Abgabe einer *deposition* möglich, sowie gemäß Rule 29(b) „weitere Verfahrenssätze, die die *discovery* regeln oder beschränken" abänderbar sind.

1. *Zulässigkeit vorprozessualer Abreden?*

Der Entstehung eines Gefangenendilemmas kann durch vorprozessuale Abreden vorgebeugt werden. Beim Vertragsschluss selbst wissen die Parteien nicht, welche Rollen sie in einem potentiellen Gerichtsverfahren spielen werden. Sie befinden sich unter einem „Schleier des Nichtwissens".[415] Zwar kann auch zu diesem vorprozessualen Zeitpunkt die eine Partei wirtschaftlich deutlich besser stehen und somit eine stärkere Verhandlungsposition einnehmen. Eine günstige Verhandlungsposition bei Vertragsschluss kann, muss aber nicht, in einem späteren Prozess „fortwirken". Tendenziell jedoch wollen die Parteien bei Vertragsschluss einer Streitigkeit vorbeugen, sodass auch eine wirtschaftlich starke Partei Anreize schaffen will, den Vertrag einzuhalten. Die Verhandlungspositionen sind ausgeglichener als nach Entstehen einer Streitigkeit.[416] Damit ist die vorprozessuale *discovery*-Abrede über das Vorbeugen eines Gefangenendilemmas hinaus auch geradezu prädestiniert, eine gerechte und effiziente Nutzung der *discovery*-Instrumente im Falle einer Streitigkeit sicherzustellen.

Es ist unklar, ob vorprozessuale *discovery*-Modifikationen von Rule 29 FRCP umfasst sind. Einerseits spricht das weitgehende Fehlen einer zu dieser Norm ergangenen Gerichtsentscheidung hinsichtlich vorprozessualer Rule 29-Vereinbarungen *prima facie* dagegen. Auch die Verwendung der Begriffsstipulation in

---

528 (S.D. Cal. 2008) („*self-executing*"); *Cozort v. State Farm Mut. Auto. Ins. Co.*, 233 F.R.D. 674, 678 (M.D. Fla. 2005): („Stipulations such as this are self-effectuating and need not be filed with the Court").

414 Die *Committee Notes* zur Änderung 2007 geben jedoch an, dass „these changes are intended to be stylistic only", Committee Notes on Rules–2007 Amendment (April 21, 2014), https://www.law.cornell.edu/rules/frcp/rule_29; Nach *Gensler*, Federal Rules of Civil Procedure könnte das Schriftformerfordernis nach wie vor in die Vorschrift gelesen werden, weswegen er dringend die Einhaltung desselben fordert. Von dem Schriftformerfordernis entgegen dem Wortlaut nach wie vor ausgehend 35A C.J.S. Federal Civil Procedure § 590 „Stipulations concerning discovery" (Stand: März 2015), WL.

415 *John Rawls*, A Theory of Justice, Erstveröffentlichung 1971.

416 *Kapeliuk/Klement*, 17 (2008) („uncertainty enables parties to commit").

der amtlichen Überschrift soll gängig definiert sein als Vereinbarung im anhängigen Prozess.[417]

Andererseits spricht vieles dafür, eine vorprozessuale *discovery*-Modifikation zuzulassen.[418] Das Erfordernis der Zustimmung gem. Rule 29(b) FRCP ist gekoppelt an die *pre-trial*-Konferenz, die im Falle einer vorprozessualen Vereinbarung gerade noch nicht stattgefunden hat. Auch der Begriff der *stipulation* setzt kein anhängiges Verfahren voraus. Aus dem römischen Recht kommend umfasst er wertungsneutral jede Art von Vereinbarungen. Die Vertreter der prozessualen *stipulation* hatten bei Ausarbeitung einer Definition möglicherweise nicht im Blick, dass eine Regelung nicht notwendigerweise einen Prozess voraussetzt, um prozessual zu sein.

Für die Zulässigkeit vorprozessualer *discovery*-Vereinbarungen spricht zudem der Fall *Elliott-McGowan Productions v. Republic Productions, Inc.*, 145 F.Supp. 48 (1956). In diesem ging es um eine vorprozessuale Regelung, die eine Ausschlussfrist für die Durchführung der *discovery* vorsah. Der entscheidende Richter sah sie als eindeutig wirksam an:

> *„I see no objection to giving effect to a party's agreement to contract away his right to discovery where the circumstances make such an agreement reasonable."*[419]

Der Fall wurde auch nicht durch die letzte große Änderung von Rule 29 FRCP im Jahr 1970 aufgehoben, durch welche eine Ausdehnung der Regelung auf Vereinbarungen über jegliche „modif[ications of] procedures provided by these rules for other methods of discovery" [420] ermöglicht wurde.

Das Fehlen weiteren Fallrechts ist auch in der Möglichkeit, Schiedsvereinbarungen zu schließen, begründet. Weil im Schiedsverfahren die *discovery* von

---

417 Black's Law Dictionary (9th ed. 2009), stipulation; insb. REST 2d CONTR § 94 „A promise or agreement with reference to a *pending* judicial proceeding"; *Charles Alan Wright et al.*, 21 Federal Practice and Procedure § 5039.5 (3. Aufl. 2005); so auch *Thornburg*, 2006 J. Disp. Resol. 181, 202 (2006).

418 Dafür: 11 *Matthew Bender & Co.*, Bender's Forms of Discovery Treatise § 1.04 (2011) „[P]rovided there is no inequality of bargaining power, [parties] may also contractually limit discovery with respect to future litigation"; *Noyes*, 30 Harv. J.L. & Pub. Pol'y 579, 609 (2007); *Setear*, Discovery Abuse Under the Federal Rules: Causes and Cures, 92 Yale L.J. 352, 364 (1982), insb. durch seinen Verweis auf *Elliott-McGowan Productions v. Republic Productions, Inc.*, 145 F.Supp. 48 (S.D.N.Y. 1956) in Fn. 70 als Paradebeispiel einer vorprozessualen Vereinbarung nach Rule 29 FRCP.

419 *Elliott-McGowan Productions v. Republic Productions, Inc.*, 145 F.Supp. 48, 50 (1956).

420 Die ursprüngliche Regelung von Rule 29 FRCP aus dem Jahre 1938 sah nur Vereinbarungen hinsichtlich dem *discovery*-Instrument der *depositions* vor.

vornherein weitaus eingeschränkter ist als im Zivilprozess, wählen Parteien, denen es auf eine Beschränkung des Beweisermittlungsverfahrens ankommt, das Schiedsverfahren.[421]

2. Zeitliche Änderung

Zeitliche Änderungen vermögen insbesondere das Missbrauchspotential einzudämmen, indem sie den zeitlichen Rahmen für eine zielgerichtete Nutzung der *discovery* abstecken.

a. Vereinbarung eines früheren Fristbeginns

Eigentlich dürfen *discovery*-Maßnahmen erst im Anschluss an die sogenannte *discovery conference* nach Rule 26(f) FRCP vorgenommen werden. Ausnahmsweise kann nach Rule 26(d)(1) FRCP, unter Verweis auf Rule 29 FRCP, eine sogenannte *early discovery*[422] vertraglich vereinbart werden.[423] Soweit die Durchführung der *discovery* hierdurch erleichtert wird, sind auch Zwangsmaßnahmen wie die sogenannte *subpoena* von der *early discovery* mitumfasst.[424] Die *subpoena*[425] ist eine hoheitlich angeordnete Verpflichtung einer Partei, bestimmte Auskünfte oder Beweismittel im *discovery*-Verfahren beizubringen, verbunden mit der Androhung einer Erzwingungsstrafe für den Fall der Nichtbefolgung.

b. Vereinbarung einer Fristverlängerung oder -verkürzung

Die Fristen für die *discovery* können ebenfalls verlängert oder verkürzt werden, Rule 29(b) FRCP.[426] Auch eine vorübergehende Vertagung der *discovery* ist vertraglich vereinbart.[427] Sobald allerdings der Richter einen Zeitrahmen aufgestellt

---

421 *Kapeliuk/Klement*, 10 (2008); *Bone*, 90 Tex. L. Rev. 1329, 1346 (2012).

422 *Gensler*, Federal Rules of Civil Procedure.

423 „By Stipulation", Rule 26(d)(1) FRCP.

424 *Kaffko v. Quepasa Corp.*, 2011 WL 4442654, 3 (D. Nev. 2011).

425 Rule 45 FRCP.

426 Rule 33(b)(2) und 34(b)(2)(A) FRCP erlauben explizit eine Ausweitung oder Beschränkung der 30-Tage Frist, um auf *depositions* oder *interrogatories* einzugehen.

427 *Bruckelmyer v. Ground Heaters, Inc.*, 2003 WL 21524741, 1 (D. Minn. 2003), wobei dort entgegen Wortlaut und Gesetzintention von Rule 29 FRCP bemängelt wird, dass der Beklagte die gewünschte Vertagung durch „*agreement*" und nicht durch Anrufung des Gerichtes zu erzielen suchte: „Even if such an agreement had been reached, when the Defendants were served with discovery, notwithstanding the purported agreement, we find it disconcerting that they did not approach the Court for relief from answering discovery which, ostensibly, traversed an agreement that is said to

und eine Frist gesetzt hat, ist es schwierig, hiervon abweichende Vereinbarungen zu treffen. Sodann setzt Rule 29(b), zweiter Halbsatz FRCP, die Zustimmung des Gerichtes (*court approval*) im Wege eines Gerichtsbeschlusses voraus. Hintergrund dieser Überlegung ist es, die Dauer eines Prozesses insgesamt zeitlich zu begrenzen, um Rechtssicherheit für die Parteien zu schaffen und langfristig währenden Rechtsfrieden zu finden.[428] Die Anforderungen an den Erlass des Gerichtsbeschlusses nach Rule 29(b) FRCP sind dabei Rule 16(b)(4) FRCP zu entnehmen, welche für eine Änderung des Zeitplans die Darlegung eines guten Grundes (*good cause*)[429] unter richterlicher Zustimmung fordert.[430] Wichtigster Faktor bei der Beurteilung von *good cause* ist neben dem darzulegenden Nutzen

---

have been reached." In diesem Fall scheiterte die Vertagung der *discovery* jedenfalls an der fehlenden – bis 2007 noch von Rule 29 FRCP vorausgesetzten – Schriftlichkeit des angeblichen Vertrages.

428 *Moffit*, 75 Geo. Wash. L. Rev. 461, 469 (2007).

429 *E.E.O.C. v. Service Temps Inc.*, 679 F.3d 323, 334 (5th Cir. 2012) („The four factors relevant to good cause are: (1) the explanation for the failure to timely move for leave to amend; (2) the importance of the amendment; (3) potential prejudice in allowing the amendment; and (4) the availability of a continuance to cure such prejudice."); *Rimbert v. Eli Lilly and Co.*, 647 F.3d 1247, 1254 (10th Cir. 2011) („[In deciding a] party's motion for a new scheduling order to name a previously undisclosed witness, a court of appeals considers four factors to determine whether the district court abused its discretion [in denying the motion]: (1) the prejudice or surprise in fact of the party against whom the excluded witnesses would have testified, (2) the ability of that party to cure the prejudice, (3) the extent to which waiver of the rule against calling unlisted witnesses would disrupt the orderly and efficient trial of the case or of other cases in court, and (4) bad faith or willfulness in failing to comply with the court's order. listing good cause factors in context of leave to name a new expert witness"); *O'Connell v. Hyatt Hotels of Puerto Rico*, 357 F.3d 152, 155 (1st Cir. 2004) (Leitsatz: „failure of communication between local counsel in Puerto Rico and lead counsel in Pennsylvania was not 'good cause'").

430 *Garza v. Webb County, Tex.*, 296 F.R.D. 511, 512 (S.D. Tex. 2014), („Given that Rule 29's court-approval requirement was drafted in light of the above mandates, it thus seems that Rule 16(b)(4)'s 'good cause' standard is the most logical choice of standards to apply to the situation at hand. In effect, a Rule 29 stipulation requiring court approval is nothing more than an unopposed motion to modify a scheduling order, and the court sees no reason to apply a differing standard of review. Accordingly, where parties seek approval of a Rule 29 stipulation that affects a scheduling-order deadline, a court should apply the 'good cause' standard in Rule 16(b)(4) to determine whether the stipulation should be approved").

einer verlängerten Frist die Frage, ob eine Partei gewissenhaft gearbeitet hat, um die Frist einzuhalten.[431]

Während Rule 16(b)(4) FRCP jedoch jegliche zeitliche Änderung regelt, also auch die gegen oder ohne den Willen der Gegenpartei, muss die Hürde entsprechend niedriger sein, wenn es um eine einvernehmliche Änderung geht. Wenn die Parteien sich einig sind, dass eine Verlängerung für sie von Vorteil ist, entweder um eine außergerichtliche Einigung zu erzielen, oder um den Prozess richtig vorzubereiten, so besteht aus ihrer Sicht keine Rechtsunsicherheit und es wird mittel- oder langfristig gesehen der Rechtsfrieden gefördert.

---

431 Vergleiche bereits den erklärten Willen des Advisory Committee zur Änderung von Rule 16 FRCP (1983), erhältlich unter https://www.law.cornell.edu/rules/frcp/rule_16 (zuletzt abgerufen am 9. Oktober 2017). Ferner: *Flores-Silva v. McClintock-Hernandez*, 710 F.3d 1, 3 (1st Cir. 2013) („The 'good cause' standard focuses on the diligence (or lack thereof) of the moving party more than it does on any prejudice to the party-opponent."); *In re Western States Wholesale Natural Gas*, 715 F.3d 716, 737 (9th Cir. 2013) („While a court may take into account any prejudice to the party opposing modification of the scheduling order […] Rule 16(b)'s 'good cause' standard primarily considers the diligence of the party seeking the amendment"); *Alioto v. Town of Lisbon*, 651 F.3d 715, 720 (7th Cir. 2011) („[T]he primary consideration for district courts is the diligence of the party seeking amendment."); *Capitol Sprinkler Inspection, Inc. v. Guest*, 630 F.3d 217, 226 (D.C. Cir. 2010) („[G]ood cause requires showing that deadline could not reasonably be met despite moving party's diligence"); *Dowling v. Cleveland Clinic Foundation*, 593 F.3d 472, 478 (6th Cir. 2009) („[The moving party's diligence is the] overarching inquiry"); *Marathon Financial Ins., Inc., RRG v. Ford Motor Co.*, 591 F.3d 458, 470 (5th Cir. 2009); *Holmes v. Grubman*, 568 F.3d 329, 335 (2d Cir. 2009) („Whether good cause exists turns on the 'diligence of the moving party'"); *Romero v. Drummond Co., Inc.*, 552 F.3d 1303, 1319 (11th Cir. 2008) („To establish good cause, the party seeking the extension must have been diligent."); *Sherman v. Winco Fireworks, Inc.*, 532 F.3d 709, 716 (8th Cir. 2008) („The primary measure of good cause is the movant's diligence in attempting to meet the order's requirements."); „Good cause" wird daher verneint: *Southern Grouts & Mortars, Inc. v. 3M Co.*, 575 F.3d 1235, 1242 (11th Cir. 2009) („[The] lack of diligence can include a plaintiff's failure to seek the information it needs to determine whether an amendment is in order [within the amendment deadline]."); *Trustmark Ins. Co. v. General & Cologne Life Re of America*, 424 F.3d 542, 553 (7th Cir. 2005) („[F]ailed to show good cause for its failure to amend its complaint in a timely manner [that is within the original deadline], finding that Trustmark was, or should have been, aware of the facts underlying its […] claim [months before the deadline passed]"); *Andretti v. Borla Performance Industries, Inc.*, 426 F.3d 824, 830 (6th Cir. 2005) („[D]efendant had good cause because [plaintiff] did not complete his compelled responses to [defendant]'s discovery requests until after the scheduled dispositive motion deadline").

Dennoch tendieren Richter zur Ablehnung der erforderlichen Zustimmung, wenn es um eine nachträgliche zeitliche Ausdehnung der *discovery* geht.[432] Dies erklärt sich durch die ohnehin überfüllten Prozesslisten eines jeden Richters, die er möglichst ohne Verzögerung abarbeiten will.[433] Sofern dies der Beweggrund des Richters sein sollte,[434] übersieht er, dass die Streitigkeit im Einzelfall schneller endgültig „abgearbeitet" sein kann, wenn sich die Parteien außergerichtlich einigen, eine Hauptverhandlung also gar nicht erst nötig wird. Selbst wenn eine Einigung nicht erzielt werden kann, befördert die einvernehmlich ausgedehnte *discovery* die zielgerichtete Aufarbeitung des Prozesses im Vorfeld der mündlichen Verhandlung. Eine Verzögerung derselben, welche die richterlichen Kapazitäten viel stärker beanspruchen würde als im Rahmen der im Parteibetrieb erfolgenden *pre-trial discovery*, wird unwahrscheinlicher, genauso wie das Risiko, dass ein Fall in eine höhere Instanz geht, gesenkt wird. Um eine einvernehmliche nachträgliche Ausdehnung der *discovery* gerichtlich für maßgeblich zu bestimmen, wird eine vertraglich vereinbarte Beschneidung jeglicher richterlichen Interventionsmöglichkeit diskutiert.[435]

c. *Vereinbarung einer Ausschlussfrist*

Die Parteien können auch eine Ausschlussfrist für die Geltendmachung der einzelnen *discovery*-Instrumente vereinbaren.[436] Der bereits im Kontext mit vorprozessualen Abreden unter II. 1. genannte Fall *Elliott-McGowan Productions v. Republic Productions, Inc.*[437] wurde vor dem Bundesdistriktgericht für den *Southern District of New York* entschieden, welches für wirtschaftlich sinnvolle Entscheidungen bekannt ist und als eines der einflussreichsten und produktivsten Bundesdistriktgerichte gilt, da es für das Finanzzentrum New Yorks

---

432 *Moffit*, 75 Geo. Wash. L. Rev. 461, 470 (2007), unter Verweis auf ein Interview mit dem Prozessanwalt und Mediator Jeffrey Krivis im Februar 2006, der die Unwilligkeit der Richter, sich auf solche Vereinbarungen einzulassen, als „the worst, most inefficient, single most annoying thing judges do these days" beschrieb (weitere Nachweise dort in Fn. 24).

433 *Moffit*, 75 Geo. Wash. L. Rev. 461, 470 (2007).

434 Gesetzliche oder verfassungsrechtliche Einwände gegen eine solche nachträgliche Ausdehnung der *discovery* sind nicht ersichtlich, *Moffit*, 75 Geo. Wash. L. Rev. 461, 470 (2007).

435 Dazu sogleich unter 6.

436 *Elliott-McGowan Productions v. Republic Productions, Inc.*, 145 F.Supp. 48 (S.D.N.Y. 1956).

437 *Elliott-McGowan Productions v. Republic Productions, Inc.*, 145 F.Supp. 48 (1956).

zuständig ist.[438] Der Fall – obwohl mittlerweile knapp 60 Jahre alt – wurde in keinem Punkt aufgehoben. Daher hat insbesondere die hier interessierende vertragliche Begrenzung der *discovery* weiterhin Bestand. *Judge Dimock* führt dazu aus:

> *„I see no objection to giving effect to a party's agreement to contract away his right to discovery where the circumstances make such an agreement reasonable. Courts have upheld reasonable agreements for a short statute of limitations, [...] or consenting that the courts of a foreign country should have exclusive jurisdiction over a claim."*[439]

3. *Änderung der Anzahl der* Discovery-*Instrumente*

Auch die Anzahl der *discovery*-Instrumente ist vertraglich ausweitbar oder einschränkbar.[440] So können mehr oder weniger als die gemäß Rule 30(a)(2)(A) FRCP vorgesehenen zehn *depositions*,[441] bzw. nach Rule 33(a)(1) FRCP bestehenden 25 *interrogatories*[442] vereinbart werden.[443] Weil es wenig Fallrecht für Vereinbarungen nach Rule 29 FRCP vor staatlichen Gerichten gibt, lässt sich entgegen einer im Schrifttum verbreiteten Meinung[444] keine absolute Aussage darüber treffen, ob die *discovery*-Instrumente überwiegend eingeschränkt oder ausgeweitet werden. Das Fallrecht zu entsprechenden Vereinbarungen in Schiedsverträgen legt nahe, dass dort eine übermäßige Beschränkung der *discovery*-Instrumente regelmäßig zur Unwirksamkeit der Vereinbarung führt.[445]

---

438 Vgl. etwa https://ballotpedia.org/United_States_District_Court_for_the_Southern_District_of_New_York (zuletzt abgerufen am 9. Oktober 2017).

439 145 F.Supp. 48, 50 (1956).

440 *Gilmer v. Interstate/Johnson Lane Corp.*, 500 U.S. 20 (1991) (Grundsatzentscheidung zu Schiedsvereinbarungen, nach der eine Beschränkung der *discovery* möglich ist).

441 Zu den *depositions* (Aussage unter Eid) eingehend *Böhm*, Amerikanisches Zivilprozessrecht, 2005, Rdnr. 437; ferner *Schack*, Einführung in das US-amerikanische Zivilprozessrecht, 4. Aufl. 2011, Rdnr. 116.

442 Zu den *interrogatories* (schriftliche Beweisanfragen) eingehend *Böhm*, Amerikanisches Zivilprozessrecht, 2005, Rdnr. 420; ferner *Schack*, Einführung in das US-amerikanische Zivilprozessrecht, 4. Aufl. 2011, Rdnr. 118.

443 Rule 30(a)(2)(A) FRCP; Rule 33(a)(1); vgl. *Ferner U-Haul Co. of Nevada, Inc. v. Gregory J. Kamer, Ltd.*, 2013 WL 1249702, 3 (D. Nev. 2013), bestätigt in 2013 WL 4458812 (D. Nev. 2013).

444 *Dodge*, 97 Va. L. Rev. 723, 746 (2011); *Kapeliuk/Klement*, 10 (2008), die sich als Beleg für diese Ansicht auf S. 10 in Fn. 35 auf ein einzelnes Vertragsdokument zweier beliebiger Parteien berufen.

445 *Ostroff v. Alterra Healthcare Corp.*, 433 F.Supp.2d 538, 543 (E.D. Pa. 2006) (*depositions* auf Sachverständige beschränkt); *Booker v. Robert Half Intern., Inc.*, 315 F.Supp.2d

Daraus wird teilweise der Schluss gezogen, dass entsprechende Prozessklauseln vor staatlichen Gerichten noch rigoroser gehandhabt werden würden.[446] Dem ist jedoch entgegenzuhalten, dass eine *discovery* im Rahmen eines Schiedsverfahrens ohnehin beschränkt,[447] die Ausgangssituation damit von vornherein eine andere ist als vor einem staatlichen Gericht.[448] Im Fallrecht zum Schiedsverfahrens geht es um die Sicherstellung eines Minimums an *discovery*.[449]

4. Bestimmung der zuständigen Person

Obgleich *depositions* eigentlich vor einem dazu ernannten oder gemäß Rule 28 FRCP festgelegten Beamten abgegeben werden müssen, kann dieses Erfordernis durch Vereinbarung nach Rule 29 FRCP gemäß Rule 30(b)(5)(A) FRCP abbedungen werden.

5. Vertraulichkeitsvereinbarungen

Ein besonderes Anliegen vieler Parteien ist der Schutz der Privatsphäre (Spannungsquelle 3). Zwar können bestimmte geheime Dokumente auch unter Hinweis auf deren Vertraulichkeit der *discovery* nicht gänzlich entzogen werden.[450] Allerdings besteht die Möglichkeit einer *attorneys' eyes only*-Vereinbarung.[451] Damit

---

94, 103 (D.D.C. 2004); *Geiger v. Ryan's Family Steak Houses, Inc.*, 134 F.Supp.2d 985 (S.D. Ind. 2001); *Hooters of America, Inc. v. Phillips*, 39 F.Supp.2d 582, 590 (D. S.C. 1998) (eine einzelne *deposition* beim Bestehen einer Vielzahl von Beklagten ist schwerwiegend, ungerecht und daher unangemessen).

446 *Paulson*, 45 Ariz. St. L.J. 471, 513 (2013).

447 *Gilmer v. Interstate/Johnson Lane Corp.*, 500 U.S. 20, 31 (1991): „[T]he discovery allowed in arbitration is more limited than in the federal courts".

448 500 U.S. 20, 31 (1991), „Although those procedures might not be as extensive as in the federal courts, by agreeing to arbitrate, a party 'trades the procedures and opportunity for review of the courtroom for the simplicity, informality, and expedition of arbitration.' […] Indeed, an important counterweight to the reduced discovery in NYSE arbitration is that arbitrators are not bound by the rules of evidence".

449 *Ostroff v. Alterra Healthcare Corp.*, 433 F.Supp.2d 538, 546 (E.D. Pa. 2006), „Courts have found arbitration provisions substantively unconscionable in part because of limitations on discovery […] One requirement for an enforceable arbitration agreement is **more than minimal discovery be permitted** […] Although arbitration proceedings may, and often do, provide much more limited discovery procedures than is common in regular court proceedings, a party must be provided a fair opportunity to present its claims." [Hervorhebung hinzugefügt].

450 *Paulson*, 45 Ariz. St. L.J. 471, 515 (2013).

451 *Paycom Payroll, LLC v. Richison*, 758 F.3d 1198 (10th Cir. 2014).

soll ein Ausgleich zwischen dem Ziel der Verhandlung auf umfassender Tatsachenbasis einerseits und dem Privatsphäreschutz andererseits geschaffen werden:

> *„The disclosure of confidential information on an ‚attorneys' eyes only' basis is a routine feature of civil litigation involving trade secrets; the purpose of this form of limited disclosure is to prevent a party from viewing the sensitive information while nevertheless allowing the party's lawyers to litigate on the basis of that information".*[452]

Abgesehen davon steht den Parteien nur die Möglichkeit offen, gegen die Veröffentlichung bestimmter Informationen in der Gerichtsakte mit einer *motion for a protective order* nach Rule 26(c) FRCP vorzugehen.[453]

6. *Sonstige Vereinbarungen*

Denkbar ist, dass die Parteien ihre *discovery*-Vereinbarungen absichern wollen, indem sie eine Beschneidung jeglicher gerichtlichen Interventionsmöglichkeiten vereinbaren. Sofern eine gerichtliche Zustimmung nach Rule 29 FRCP nicht erforderlich ist, geht es um die Beschneidung der Möglichkeit, eine Prozessabrede auf

---

452 758 F.3d 1198, 1202 (2014).

453 Rule 26(c) FRCP: Protective Orders.

(1) In General. A party or any person from whom discovery is sought may move for a protective order in the court where the action is pending—or as an alternative on matters relating to a deposition, in the court for the district where the deposition will be taken. The motion must include a certification that the movant has in good faith conferred or attempted to confer with other affected parties in an effort to resolve the dispute without court action. The court may, for good cause, issue an order to protect a party or person from annoyance, embarrassment, oppression, or undue burden or expense, including one or more of the following:

(A) forbidding the disclosure or discovery;
(B) specifying terms, including time and place or the allocation of expenses, for the disclosure or discovery;
(C) prescribing a discovery method other than the one selected by the party seeking discovery;
(D) forbidding inquiry into certain matters, or limiting the scope of disclosure or discovery to certain matters;
(E) designating the persons who may be present while the discovery is conducted;
(F) requiring that a deposition be sealed and opened only on court order;
(G) requiring that a trade secret or other confidential research, development, or commercial information not be revealed or be revealed only in a specified way; and
(H) requiring that the parties simultaneously file specified documents or information in sealed envelopes, to be opened as the court directs. [...].

Grundlage allgemeiner Gerechtigkeitserwägungen zu invalidieren. Es ist fraglich, ob eine solche Abrede Bestand hat. Dafür spricht, dass die *discovery* einzig den Parteien dient und von ihnen bezahlt wird.[454] Eine Belastung öffentlicher Gelder geht damit nicht einher.[455] Im Gegenteil wäre von einer solchen Vereinbarung zu erwarten, dass sie die Prozesskosten insgesamt, also nicht nur die privaten Ausgaben für die *discovery*, senkt.[456] Die Gerichte werden zudem entlastet, wenn die Parteien, vertreten durch ihre Anwälte, selbst eine erste Konfliktlösung im Rahmen der *discovery* erzielen. Ein Entzug staatlicher Kontrolle ist ebenfalls nicht zu befürchten, denn der Richter kann bei Prüfung der Wirksamkeit der *discovery*-Vereinbarung „grobe Verstöße" gegen die Gerechtigkeit monieren.[457]

Auf andere, nicht *discovery*-bezogene Vorschriften ist Rule 29 FRCP allerdings nicht anwendbar.[458] Ob damit auch eine analoge Anwendung auf ungeregelte Prozessverträge ausgeschlossen sein soll, bleibt offen, ist jedoch zu verneinen. Jedenfalls die Gesetzesintention des *Advisory Committee's*[459] sowie das zu Rule 29 FRCP entwickelte Fallrecht können Anhaltspunkte für die generelle Wirksamkeit von Prozessverträgen geben, sofern sie verallgemeinerungsfähig sind und eine planwidrige Regelungslücke besteht.

7. Unwirksamkeitsgründe von nach Rule 29 FRCP getroffenen Vereinbarungen

Wie bereits erwähnt,[460] kann ein Gericht durch *local rules* die Möglichkeit einer Vereinbarung nach Rule 29 FRCP einschränken oder ausschließen.[461] Ein Gericht kann auch per Beschluss die Befolgung der allgemeinen *discovery*-Regelungen der FRCP anordnen.[462] Ferner steht es dem Gericht offen, einen

454 *Moffit*, 75 Geo. Wash. L. Rev. 461, 472 (2007).
455 Ebd.
456 Ebd.
457 *Uranium Contracts Litigation*, 570 F.2d 899, 899 (10th Cir. 1978).
458 *Freedom From Religion Foundation, Inc. v. Cherry Creek School Dist. # 5*, 2009 WL 2176624, 2 (D. Colo. 2009) (Rule 29 FRCP sei nicht auf eine Abänderung des *pleading*-Standards in Rule 10 FRCP hin zum anonymen *pleading* anwendbar).
459 Vgl. unter II.: Balance zwischen Gerechtigkeit und Effizienz herstellen.
460 Vgl. bereits unter B. II. 1.
461 „Unless the court orders otherwise", Rule 29 FRCP.
462 Ebd.

Abänderungsvertrag für unwirksam zu erklären – entweder ebenfalls unter Berufung auf Rule 29 FRCP selbst[463] oder gestützt auf generelle Erwägungen „*in the interest of justice*".[464] Auf ein gesetzliches Minimum, zum Beispiel hinsichtlich der Art und Weise der Erhebung einer *deposition*, kann nicht durch Vereinbarung verzichtet werden.[465]

III. Sonstige Vereinbarungen

Durch die *discovery* werden Informationen erlangt, die sodann als Beweise in den Prozess eingeführt werden können. Die FRE, die für die Einführung in den Zivilprozess sowie die Art der Beweise maßgeblich sind, hängen eng mit den *discovery*-Regelungen in Rule 26–37 FRCP zusammen. Für die Parteien kann von Interesse sein, genau festzulegen, was beweistauglich sein soll.[466] Der *Supreme Court* hat die prozessuale Vermutung der Abdingbarkeit für die Rules of Evidence aufgestellt und damit die Möglichkeit diese abändernden Prozessverträge eröffnet.[467] Allerdings stellt er auch fest, dass diese Vermutung nicht bei vorprozessualen Abreden gilt „[that] trigger closer judicial scrutiny than stipulations made within the context of litigation".[468]

C. *Class Action*-Vereinbarungen

I. Rechtliche Bedeutung der *Class Action* im amerikanischen Zivilprozess

Immer wieder erscheinen amerikanische Sammelklagen (*class actions*) in den deutschen Medien, mit teilweise absurden Geschichten wie etwa der Millionenzahlung an Red Bull Kunden wegen angeblich irreführender Werbung („Red Bull

463 Ebd., so zum Beispiel *I/P Engine, Inc. v. AOL, Inc.*, 283 F.R.D. 322, 325 (E.D. Va. 2012).

464 *Uranium Contracts Litigation*, 570 F.2d 899, 899 (10th Cir. 1978): „mA court may relieve a party of *improvident* [unvorsichtig] stipulation to prevent manifest injustice; [...] it would have been inequitable to enforce an agreement against further questioning of the proposed deponent where the party seeking the deposition had had no opportunity to interrogate such individual since poststipulation production of sealed documents dealing with potentially critical events." Auf S. 902: „overriding considerations favor[e] discovery which we find controlling. [...] it would be inequitable to enforce a stipulation".

465 *Livingston v. Pratt*, 1 Brown Adm. 66 (C.C. Mich. 1857).

466 Dazu im Detail *Moffit,* 75 Geo. Wash. L. Rev. 461, 515 (2007).

467 *U.S. v. Mezzanatto*, 513 U.S. 196 (1995).

468 *U.S. v. Mezzanatto*, 513 U.S. 196, 203 (1995).

verleiht gar keine Flügel")[469] oder der Sammelklage von Eltern gegen die FIFA wegen angeblich gefährlicher Kopfbälle.[470] Die Besonderheit dieser Art von Prozessführung ist die kollektive Geltendmachung von Ansprüchen (*class action* auf Klägerseite) oder die kollektive Verteidigung gegen Ansprüche (*class action* auf Beklagtenseite)[471], die durch ein sogenanntes Gruppeninteresse gerechtfertigt ist. Ein Hauptkläger (*lead plaintiff*) bzw. -beklagter (*lead defendant*) tritt im Prozess im eigenen sowie im Namen aller – bekannten sowie unbekannten – Gruppenmitglieder auf. Im Falle des Erfolges einer Sammelklage kann ein Zahlungstitel erwirkt werden, der jedem einzelnen Mitglied der Gruppe, einzig aufgrund seiner Gruppenzugehörigkeit, zusteht. Eine vergleichbare Klagemöglichkeit gibt es im deutschen Zivilprozess, der im Grundsatz nur ein individuelles,[472] nicht hingegen ein Gruppeninteresse kennt, nur vereinzelt.[473]

1. Der Begriff der Class Action

a. Voraussetzungen

Die Rechtsverfolgung im Wege einer Sammelklage (*class action*) ist bundeseinheitlich in Rule 23 FRCP[474] geregelt. Zur Zulassung im Prozess muss gemäß Rule 23(c) FRCP ein entsprechender Antrag bei Gericht gestellt werden (*certification order*).[475] Entscheidet das Gericht über die *certification*, die förmliche Feststellung der Zulässigkeit der *class action*, prüft es das Vorliegen der in Rule 23 FRCP Abschnitt (a) genannten Voraussetzungen,[476] sowie, ob die Sammelklage in eine

469 FAZ vom 09.10.2014 „Humorlose Kläger in Amerika – Red Bull verleiht gar keine Flügel".

470 FAZ vom 28.08.2014 „Gesundheitsschäden im Fußball – Eltern verklagen Fifa wegen gefährlicher Kopfbälle".

471 Die Möglichkeit von *class defendants* ist zwar seltener, aber möglich, vgl. etwa 59 Am. Jur. 2d Parties § 46 (2. Aufl. 2015).

472 *Montag* ZRP 2013, 172 (174)

473 *Molitoris* NJW 2004, 3662 (3669); zu den vereinzelten Möglichkeiten kollektiven Rechtsschutzes in Deutschland vgl. etwa *Montag* ZRP 2013, 172 (174); zu Reformvorschlägen *Hess* JZ 2011, 66 sowie *Koch* JZ 2011, 438; zur deutschen Skepsis gegenüber *class actions*: *Fiebig* GRUR Int. 2016, 313 (315).

474 Der komplette Normtext ist im Anhang abgedruckt.

475 Entscheidet das *district court* über die Zulassung einer Klage als Sammelklage, ist diese Entscheidung grundsätzlich unanfechtbar, *Cypress v. Newport News General and Nonsectarian Hospital Ass'n*, 375 F.2d 648, 653 (4th Cir. 1967).

476 *Wetzel v. Liberty Mut. Ins. Co.*, 508 F.2d 239, 245 (3rd Cir. 1975) („mandatory requirements").

der drei Kategorien des Abschnittes (b) fällt, Rule 23(b) FRCP am Anfang („a class action may be maintained if Rule 23(a) is satisfied and if [Aufzählung der drei Fallgruppen]"). Ist dies nicht der Fall, weist es den Antrag auf Zulassung durch Beschluss ab.[477] Der *district court judge* hat breites Ermessen bei Prüfung des Vorliegens der Voraussetzungen;[478] die Anforderungen in Rule 23(a) FRCP sind jedoch grundsätzlich streng auszulegen.[479]

Ein oder mehrere Mitglieder einer Gruppe können als stellvertretende Parteien für alle Mitglieder klagen oder verklagt werden, Rule 23(a) FRCP, wenn zunächst die folgenden Voraussetzungen kumulativ vorliegen:

- Die „Gruppe" (*class*) ist so groß (*numerosity*-Kriterium), dass eine direkte Teilnahme aller Mitglieder am Prozess im Wege der Streitgenossenschaft (*joinder*) unzweckmäßig ist, Rule 23(a)(1) FRCP. Allerdings gibt es keine festen zahlenmäßigen Ober- und Untergrenzen, sondern die Zulässigkeit ist stets anhand der Besonderheiten des Einzelfalls zu bestimmen.[480] Rule 23(c)(5) FRCP ermöglicht jedoch die Aufteilung einer *class* in mehrere *subclasses*, wenn dies für die Effizienz des Verfahrens sinnvoll ist.[481]

---

477 *Rutledge v. Electric Hose & Rubber Co.*, 511 F.2d 668, 673 (9th Cir. 1975).

478 *Weathers v. Peters Realty Corp.*, 499 F.2d 1197, 1200 (6th Cir. 1974); 59 Am. Jur. 2d Parties § 90 (2. Aufl. 2015).

479 *Wal-Mart Stores, Inc. v. Dukes*, 131 S.Ct. 2541, 2551 (2011); *General Telephone Co. of Southwest v. Falcon*, 457 U.S. 147, 161 (1982); aA *King v. Kansas City Southern Industries, Inc.*, 519 F.2d 20, 26 (7th Cir. 1975) (Rechtsverfolgung im Wege der *class action* sei politisch gewollt und daher großzügig zuzulassen); *Zahn v. International Paper Co.*, 469 F.2d 1033, 1035 (2nd Cir. 1972) (weite, offene Auslegung der Voraussetzungen).

480 *General Tel. Co. of the Northwest, Inc. v. Equal Employment Opportunity Commission*, 446 U.S. 318, 330 (1980) („requires examination of the specific facts of each case and imposes no absolute limitations"); *Supreme Tribe of Ben Hur v. Cauble*, 255 U.S. 356, 364 (1921) (zulässig bei mehreren tausend Mitgliedern aus unterschiedlichen Staaten); *Cypress v. Newport News General and Nonsectarian Hospital Ass'n*, 375 F.2d 648, 653 (4th Cir. 1967) (es gibt keine absoluten Zahlen); *Böhm* schlägt vor, dass eine Gruppe unter elf Mitgliedern „regelmäßig zu gering" sei, *Böhm*, Amerikanisches Zivilprozessrecht, 2005, Rdnr. 690 mwN.

481 *Dore v. Kleppe*, 522 F.2d 1369, 1375 (5th Cir. 1975) („Manageability of class suits should be encouraged by limiting both the size of a class and the complexity of litigation"); *U.S. v. U.S. Steel Corp.*, 520 F.2d 1043, 1051 (5th Cir. 1975) (Bildung von *subclasses* ist sinnvoll, wenn Größe und Zusammensetzung der *class* unüberschaubar sind, was die Bemessung der Höhe von Gehaltsnachzahlungen erschwert); *Eisen v. Carlisle and Jacquelin*, 391 F.2d 555, 181 (2nd Cir. 1968) („subclass could be chosen in light of the nonmanageability of the size of the class").

- Es müssen sich dieselben Tatsachen- oder Rechtsfragen in Bezug auf alle Mitglieder der *class* stellen, Rule 23(a)(2) FRCP (*commonality*-Erfordernis).
- Ein sogenannter „Stellvertreter"[482] (*representative party*) muss den Rechtsstreit sowohl im eigenen Namen wie auch stellvertretend für die nicht unmittelbar selbst am Prozess beteiligten Mitglieder führen. Um Stellvertreter sein zu können, muss er Teil der Gruppe sein und die von ihm geltend gemachten Rechte müssen typisch für die der *class* insgesamt sein („claims or defenses of the representative parties are typical of the claims or defenses of the class", Rule 23(a)(3) FRCP, sogenannte *typicality*-Voraussetzung). Das ist der Fall, wenn der Stellvertreter dasselbe Interesse verfolgt oder dieselbe Verletzung erlitten hat wie der Rest der Gruppe.[483] Fehlt es an gemeinsamen Merkmalen des Stellvertreters, muss er durch einen neuen, geeigneteren Vertreter ersetzt werden.[484]
- Und zuletzt muss nach Rule 23(a)(4) FRCP die vertretende Partei die Interessen der Gruppe fair und angemessen schützen und wahren (sogenannte *adequacy of representation*).[485] Diese Voraussetzung entfällt, wenn der Stellvertreter die *class action* missbraucht, um eigene Interessen durchzusetzen.[486]

Liegen diese Voraussetzungen vor, ist ein Zusammenschluss im Wege der Sammelklage nach Rule 23(b) FRCP in folgenden drei Fällen möglich:

---

482 *Böhm*, Amerikanisches Zivilprozessrecht, 2005, Rdnr. 690.

483 *Holmes v. Pension Plan of Bethlehem Steel Corp.*, 213 F.3d 124, 135 (3d Cir. 2000); *East Texas Motor Freight System Inc. v. Rodriguez*, 431 U.S. 395, 403 (1977) („a class representative must […] 'possess the same interest and suffer the same injury' as the class members"); *Kremens v. Bartley*, 431 U.S. 119 (1977); *Sosna v. Iowa*, 419 U.S. 393, 403 (1975); *Schlesinger v. Reservists Committee to Stop the War*, 418 U.S. 208, 216 (1974); *Rosario v. Rockefeller*, 410 U.S. 752, 759 (1973); *Hall v. Beals*, 396 U.S. 45, 49 (1969); *Bailey v. Patterson*, 369 U.S. 31, 32 (1962); *Deiter v. Microsoft Corp.*, 436 F.3d 461, 465 (4th Cir. 2006).

484 Differenzierend für den Zeitpunkt der Feststellung der Ungeeignetheit des Vertreters: *Holmes v. Pension Plan of Bethlehem Steel Corp.*, 213 F.3d 124, 135 (3d Cir. 2000) („So long as a class representative has a live claim at the time he or she moves for class certification, neither a pending motion nor a certified class action need be dismissed if his or her individual claim subsequently becomes moot; if, on the other hand, the putative class representative's individual claim becomes moot before he or she moves for class certification, then any subsequent motion must be denied and the entire action dismissed."); *East Texas Motor Freight System Inc. v. Rodriguez*, 431 U.S. 395, 406 (1977).

485 *Bernard v. Gulf Oil Co.*, 596 F.2d 1249, 1259 (5th Cir. 1979).

486 *Böhm*, Amerikanisches Zivilprozessrecht, 2005, Rdnr. 690 mwN.

- Eine Rechtsverfolgung durch jeweils getrennte Klagen der oder gegen die einzelnen Mitglieder der *class* würde das Risiko uneinheitlicher Urteile und damit widersprüchlicher Verpflichtungen in sich bergen, Rule 23(b)(1)(A) FRCP, oder drohende Rechtsnachteile für einzelne Gruppenmitglieder bedeuten, Rule 23(b)(1)(B) FRCP. Als Beispiel für Letzteres führt *Böhm* an, dass eine Vermögensmasse nicht zur Befriedigung aller Berechtigten ausreicht und vorrangig die Klagenden, nicht jedoch die übrigen Berechtigten befriedigt werden würden.[487]
- Eine einheitliche Entscheidung für und gegen alle Mitglieder der *class* ist aus praktischen Gesichtspunkten angemessen, etwa bei einer Verpflichtung zur Vornahme einer Handlung oder Unterlassung (*final injunctive relief*) oder eines entsprechenden Feststellungsurteils (*corresponding declaratory relief*), Rule 23(b)(2) FRCP.
- Diejenigen Fragen, die sich bei allen Mitgliedern gemeinsam stellen, sind für die Entscheidung des Falles von zentraler Bedeutung; sie „dominieren" (*superiority*) die Fragen nur einzelner Mitglieder in ihrer Wichtigkeit, weshalb eine Rechtsverfolgung im Wege der *class action* aus fairness- und prozessökonomischen Erwägungen vorzugswürdig ist, Rule 23(b)(3) FRCP (sogenannte *superiority* gegenüber anderen Verfahrensarten).[488] Die Interessen einzelner Mitglieder an einer individuellen Geltendmachung sind mithin mit denjenigen an einer gesammelten Geltendmachung abzuwägen.[489] Bei Einbeziehung ausländischer Mitglieder in die *class* spielt etwa die Frage der Anerkennung und Bindungswirkung des US-Urteils im Ausland eine Rolle.

b. Rechtsfolgen

Grundsätzlich erstreckt sich die Rechtskraft eines Urteils nur auf die Parteien eines Rechtsstreites (*inter-partes*-Wirkung).[490] Eine Ausnahme hiervon ist die Wirkung eines Urteils bei einer Rechtsverfolgung im Wege der *class action*: Die Tatsachen- und Rechtsfragen werden einheitlich für die gesamte vom streitigen Rechtsverhältnis betroffene Personengruppe entschieden. Somit sind alle

---

487 *Böhm*, Amerikanisches Zivilprozessrecht, 2005, Rdnr. 690.

488 *Comcast Corp. v. Behrend*, 133 S. Ct. 1426, 1428 (2013) (dafür ist etwa die Bestimmung der Schadenshöhe „on classwide basis" problematisch).

489 *Böhm*, Amerikanisches Zivilprozessrecht, 2005, Rdnr. 690.

490 *Califano v. Yamasaki*, 442 U.S. 682, 700 (1979); *In re American Medical Systems, Inc.*, 75 F.3d 1069, 1080 (6th Cir. 1996); *Eisen v. Carlisle and Jacquelin*, 391 F.2d 555, 568 (2nd Cir. 1968).

Gruppenmitglieder an ein erstrittenes Urteil im Wege von *res judicata*[491] gebunden, unabhängig davon, ob sie am Prozess selbst beteiligt waren oder gar Kenntnis von diesem hatten (*inter-omnes*-Wirkung).[492] *Class members* werden sowohl hinsichtlich der Vorteile sowie der Belastungen eines Urteils gleichbehandelt.[493]

Es gibt jedoch die Möglichkeit, der kollektiven Bindungswirkung im Wege des *opting-out* zu entgehen und die Rechte individuell geltend zu machen. Ein *opting-out* ist jedoch nur innerhalb einer gewissen, vom Richter näher zu bestimmenden Zeitspanne zu Beginn einer Rechtsstreitigkeit möglich.[494] Das Gericht, das jedes durch angemessenen Aufwand ermittelbare Gruppenmitglied von der zugelassenen *class action* benachrichtigen muss,[495] ist gemäß Rule 23(c)(2) FRCP ebenfalls gehalten, auf die Möglichkeit des Gruppenausschlusses (*exclusion*) hinzuweisen.[496] Die Benachrichtigung potentieller Gruppenmitglieder ist dabei zwingend, und kann nicht durch Parteivereinbarung abbedungen werden:

> *„[I]ndividual notice to identifiable class members is not a discretionary consideration to be waived in a particular case. It is rather an unambiguous requirement of Rule 23. [...] Accordingly, each class member who can be identified through reasonable effort must be notified that he may request exclusion from the action and thereby preserve his opportunity to press his claim separately or that he may remain in the class and perhaps participate in*

---

491 Zur *res-judicata*-Wirkung vgl. *Schack*, Einführung in das US-amerikanische Zivilprozessrecht, 4. Aufl. 2011, Rdnr. 180.

492 *Wal-Mart Stores, Inc. v. Dukes*, 131 S.Ct. 2541, 2550 (2011); *Califano v. Yamasaki*, 442 U.S. 682, 701 (1979); *In re American Medical Systems, Inc.*, 75 F.3d 1069, 1080 (6th Cir. 1996); *Eisen v. Carlisle and Jacquelin*, 391 F.2d 555, 568 (2nd Cir. 1968); *Giordano v. Radio Corporation of America*, 183 F.2d 558, 561 (3rd Cir. 1950). Zur Möglichkeit der Bindungswirkung eines Urteils für alle *class*-Mitglieder zu entgehen *Cameron-Grant v. Maxim Healthcare Services, Inc.*, 347 F.3d 1240, 1248 (11th Cir. 2003), („unless they affirmatively 'opt out' of the suit"); und weiter *LaChapelle v. Owens-Illinois, Inc.*, 513 F.2d 286, 288 (5th Cir. 1975) („More correctly, class members may opt out only when the action is maintainable under subdivision (b)(3) of Rule 23. When either subdivision (b)(1) or (b)(2) applies, the rule does not allow a class member to avoid the effect of judgment by disassociating himself from the suit. „).

493 *In re Cement Antitrust Litigation (MDL No. 296)*, 688 F.2d 1297, 1309 (9th Cir. 1982).

494 *Sternberger v. Marathon Oil Co.*, 257 Kan. 315, 316 (Kan. 1995).

495 Diese Voraussetzung wird streng genommen nur für die dritte Kategorie Sammelklagen, Rule 23(b)(3) FRCP, explizit genannt, Rule 23(2)(B) FRCP.

496 59 Am. Jur. 2d Parties § 96: „The required notice in an action maintained as a common-question action under the Federal Rules of Civil Procedure must advise each member: (1) that the court will exclude from the class any member who requests exclusion; (2) the time and manner for requesting exclusion; and (3) the binding effect of a class judgment on members", Rule 23(c)(2)(B)(v)–(vii) FRCP.

the management of the action. There is nothing in Rule 23 to suggest that the notice requirements can be tailored to fit the pocketbooks of particular plaintiffs."[497]

Dies stützt insbesondere das Argument der Appellfunktion der Gruppenklage, welches für die grundsätzliche Notwendigkeit dieses Rechtsbehelfs spricht.[498] Alternativ zum *opting-out* kann die Rechtskraft eines erlassenen Endurteils durchbrochen werden, indem die Entscheidung selbst erfolgreich angefochten wird. Dies ist nur mit der Begründung der nicht angemessenen Vertretung durch die *class representatives* möglich.

2. *Vorteile und Bedenken der Rechtsverfolgung im Wege einer* Class Action

Die amerikanische Sammelklage bietet ein kostengünstiges Verfahrensmodell für beide Seiten: Durch die einheitliche Verhandlung von und die einheitliche Entscheidung über Gruppeninteressen entfallen Kosten und Zeitaufwand für die alternativ jeweils persönlich durchzuführende Vielzahl an Einzelverfahren.[499] Als Mitglied einer *class* kann man in den Genuss von Schadensersatzzahlungen gelangen, ohne selbst als Kläger (oder Beklagter) auftreten zu müssen. Auch geringe Forderungen, deren individuelle Geltendmachung wirtschaftlich unsinnig wäre, können damit eingetrieben werden.[500] Der Beitritt zu einer Sammelklage ist gleichzeitig mit verschwindend geringem Aufwand verbunden – es ist lediglich ein entsprechendes Formular (*claim form*) bei Gericht einzureichen.

Vergleichbar einfachen Gruppenrechtsschutz kennt das deutsche Recht nicht. Kollektiven Rechtsschutz gewährt das deutsche Recht nur vereinzelt, etwa durch Bündelungsmöglichkeit von Aktionärsklagen nach §§ 147 f., 243 ff. AktG, oder durch Durchführung eines Musterverfahrens für geschädigte Kapitalanleger nach dem Kapitalanleger-Musterverfahrensgesetz (KapMuG).[501] Im Zivilprozess ist der Individualrechtsschutz vorherrschend.[502] Nach der ZPO gibt es neben der

497 *Eisen v. Carlisle and Jacquelin*, 417 U.S. 156, 176 (1974).

498 Dazu sogleich unter 2.

499 *American Pipe & Const. Co. v. Utah*, 414 U.S. 538, 550 (1974) („avoid, rather than encourage, unnecessary filing of repetitious papers and motions"); *Eisen v. Carlisle and Jacquelin*, 391 F.2d 555, 560 (2nd Cir. 1968).

500 *Murray v. GMAC Mortg. Corp.*, 434 F.3d 948, 953 (7th Cir. 2006); *Eisen v. Carlisle and Jacquelin*, 391 F.2d 555, 560 (2nd Cir. 1968).

501 *Montag* ZRP 2013, 172 (174), wodurch gleichwohl nur im Hinblick auf die jeweilig durchzuführenden Individualverfahren bestimmte Vor- oder Teilfragen für alle Beteiligten rechtsverbindlich geklärt werden.

502 *Molitoris* NJW 2004, 3662 (3669); *Pfarr/Kocher* NZA 1999, 358.

Streitgenossenschaft nur die Möglichkeit, eine Klage aus abgetretenem Recht zu führen.[503] Erleidet eine große Zahl Verbraucher denselben Schaden, kann sich eine zentrale Stelle (etwa die Verbraucherzentrale) alle Forderungen der geschädigten Verbraucher abtreten lassen, um diese gesammelt, wohl gemerkt aber *im eigenen Namen* geltend zu machen.[504]

Ein weiterer Vorteil der Rechtsverfolgung im Wege einer *class action* ist die Möglichkeit der Streitführung unter Vereinbarung eines anwaltlichen Erfolgshonorars (*contingent fee*). Wenn die Kläger einer *class* in der Hauptsache obsiegen, werden die Anwaltskosten aus der festgesetzten Schadensersatzsumme bestritten. Beim Unterliegen fällt ein Anwaltshonorar gar nicht erst an. Mit diesem Modell trägt ein Mitglied einer *class action* auf Klägerseite ein geringeres Kostenrisiko. Umgekehrt folgt daraus für den Anwalt, dass der Streitwert so hoch sein muss, dass im Falle des Obsiegens sein Kostenaufwand aus der zugesprochenen Summe beglichen werden kann. Als Richtwert führt *Orgel* an, dass ein Anwalt bei einem Streitwert von unter $ 600 wohl kaum die Prozessführung übernehmen würde.[505] Daraus ergibt sich auch, warum die kollektive Prozessführung gerade im Falle geringer Forderungen so attraktiv ist: Durch die Addierung der einzelnen, niedrigen Streitwerte steigt der Anreiz eines Anwaltes, die Vertretung zu übernehmen,[506] und zugleich sinkt das Kostenrisiko jedes einzelnen Gruppenmitglieds. Das macht die *class action* vor allem im Falle geringer Einzelforderungen so attraktiv gegenüber der individuellen Rechtsverfolgung.[507]

Auch die andere Seite profitiert von einer Sammelklage, denn die Gefahr von Folgeprozessen ist durch die Urteilswirkung für und gegen alle *class*-Mitglieder aus dem Weg geräumt, sofern sie nicht von der Möglichkeit eines *opting-out* Gebrauch gemacht haben.

---

503 *Montag* ZRP 2013, 172 (174).

504 *Montag* ZRP 2013, 172 (174).

505 *Orgel*, Class Arbitration, 2013, S. 269 mwN. Im europäischen Rechtsraum spricht man von einer geringfügigen Forderung selbst dann noch, wenn der Streitwert abzüglich Zinsen, Kosten und Auslagen bei 2.000 € liegt, Art. 2 Abs. 1 der Verordnung (EG) Nr. 861/2007 des Europäischen Parlaments und des Rates vom 11.07.2007 zur Einführung eines europäischen Verfahrens für geringfügige Forderungen, vgl. auch *Alexander* JuS 2009, 590 (591).

506 *Orgel*, Class Arbitration, 2013, S. 269.

507 Eingehend zur Problematik eines „rationalen Desinteresses" an individueller Rechtsverfolgung bei Ausschluss des Gruppenrechtsbehelfs unter C. II., sowie Kapitel 4 A. II. 1. b. (2).

Die Gruppenklage ist gleichwohl nicht unbedenklich. Insbesondere die Gewährleistung rechtlichen Gehörs droht verletzt zu werden, wenn die Interessen abwesender Gruppenmitglieder im Zivilprozess nicht angemessen vertreten werden.[508] Aber bereits einen Schritt vorher kann es in der Praxis zu beträchtlichen Problemen kommen, wenn es darum geht, alle betroffenen, potentiellen Gruppenmitglieder *angemessen* über Anhängigkeit und Streitgegenstand zu benachrichtigen.[509] Angemessen ist die Benachrichtigung nur dann, wenn sie dem Gruppenmitglied effektiv die Möglichkeit einräumt, zu entscheiden, ob es im Zivilprozess „anwesend" und sich persönlich beteiligen will oder ob jedenfalls das Ergebnis für und gegen es gelten soll.[510] Bei großen Gruppen ist es oftmals schwer überhaupt erst zu ermitteln, wer alles betroffen ist. Auch nach Abschluss eines Gruppenverfahrens kann es zu Problemen bei der Verteilung des Urteils- oder Vergleichsbetrages kommen.[511]

3. *Privatautonome Absicherung der Durchführbarkeit von Gruppenklagen*

Wie noch näher unter II. 3. a. dargelegt wird, ist die Haltung gegenüber *class actions* und ihrer Notwendigkeit innerhalb der Bundesstaaten gespalten. New York State Law (NY CVP Law § 901) etwa fasst die Voraussetzungen für die Durchführung einer Klage als *class action* enger als Rule 23 FRCP.[512] Für Bundesgerichte in *diversity*-Fällen kann NY CVP Law § 901 unangewendet bleiben,[513] vor den Einzelstaatengerichten ist er nach wie vor maßgeblich. Wünschen die Parteien die Absicherung der Durchführung eines Gruppenverfahrens, empfiehlt es sich daher durch Gerichtsstands- und Rechtswahlklauseln die Anwendbarkeit

508 Zum Schutz der Rechte „abwesender" Gruppenmitglieder, die auch als Verfahrensdritte qualifiziert werden können, vgl. nachfolgend im 4. Kapitel unter A. IV. 3.

509 *Böhm*, Amerikanisches Zivilprozessrecht, 2005, Rdnr. 689; auch die „potentiellen" Gruppenmitglieder können als Dritte qualifiziert werden, zu ihren Interessen und deren angemessenen Schutz vgl. im 4. Kapitel unter A. IV. 3.

510 *Ebd.*

511 *Ebd.*

512 NY CVP Law § 901 b.: „Unless a statute creating or imposing a penalty, or a minimum measure of recovery specifically authorizes the recovery thereof in a class action, an action to recover a penalty, or minimum measure of recovery created or imposed by statute may not be maintained as a class action".

513 *Shady Grove Orthopedic Associates, P.A. v. Allstate Ins. Co.*, 559 U.S. 393, 393 (2009), Rule 23 FRCP ist nicht *ultra vires*, dort S. 445.

von Bundes- oder gleichlautendem Staatenrecht abzusichern. Diesbezügliches *forum shopping* wird vom *Supreme Court* explizit in Kauf genommen.[514]

II. *Class Action*-Ausschlussklauseln

1. *Verbreitung und Terminologie von* Class-*Ausschlussklauseln*

Klauseln, die ein Gruppenverfahren ausschließen, stammen meist von unternehmerischen Erstellern[515] und Verwendern,[516] welche nicht selten gleichzeitig eine Schiedsklausel im Vertrag vorsehen.[517] Anfänglich sollte es bei Vereinbarung einer Schiedsklausel unter anderem gerade darum gehen, ein Gruppenverfahren, das man mit dem staatlichen Gerichtsverfahren eng verknüpft sah, auszuschließen.[518] Ausschlussklauseln im Schiedskontext beschäftigten die Gerichte somit von Beginn an deutlich stärker als *class action waiver*, die sich nur auf das staatliche Verfahren beziehen.

Die Unterscheidung zwischen *class action* und *class arbitration waiver* ist wichtig, auch wenn sie nicht immer konsequent eingehalten wird. Während gemeinhin der Begriff des *class action waiver* auch im Schiedskontext verwandt

---

514 *Shady Grove Orthopedic Associates, P.A. v. Allstate Ins. Co.*, 559 U.S. 393, 394 (2010): „Opening federal courts to class actions that cannot proceed in state court will produce forum shopping, but that is the inevitable result of the uniform system of federal procedure that Congress created".

515 Viel entscheidender ist doch die Eigenschaft des Klauselverwenders; jedenfalls sofern unterschiedliche Wirksamkeitsvoraussetzungen aufgestellt werden, wenn Informations- und Verhandlungsasymmetrien zwischen den Vertragsparteien bestehen. Der Verwender einer Klausel ist tendenziell in der wirtschaftlich stärkeren Position. Das gilt selbst dann, wenn sie von Dritten erstellt wurde, vgl. näher Kapitel 4 C. II.

516 *Higginbotham*, Buyer Beware: Why the Class Arbitration Waiver Clause Presents a Gloomy Future For Consumers, 58 Duke L.J. 103 (2008); *Bone*, 90 Tex. L. Rev. 1329, 1362 (2012); *Orgel*, Class Arbitration, 2013, S. 241.

517 *Kapeliuk/Klement*, 37 (2008); *Higginbotham*, 58 Duke L.J. 103 (2008); *Eisenberg/Miller/Sherwin*, Arbitration's Summer Soldiers: An Empirical Study of Arbitration Clauses in Consumer and Nonconsumer Contracts, 41 U. Mich. J.L. Reform 871, 884 (2008).

518 *Budnitz*, Arbitration of Disputes Between Consumers and Financial Institutions, 10 Ohio St. J. on Disp. Resol. 267, 268 (1995) („Arbitration programs were initially intended to avoid class action lender liability suits demanding punitive damages"); *Dreben/Werbach*, Top 10 Things to Consider in Developing an Electronic Commerce Web Site, 16 Computer Lawyer 17, 19 (1999) („Companies should consider including […] clauses requiring arbitration, which may in some instances, serve as a defense to the certification of a class action against the site owner"). Siehe sogleich auch zur Bedeutung des Schweigens eines Schiedsvertrages zur Zulässigkeit von *class arbitration* unter 2.

wird, führt *Orgel* zutreffend an, dass er begrifflich dem staatlichen Verfahren zuzuordnen ist.[519] Beinhaltet ein Prozessvertrag eine Schiedsklausel, sind durch diese bereits das staatliche Verfahren und damit konsequenterweise auch die *class action* ausgeschlossen.[520] Im Schiedskontext ist daher von *class arbitration waiver* zu sprechen. Manchmal beinhalten Verträge eine Kombination von *class action* und *class arbitration waiver*,[521] um sicherzugehen, dass ein Gruppenverfahren zuverlässig ausgeschlossen ist. Da es vornehmlich um *class action waiver* gehen soll, wird im Folgenden dieser Begriff verwandt. Bisweilen ist es denkbar, Rückschlüsse aus der Behandlung von *class arbitration waiver* für *class action waiver* ziehen zu können; insofern werden entweder beide Begriffe verwandt, oder allgemein von *class*-Ausschlussklausel gesprochen.

2. *Was gilt bei Stillschweigen des Vertrages zum Gruppenverfahren?*

Wie bei jeder Prozessregelung, deren Abdingbarkeit zu untersuchen ist, stellt sich auch bei der Möglichkeit der Prozessführung im Wege der Gruppenklage die Frage, ob es sich hierbei um eine subsidiäre Regel (*default rule*) handelt, die in Ermangelung einer anderweitigen Vereinbarung der Parteien greift. Diese Frage ist relevant, wenn die Parteien einen Prozessvertrag geschlossen haben, der zur Möglichkeit der kollektiven Rechtsverfolgung schweigt.

Bei Schweigen eines Schiedsvertrages wird gemeinhin ein stillschweigender Ausschluss der *class arbitration* angenommen.[522] Während die Frage zwar in *Green Tree Financial Corp. v. Bazzle*[523] noch offengelassen wurde, steht spätestens der Fall *Stolt-Nielsen S.A. v. AnimalFeeds International Corp.*[524] für den Satz „No class arbitration without agreement".[525] Infolge einer breiten Diskussion in

519 Instruktiv zur richtigen Terminologie *Orgel*, Class Arbitration, 2013, S. 243.

520 *Orgel*, Class Arbitration, 2013, S. 244: „Die Schiedsklausel ist selbst *class action waiver*".

521 *Orgel*, Class Arbitration, 2013, S. 244.

522 *Orgel*, Class Arbitration, 2013, S. 159 mwN.

523 *Green Tree Financial Corp. v. Bazzle*, 539 U.S. 444 (2003).

524 *Stolt-Nielsen S.A. v. AnimalFeeds International Corp.*, 559 U.S. 662 (2010).

525 *Barry Flynn*, No Class Arbitration Without Parties' Express Agreement: The U.S. Supreme Court's Decision in Stolt-Nielsen, online erhältlich: http://www.gordonrees.com/publications/2010/no-class-arbitration-without-parties-express-agreement-the-u-s-supreme-court-s-decision-in-em-stolt-nielsen-em (zuletzt abgerufen am 9. Oktober 2017); *Erin Miller*, No Class Arbitration Without Agreement, Supreme Court of the United States Blog, online erhältlich unter http://www.scotusblog.com/2010/04/no-class-arbitration-without-agreement/ (zuletzt abgerufen am 9. Oktober 2017).

Rechtsprechung und Literatur ist die Problematik im Schiedsverfahren nunmehr nicht mehr akut. Derjenige Verwender einer Schiedsklausel, der ein Gruppenverfahren ausgeschlossen wissen möchte, wird dieses nunmehr regelmäßig ausdrücklich tun.[526]

Es fragt sich, ob dasselbe im Falle des Schweigens eines sonstigen Prozessvertrages für Verfahren vor staatlichen Gerichten gilt. Obgleich man aufgrund der Zertifizierungsprozedur einer Klage als *class action* nicht von einer *default rule* der Rule 23 FRCP im eigentlichen Sinne sprechen kann, kommt sie einer solchen doch nahe. Denn jedenfalls das dort enthaltene Recht besteht standardmäßig für jede Partei. Rule 23 FRCP erfordert lediglich, dass die eine *class action* wünschende Partei einen entsprechenden Antrag, den *certification order*, bei Gericht einreicht, Rule 23(c) FRCP. Die Zustimmung des Vertragspartners ist gerade nicht erforderlich. Somit ist davon auszugehen, dass in Ermangelung einer anderweitigen Absprache der Parteien dieses Recht beiden Parteien erhalten bleibt. Der Unterschied zum Schiedsvertrag mag darin begründet liegen, dass ein Schiedsverfahren von vornherein aus einer privatautonomen Zusammenstellung von Regelungen besteht; es somit von vornherein nicht den vor staatlichen Gerichten üblichen *default*-Zustand gibt. Entsprechend wird von den Parteien erwartet, diejenigen Regelungen und Instrumente, deren Anwendung sie wünschen, explizit zu benennen. Überdies wird angeführt, ein Gruppenverfahren passe vom Format her nicht ins Schiedsverfahren.[527]

3. *Unwirksamkeitsgründe von* Class Action-*Ausschlussklauseln*

Die Wirksamkeitserfordernisse werden im Falle von *class action waivers* selten positiv bestimmt. Vielmehr sind die Gerichte dazu übergegangen, die Unwirksamkeitsgründe begrifflich wie dogmatisch zu fassen – eine Herangehensweise, der fortan in der vorliegenden Arbeit gefolgt wird. Wieder sind erste Anhaltspunkte für die Möglichkeiten und Grenzen privatautonomer Prozessgestaltung im Schiedskontext zu finden, in dem schlichtweg die Anzahl der Fälle mit

---

526 *Orgel*, Class Arbitration, 2013, S. 241 unter Verweis (Fn. 323) auf ein Zitat von *Justice Stevens* in der mündlichen Verhandlung zu *Bazzle*.

527 *Noyes*, 30 Harv. J.L. & Pub. Pol'y 579, 584 (2007); vom *Supreme Court* bestritten: *AT&T Mobility LLC v. Concepcion*, 563 U.S. 333, 1759 (2011) „neither the history nor present practice suggests that class arbitration is fundamentally incompatible with arbitration itself". Der zufriedenstellenden Erörterung dieser Frage müsste ein eigener Aufsatz gewidmet sein.

Gruppen-Ausschlussklauseln diejenigen im staatlichen Kontext überwiegt.[528] Während die Rechtsprechung zu Unwirksamkeitsgründen von *class arbitration waivers* Aufschluss über generelle Voraussetzungen geben kann,[529] gilt dies doch nur insofern, als die Argumentation tatsächlich, und nicht nur auf den ersten Blick, vom Schiedskontext losgelöst ist. Schiedsverfahren müssen einen dem staatlichen Verfahren gleichwertigen Rechtsschutz bieten.[530] Daher stellt sich dort die Frage der Notwendigkeit eines bestimmten Rechtsinstruments für die effektive Rechtsdurchsetzung ungleich stärker, da das Schiedsverfahren nicht nur im Vergleich zur Rechtslage ohne das jeweilige Rechtsinstrument „effektiv" sein muss, sondern auch im Vergleich zur Situation im staatlichen Verfahren. Gleichzeitig lässt sich dieses Argument jederzeit „vorschieben", um – bei Gesamtinvalidierung der vertraglichen Abrede – als staatliches Gericht selbst in der Sache entscheiden zu können. Tendieren manche Gerichte dazu, *class arbitration waiver* generell für unzulässig zu befinden, und stützen sie ihren Befund durch Argumente hinsichtlich der „generellen" Notwendigkeit von Gruppen-Rechtsbehelfen, lässt sich daraus nicht zwingend schließen, dass sie dasselbe im Falle eines vor staatlichen Gerichten debattierten *class action waivers* vertreten würden. Mit dieser doppelten Prüfung (gleichwertiger Schutz, generelle Wirksamkeit) im Hinterkopf, lassen sich manche Argumente gegen einen wirksamen Ausschluss relativieren.

Im Falle der Überprüfung eines Schiedsvertrages tendierten die staatlichen Gerichte früher dazu, den gesamten Vertrag für unwirksam zu erachten. Die Motivation seinerzeit mag jedoch weniger in der für notwendig erachteten Durchführung eines Gruppenverfahrens begründet sein, auch wenn der (explizite oder stillschweigende) Ausschluss eines solchen als Begründung angeführt wurde.[531] Vielmehr wollten die staatlichen Gerichte wohl selbst in der Sache entscheiden, weil sie den Schiedsrichtern misstrauten.[532] Diese Praxis ist bedenklich.

---

528 *Eisenberg/Miller/Sherwin*, 41 U. Mich. J.L. Reform 871, 884 (2008) (mit Schwerpunkt auf Verbraucherverträgen); *Thornburg*, 2006 J. Disp. Resol. 181, 194 (2006).

529 *Thornburg*, 2006 J. Disp. Resol. 181, 194 (2006) „Those states that find such clauses unconscionable in the arbitration setting will likely reach similar conclusions regarding class action waivers for court proceedings – their decisions turn on the importance of the class action as a remedy, and this remains true for court actions. „

530 *Capeheart v. Astrue*, 2009 WL 902429, 4 (D. Mont. 2009); *Pfaffenstiel v. Merrill Lynch, Pierce, Fenner & Smith*, 477 F.3d 1155, 1158 (10th Cir. 2010) („[A]rbitrators acting within their quasi-judicial duties are the functional equivalent of judges").

531 *Orgel*, Class Arbitration, 2013, S. 245.

532 Die Skepsis gegenüber Schiedsrichtern tritt noch immer in Bezug auf die Vorfrage auf, in welchem Umfang der Schiedsrichter entscheiden darf, vgl. abweichendes Votum

Der *US Supreme Court*,[533] aber auch die FAA[534] betonen, dass grundsätzlich von der Zulässigkeit eines Schiedsverfahrens auszugehen ist.[535] Diese Ansicht ist

---

von *Chief Justice Rehnquist* in der Grundsatzentscheidung hierzu *Green Tree Financial Corp. v. Bazzle*, 539 U.S. 444, 456 (2003) und den Verweis auf das folgende Zitat in *First Options of Chicago, Inc. v. Kaplan*, 514 U.S. 938, 945 (1995): „[G]iven the principle that a party can be forced to arbitrate only those issues it specifically has agreed to submit to arbitration, one can understand why courts might hesitate to interpret silence or ambiguity on the 'who should decide arbitrability' point as giving the arbitrators that power, for doing so might too often force unwilling parties to arbitrate a matter they reasonably would have thought a judge, not an arbitrator, would decide.", und weiter 539 U.S. 444, 457 (2003): „'[P]rocedural' questions which grow out of the dispute and bear on its final disposition' are presumptively *not* for the judge, but for an arbitrator, to decide" [Kursiv im Original].

533 Ansicht des *US Supreme Court* in *Moses H. Cone Memorial Hosp. v. Mercury Const. Corp.*, 460 U.S. 1, 24 (1983) „The Arbitration Act establishes that, as a matter of federal law, any doubts concerning the scope of arbitrable issues should be resolved in favor of arbitration, whether the problem at hand is the construction of the contract language itself or an allegation of waiver, delay, or a like defense to arbitrability"; *Mitsubishi Motors Corp. v. Soler Chrysler-Plymouth, Inc.*, 473 U.S. 614, 625 (1985): „[...] we find no warrant in the Arbitration Act for implying in every contract within its ken a presumption against arbitration of statutory claims. The Act's centerpiece provision makes a written agreement to arbitrate 'in any maritime transaction or a contract evidencing a transaction involving commerce [...] valid, irrevocable, and enforceable, save upon such grounds as exist at law or in equity for the revocation of any contract.' 9 USC § 2. The 'liberal federal policy favoring arbitration agreements,' *Moses H. Cone Memorial Hospital v. Mercury Construction Corp.*, 460 U.S. 1, 24 (1983), manifested by this provision and the Act as a whole, is at bottom a policy guaranteeing the enforcement of private contractual arrangements: the Act simply 'creates a body of federal substantive law establishing and regulating the duty to honor an agreement to arbitrate.' As this Court recently observed, '[t]he preeminent concern of Congress in passing the Act was to enforce private agreements into which parties had entered,' a concern which 'requires that we rigorously enforce agreements to arbitrate.' *Dean Witter Reynolds Inc. v. Byrd*, 470 U.S. 213, 221, (1985). The Court previously has explained that the Act was designed to overcome an anachronistic judicial hostility to agreements to arbitrate, which American courts had borrowed from English common law".

534 Vgl. 9 USC § 2, § 3 und § 4, „Congress simply requires us to put arbitration clauses on the same footing as other contracts, not make them the special favorites of the law", *Scott v. Cingular Wireless*, 160 Wash.2d 843, 858 (Wash. 2007).

535 In diese Richtung *Orgel*, Class Arbitration, 2013, S. 247. Zur Gleichwertigkeit des Schiedsverfahrens mit staatlichen Gerichtsverfahren, vgl. zum Beispiel *14 Penn Plaza LLC v. Pyett*, 556 U.S. 247, 268 (2009).

zuletzt im Fall von *AT&T Mobility LLC v. Concepcion* bestätigt worden.[536] Daher ist heutzutage im Falle eines Schiedsvertrages allenfalls mit der Invalidierung eben jener *class arbitration*-Ausschlussklausel zu rechnen, sofern sie vom Rest der Schiedsvereinbarung abtrennbar ist,[537] während das Verfahren ansonsten, wie von den Parteien intendiert, vor dem Schiedsgericht durchgeführt werden kann.[538] Das Diskriminierungsverbot gebietet zugleich, dass Gerichte keine unterschiedlichen Maßstäbe an die Invalidierung von Klauseln im Schieds- sowie im staatlichen Kontext anlegen.[539] Nur insofern eine Schiedsvereinbarung an „sonstigen" Mängeln[540] leidet, die „eine sinnvolle Durchführung des Schiedsverfahrens schlechterdings nicht mehr möglich" machen, kann abweichend vom soeben Gesagten der Schiedsvertrag für gänzlich unwirksam erachtet werden.[541]

a. Generelle Haltung gegenüber Class-*Ausschlussklauseln*

Innerhalb der US-amerikanischen Gerichte herrscht Uneinigkeit über die Beurteilung von *class action/arbitration waiver*-Klauseln. Zu einem Großteil geht es dabei weniger um den Ausschluss von Gruppenklagen, sondern um eine Abgrenzung staatlicher Gerichte von Schiedsgerichten. Da die meisten Fälle Ausschlussklauseln in Schiedsverträgen behandeln, die Gerichte jedoch nicht offen gegen die Schiedsgerichtsbarkeit wettern können, argumentieren sie bisweilen schiedskritisch unter dem Deckmantel der Notwendigkeit von Gruppenklagen.[542] Weiter erklärt sich die Uneinigkeit durch die Vielzahl einzelstaatlicher

536 *AT&T Mobility LLC v. Concepcion*, 563 U.S. 333, 333 (2011).

537 *Orgel*, Class Arbitration, 2013, S. 246.

538 Ob die Durchführung vor dem Schiedsgericht im Wege eines Gruppenverfahrens möglich ist, obliegt der Entscheidung durch den Schiedsrichter selbst: „Under the terms of the parties' contracts, the question–whether the agreement forbids class arbitration–is for the arbitrator to decide." *Green Tree Financial Corp. v. Bazzle*, 539 U.S. 444, 448 (2003), abweichendes Votum von *Chief Justice Rehnquist*, in 539 U.S. 444, 456 (2003): „The decision of the arbitrator on matters agreed to be submitted to him is given considerable deference by the courts [...] But the decision of what to submit to the arbitrator is a matter of contractual agreement by the parties, and the interpretation of that contract is for the court, not for the arbitrator".

539 *Discover Bank v. Superior Court*, 36 Cal.4th 148, 165 (Cal. 2005).

540 Ob das Fehlen der Möglichkeit der kollektiven Prozessführung ein „Mangel" ist, bleibt zu prüfen.

541 *Orgel*, Class Arbitration, 2013, S. 248 mwN.

542 *Broome*, An Unconscionable Application of the Unconscionability Doctrine, 3 Hastings Bus. L.J. 39 (2006), Studie der Fälle vor den kalifornischen Gerichten, nach der die Wahrscheinlichkeit des Befundes „Sittenwidrigkeit" des Vertrages fünfmal so hoch im Falle eines Schiedsvertrages mit *class arbitration waiver* ist. Ferner *Noyes*, 30 Harv.

Gesetzesregelungen, die dem Gruppenverfahren eine unterschiedlich wichtige Bedeutung im Rechtsgefüge einräumen.[543] Um für die Zulässigkeit von Gruppenklagen relevant zu sein, braucht sich ein Gesetz nicht explizit auf die Möglichkeit einer kollektiven Rechtsverfolgung zu beziehen, soweit seine effektive Anwendung und Geltung jedenfalls zu einem gewichtigen Teil von der Verfügbarkeit eines Gruppenverfahrens abhängt. Es ist auch Sache der Bundesstaaten, die Voraussetzungen der Sittenwidrigkeit zu bestimmen. Auch hieraus erklärt sich die unterschiedlich strenge Bewertung von potentiell sittenwidrigen *class*-Ausschlussklauseln.

Grob vereinfacht kann man zwei gegensätzliche Ansichten zur Zulässigkeit eines *class action/arbitration waiver* innerhalb der staatlichen Gerichtsbarkeit ausmachen. Das eine Lager sieht das Fehlen einer kollektiven Rechtsverfolgungsmöglichkeit als per se rechtspolitisch bedenklich und daher als generell unzulässig an.[544] Diesem Lager kann man Pauschalität vorwerfen, denn es schränkt die Privat- und Prozessautonomie der Parteien ausnahmslos ein. Es verkennt, dass die Zulassung einer Klage als *class action* im Ermessen der Gerichte steht, Rule 23(c) FRCP. Ob das Gericht dem Antrag der Kläger oder Beklagten auf Durchführung einer *class action* entspricht, ist damit von vornherein nicht gesichert. Das Gericht kann dem Antrag auch nur teilweise entsprechen, indem es die *class action* auf bestimmte Tatsachen- oder Rechtsfragen beschränkt, indem es weitere Unter- bzw. Teilklassen bildet, Rule 23(c)(4) FRCP oder indem es die

---

J.L. & Pub. Pol'y 579, 593 (2007) („class arbitration waiver clauses contained in arbitration agreements are almost always unconscionable"). Einen umfassenden Überblick zur generellen Haltung der Gerichte gegenüber Schiedsklauseln bietet *Orgel*, Class Arbitration, 2013.

543 So etwa ein Gesetz in Utah, das antizipierte *class action waivers* in Verbraucherverträgen explizit erlaubt; S.B. 252, 2006 leg., General Session (Utah 2006), erhältlich unter http://le.utah.gov/~2006/bills/static/SB0252.html (zuletzt abgerufen am 9. Oktober 2017). Auch Delaware lässt grundsätzlich *class action waivers* zu, während Kalifornien dies nicht tut, *Thornburg*, 2006 J. Disp. Resol. 181, 194 (2006) mwN. Vergleiche ferner die Hinweise in *Orgel*, Class Arbitration, 2013, S. 277 auf Gesetze in New Mexico, Oklahoma sowie Georgia, nach denen wohl *class arbitration waiver* in Verbraucherverträgen unwirksam sind. Da es ausweislich des expliziten Gesetzeswortlautes einzig um Schiedsvereinbarungen geht, unterliegen entsprechende *class action*-Ausschlussklauseln vor staatlichen Gerichten nicht derselben gesetzgeberischen Wertung.

544 So zum Beispiel in der Tendenz kalifornische Gerichte, die teilweise auch als *California's rule* oder *Discover Bank rule* bezeichnet wird, *AT&T Mobility LLC v. Concepcion*, 563 U.S. 333, 340 (2011).

Zulassung von der Erfüllung bestimmter Bedingungen abhängig macht, Rule 23(c)(1) FRCP.[545]

Das andere Lager erachtet entsprechende Ausschlussklauseln regelmäßig für wirksam. Es führt dabei an, dass die Privat- und Prozessautonomie der Parteien respektiert werden müssen und daher geschlossene Verträge ausnahmslos wirksam sein müssten.[546] Dieses Lager ist genauso undifferenziert.

Während beide Extreme nur im Einzelfall überzeugend sind, ist eine vermittelnde Ansicht vorzugswürdig, nach der die Beurteilung der Unwirksamkeit von Faktoren wie der Zugehörigkeit zu einer bestimmten Personengruppe, dem Vertragstypus und dem Zeitpunkt der Vereinbarung abhängt.[547] Vertragspartner, die durch ein strukturelles Ungleichgewicht geprägt sind, erscheinen als schutzbedürftig.[548] Das kann etwa bei Verbrauchern, Arbeitnehmern, und weiteren als „schwache Partei" zu klassifizierenden Personengruppen der Fall sein.[549] Weiteres herangezogenes Differenzierungskritierium ist der Vertragstypus, wobei

---

545 *Böhm*, Amerikanisches Zivilprozessrecht, 2005, Rdnr. 691.

546 *Thornburg*, 2006 J. Disp. Resol. 181, 194 (2006).

547 Zu den Differenzierungskriterien noch eingehend im 4. Kapitel A. II. 1. b. und 2., insb. zusammenfassend C.

548 *Moffit*, 75 Geo. Wash. L. Rev. 461, 516 (2007). Eingehend dazu im 4. Kapitel A. II. 1. b. aa.

549 **Bundesgerichte:** *Iberia Credit Bureau, Inc. v. Cingular Wireless LLC*, 379 F.3d 159 (5th Cir. 2004) (Wirksamkeit des Ausschlusses trotz Verbraucherkontext); *Livingston v. Associates Finance, Inc.*, 339 F.3d 553 (7th Cir. 2003) (Wirksamkeit des Ausschlusses trotz eines mutmaßlichen Verbraucherkontext, dessen Prüfung für das Gericht unerheblich erschien); *Bowen v. First Family Financial Services, Inc.*, 233 F.3d 1331 (11th Cir. 2000) (Wirksamkeit des Ausschlusses trotz Verbraucherkontext); *Johnson v. West Suburban Bank*, 225 F.3d 366 (3rd Cir. 2000) (jedenfalls keine Unwirksamkeit des Ausschlusses trotz Verbraucherkontext; es obliegt den Schiedsgerichten über die Wirksamkeit zu entscheiden). **Staatengerichte:** *Leonard v. Terminix Intern. Co., L.P.*, 854 So.2d 529 (Ala. 2002) (Alabama) (Sittenwidrigkeit angenommen); *Discover Bank v. Superior Court*, 36 Cal.4th 148 (Cal. 2005) (Kalifornien) (Sittenwidrigkeit angenommen); *Szetela v. Discover Bank*, 97 Cal.App.4th 1094 (Cal. Ct. App. 2002) (Kalifornien) (Sittenwidrigkeit angenommen, denn: „the provision thus violated fundamental notions of fairness and the public policy of protecting consumers' rights"); *Powertel, Inc. v. Bexley*, 743 So.2d 570 (Fla. Dist. Ct. App. 1999) (Florida) (Sittenwidrigkeit angenommen); *Lytle v. CitiFinancial Services, Inc.*, 810 A.2d 643 (Pa. Super. Ct. 2002) (Pennsylvania) (Sittenwidrigkeit angenommen); *Eagle v. Fred Martin Motor Co.*, 157 Ohio App.3d 150 (Ohio Ct. App. 2004) (Ohio) (Sittenwidrigkeit angenommen); *State ex rel. Dunlap v. Berger*, 211 W.Va. 549 (W. Va. 2002) (West Virginia) (Sittenwidrigkeit angenommen); *Scott v. Cingular Wireless*, 160 Wash.2d 843 (Wash. 2007) (Washington) (Sittenwidrigkeit angenommen); *Eastman v. Conseco Finance*

insbesondere bestimmte Formularverträge (*adhesion contracts*)[550] problematisch sind.[551] Diese vermittelnde Ansicht findet sich mit Tendenzen zur Wirksamkeit einer solchen Klausel[552] und einer Neigung zur Invalidierung derselben,[553] etwa,

---

Servicing Corp., 2002 WL 1061856 (Wis. Ct. App. 2002) (Wisconsin) (Sittenwidrigkeit angenommen).

550 Zur Begriffsbestimmung des *adhesion contract*, siehe *Rakoff*, Contracts of Adhesion: An Essay in Reconstruction, 96 Harv. L. Rev. 1174, 1177 (1983); sowie ausführlich im 4. Kapitel, A. II. 1. b. aa. (1).

551 **Bundesgerichte:** *Acorn v. Household Intern., Inc.*, 211 F.Supp.2d 1160, 1170 (N.D. Cal. 2002); *Comb v. PayPal, Inc.*, 218 F.Supp.2d 1165 (N.D. Cal. 2002); *Ting v. AT & T*, 182 F.Supp.2d 902, 939 (N.D. Cal. 2002); *Walker v. Ryan's Family Steak Houses, Inc.*, 289 F.Supp. 916, 934 (M.D. Tenn. 2003). **Staatengerichte:** *Discover Bank v. Superior Court*, 36 Cal.4th 148 (Cal. 2005) (Kalifornien), („Waiver of class arbitration in a consumer contract of adhesion is unconscionable under California law and should not be enforced, when it occurs in a setting in which disputes between the contracting parties predictably involve small amounts of damages, and when it is alleged that the party with the superior bargaining power has carried out a scheme to deliberately cheat large numbers of consumers out of individually small sums of money"), der jedoch durch den *US Supreme Court* verworfen wurde: *AT&T Mobility LLC v. Concepcion*, 563 U.S. 333 (2011); *Szetela v. Discover Bank*, 97 Cal.App.4th 1094, 1099 (Cal. Ct. App. 2002) (Kalifornien).

552 Für Schiedsverträge: **Bundesgerichte:** *Iberia Credit Bureau, Inc. v. Cingular Wireless LLC*, 379 F.3d 159, 174 (5th Cir. 2004); *Livingston v. Associates Finance, Inc.*, 339 F.3d 553, 558 (7th Cir. 2003); *Adkins v. Labor Ready, Inc.*, 303 F.3d 496, 502 (4th Cir. 2002); *Dominium Austin Partners, L.L.C. v. Emerson*, 248 F.3d 720, 728 (8th Cir. 2001); *Bowen v. First Family Financial Services, Inc.*, 233 F.3d 1331, 1337 (11th Cir. 2000); *Johnson v. West Suburban Bank*, 225 F.3d 366, 371 (3rd Cir. 2000). **Staatengerichte:** *Rains v. Foundation Health Systems Life & Health*, 23 P.3d 1249, 1253 (Colo. App. 2001) (Colorado); *Brown v. KFC National Management Co.*, 82 Hawai'i 226 (Haw. 1996) (Hawaii); *Walther v. Sovereign Bank*, 386 Md. 412, 749 (Md. Ct. App. 2005) (Maryland); *Gras v. Associates First Capital Corp.*, 346 N.J. Super. 42, 889 (N.J. Super. Ct. 2001) (New Jersey); *Tsadilas v. Providian Nat. Bank*, 786 N.Y.S.2d 478, 480 (N.Y. App. Div. 2004) (New York); *Strand v. U.S. Bank Nat. Ass'n ND*, 693 N.W.2d 918, 924 (N.D. 2005) (North Dakota); *Pyburn v. Bill Heard Chevrolet*, 63 S.W.3d 351, 363 (Tenn. Ct. App. 2001) (Tennessee); *AutoNation USA Corp. v. Leroy*, 105 S.W.3d 190, 200 (Tex. App. 2003) (Texas).

553 **Bundesgerichte:** *Chalk v. T-Mobile USA, Inc.*, 560 F.3d 1087, 1095 (9th Cir. 2009) („class action waiver in a contract where individual damages are likely to be small is substantively unconscionable as a matter of state contract law"); *Walker v. Ryan's Family Steak Houses, Inc.*, 289 F.Supp. 916, 934 (M.D. Tenn. 2003) („[...] the unavailability of class arbitration also works to employees' detriment. These one-sided terms, together with the manifest inequality of the parties' bargaining positions, create

weil die jeweilige bundesstaatliche Gesetzgebung ein entsprechendes Abwägungsergebnis nahelegt.[554]

---

an unconscionable contract. Unconscionable contracts of adhesion are unenforceable [...]"); *Luna v. Household Finance Corp. III*, 236 F.Supp.2d 1166, 1179 (W.D. Wash. 2002) („Although arbitration agreements are favored by both federal and state law, they may not be used to 'work oppression'. Here, the prohibition on class actions allows the Arbitration Rider to be 'used as a sword to strike down access to justice instead of a shield against prohibitive costs'. This finding weighs heavily in favor of a finding of substantive unconscionability"); *Comb v. PayPal, Inc.*, 218 F.Supp.2d 1165 (N.D. Cal. 2002); *Acorn v. Household Intern., Inc.*, 211 F.Supp.2d 1160, 1170 (N.D. Cal. 2002) („a provision is substantively unconscionable when it is excessively one-sided, the court held, 'The manifest one-sidedness of the no class action provision at issue here is blindingly obvious'"); *Ting v. AT & T*, 182 F.Supp.2d 902, 939 (N.D. Cal. 2002) („This lawsuit is not about arbitration [...] It is not just that [the company] wants to litigate in the forum of its choice—arbitration; it is that [the company] wants to make it very difficult for anyone to effectively vindicate her rights, even in that forum. That is illegal and unconscionable"); in den hier relevanten Teilen bestätigt: *Ting v. AT&T*, 319 F.3d 1126, 1149 (9th Cir. 2003); *Lozada v. Dale Baker Oldsmobile, Inc.*, 91 F.Supp.2d 1087, 1104 (W.D. Mich. 2000) („arbitration provision is substantively unconscionable because it waives class remedies"); *In re Knepp*, 229 B.R. 821, 842 (Bkrtcy. N.D. Ala. 1999). **Staatengerichte:** *Leonard v. Terminix Intern. Co., L.P.*, 854 So.2d 529, 535 (Ala. 2002) (Alabama); *Discover Bank v. Superior Court*, 36 Cal.4th 148 (Cal. 2005) (Kalifornien), („Waiver of class arbitration in a consumer contract of adhesion is unconscionable under California law and should not be enforced, when it occurs in a setting in which disputes between the contracting parties predictably involve small amounts of damages, and when it is alleged that the party with the superior bargaining power has carried out a scheme to deliberately cheat large numbers of consumers out of individually small sums of money"), der verworfen wurde: *AT&T Mobility LLC v. Concepcion*, 563 U.S. 333 (2011); *Szetela v. Discover Bank*, 97 Cal. App.4th 1094, 1099 (Cal. Ct. App. 2002) (Kalifornien); *Powertel, Inc. v. Bexley*, 743 So.2d 570, 576 (Fla. Dist. Ct. App. 1999) (Florida); *Lytle v. CitiFinancial Services, Inc.*, 810 A.2d 643, 665 (Pa. Super. Ct. 2002) (Pennsylvania) (wobei der *class action waiver* wegen Verstoßes gegen *public policy* und der Schiedsvertrag als Ganzer wegen der Höhe der Verfahrenskosten unwirksam sein soll); *Eagle v. Fred Martin Motor Co.*, 157 Ohio App.3d 150, 174 (Ohio Ct. App. 2004) (Ohio); *State ex rel. Dunlap v. Berger*, 211 W.Va. 549, 562 (W. Va. 2002) (West Virginia); *Eastman v. Conseco Finance Servicing Corp.*, 2002 WL 1061856 (Wis. Ct. App. 2002) (Wisconsin).

554 Zugunsten des Verbraucherschutzes: **Bundesgericht:** *Ting v. AT&T*, 319 F.3d 1126, 1151 (9th Cir. 2003) (unter Anwendung diesbezüglichen kalifornischen Rechts). **Staatengerichte:** *Whitney v. Alltel Communications, Inc.*, 173 S.W.3d 300, 311 (Mo. Ct. App. 2005) (Anwendung von Missouri *state law*); *Eagle v. Fred Martin Motor Co.*, 157 Ohio App.3d 150 (Ohio Ct. App. 2004) (Anwendung von Ohio *state law*); *State*

b. Dogmatische Ansätze zur Invalidierung von Ausschlussklauseln

Es gibt im Wesentlichen zwei Ansatzpunkte, die herangezogen werden, um einer *class*-Ausschlussklausel die Wirksamkeit zu versagen. Nach der einen Argumentationslinie wird vor allem auf die effektive Durchsetzbarkeit positiven Rechts gesetzt.[555] Kann ein Kläger ohne die Möglichkeit kollektiver Prozessführung das ihm bundes- oder einzelstaatlich[556] gewährte Recht nicht mehr durchsetzen, soll eine Ausschlussklausel unwirksam und ein Gruppenverfahren möglich sein. Die zweite Argumentationslinie folgert die Unwirksamkeit einer Ausschlussklausel aus deren Sittenwidrigkeit. Dabei wird teilweise auf das Vorliegen eines *contract of adhesion* abgestellt, welcher sich durch die Unverhandelbarkeit der Vertragsklauseln sowie die tendenzielle Einseitigkeit der Vertragsbestimmungen auszeichnet.[557] Trifft dieser besondere Formularvertragstypus mit dem Ausschluss bestimmter Rechtsbehelfe - wie der *class action* –, und/oder einem ungleichen Parteistatus zusammen, kann das Vorliegen von Sittenwidrigkeit angenommen werden.[558] Allerdings setzt die Sittenwidrigkeitsdoktrin per Definition mehr voraus als das bloße Vorliegen einer ungleichen Verhandlungsposition oder der Nichtverhandelbarkeit eines Vertrages - es bedarf einer Ausnutzung durch Ausbeutung, Zwang oder sonst einer eigennützigen Vorgehensweise, die sich die schlechtere Ausgangsposition der anderen Seite zu eigen macht.[559] Obgleich also die Nichtverhandelbarkeit eines *adhesion contract*[560] für sich genommen zur Begründung von Sittenwidrigkeit nicht ausreicht, ist das Sittenwidrigkeitsdogma

---

ex rel. Dunlap v. Berger, 211 W.Va. 549 (W. Va. 2002) (Anwendung von West Virginia *state law*).

555 *Orgel*, Class Arbitration, 2013, S. 252 („effective vindication of statutory rights").

556 Bei einzelstaatlichen Rechten, die mit dem Federal Arbitration Act (FAA) konfligieren, besteht eigentlich der Vorrang des Bundes- vor dem einzelstaatlichen Recht, Art. VI Abs. 2 der U.S. Verfassung (*supremacy clause*). Dennoch wird vorgebracht, der FAA schließe nicht jegliches Recht der Bundesstaaten aus, *Orgel*, Class Arbitration, 2013, S. 259.

557 Zur Begriffsbestimmung des *adhesion contract*, siehe *Rakoff*, 96 Harv. L. Rev. 1174, 1177 (1983), sowie die Ausführungen hierzu im 4. Kapitel unter A. II. 1. b. aa. (1).

558 Vgl. etwa *AT&T Mobility LLC v. Concepcion*, 131 S. Ct. 1740 (No. 09-893), 2010 WL 4411292, brief for respondents auf S. 39–44. Zur Differenzierung nach Kriterien wie dem Status der Vertragsparteien und der Art des Vertrages, vgl. 4. Kapitel, A. II. 1. b., sowie C. I. und II.

559 Vgl. im 2. Kapitel B. II.

560 Zur Begriffsbestimmung im 4. Kapitel, A. II. 1. b. aa. (1).

das am stärksten genutzte Einzelfallkorrektiv zur Invalidierung von Prozessklauseln unter den Gerichten.[561]

Wann gegen den Grundgedanken effektiver Rechtsdurchsetzung oder das Sittenwidrigkeitspostulat verstoßen wird, wird durch jeweils ähnliche Argumente begründet. So steht die Kostenfrage fast immer im Mittelpunkt der Abwägung. Dabei erscheint es manchmal gar als Zufall, ob sich ein Gericht auf den einen oder den anderen Argumentationsstrang bezieht.[562] Letztlich haben beide eine ähnliche Zielrichtung und können sich gegenseitig bedingen: Dem Einzelnen soll eine effektive Rechtsdurchsetzung gesichert und öffentliche Interessen sollen geschützt werden. Eine die effektive Rechtsdurchsetzung hindernde Vorschrift kann als sittenwidrig eingestuft werden und umgekehrt stößt die gerichtliche Aufrechterhaltung einer sittenwidrigen Klausel auf rechtspolitische Bedenken. Insofern bietet sich eine gemeinsame Abhandlung der vorgebrachten Argumente an.

Die effektive Durchsetzung des materiellen Rechts ist dann gefährdet, wenn die Rechtsverfolgung für die Marktteilnehmer unattraktiv ist. Eine große, im Zusammenhang mit Gruppenverfahren diskutierte Fallgruppe ist die der Streu- oder Bagatellschäden. Bei diesen Schäden handelt es sich in jedem individuellen Fall zumeist um nur geringe unfreiwillige Vermögenseinbußen, aber aufgrund der Vielzahl betroffener Personen, die denselben Schaden erlitten haben, hat die Summe eine näher zu bestimmende Erheblichkeitsschwelle überschritten. Jeder Einzelne kann bei Ausschluss des Gruppenrechtsbehelfs ein rationales Desinteresse an der individuellen gerichtlichen Geltendmachung der Schäden haben, entweder weil die Höhe der Prozesskosten außer Verhältnis zum Schaden steht, oder die Rechtsverfolgungskosten angesichts einer zu unsicheren Rechtslage als zu hoch erscheinen.[563] Die Kosten einer Rechtsverfolgung sind prohibitiv hoch, wenn sie die wirtschaftliche Leistungsfähigkeit einer Partei übersteigen.[564] Im Schiedskontext ist die Höhe der Kosten auch dann prohibitiv, wenn die Kosten

---

561 *Orgel*, Class Arbitration, 2013, S. 260.

562 Ähnlich *Orgel*, Class Arbitration, 2013, S. 261, vgl. auch *AT&T Mobility LLC v. Concepcion*, 131 S. Ct. 1740, 1746 f. (2011) („we [can] construe the Discover Bank rule as a prohibition on collective-action waivers [or] simply [as] an application of unconscionability").

563 *Schäfer/Ott*, Lehrbuch der ökonomischen Analyse des Zivilrechts, 5. Aufl. 2012, S. 413.

564 *Niedermaier*, Schieds- und Schiedsverfahrensvereinbarungen in strukturellen Ungleichgewichtslagen, 2013, S. 259.

des Schiedsverfahrens in einem nicht mehr vertretbaren Verhältnis zum staatlichen Verfahren stehen.[565]

Die Kostensituation wird zusätzlich verschärft, weil Anwälte bei geringem Streitwert oder unklarer Rechtslage wenig Anreiz haben, für den Mandanten tätig zu werden. In die Fallgruppe der Streu- oder Bagatellschäden fallen Arbeitnehmerforderungen,[566] Rückerstattung von unberechtigterweise abgebuchten Telekommunikationskosten u.ä.,[567] Forderungen aufgrund falscher Angaben auf Lebensmittelverpackungen oder Haushaltsgegenständen, Produkthaftungsfälle sowie sonstige Konstellationen, in denen nur geringe Streitwerte, aber eine große Personengruppe potentiell betroffen ist.[568] Ein Richter des 7 Circuits beschreibt die Problematik wie folgt: „[t]he realistic alternative to a class action is not 17 million individual suits, but zero individual suits, as only a lunatic or a fanatic sues for $30."[569] Eine Gruppenklage kann „the only meaningful type of redress available for small but widespread injuries"[570] sein.[571]

Der *class action/arbitration waiver* führt bei bloßen Bagatellschäden nicht zum Haftungsausschluss, denn theoretisch kann eine Individualklage Rechtsschutz bieten.[572] Faktisch jedoch kann er eine Haftungsfreizeichnung des Verwenders darstellen. Es fehlt für den potentiellen Schädiger der Anreiz, sein schädigendes Verhalten zu unterlassen.[573] Damit sind neben individuellen auch öffentliche Interessen an der Funktionsfähigkeit des Rechtssystems und seiner

565 *Niedermaier*, Schieds- und Schiedsverfahrensvereinbarungen in strukturellen Ungleichgewichtslagen, 2013, S. 259.

566 Zum Beispiel auf Zahlung von Mindestlohn nach dem kalifornischen Cal. Lab. Code § 1194.

567 *AT&T Mobility LLC v. Concepcion*, 563 U.S. 333 (2011); *Ting v. AT&T*, 319 F.3d 1126 (9th Cir. 2003).

568 „Class action relief—including the remedies of damages, rescission, restitution, penalties, and injunction—is often at the core of the effective prosecution of consumer, employment, housing, environmental, and similar cases", *State ex rel. Dunlap v. Berger*, 211 W.Va. 549, 562 (W. Va. 2002).

569 *Carnegie v. Household Intern., Inc.*, 376 F.3d 656, 661 (7th Cir. 2004).

570 *Scott v. Cingular Wireless*, 160 Wash.2d 843, 855 (Wash. 2007).

571 *Luna v. Household Finance Corp. III*, 236 F.Supp.2d 1166, 1178 (W.D. Wash. 2002); *In re Knepp*, 229 B.R. 821, 842 (Bkrtcy. N.D. Ala. 1999).

572 *Muhammad v. County Bank of Rehoboth Beach, Delaware*, 189 N.J. 1, 19 (N.J. 2006) („class action-waivers in general, are not, in the strictest sense of the term, exculpatory clauses").

573 *Alexander*, Kollektiver Rechtsschutz im Zivilrecht und Zivilprozessrecht, JuS 2009, 590 (590).

general-präventiven Funktion (*deterrence goal*) betroffen.[574] Es bedarf einer hoheitlichen Korrektur – sei es durch Zwangsmaßnahmen oder durch die Bereitstellung entsprechender zivilrechtlicher Instrumente wie der *class action*.[575] Die Rechtsprechung agiert dabei selbst als Korrektiv, indem sie Ausschlussklauseln für gesetzeswidrig (bei Verstoß gegen ein Gesetz, das die Freizeichnung einer Haftung verbietet)[576] und/oder sittenwidrig erachtet, um den Weg für eine Rechtsverfolgung im Wege der Gruppenklage freizumachen:

> „*In general, class actions are a flexible vehicle for correcting wrongs committed by large-scale enterprise upon [multiple] individual[s]*".[577]

Ein Kläger kann aber auch Angst vor einer Rechtsverfolgung haben, etwa, weil er als Arbeitnehmer Repressalien des Arbeitgebers befürchtet. Das Machtgewicht verschiebt sich zu seinen Gunsten, wenn er als Teil einer Gruppe, die dasselbe Rechtsinteresse eint, versucht, zu seinem Recht zu kommen. In diesem Fall ist die Notwendigkeit einer Gruppenklage jedoch keinesfalls zwingend. Es ist lediglich das Interesse an einer individuellen Rechtsverfolgung gesenkt, sodass sich die Anhaltspunkte verdichten müssen, um die Unmöglichkeit der Rechtsdurchsetzung oder die Sittenwidrigkeit der Ausschlussklausel annehmen zu können.

Diskutiert wird auch, ob die Appellfunktion[578] der Gruppenklage so wesentlich ist, dass ein Ausschluss unwirksam ist. Oftmals erfahren Gruppenmitglieder erst im Rahmen der *certification* der *class action* aufgrund der erforderlichen Bekanntgabe vom Gruppenverfahren.[579] Dagegen wenden manche ein, dass das Erfordernis der Benachrichtigung durch Parteivereinbarung abbedungen werden könne.[580] Das steht jedoch im Widerspruch zur klaren Linie des *US Supreme Court* in *Eisen v. Carlisle and Jacquelin*, 417 U.S. 156 (1974), wonach das Benachrichtigungserfordernis zwingend ist.[581] Dies gilt selbst dann, wenn die Kosten der Benachrichtigung, die von den Mitgliedern der *class* zu tragen

---

574 *Bone*, 90 Tex. L. Rev. 1329, 1368 f. (2012); *Orgel*, Class Arbitration, 2013, S. 253.

575 *Schäfer/Ott*, Lehrbuch der ökonomischen Analyse des Zivilrechts, 5. Aufl. 2012, S. 414.

576 § 1688 Cal. Civ. Code verbietet etwa die Freizeichnung einer Haftung für vorsätzliche oder fahrlässige Personen- oder Eigentumsverletzung.

577 *McFoy v. Amerigas, Inc.*, 170 W.Va. 526, 533, 295 S.E.2d 16, 24 (1982).

578 *Orgel*, Class Arbitration, 2013, S. 265.

579 *Scott v. Cingular Wireless*, 160 Wash.2d 843, 855 (Wash. 2007) „Without it, many consumers may not even realize that they have a claim." *Abels v. JBC Legal Group, P.C.*, 227 F.R.D. 541, 547 (N.D. Cal. 2005); *Sledge v. Sands*, 182 F.R.D. 255, 259 (N.D. Ill. 1998).

580 *Moss/Ruan*, The Second-Class Class Action, 61 Am. U. L. Rev. 523, 541 (2012).

581 *Eisen v. Carlisle and Jacquelin*, 417 U.S. 156, 176 (1974).

sind, prohibitiv hoch sind.[582] Dennoch ist es richtig, dass die Benachrichtigungsfunktion insofern nicht zwingend ist, als dem Kläger stets die Möglichkeit offen steht, statt einer Gruppenklage eine Individualklage einzureichen. In diesem Fall werden potentiell in derselben Sache betroffene Gruppenmitglieder auch nicht vom Streit und ihren diesbezüglichen Rechten in Kenntnis gesetzt, sodass die Appellfunktion alleine kein zwingender Grund für die Notwendigkeit von *class actions* ist.

c. Dogmatische Ansätze zur Aufrechterhaltung von Ausschlussklauseln

Dogmatisch lässt sich die Aufrechterhaltung einer Ausschlussklausel mit dem Vorrang der Partei- und Privatautonomie begründen. Befindet das Gericht eine Klausel des Vertrages für unwirksam, wird es nicht selten die entstandene Lücke mit den gerichtseigenen Vorstellungen füllen, mithin den „Gerichtswillen" an die Stelle des Parteiwillens stellen.[583] Das gilt im Falle von *class action waivers* bereits dann, wenn das Gericht die Durchführung eines Gruppenverfahrens anordnet, obgleich sich beide Parteien im Zeitpunkt des Vertragsschlusses einig waren, dass sie für den Fall der Notwendigkeit eines Gruppenverfahrens von vornherein einen Schiedsvertrag geschlossen hätten, weil nach ihrer Auffassung ein Gruppenverfahren im Schiedskontext in engeren Grenzen und unter ansatzweiser Wahrung der Privatsphäre erfolge.

Gerichte mögen jedoch geneigt sein, den erklärten Parteiwillen zu würdigen und die Ausschlussklausel für wirksam zu erachten, da sie dies als effizient ansehen könnten. Ein Gruppenverfahren kann je nach Ausmaß und Anzahl potentiell betroffener Gruppenmitglieder schlecht handhabbar sein, auch trotz Möglichkeit der Unterteilung in *subclasses*. Es ist äußerst mühselig, eine *class discovery* durchzuführen, ein *class certification hearing* abzuhalten, alle potentiellen *class*-Mitglieder ausfindig zu machen und zu benachrichtigen, Rule 23(c)(2) FRCP, und ansonsten, die *class* zu „managen".[584]

582 In *Eisen v. Carlisle and Jacquelin*, 417 U.S. 156 (1974) mussten über sechs Millionen Personen ermittelt und benachrichtigt werden, das Gericht verwarf jedoch Argumente, dass angesichts der „*prohibitively high costs*" die Benachrichtigung nicht mehr einem „*reasonable effort*" i.S.v. Rule 23(c)(2) FRCP entspreche, S. 157, 175 f.

583 Kritisch *Orgel*, Class Arbitration, 2013, S. 251 („Usurpation der privatautonomen Regelungsbefugnis"; Schaffung eines „künstlichen Konstruktes"); zur Frage, ob die Parteien vereinbaren können, dass dem Richter eine solche „Usurpations"- oder Ersetzungsbefugnis zukommt, vgl. im 4. Kapitel A. I. 2. b. aa. (2).

584 *Thornburg*, 2006 J. Disp. Resol. 181, 195 (2006).

d. *Privatautonome Ansätze, einer Invalidierung zu entgehen*

Da manche Gerichte recht großzügig die Sittenwidrigkeit einer Ausschlussklausel annehmen, fragt sich, ob der Verwender einer solchen vorprozessuale Gegenmaßnahmen ergreifen kann.[585] Das Kostenargument – eine Individualklage sei unverhältnismäßig teuer – kann entkräftet werden, wenn er Kostentragungsregeln vorsieht, wie zum Beispiel eine Kostenübernahme im Falle des Obsiegens der anderen Partei. Jedoch haben sich manche Gerichte davon gänzlich unbeeindruckt gezeigt und weiterhin die Sittenwidrigkeit angenommen.[586] Argumentativ lässt sich dieses Ergebnis nur damit erklären, dass ein „Obsiegen" im strengen Sinne nur angenommen werden kann, wenn exakt dem Antrag entsprochen wird. Die Kostentragungsregel wird dabei als „ganz-oder-gar-nicht"-Regel ausgelegt, die selbst bei einem Zurückbleiben in einem für die Partei völlig unwichtigen Grunde nicht zur Anwendung kommt.[587] Darüber hinaus hilft einem potentiell Berechtigten die Kostentragungsregel nicht, wenn er keine Kenntnis von seinen potentiellen Ansprüchen hat,[588] und nur im Rahmen der Zertifizierung (Rule 23(c)(2) FRCP) Kenntnis erlangen würde. Dieses letzte Argument außer Betracht gelassen, empfiehlt es sich jedenfalls, in einer Kostentragungsregelung eine Staffelung der zu übernehmenden Kosten je nach Anteil des Obsiegens[589] vorzusehen, um dem Gericht auch dieses Argument gegen die Wirksamkeit der Ausschlussklausel zu nehmen.

Die Parteien können auch erwägen, die Wirksamkeit ihrer Ausschlussklauseln durch Aufnahme von Rechtswahl- und Gerichtsstandsklauseln abzusichern, um ein *class-waiver*-günstiges Staatenrecht anwendbar zu wissen.[590]

---

585 Zu Vorschlägen, eine von der Sittenwidrigkeitsdoktrin zu trennende, an klaren Differenzierungskriterien orientierte Inhaltskontrolle ein- und durchzuführen, und dadurch auch ersterer wieder einen klar umrissenen Anwendungsbereich einzuräumen, vgl. im 4. Kapitel A. II. 1. b. sowie C.

586 *Scott v. Cingular Wireless*, 160 Wash.2d 843 (Wash. 2007).

587 *Scott v. Cingular Wireless*, 160 Wash.2d 843, 856 (2007): „While [cost shifting provisions are] laudable, it appears to us that these provisions do not ensure that a remedy is practically available. First, the attorney fees are awarded only if the plaintiffs recover at least the full amount of their demand. A plaintiff could recover 99 percent of a claim and still not be awarded any attorney fees. [...] if the consumer loses or achieves an award of one dollar less than sought, there is no award of fees. Even if all of the contingencies are met and attorney fees are awarded, the arbitrator may consider the amount in controversy in awarding fees".

588 *Orgel*, Class Arbitration, 2013, S. 265.

589 Vergleichbar zu § 92 ZPO.

590 *Noyes*, 30 Harv. J.L. & Pub. Pol'y 579, 645 (2007); *Thornburg*, 2006 J. Disp. Resol. 181, 194 (2006).

4. *Beweislast*

Im Falle eines *class action waivers* muss sich die Partei, die die Durchführung des Verfahrens als Gruppenverfahren möchte, auf die Unwirksamkeit der Ausschlussklausel berufen. Das folgt bereits daraus, dass ein Verfahren nicht – wie dargelegt – standardmäßig als Gruppenverfahren durchgeführt wird, sondern nur nach entsprechendem Parteiantrag. Das Schweigen einer Partei (nicht zu verwechseln mit dem Schweigen eines Vertrages)[591] führt zum impliziten Verzicht auf den Gruppenrechtsbehelf.[592]

Im Falle einer Schiedsvereinbarung, die mit einem *class arbitration waiver* verknüpft ist, besteht die Besonderheit, dass derjenige, der sich auf die Wirksamkeit der Ausschlussklausel beruft, darlegen muss, dass die Durchführung des Schiedsverfahrens die Nachteile des Verlusts des Gruppenrechtsbehelfs angemessen ersetzen (eine Art „gleichwertiger Schutz"-Prüfung).[593]

D. Juryklauseln

I. Rechtliche Bedeutung der Jury im amerikanischen Zivilprozess

1. *Zielsetzung*

Der englischen Kolonialzeit entstammend ist das Juryverfahren noch im heutigen amerikanischen Zivilprozess von Bedeutung.[594] Ein Zivilverfahren kann entweder durch Beteiligung von Geschworenen (*jury trial*) oder durch den Richter (*bench trial*) durchgeführt werden.[595] Ein Juryverfahren muss jedoch trotz der verfassungsrechtlichen Verankerung im VII. Amendment beantragt werden. Die Verfassung schränkt die zivilrechtlichen Streitigkeiten auf *suits at*

591 Dazu oben, 3. Kapitel C. II. 2.

592 *Thornburg*, 2006 J. Disp. Resol. 181, 194 (2006).

593 *AT&T Mobility LLC v. Concepcion*, 131 S.Ct. 1740, 1745 (2011).

594 *Schack*, Einführung in das US-amerikanische Zivilprozessrecht, 4. Aufl. 2011, Rdnr. 152; allerdings nimmt diese Bedeutung zunehmend ab: Nur noch rund 2 % aller Zivilverfahren vor Bundesgerichten werden überhaupt erst verhandelt, zweidrittel dieser Verfahren vor einer Jury, *Subrin/Minow/Brodin u. a.*, Civil Procedure, 479, unter Verweis auf *Galanter*, A World Without Trials?, 2006 J. Disp. Resol. 7, 12 f. (2006).

595 *Böhm*, Amerikanisches Zivilprozessrecht, 2005, Rdnr. 540 („historische Trennung der Gerichte").

common law ein,[596] womit sie die bereits aufgegebene Trennung zwischen *common law* und *equity*-Streitigkeiten wiederbelebt.[597] Für das Bundesverfahren ist Rule 38(b) FRCP[598] maßgeblich, nach welchem der Antrag schriftlich, den Anforderungen von Rule 5(d) FRCP[599] entsprechend, spätestens 14 Tage nach Zustellung des letzten Schriftsatzes gestellt werden muss. Eine entsprechende

---

596 VII: Amendment: In suits at common law, where the value in controversy shall exceed twenty dollars, the right of trial by jury shall be preserved, and no fact tried by a jury, shall be otherwise reexamined in any court of the United States, than according to the rules of the common law.

597 *Schack*, Einführung in das US-amerikanische Zivilprozessrecht, 4. Aufl. 2011, Rdnr. 152.

598 Rule 38(b) FRCP: Demand. On any issue triable of right by a jury, a party may demand a jury trial by:

(1) serving the other parties with a written demand—which may be included in a pleading—no later than 14 days after the last pleading directed to the issue is served; and
(2) filing the demand in accordance with Rule 5(d).

599 Rule 5(d) FRCP: Filing.

(1) Required Filings; Certificate of Service. Any paper after the complaint that is required to be served—together with a certificate of service—must be filed within a reasonable time after service. But disclosures under Rule 26(a)(1) or (2) and the following discovery requests and responses must not be filed until they are used in the proceeding or the court orders filing: depositions, interrogatories, requests for documents or tangible things or to permit entry onto land, and requests for admission.
(2) How Filing Is Made—In General. A paper is filed by delivering it:
    (A) to the clerk; or
    (B) to a judge who agrees to accept it for filing, and who must then note the filing date on the paper and promptly send it to the clerk.
(3) Electronic Filing, Signing, or Verification. A court may, by local rule, allow papers to be filed, signed, or verified by electronic means that are consistent with any technical standards established by the Judicial Conference of the United States. A local rule may require electronic filing only if reasonable exceptions are allowed. A paper filed electronically in compliance with a local rule is a written paper for purposes of these rules.
(4) Acceptance by the Clerk. The clerk must not refuse to file a paper solely because it is not in the form prescribed by these rules or by a local rule or practice.

Garantie des Juryverfahrens gibt es im Staatenrecht nicht notwendigerweise, die Garantie des VII. Amendment gilt nur vor Bundesgerichten.[600]

Die Jury entscheidet im Zivilverfahren über die der Entscheidung zugrunde zu legenden Tatsachen und über die Beachtlichkeit und Bedeutung der Beweismittel.[601] Unter Anweisung des Richters, der Tatbestand und Rechtsfolgen in sogenannten *jury instructions* zu erläutern hat, wendet sie sodann das Recht an.[602]

Eine Jury setzt sich aus sechs bis zwölf Geschworenen zusammen, Rule 48(a) FRCP, die als Einwohner des Gerichtsbezirks im Losverfahren zum Juryauswahlverfahren gebeten werden. Somit soll sichergestellt werden, dass in der Jury der Durchschnittsbürger vertreten ist und dessen Ansichten und Werte Eingang in den Zivilprozess finden.[603]

2. *Vorteile und Bedenken des Juryverfahrens*

Befürworter des Juryverfahrens führen dessen Bedeutung für die Demokratie an: Die Beteiligung der Bürger an der Rechtsfindung stellt eine Legitimationsquelle des staatlichen Verfahrens dar.[604] Die Jury bildet einen Gegenpol und eine Kontrolle der richterlichen Machtausübung.[605] Die Werte und Ansichten der Bevölkerung sind bei der Rechtsfindung vertreten.[606] Zudem wird durch die Erfahrung, als Juror gedient zu haben, das Interesse sowie das Verständnis des geltenden Rechts gesteigert. Auch diejenigen Bürger, die noch nicht als Geschworene gedient haben, weisen mit hoher Wahrscheinlichkeit irgendeinen Bezugspunkt zum Juryverfahren auf. Befürworter wie Gegner von Juryverfahren führen zudem an, dass nur ein Juryverfahren (respektive nur ein *bench trial*) die unvoreingenommene Findung fairer Lösungen ermögliche.[607]

Dass Juroren voreingenommen und leicht beeindruckbar seien, begründet die Gegenseite mit der fehlenden juristischen Kenntnis.[608] Als juristische Laien

---

600 *Schack*, Einführung in das US-amerikanische Zivilprozessrecht, 4. Aufl. 2011, Rdnr. 152, unter Verweis in Fn. 530 auf das Recht in Louisiana, wo ein Juryverfahren für Klagen mit Streitwerten unter 50.000 $ ausgeschlossen ist.

601 *Subrin/Minow/Brodin u. a.*, Civil Procedure, 481.

602 Ebd.

603 Ebd.; *Böhm*, Amerikanisches Zivilprozessrecht, 2005, Rdnr. 547; *Schack*, Einführung in das US-amerikanische Zivilprozessrecht, 4. Aufl. 2011, Rdnr. 152.

604 *Subrin/Minow/Brodin u. a.*, Civil Procedure, 481.

605 Ebd.

606 Ebd.

607 Ebd.

608 *Subrin/Minow/Brodin u. a.*, Civil Procedure, 480; *Custis*, Litigation Management Handbook (2012), § 8:32.

seien sie „mit allen psychologischen Tricks erfolgreich zu beeindrucken".[609] Die Befragung und Auswahl geeigneter Geschworener im Rahmen des Juryauswahlverfahren ist daher oftmals zentrales Element eines Zivilprozesses und kann für die Erfolgsaussichten der jeweiligen Parteien entscheidend sein:

> *„[Juries generally] favor the little guy against the big one, the simpler case rather than the one more difficult to understand, local interests rather than those situated farther away, emotional appeals to right versus wrong rather than strict application of the law and more attractive witnesses rather than those lacking a cordial appearance."*[610]

Juryverfahren wird zudem Ineffizienz vorgeworfen, da nicht nur die Kosten höher sind als bei einer Entscheidung durch einen Richter,[611] sondern auch mit Ausfällen und Verzögerungen, etwa wegen Verhinderung einzelner Juroren, gerechnet werden muss.[612]

Auch der Rückgang von Juryverfahren in anderen Ländern wie Kanada und Australien wird als Beleg für dessen „Hinfälligkeit" gewertet. Insbesondere in seinem Ursprungsland England ist das Juryverfahren aus dem Zivilverfahren fast gänzlich verschwunden.[613]

II. Juryausschlussklauseln

Es kann aufgrund von Vorbehalten der Beeinflussbarkeit und Voreingenommenheit der Geschworenen ein Interesse am Ausschluss eines Juryverfahrens bestehen.

1. Erscheinungsformen

Ein Juryverfahren kann explizit oder durch konkludentes Handeln[614] ausgeschlossen werden, allerdings nicht, indem eine Partei schlicht gar nichts tut.[615]

---

609 *Schack*, Einführung in das US-amerikanische Zivilprozessrecht, 4. Aufl. 2011, Rdnr. 153.

610 *Custis*, Litigation Management Handbook, § 8:32.

611 Juroren an Bundesgerichten bekommen für jeden Verfahrenstag 40 $ gezahlt, wenn das Verfahren länger als 10 Tage andauert, 50 $ pro Tag. Hinzu kommen Fahrtkosten, sowie Verpflegung und Unterkunft. http://www.uscourts.gov/services-forms/jury-service/juror-pay (zuletzt abgerufen am 9. Oktober 2017).

612 *Subrin/Minow/Brodin u. a.*, Civil Procedure, 481.

613 Ebd.; *Schack*, Einführung in das US-amerikanische Zivilprozessrecht, 4. Aufl. 2011, Rdnr. 152.

614 Etwa indem das Recht auf ein Jury Verfahren nicht rechtzeitig und ordnungsgemäß geltend gemacht wurde, Rule 38(d) FRCP.

615 50A C.J.S. Juries § 171 (kein stillschweigender Ausschluss).

Rule 38(d) FRCP,[616] die isoliert betrachtet bei fehlender ordnungsgemäßer Beantragung eines Juryverfahrens von dessen Ausschluss auszugehen scheint, ist im Lichte der Verfassung auszulegen. Daher ist es erforderlich, dass die Parteien über ihr Recht belehrt werden, um aus der fehlenden Beantragung einen konkludenten Verzicht zu schließen. Das Juryverfahren ist für die Amerikaner so wichtig, dass es in der Verfassung sowohl für den Zivilprozess als auch das Strafverfahren verankert ist. Zudem besteht nach dem *Supreme Court* eine prozessuale Vermutung gegen den Ausschluss eines Juryverfahrens.[617] Diese geht einher mit dem Fehlen einer materiell-rechtlichen Vermutung zugunsten der Wirksamkeit eines entsprechenden Ausschlussvertrages, wie sie für andere Prozessverträge gilt.[618] Daher ist Rule 38(d) FRCP so zu lesen, dass ein Nichtstun der Parteien nur bei Kenntnis der Rechtsfolgen als Verzicht zu werten ist.[619] Gegebenenfalls hat der Richter sie über das Antragserfordernis zu belehren.

Die Gestaltungsmöglichkeiten von Juryausschlussklauseln sind vielfach. Es gibt Klauseln, die innerhalb des staatlichen Verfahrens zugunsten einer

---

616 Rule 38(d) FRCP: Waiver; Withdrawal. A party waives a jury trial unless its demand is properly served and filed. A proper demand may be withdrawn only if the parties consent.

617 *Hodges v. Easton*, 106 U.S. 408, 412 (1882).

618 **Für Gerichtsstandsklauseln**: *Atlantic Marine Const. Co., Inc. v. U.S. District of Texas*, 134 S. Ct. 568, 581 (2013); *Carnival Cruise Lines, Inc. v. Shute*, 499 U.S. 585 (1991); *Stewart Organization, Inc. v. Ricoh Corp.*, 487 U.S. 22, 33 (1988); *M/S Bremen v. Zapata Off-Shore Co.*, 407 U.S. 1, 17 (1972); *Cardoni v. Prosperity Bank*, 805 F.3d 573, 580 (5th Cir. 2015); *Mitsui & Co. (USA), Inc. v. Mira M/V*, 111 F.3d 33, 35 (5th Cir. 1998); *Ginter ex rel. Ballard v. Belcher, Prendergast & Laporte*, F.3d 439, 441 (5th Cir. 2008); **für Schiedsklauseln**: *AT & T Technologies, Inc. v. Communications Workers of America*, 475 U.S. 643 (1986); **für Rechtsmittelausschlussklauseln** (obgleich die materiell-rechtliche Vermutung streitig ist, vgl. im 3. Kapitel E. II. 6.): *Calamari/Perillo*, Contracts, 16; *U.S. v. Beras*, 571 Fed.Appx. 68, 69 (2nd Cir. 2014); *U.S. v. Gomez-Perez*, 215 F.3d 315, 319 (2nd Cir. 2000); wohl auch *MACTEC, Inc. v. Gorelick*, 427 F.3d 821, 830 (10th Cir. 2005) („courts routinely enforce agreements that waive the right to appellate review over district court decisions"); *U.S. v. Gomez-Perez*, 215 F.3d 315, 319 (2nd Cir. 2000); *Payne v. S.S. Tropic Breeze*, 423 F.2d 236, 438 (1st Cir. 1970); **nicht** jedoch **für Juryausschlussklauseln**: *Hodges v. Easton*, 106 U.S. 408, 412 (1882); *Aetna Ins. Co. v. Kennedy to Use of Bogash*, 301 U.S. 389, 393 (1937).

619 50A C.J.S. Juries § 171: „in the absence of an express agreement or consent, a waiver will not be presumed, and under some authority there can be no waiver by implication (Cal.—DiPirro v. Bondo Corp., 153 Cal. App. 4th 150, (1st Dist. 2007)) [...] A waiver must be clear and unmistakable. In order to create a waiver by implication, unequivocal acts are necessary".

Entscheidung durch den Richter votieren, so etwa in *Avants v. Prospect Mortgage, LLC*:

> *„Employee moved to strike employer's jury demand on the basis that the parties contracted to have (…) disputes resolved by a judge."*[620]

Andere wiederum enthalten Entscheidungen zugunsten der Schiedsgerichtsbarkeit, womit das staatliche Verfahren und damit die Möglichkeit eines Juryverfahrens implizit verlassen wird, hierfür *Jones v. U-Haul:*

> *„Employee knowingly and voluntarily waived her right to pursue (…) claims against employer in trial by jury when she signed (the) arbitration agreement (…)."*[621]

2. Zulässigkeit vorprozessualer Abreden?

Der Ausschluss eines Verfassungsrechts allein rechtfertigt bereits erhöhte Wirksamkeitsanforderungen.[622] Wieder stellt sich die Frage, wie der Gefahr des unbedachten und voreiligen Rechtsverlusts bei vorprozessual geschlossenen Prozessverzichtsverträgen zu begegnen ist. Insbesondere bei Fehlen anwaltlicher Vertretung kann die Wirksamkeit der vorprozessualen Ausschlussklausel problematisch sein.[623] Während eines laufenden Verfahrens besteht zumindest die Möglichkeit richterlicher Beratung bezüglich der möglichen Auswirkungen und Rechtsfolgen eines Juryausschlusses.

Die Vorteile des vorprozessual geschlossenen Vertrages bestehen auch im Hinblick auf das Juryverfahren.[624] *Ex ante* sind die Interessen noch gleichgerichtet.[625] Ab Anhängigkeit stehen die Parteien im Widerstreit, der Abschluss einer Vereinbarung zum beiderseitigen Vorteil ist schwieriger zu erreichen.[626]

---

620 *Avants v. Prospect Mortgage, LLC*, 987 F.Supp.2d 1218 (2013).

621 *Jones v. U-Haul*, F.Supp.2d, 2014 WL 1670099 (2014).

622 *Ware*, 67 SPG Law & Contemp. Probs. 167 (2004); *Sternlight*, 16 Ohio St. J. on Disp. Resol. 669 (2001); *Noyes*, 30 Harv. J.L. & Pub. Pol'y 579, 635 (2007).

623 *National Equipment Rental, Ltd. v. Hendrix*, 565 F.2d 255, 256 (2d Cir. 1977). Andererseits war es in diesem Fall wiederum positiv für Hendrix den Vertrag insgesamt abschließen zu können. Er war in schwerer finanzieller Not und hatte dringenden Liquiditätsbedarf. Der Abschluss des infrage stehenden Darlehensvertrages, der daneben auch einen prozessrechtlichen Vertrag mit der streitigen Juryausschlussklausel vorsah, war für ihn essentiell. Ohne die Juryausschlussklausel erscheint fraglich, dass *Hendrix* das gewährte Darlehen erhalten hätte.

624 Ausführlich noch im 4. Kapitel A. II. 2.

625 *Kapeliuk/Klement*, 91 Tex. L. Rev. 1475, 1484 (2013).

626 *Kapeliuk/Klement*, 91 Tex. L. Rev. 1475, 1483 (2013).

Ein bestimmtes Schutzniveau der Vertragsparteien kann auch auf andere Weise als generelle Unzulässigkeit vorprozessualer Vereinbarungen sichergestellt werden.[627] Zum einen kann zwingend die anwaltliche Beratung vorgesehen werden. Zum anderen kann die Wirksamkeit des Juryausschlusses an bestimmte Formvorschriften geknüpft werden.

Manche Gerichte halten einen vereinbarten vorprozessualen Juryausschluss immer für unwirksam, weil die Konsequenzen zum Zeitpunkt des Vertragsschlusses nicht absehbar seien.[628] Da die Frage bundesrechtlich zu entscheiden ist,[629] ist mit der Mehrheit der Bundesgerichte von der Möglichkeit des *pre-litigation waiver* auszugehen.[630]

Zweifel wirft indes die jüngste Argumentation des *Court of Appeals for the 9th Circuit* auf: Der vorprozessuale Juryausschluss sei zwar als prozessuale Regelung nach Bundesrecht zu beurteilen und damit grundsätzlich wirksam. Gleichwohl fließe das Staatenrecht, in diesem Fall kalifornisches, in die bundesrechtliche Prüfung ein, soweit es einen höheren Schutz von Verfassungsrechten gewähre. Demnach könne der Ausschluss im Ergebnis doch unwirksam sein.[631]

Ob der *Supreme Court* der Argumentation des Höchstschutzes für Prozessrechte mit Verfassungsrang folgen wird, ist noch offen. Gesetzlich ist der vorprozessuale *jury-waiver* in einigen Staatengesetzen sogar ausdrücklich zugelassen.[632]

---

627 Dazu Kapitel 4. C.

628 *Howard v. Bank South, N.A.*, 209 Ga.App. 407, 410 (Ga. Ct. App. 1993) („could not have been aware of the basis and circumstances of any future claim“).

629 Kapitel 2., A. III.; *In re County of Orange*, 784 F.3d 520 (9th Cir. 2015); *Telum, Inc. v. E.F. Hutton Credit Corp.*, 859 F.2d 835, 837 (10th Cir. 1988), cert. zum *Supreme Court* abgelehnt 490 U.S. 1021; *Simler v. Conner*, 372 U.S. 221, 221 (1963).

630 *U.S. ex rel. Duncan Pipeline, Inc. v. Walbridge Aldinger Co.*, 2013 WL 1338392, 19 (S.D. Ga. 2013); *Bakrac, Inc. v. Villager Franchise Systems, Inc.*, 164 Fed.Appx. 820, 823 (11th Cir. 2006); *Telum, Inc. v. E.F. Hutton Credit Corp.*, 859 F.2d 835, 837 (10th Cir. 1988), cert. zum *Supreme Court* abgelehnt 490 U.S. 1021.

631 *In re County of Orange*, 784 F.3d 520, 523 f. (9th Cir. 2015), unter Berufung auf *Grafton*, 32 Cal.Rptr. 3d 5 (Cal. 2005).

632 *GE Commercial Finance Business Property Corp. v. Heard*, 621 F.Supp.2d 1305, 1308 (M.D. Ga. 2009), damit muss jedoch der verfassungsrechtlich notwendige, erhöhte Konsensstandard eingehalten werden: „Because the vast majority of states permit prelitigation contractual jury trial waivers, the application of state law in the cases relied upon by Plaintiffs would likely have had the effect of restricting one's federal constitutional right to a jury trial. Therefore, those courts correctly held that in determining whether a state could restrict one's right to a jury trial, the state law at a minimum had to protect one's federal right to a jury trial under the U.S. Constitution. Thus, any

3. *Wirksamkeitsvoraussetzungen*

a. „Knowingly and voluntarily"

Um vor Gericht Bestand zu haben, müssen Juryausschlussklauseln unter einem modifizierten Konsensstandard geschlossen werden. Sie müssen wissentlich[633] und willentlich geschlossen worden sein, sogenannter *knowing and voluntary consent*-Standard.[634] Dieser strenge Standard erklärt sich durch die Garantie des Juryverfahrens in der Verfassung.[635] Hin und wieder wird als drittes Element eine absichtliche Entscheidung[636] zugunsten der Klausel gefordert, was aus deutscher Rechtssicht lediglich den Grad des Wollens näher bestimmt.[637] Auch das Erfordernis einer „intelligent" getroffenen Entscheidung zugunsten einer Ausschlussklausel findet sich immer wieder,[638] wobei dieses Erfordernis letztlich vom Strafverfahren kommt und dort für die Wirksamkeit eines Plädoyers herangezogen wird.[639] Eine eigene differenzierende Aussagekraft besitzt es neben den erstgenannten Kriterien nicht.

Anders als bei sonstigen Prozessklauseln sollen Kriterien, wie die Verhandelbarkeit der Klausel und die Ausgeglichenheit der Verhandlungspositionen der Parteien im Rahmen des höheren Konsensstandards entscheidend sein.[640] So heißt es in *Morgan Guaranty Trust Co. of New York v. Crane:*

---

contractual waiver of a jury trial under state law must assure that the waiver complies with the federal constitutional standard of being knowing and voluntary".

633 Alternativ zum Wissenselement wird auch vom „Informiertsein" gesprochen, so zum Beispiel *Zaklit v. Global Linguistic Solutions, LLCF*, Supp.3d, (2014) WL 4656204, wobei auch hier die Rede vom „Wissen" und „Wollen" der Klausel die Rede ist.

634 *Jones v. U-Haul Co. of Massachusetts and Ohio Inc.*, 16 F.Supp.3d 922 (S.D. Ohio 2014); *Avants v. Prospect Mortg., LLC, 987 F.Supp.2d 1218 (D.N.M. 2013)*; *Evans v. Union Bank of Switzerland*, 2003 WL 21277125 (E.D. La. 2003).

635 Vgl. bereits 2. Kapitel B. I.; ferner *Ware*, 67 SPG Law & Contemp. Probs. 167 (2004); *Sternlight*, 16 Ohio St. J. on Disp. Resol. 669 (2001); *Davis/Hershkoff*, 53 Yale L. & Pol'y Rev. 507, 522 (2011).

636 So etwa *Sternlight*, 16 Ohio St. J. on Disp. Resol. 669, 673 (2001).

637 *Joecks*, in: MüKoStGB, § 16 Rn. 21 ff.

638 50A C.J.S. Juries § 171; *In re Credit Suisse First Boston Mortg. Capital, L.L.C.*, 257 S.W.3d 486 (Tex. App. 2008), in welchem für das Kriterium der „intelligenten Art und Weise" den Fall *In re Prudential Ins. Co. of America* 148 S.W.3d 124 (2004) verwiesen wird, der wiederum auf den Strafrechtsfall *Brady v. U.S.*, 397 U.S. 742, 748 (1970) zurückgreift.

639 *Brady v. U.S.*, 397 U.S. 742, 748 (1970).

640 So gilt bei Gerichtsstandsklauseln eine materiell-rechtliche Wirksamkeitsvermutung unterschiedslos für Verbraucher wie Unternehmer, *M/S Bremen v. Zapata Off-Shore Co.*, 407 U.S. 1, 15 (1972); vgl. ferner 4. Kapitel A: II. 1. b.; sowie 4. Kapitel C.

„The factors a court must consider in determining whether a contractual waiver of a right to a jury trial was entered into knowingly and voluntarily include (1) the negotiability of contract terms and negotiations between the parties concerning the waiver provision; (2) the conspicuousness of the waiver provision in the contract; (3) the relative bargaining power of the parties; and (4) the business acumen of the party opposing the waiver.“[641]

Um Anhaltspunkte für die Auslegung der Kriterien der (1) Verhandelbarkeit der Klausel, (2) deren Auffälligkeit, (3) die relative Ausgeglichenheit der Verhandlungspositionen der Parteien, und (4) den „wirtschaftlichen Scharfsinn“ zu erhalten, müssen weitere Fälle herangezogen werden. Die Merkmale sind dabei jeweils streng auszulegen.[642]

b. Verhandelbarkeit

Verhandelbar ist eine Klausel dann, wenn sie individuell gestaltbar ist. Daran fehlt es, wenn einer Partei verwehrt wird, zur Überprüfung des Vertrages einen Anwalt hinzuzuziehen.[643] Maßgeblich ist jedoch nicht, ob eine Klausel tatsächlich verhandelt wurde, sondern nur, ob die Möglichkeit dazu bestand.[644] Indiz für die Verhandelbarkeit ist es, wenn andere Klauseln desselben Vertrages besprochen und abgeändert wurden.[645]

c. Auffälligkeit

Nach *National Equipment Rental, Ltd. v. Hendrix*[646] fehlt es an der Auffälligkeit einer Klausel, wenn sie versteckt an elfter (von insgesamt sechzehn) Stelle im Kleingedruckten steht. Dagegen ist Auffälligkeit gegeben, wenn die Juryausschlussklausel durch Großbuchstaben oder Unterstreichungen besonders

---

641 *Morgan Guaranty Trust Co. of New York v. Crane*, 36 F.Supp.2d 602, 604 (S.D.N.Y. 1999).

642 36 F.Supp.2d 602, 604 (1999) („Contract provisions waiving the right to a jury trial are narrowly construed, and the requirement of knowing, voluntary, intentional waiver is strictly applied.“).

643 *National Equipment Rental, Ltd. v. Hendrix*, 565 F.2d 255, 258 (2d Cir. 1977).

644 *Morgan Guaranty Trust Co. of New York v. Crane*, 36 F.Supp.2d 602, 604 (S.D.N.Y. 1999); *Evans v. Union Bank of Switzerland*, 2003 WL 21277125 (E.D. La. 2003); *Westside-Marrero Jeep Eagle, Inc. v. Chrysler Corp., Inc.*, 56 F.Supp.2d 694 (E.D. La. 1999).

645 *Morgan Guaranty Trust Co. of New York v. Crane*, 36 F.Supp.2d 602, 604 (S.D.N.Y. 1999); *Morris v. McFarland Clinic P.C.*, 2004 WL 306110 (S.D. Iowa 2004).

646 *National Equipment Rental, Ltd. v. Hendrix*, 565 F.2d 255, 258 (2d Cir. 1977).

hervorgehoben ist,[647] in einer separaten Klausel, und/oder wenige Zentimeter über der Unterschrift steht.[648] Überdies wird die Auffälligkeit auch dann bejaht, wenn die andere Partei einen Vertragsentwurf für eine Woche in ihrem Besitz und somit Gelegenheit zur Durchsicht und Überprüfung hatte.[649] Eine Auffälligkeit ist jedenfalls gegeben, wenn die andere Partei Kenntnis von der Klausel hatte.[650]

d. Relative Verhandlungsstärke

Ein Ungleichgewicht der Verhandlungsstärke besteht, wenn eine Partei keine andere Wahl hat, als der Verwendung der Klausel zuzustimmen.[651] Dieses Kriterium gewinnt neben der Verhandelbarkeit eigenständige Bedeutung, wenn eine Klausel dem Anschein nach verhandelbar ist, faktisch jedoch die Positionen der Vertragspartner so ungleich sind, dass der Inhalt des Vertrages von der stärkeren Partei vorgegeben werden kann.

Regelmäßig weisen die Parteien nicht dieselbe Verhandlungsstärke auf. Entscheidend ist – in enger Anlehnung an die Verhandelbarkeit – ob das Vertragsverhältnis und die Alternativen für die schwächere der Parteien so ausgestaltet sind, dass sie Einfluss auf die Aufnahme und den Inhalt von Klauseln nehmen kann, oder nicht.[652] Ist das Ungleichgewicht „krass“ und „offenkundig“, ist die Klausel unwirksam.[653] Wird das Kriterium der Verhandelbarkeit bejaht, wird regelmäßig auch das Gleichgewicht der Verhandlungsstärke bejaht. Manche Gerichte legen bei der Prüfung der Verhandlungsstärke den Fokus auf den Grad der Bildung der Parteien:

> *„A highly intelligent, well-educated, sophisticated individual (…) no stranger to contract negotiations“.*[654]

---

647 *Morris v. McFarland Clinic P.C.*, 2004 WL 306110 (S.D. Iowa 2004).

648 *National Westminster Bank*, U.S.A. v. Ross, 130 B.R. 656, 667 (1991).

649 In *Morgan Guaranty Trust Co. of New York v. Crane*, 36 F.Supp.2d 602, 604 (S.D.N.Y. 1999).

650 *Morris v. McFarland Clinic P.C.*, 2004 WL 306110 (S.D. Iowa 2004).

651 *National Equipment Rental, Ltd. v. Hendrix*, 565 F.2d 255, 258 (2d Cir. 1977).

652 *Morgan Guaranty Trust Co. of New York v. Crane*, 36 F.Supp.2d 602, 604 (S.D.N.Y. 1999).

653 In freier Übersetzung von *grossly* und *manifestly*, vergleiche im Übrigen *Morris v. McFarland Clinic P.C.*, 2004 WL 306110 (S.D. Iowa 2004), bei dem sogar Gleichheit der Verhandlungspositionen angenommen wurde, was jedoch – wie angemerkt – keinesfalls erforderlich ist.

654 2004 WL 306110 (2004).

„(The) plaintiff, a Harvard M.B.A. who had worked as an investment banker before becoming a commercial real estate broker, could have negotiated about the clause if she tried“.[655]

e. *Wirtschaftsgewandtheit*

Wirtschaftlicher Scharfsinn wird regelmäßig bei „erfahrenen Geschäftsleuten“ angenommen.[656] Bei diesen kann überdies vom wirtschaftlichen Scharfsinn auf das Kriterium der Transparenz und Verhandelbarkeit geschlossen werden.[657]

4. *Beweislast*

Der Knackpunkt für die Wirksamkeit von Juryausschlussklauseln ist die Frage der Beweisbarkeit.[658] Der *US Supreme Court* hat vor Langem festgestellt, dass er sich jedem nur denkbaren Zweifel gegen die Abbedingung des Juryverfahrens-Rechts hingeben wird:

„[E]very reasonable presumption should be indulged against [...] waiver.“[659]

Manche Bundesgerichte sind dem unter Berufung auf die Wichtigkeit des 7. Amendment gefolgt, darunter *Hendrix*, und haben eine materiell-rechtliche Vermutung gegen die Wirksamkeit eines entsprechenden Ausschlussvertrages aufgestellt:

„It is elementary that the Seventh Amendment right to a jury is fundamental [...] Indeed, a presumption exists against its waiver. Aetna Insurance Co. v. Kennedy, 301 U.S. 389, 393, 57 S.Ct. 809 (1937)“.[660]

---

655 *Brown v. Cushman & Wakefield*, 235 F.Supp.2d 291 (S.D.N.Y. 2002), der alle vier Voraussetzungen in einem prüft, womit die Verhandelbarkeit und Verhandlungsmacht hier zusammen genannt werden können.

656 *Morgan Guaranty Trust Co. of New York v. Crane*, 36 F.Supp.2d 602, 604 (1999).

657 *New Skies Satellites, B.V. v. Home2US Communications, Inc.*, 9 F.Supp.3d 459 (2014).

658 *Chuang*, 10 Em. Rts. & Emp. Pol'y J. 205 (2006).

659 *Hodges v. Easton*, 106 U.S. 408, 412 (1882); aufgegriffen in und derzeit als maßgebende Quelle für diesen Punkt zitiert wird die weitere *Supreme Court* Entscheidung *Aetna Ins. Co. v. Kennedy to Use of Bogash*, 301 U.S. 389, 393 (1937). *„Presumption against“* wird in diesem Kontext nicht als „Vermutung“ im Rechtssinne verwandt; die Entscheidungen greifen gleichwohl auch das Fehlen einer materiell-rechtlichen Wirksamkeitsvermutung zugunsten entsprechender Ausschlussverträge auf.

660 *National Equipment Rental, Ltd. v. Hendrix*, 565 F.2d 255 (2d Cir. 1977).

In der Folge sieht sich derjenige, der sich auf die Vertragswirksamkeit beruft, der Beweislast hinsichtlich aller Wirksamkeitserfordernisse sowie des Fehlens von Unwirksamkeitseinwänden ausgesetzt.

Demgegenüber stellt die Gegenansicht[661] zu *Hendrix* die Vertragsfreiheit der Parteien in den Vordergrund und schlägt eine materiell-rechtliche Vermutung zugunsten der Klauselwirksamkeit vor:

> *„(...) the court should start with a presumption in favor of validity in the interest of liberty of contract“.*[662]

Das ist einsichtig, da das Recht auf ein Juryverfahren als dispositives Recht formuliert ist („The right of trial by jury [...] is preserved to the parties inviolate“ und „a party may demand a jury trial“, Rule 38 FRCP) und die Möglichkeit, auf dieses Prozessrecht zu verzichten, Ausdruck der Partei- und Prozessautonomie ist. Dennoch blieb die Gegenansicht längere Zeit unzitiert. Die überwältigende Mehrheit der Gerichte beruft sich auf *Hendrix* und fordert von demjenigen, der sich auf die Wirksamkeit der Klausel beruft, den *knowing and voluntary consent*-Standard darzulegen und zu beweisen.[663]

Die unterschiedlichen Meinungen haben nunmehr an Gewicht verloren, denn sobald eine schriftliche Erklärung vorliegt, der auf den ersten Anschein keine Willensmängel zugrunde liegen, soll die Unwirksamkeitsvermutung widerlegt und ein Anscheinsbeweis für die Wirksamkeit gelten.[664] Damit erscheint der

---

661 *National Equipment Rental, Ltd. v. Hendrix*, 565 F.2d 255 (2d Cir. 1977); *K.M.C. Co., Inc. v. Irving Trust Co.*, 757 F.2d 752 (6th Cir. 1985); teilweise wird als Quelle für diese Meinung auch *Brown v. Cushman & Wakefield*, 235 F.Supp.2d 291 (S.D.N.Y. 2002) zitiert, so zum Beispiel in *Chuang*, 10 Em. Rts. & Emp. Pol'y J. 205 (2006), verfügbar unter http://law.bepress.com/expresso/eps/1085, S. 17. Dies ist jedoch abzulehnen. In *Brown* fehlt es vielmehr an einer Auseinandersetzung des Gerichtes mit der Frage der Beweislast, überdies wird ohne viel Begründung die Juryausschlussklausel als wirksam erachtet.

662 5 Moore's Federal Practice 38.46, at 38–400 (2d ed. 1984); *K.M.C. Co., Inc. v. Irving Trust Co.*, 757 F.2d 752, 758 (6th Cir. 1985).

663 *Leasing Service Corp. v. Crane*, 804 F.2d 828, 833 (5th Cir. 1986) („the party seeking enforcement of the waiver must prove that consent was both voluntary and informed“); *Phoenix Leasing Inc. v. Sure Broadcasting, Inc.*, 843 F.Supp. 1379, 1384 (D. Nev. 1994) („The court in Leasing Service, placed the burden on the party seeking enforcement of a prelitigation contractual waiver“; „An informal survey indicates the majority of courts having considered this question followed the approach in Leasing Service“).

664 *Chester S. Chuang*, Assigning the Burden of Proof in Contractual Jury Waiver Challenges, Working Paper No. 1085 Bepress Legal Series (2006), S. 26.

Schutz bei Juryausschlussklauseln nicht höher als bei Gerichtsstands- und *class action*-Ausschlussklauseln.[665]

Nunmehr stellt auch der *Court of Appeals for the 7. Circuit* infrage, dass ein Juryausschluss – selbst, wenn er in einem Verbrauchervertrag vorkommt – erhöhten Anforderungen genügen muss.[666] Dabei stützt sich das Gericht jedoch auf das Fehlen einer expliziten Anordnung erhöhter Anforderungen in Rule 38 FRCP[667] und verkennt dabei, dass diese einfachgesetzliche Norm im Lichte der Verfassung ausgelegt werden muss, weswegen erhöhte Anforderungen an die Wirksamkeit zu stellen sind.[668]

III. Sonstige Vereinbarungen

Die Vertrags- und Prozessparteien können vertraglich auch die Anzahl Geschworener festlegen – eine Zusammensetzung von zwölf Juroren ist keinesfalls zwingend, wie sich aus Rule 48(a) FRCP[669] ergibt. Teilweise ist im einzelstaatlichen Recht eine Besetzung von sechs oder zwölf Juroren mangels anderweitiger Regelung der Parteien gesetzlich festgelegt.[670] Rule 48(a) FRCP trifft hierzu keine *default*-Regelung.

Auch bezüglich der Art der Entscheidungsfindung können die Parteien eine Vereinbarung treffen. Sie können einen Mehrheitsentscheid statt der ansonsten erforderlichen Einstimmigkeit anordnen, vgl. Rule 48(b) FRCP[671].

---

665 *Chester S. Chuang*, Working Paper No. 1085 Bepress Legal Series (2006), S. 26.

666 Dazu noch im 4. Kapitel unter A. II. 1. b. aa. (2) (c).

667 *IFC Credit Corp. v. United Business & Indus. Federal Credit Union*, 512 F.3d 989, 993 (7th Cir. 2007).

668 *Hodges v. Easton*, 106 U.S. 408, 412 (1882); *Aetna Ins. Co. v. Kennedy to Use of Bogash*, 301 U.S. 389, 393 (1937).

669 Rule 48(a) FRCP: Number of Jurors. A jury must begin with at least 6 and no more than 12 members, and each juror must participate in the verdict unless excused under Rule 47(c).

670 *Böhm*, Amerikanisches Zivilprozessrecht, 2005, Rdnr. 546, in Fn. 738 Verweis auf das Recht von Maine und des *Southern District of Georgia*, wo per *default* 6 Juroren berufen sind.

671 Rule 48(b) FRCP: Verdict. Unless the parties stipulate otherwise, the verdict must be unanimous and must be returned by a jury of at least 6 members.

E. Rechtsmittelvereinbarungen

I. Rechtliche Bedeutung von *appeals* im amerikanischen Zivilprozess

1. Zielsetzung des Rechtsmittelverfahrens

Durch einen *appeal* können erstinstanzliche Urteile angefochten und vor eines der *Court of Appeals* gebracht werden. Die *Court of Appeals* sollen dabei über die Parteiinteressen hinaus grundsätzliche Fragen des Rechts beantworten, die Rechtseinheit wahren und durch die Verhinderung grober Rechtsfehler und Ermessensüberschreitungen der Instanzgerichte das Vertrauen in das Rechtssystem stärken.[672] Der *appeal* ermöglicht keine zweite Tatsacheninstanz, das Urteil wird nur auf Rechtsfehler überprüft.[673] Die mittlere Gerichtsverfassungsebene umfasst die *U.S. Court of Appeals*, von denen es derzeit 13 gibt,[674] sowie die einzelstaatlichen *intermediate appellate courts.*

2. Begriff und Wirkung des Rechtsmittels

Der *appeal* ist das Rechtsmittel, durch welches die „Rechtsmittelgerichte der mittleren Gerichtsverfassungsebene" angerufen werden.[675] Da nur eine Rechts- und keine zweite Tatsachenprüfung stattfindet, ist nicht wie im deutschen Recht zwischen verschiedenen Arten des *appeal* zu unterscheiden.[676]

Der deutsche Jurist versteht unter einem Rechtsmittel einen Rechtsbehelf mit Devolutiv- und Suspensiveffekt. Der Devolutiveffekt beschreibt das Phänomen, dass die Sache zur Entscheidung in eine höhere Instanz gebracht wird (vom *iudex ad quo* – Richter, vom dem die Sache kommt – zum *iudex ad quem* – Richter, zu dem die Sache geht). Der Suspensiveffekt besagt, dass das Urteil bis zur Entscheidung über das Rechtsmittel „schwebend" wirksam ist; aus ihm kann in der Regel nur vorläufig (mit bzw. ohne Sicherheitsleistung) vollstreckt werden (§§ 708, 709 ZPO).

---

672 *Subrin/Minow/Brodin u. a.*, Civil Procedure, 616.

673 *Schack*, Einführung in das US-amerikanische Zivilprozessrecht, 4. Aufl. 2011, Rdnr. 171.

674 Vgl. bereits im 1. Kapitel unter A. I.

675 *Böhm*, Amerikanisches Zivilprozessrecht, 2005, Rdnr. 710.

676 *Böhm*, Amerikanisches Zivilprozessrecht, 2005, Rdnr. 709 („[*T*]*ermini* wie ‚Berufung', die nicht nur das jeweilige Rechtsmittel als solches, sondern auch die verfahrensrechtlichen Eigenheiten des betreffenden Rechtsinstituts bezeichnen, sollten tunlichst vermieden werden").

Auch der *appeal* im amerikanischen Recht bringt die Sache in eine höhere Gerichtsebene: Neben der mittleren Gerichtsverfassungsebene, die die *U.S. Court of Appeals* sowie die einzelstaatlichen *intermediate appellate courts* umfasst, gibt es noch das höchste Rechtsmittelgericht, den *U.S. Supreme Court*. Dieses erreicht man durch Einreichung einer *petition for a writ of certiorari*.[677] Die Einlegung eines *appeals* hat dabei ebenfalls Hemmungswirkung. Nur vereinzelt muss der Suspensiveffekt vor dem erstinstanzlichen Gericht gegen Sicherheitsleistung beantragt werden, Rule 62 FRCP,[678] Rule 8(a)(1) FRAP,[679] oder kann vom Rechtsmittelgericht angeordnet werden, Rule 8(a)(2) FRAP.[680]

---

677 In der vorliegenden Arbeit gekennzeichnet durch „cert.". Eingehend zur *petition for a writ of certiorari Böhm*, Amerikanisches Zivilprozessrecht, 2005, Rdnr. 739.

678 Normtext im Anhang.

679 Rule 8(a)(1) FRAP: Motion for Stay – Initial Motion in the District Court

(1) A party must ordinarily move first in the district court for the following relief:

(A) a stay of the judgment or order of a district court pending appeal;
(B) approval of a supersedeas bond; or
(C) an order suspending, modifying, restoring, or granting an injunction while an appeal is pending.

680 Rule 8(a)(2) FRAP: Motion for Stay – Motion in the Court of Appeals; Conditions on Relief. A motion for the relief mentioned in Rule 8(a)(1) may be made to the court of appeals or to one of its judges.

(A) The motion must:

(i) show that moving first in the district court would be impracticable; or
(ii) state that, a motion having been made, the district court denied the motion or failed to afford the relief requested and state any reasons given by the district court for its action.

(B) The motion must also include:

(i) the reasons for granting the relief requested and the facts relied on;
(ii) originals or copies of affidavits or other sworn statements supporting facts subject to dispute; and
(iii) relevant parts of the record.

(C) The moving party must give reasonable notice of the motion to all parties.
(D) A motion under this Rule 8(a)(2) must be filed with the circuit clerk and normally will be considered by a panel of the court. But in an exceptional case in which time requirements make that procedure impracticable, the motion may be made to and considered by a single judge.

3. *Anfechtung von End- und Zwischenurteilen*

Anfechtbar sind grundsätzlich Endurteile der erstinstanzlichen Gerichte (28 USC § 1291, sogenannte *final decisions*)[681]. Durch ein Endurteil werden alle entscheidungserheblichen Sach- und Rechtsfragen beantwortet und eine Instanz beendet.[682] Nach der *collateral order doctrine* sind Rechtsmittel auch bei noch anhängigen Verfahren gegen einzelne, endgültige Entscheidungen statthaft.[683] Das gilt nur sofern die Entscheidung in sich abgeschlossene Fragestellungen tatsächlicher oder rechtlicher Art behandelt und dem Streitgegenstand des Endurteils nicht unterliegt, folglich also die Gefahr bestünde, dass ein Rechtsmittelgericht sie gar nicht überprüfen könnte.[684] Da im Rahmen der Rechtsmittelinstanzen nur eine Rechtsprüfung stattfindet, können Fehler in Tatfragen grundsätzlich nicht zu einer Aufhebung des Urteils führen.[685] Nur wenn die

---

(E) The court may condition relief on a party's filing a bond or other appropriate security in the district court.

681 Normtext im Anhang.

682 *Böhm*, Amerikanisches Zivilprozessrecht, 2005, Rdnr. 712.

683 Die Entscheidung der einzelnen Frage muss endgültig („*conclusive*") sein, wobei die Hauptsache wiederum noch anhängig sein kann, *Schack*, Einführung in das US-amerikanische Zivilprozessrecht, 4. Aufl. 2011, Rdnr. 175; *Mohawk Industries, Inc. V. Carpenter*, 558 U.S. 100, 106 (2009) („allows an immediate appeal to a court of appeals from a nonfinal decision of a district court"); *In re Deepwater Horizon*, 785 F.3d 986, 992 (5th Cir. 2015); *Arbogast v. Kansas, Dept. of Labor*, 789 F.3d 1174, 1179 (10th Cir. 2015); *Dhiab v. Obama*, 787 F.3d 563, 565 (D.C. Cir. 2015); *Luckerman v. Narragansett Indian Tribe*, 787 F.3d 621, 623 (1st Cir. 2015) („an issue essentially unrelated to the merits of the main dispute, capable of review without disrupting the main trial") und weitere.

684 *Cohen v. Beneficial Indus. Loan Corp.*, 337 U.S. 541, 546 (1949): „So long as the matter remains open, unfinished or inconclusive, there may be no intrusion by appeal. But the District Court's action upon this application was concluded and closed and its decision final in that sense before the appeal was taken. [...] When that time comes [that the District Court's order will be merged in final judgment], it will be too late effectively to review the present order and the rights conferred by the statute, if it is applicable, will have been lost, probably irreparably"; *Mohawk Industries, Inc. V. Carpenter*, 558 U.S. 100, 106 (2009); *In re Deepwater Horizon*, 2015 WL 4385622, 3 (5th Cir 2015); *Arbogast v. Kansas, Dept. of Labor*, 789 F.3d 1174, 1180 (10th Cir. 2015); *Dhiab v. Obama*, 787 F.3d 563, 566 (D.C. Cir. 2015); *Luckerman v. Narragansett Indian Tribe*, 787 F.3d 621, 623 (1st Cir. 2015) („a right incapable of vindication"); *In re Deepwater Horizon*, 785 F.3d 986, 992 (5th Cir. 2015) und weitere.

685 *Schack*, Einführung in das US-amerikanische Zivilprozessrecht, 4. Aufl. 2011, Rdnr. 171

richterlichen Befunde offensichtlich fehlerhaft („*clearly erroneous*", Rule 52(a) (6) FRCP[686]) sind, bzw. im Falle einer Jury-Entscheidung „vernünftige Menschen schlechterdings nicht unterschiedlicher Ansicht gewesen sein konnten",[687] gilt etwas anderes.

Ausnahmsweise ist ein *appeal* auch gegen Zwischenurteile (28 USC § 1292[688], *interlocutory orders*) statthaft.[689] Der *Supreme Court* stellte jedoch klar, dass derartige Ausnahmen streng zu handhaben sind.[690] Gleiches gilt für den Einsatz eines *writ of mandamus* (vgl. für den Erlass eines *writ* generell 28 USC § 1651[691]). Mit diesem kann ein Bundesgericht jede staatliche Stelle anweisen, etwas Bestimmtes zu tun oder zu unterlassen.[692] Da mit dem *writ of mandamus* in das gerichtliche Gewaltengefüge, bei Anweisung eines Staatengerichtes sogar in die einzelstaatliche Souveränität, eingegriffen wird, ist er nur in extremen Fällen der Anmaßung von Entscheidungsgewalt oder des Ermessensmissbrauchs statthaft und für den Zivilprozess weitestgehend abgeschafft, Rule 81(b) FRCP.[693]

---

686 Rule 52(a) Findings and Conclusions. (6) Setting Aside the Findings. Findings of fact, whether based on oral or other evidence, must not be set aside unless clearly erroneous, and the reviewing court must give due regard to the trial court's opportunity to judge the witnesses' credibility.

687 *Schack*, Einführung in das US-amerikanische Zivilprozessrecht, 4. Aufl. 2011, Rdnr. 172.

688 Normtext im Anhang.

689 Bei der Anfechtung von Endurteilen sei von Rechtsmitteln zu sprechen, während man gegen Zwischenurteile Rechtsbehelfe einlege, so *Böhm*, Amerikanisches Zivilprozessrecht, 2005, Rdnr. 710. Anders bei *Schack*, der diese Differenzierung nicht vornimmt, sondern stets von Rechtsmitteln spricht, *Schack*, Einführung in das US-amerikanische Zivilprozessrecht, 4. Aufl. 2011, Rdnr. 175.

690 *Mohawk Industries, Inc. V. Carpenter*, 558 U.S. 100, 106 (2009): „The collateral order doctrine, which allows an immediate appeal to a court of appeals from a nonfinal decision of a district court, must never be allowed to swallow the general rule that a party is entitled to a single appeal, to be deferred until final judgment has been entered".

691 Normtext im Anhang.

692 *Schack*, Einführung in das US-amerikanische Zivilprozessrecht, 4. Aufl. 2011, Rdnr. 176; *Böhm*, Amerikanisches Zivilprozessrecht, 2005, Rdnr. 717.

693 8. Fed. Proc., L. Ed. § 20:648; für den verbleibenden Anwendungsbereich im Zivilprozess: *Smith v. Oklahoma Tax Commission*, 2009 WL 10671777 (2009); *Schack*, Einführung in das US-amerikanische Zivilprozessrecht, 4. Aufl. 2011, Rdnr. 176; *Böhm*, Amerikanisches Zivilprozessrecht, 2005, Rdnr. 717.

II. Rechtsmittelausschlussklauseln

Früher haben die Gerichte Rechtsmittelausschlussklauseln aus demselben Grund wie Gerichtsstandsvereinbarungen für grundsätzlich unwirksam erachtet. Für die Gerichtszuständigkeit maßgeblich sei nicht der Parteiwille, sondern das geltende Recht.[694] Daher könne eine bestehende Gerichtsbarkeit vertraglich auch nicht abgeändert werden (*ouster doctrine)*:

> *„A court's power to adjudicate disputes depends not on the agreement of parties, but on the law [...] [T]herefore 'a statement of counsel, or a promise even, by him, that he will not take a case from a lower court to this court' is ineffective to prevent the court from exercising jurisdiction".*[695]

Nunmehr können die Parteien eines Vertrages oder eines Rechtsstreites, wie auch im deutschen Recht,[696] unstreitig einen Rechtsmittelausschluss vereinbaren.[697] Mit einem solchen verpflichten sich die Parteien, auf die Einlegung von Berufung und Revision zu verzichten. Sie können den Verzicht gegenüber dem jeweiligen Vertragspartner oder dem Gericht erklären.

---

694 **Bundesgerichte**: *Home Ins. Co. of New York v. Morse*, 87 U.S. 445, 451 (1874), („agreements [in diesem Fall ein *arbitration-agreement*] in advance to oust the courts of the jurisdiction conferred by law are illegal and void."); *John W. Daniel & Co. v. Janaf, Inc.*, 169 F.Supp. 219, 223 (D.C. Va. 1958) („arbitration agreement was void as against public policy in that it attempted to oust the courts of jurisdiction by reason of the supplemental agreement [...], which made the award 'binding and conclusive, without right of appeal'"); **Staatengerichte**: *Wallace v. Evans*, 109 Ga.App. 692, 693 (Ga. Ct. App. 1964) (Georgia) („We do not think that the stipulation was intended to mean that either party waived his right to except to a verdict not authorized by the evidence."); *Harmina v. Shay*, 101 N.J. Eq. 273, 274 (N.J. Err. & App. 1927) (New Jersey) („In some jurisdictions such agreements will not prevent appeal upon the theory that the jurisdiction of the appellate court depends upon the law, and not upon the agreement of the parties"); *Runnion v. Ramsay*, 1885 WL 1700, 3 (N.C. 1885) (North Carolina) („such agreement could not deprive either party of his right of appeal"); *Miner v. Miner*, 10 Wis.2d 438, 443 (Wis. 1960) (Wisconsin) („The parties cannot by stipulation subscribe, modify, or oust the court of its power to determine [...]").

695 *Paulson*, 45 Ariz. St. L.J. 471, 491 (2013), unter Zitation einer Textpassage in *Fahs v. Darling*, 1876 WL 10155, 1 (Ill. 1876).

696 Vgl. etwa § 515 ZPO für den Verzicht auf die Berufung, sowie die §§ 565, 515 ZPO für den Ausschluss der Revision.

697 2 Am. Jur. Appeal and Error § 204 (2010) („Though there are a few cases to the contrary, the rule prevailing in the great majority of jurisdictions is that an [appellate waiver] is valid and binding").

1. *Wirkung und prozessuale Geltendmachung*

Ein Rechtsmittelverzichtsvertrag hat verpflichtende Wirkung. Durch ihn wird ein abredewidrig eingelegtes Rechtsmittel unzulässig und ist gerichtlich zu verwerfen.[698] Teilweise wird schlicht von Präklusionswirkung (*estoppel*)[699] gesprochen.[700] Richtiger Antrag ist die *motion to dismiss for lack of appellate jurisdiction.*[701] Wird der Verzicht in einem sogenannten *consent judgment* erklärt (was einem Vergleich nahekommt, nur dass ein Urteil, beruhend auf der Parteivereinbarung, gefällt wird), hat das Gericht ihn von Amts wegen zu berücksichtigen.[702] Handelt es sich um einen außerprozessualen Verzicht, so muss er im Prozess einredeweise geltend gemacht werden.[703] Dadurch wird auch dem Umstand Rechnung getragen, dass die Parteien dispositionsbefugt sind, und es in erster Linie ihnen obliegt, in eine höhere Instanz zu ziehen oder nicht.[704] Die Rechtswirkungen unterscheiden sich folglich nur dadurch, ob das Gericht bereits Kenntnis vom Rechtsmittelausschluss hat oder nicht.[705]

---

698 *Talbot v. Mason*, 125 F. 101, 104 (6th Cir. 1903); *Gilfillan v. McKee*, 159 U.S. 303, 312 (1895) („[Waiver of right to appeal operates] as a bar to the further prosecution of an appeal"); 2 Am. Jur. Appeal and Error § 204 (2010) („[…] when properly pleaded, [an appellate waiver] will constitute a bar to proceedings taken in violation of the agreement."); sowie im einzelstaatlichen Fallrecht: *Harmina v. Shay*, 101 N.J. Eq. 273, 274 (N.J. Err. & App. 1927) (New Jersey) („such agreements or stipulations will be enforced by dismissal of the appeal taken out in violation thereof, or by refusing to pass upon questions covered by the waiver.").

699 *Herbst*, Wörterbuch der Handels-, Finanz- und Rechtssprache (1959) „mit einer Einrede ausschließen"; *Herbst*, Dictionary of Commercial, Financial and Legal Terms (1955) *„estoppel"*.

700 *Talbot v. Mason*, 125 F. 101, 104 (6th Cir. 1903); *Gilfillan v. McKee*, 159 U.S. 303, 312 (1895); *U.S. v. Hougham*, 364 U.S. 310, 320 (1960) („operate[s] to stop him from insisting upon an appeal"); *Embry v. Palmer*, 107 U.S. 3, 8 (1883).

701 *MACTEC, Inc. v. Gorelick*, 427 F.3d 821, 827 (10th Cir. 2005).

702 So zum Beispiel in folgendem Fall: *Talbot v. Mason*, 125 F. 101 (6th Cir. 1903).

703 *McCall v. U.S. Postal Service*, 839 F.2d 664, 666 (Fed. Cir. 1988); *Callicotte v. Carlucci*, 698 F.Supp. 944, 647 (D.D.C. 1988); *Benitez-Arzate v. U.S.*, 2006 WL 625509, 3 (N.D.W. Va. 2006).

704 *Goodsell v. Shea*, 651 F.2d 765, 767 (C.C.P.A. 1981) („parties […] should have a right to control their own litigious destinies"); *McCall v. U.S. Postal Service*, 839 F.2d 664, 667 (Fed. Cir. 1988) (es sollen rationale Entscheidungen der Parteien gefördert werden; der *public policy*-Einwand soll lediglich vor unwillentlichen Entscheidungen schützen).

705 So auch für das deutsche Zivilprozessrecht: *Wagner*, Prozeßverträge (1998), S. 550.

2. *Erscheinungsformen*

Die häufigste[706] und wichtigste[707] Erscheinungsform des Rechtsmittelausschlusses im amerikanischen Fallrecht ist der gerichtlich geschlossene Prozessvergleich.[708] Durch ihn soll eine Streitigkeit endgültig beendet werden, weswegen er nur sinnvoll ist, wenn er dauerhaft die Beendigung sichert. Deshalb vereinbaren die Parteien einen Rechtsmittelausschluss, teilweise als Gegenleistung für den

706 *Paulson,* 45 Ariz. St. L.J. 471, 493 (2013); 15A *Wright, Miller, Cooper u. a.*, Fed. Prac. & Proc. Juris. § 3901, 19 (2. Aufl. 2015) („The most likely occasion for waiver arises from a settlement agreement that calls for resolution of some disputed matter by the district court, coupled with an explicit agreement that the district court decision shall be final and that all rights of appeal are waived").

707 *Bone,* 90 Tex. L. Rev. 1329, 1351 (2012); 15A *Wright, Miller, Cooper u. a.*, Fed. Prac. & Proc. Juris. § 3901 (2. Aufl. 2015).

708 *Ramos v. U.S. Postal Service*, 292 Fed.Appx. 910 (Fed. Cir. 2008); *Long v. U.S. Postal Service*, 229 Fed. Appx. 919 (Fed. Cir. 2007); *Smith v. Department of Veterans Affairs*, 169 Fed. Appx. 585 (Fed. Cir. 2006); *Strothers v. U.S. Postal Service, 167 Fed.Appx. 211 (Fed. Cir. 2006); Logrono v. U.S. Postal Service, 131 Fed.Appx. 713 (Fed. Cir. 2005); MACTEC, Inc. v. Gorelick, 427 F.3d 821 (10th Cir. 2005); Murphy v. Department of Navy*, 89 Fed.Appx. 702 (Fed. Cir. 2004); *Alley v. U.S. Postal Service, 10 Fed. Appx. 897 (Fed. Cir. 2001); Buchanan v. Department of Energy*, 247 F.3d 1333 (Fed. Cir. 2001); *Zinn v. Department of Army*, 25 Fed.Appx. 962 (Fed. Cir. 2001); *Bowens v. U.S. Postal Service*, 243 F.3d 561 (Fed. Cir. 2000); *Rousselle v. Department of Veterans Affairs*, 232 F.3d 916 (Fed. Cir. 2000); *Birdsong v. Department of the Navy*, 168 F.3d 1320 (Fed. Cir. 1998); *Morris v. Department of Navy*, 114 F.3d 1207 (Fed. Cir. 1997); *Hill v. Department of Transp.*, 98 F.3d 1357 (Fed. Cir. 1996); *Murphy v. Department of Defense*, 99 F.3d 1158 (Fed. Cir. 1996); *Perry v. Department of Veterans Affairs*, 74 F.3d 1259 (Fed. Cir. 1996); *Rogan v. Department of Air Force*, 92 F.3d 1207 (Fed. Cir. 1996); *Link v. Department of Treasury*, 51 F.3d 1577 (Fed. Cir. 1995); *Rogers v. U.S. Postal Service*, 59 F.3d 181 (Fed. Cir. 1995); *Louisiana Pacific Corp. v. Beazer Materials & Services, Inc.*, 842 F.Supp. 1243 (D.C. Cal. 1994); *Rhynders v. U.S. Postal Service*, 11 F.3d 1071 (Fed. Cir. 1993); *Ayuso-Morales v. Merit Systems Protection Bd.*, 956 F.2d 1172 (Fed. Cir. 1992); *Foster v. Merit Systems Protection Bd.*, 976 F.2d 747 (Fed. Cir. 1992); *Woodard v. U.S. Postal Service*, 965 F.2d 1064 (Fed. Cir. 1992); *Stewart v. U.S. Postal Service*, 926 F.2d 1146 (Fed. Cir. 1991); *Mid-America Dairymen, Inc. v. Herrington*, 878 F.2d 1448 (Temp. Emer. Ct. App. 1989); *Tucker v. Department of Navy*, 871 F.2d 1096 (Fed. Cir. 1989); *McCall v. U.S. Postal Service, 839 F.2d 664 (Fed. Cir. 1988)* (für staatlich angestellte Arbeitnehmer beurteilt sich ein Ausschluss des Berufungsrechts nach dem spezielleren 5 USC § 7701); *In re Lybarger*, 793 F.2d 136 (6th Cir. 1986); *Brown v. Gillette Co.*, 723 F.2d 192 (1st Cir. 1983); *Goodsell v. Shea*, 651 F.2d 765 (C.C.P.A. 1981); *United States Consolidated Seeded Raisin Co. v. Chaddock & Co.*, 173 F. 577 (9th Cir. 1909).

Vergleichsabschluss.[709] Im Vergleich können die Parteien festlegen, dass einzelne Festsetzungen hilfsweise vom Richter getroffen werden sollen, falls sie sich nicht einig werden.[710] Die sodann richterlich getroffenen Festsetzungen (zum Beispiel zur Höhe von Zahlungen der einen an die andere Partei) bilden einen Teil des Vergleichs und können nicht durch Rechtsmitteleinlegung wieder infrage gestellt werden.[711]

Eine eigene wichtige Fallgruppe an Rechtsmittelausschlussvereinbarungen bilden die sogenannten *employees' last chance agreements*. Sie sind im Falle der Entlassung sogenannter *federal employees*, die für staatliche Institutionen wie etwa die Post, das Militär oder ein Ministerium arbeiten, in den USA weitreichend etabliert,[712] jedoch genauso gut im privatwirtschaftlichen Bereich

709 *Paulson*, 45 Ariz. St. L.J. 471, 492 (2013) („part of the consideration being that there will be no appeal").

710 *In re Lybarger*, 793 F.2d 136, 137 (6th Cir. 1986).

711 793 F.2d 136 (1986); *Brown v. Gillette Co.*, 723 F.2d 192 (1st Cir. 1983) („waiver would be meaningless"); *Goodsell v. Shea*, 651 F.2d 765, 766 (C.C.P.A. 1981).

712 *Gomez v. Department of Veterans Affairs*, 549 Fed. Appx. 990 (Fed. Cir. 2013); *Scott v. Department of Agriculture*, 484 Fed. Appx. 522 (Fed. Cir. 2012); *Dade v. Department of Commerce*, 368 Fed. Appx. 122 (Fed. Cir. 2010); *Jones v. Department of Interior*, 321 Fed.Appx. 925 (Fed. Cir. 2008); *Ramos v. U.S. Postal Service*, 292 Fed.Appx. 910 (Fed. Cir. 2008); *Tucker v. Department of Veterans Affairs*, 287 Fed.Appx. 874 (Fed. Cir. 2008); *Long v. U.S. Postal Service*, 229 Fed. Appx. 919 (Fed. Cir. 2007); *Posey v. Department of Defense*, 180 Fed.Appx. 931 (Fed. Cir. 2006); *Rosell v. Merit Systems Protection Bd.*, 191 Fed. Appx. 954 (Fed. Cir. 2006); *Smith v. Department of Veterans Affairs*, 169 Fed. Appx. 585 (Fed. Cir. 2006); *Strothers v. U.S. Postal Service*, 167 Fed.Appx. 211 (Fed. Cir. 2006); *Worrell v. Department of Navy*, 168 Fed. Appx. 425 (Fed. Cir. 2006); *Baker v. Department of Transp.*, 418 F.3d 1369 (Fed. Cir. 2005); *Gutierrez v. U.S. Postal Service*, 142 Fed. Appx. 451 (Fed. Cir. 2005); *Jacobs v. Georgia-Pacific West Inc.*, 144 Fed.Appx. 608 (9th Cir. 2005); *Logrono v. U.S. Postal Service*, 131 Fed.Appx. 713 (Fed. Cir. 2005); *Sumrall v. Department of Air Force*, 130 Fed. Appx. 478 (Fed. Cir. 2005); *Hagen v. Department of Defense*, 87 Fed.Appx. 738 (Fed. Cir. 2004); *Murphy v. Department of Navy*, 89 Fed.Appx. 702 (Fed. Cir. 2004); *Gilbert v. Department of Justice*, 334 F.3d 1065 (Fed. Cir. 2003); *Williams v. U.S. Postal Service*, 58 Fed. Appx. 469 (Fed. Cir. 2003); *Alley v. U.S. Postal Service*, 10 Fed. Appx. 897 (Fed. Cir. 2001); *Alexander v. U.S. Postal Service*, 264 F.3d 1067 (Fed. Cir. 2001); *Buchanan v. Department of Energy*, 247 F.3d 1333 (Fed. Cir. 2001); *Michalic v. U.S. Postal Service*, 25 Fed. Appx. 974 (Fed. Cir. 2001); *Springs v. Dept. of Treasury*, 18 Fed.Appx. 889 (Fed. Cir. 2001); *Zinn v. Department of Army*, 25 Fed.Appx. 962 (Fed. Cir. 2001); *Bowens v. U.S. Postal Service*, 243 F.3d 561 (Fed. Cir. 2000); *Rousselle v. Department of Veterans Affairs*, 232 F.3d 916 (Fed. Cir. 2000); *Snoddy v. Department of Treasury*, 243 F.3d 567 (Fed. Cir. 2000); *Krzewinski v. U.S. Postal Service*, 1999 WL 446874 (Fed. Cir. 1999); *Miller*

denkbar. Ein *last chance agreement* wird anstelle einer Kündigung eingesetzt und ermöglicht dem Arbeitnehmer für einen Bewährungszeitraum weiterhin für den Arbeitgeber zu arbeiten. Verletzt der Arbeitnehmer jedoch die Konditionen des *last chance agreements*, kann er seine darauffolgende Kündigung nicht mehr mit Rechtsmitteln angreifen. Der Arbeitnehmer hat also die Wahl, das *last chance agreement* abzulehnen und gekündigt zu werden, wogegen er gerichtlich vorgehen kann, oder es unter Verzicht auf Rechtsmittel für eine Bewährungszeit anzunehmen. Diese missliche Lage des Arbeitnehmers führt dabei nicht zur Annahme von Zwang (*coercion*), sodass die Vereinbarung dennoch wirksam ist.[713] *Last chance agreements* werden auch häufig im Rahmen eines gerichtlichen Vergleichs geschlossen, sogenannte *last chance settlement agreements*.[714]

---

v. U.S. Postal Service, 1999 WL 159938 (Fed. Cir. 1999); *Birdsong v. Department of the Navy*, 168 F.3d 1320 (Fed. Cir. 1998); *Gibson v. Department of Veterans Affairs*, 160 F.3d 722 (Fed. Cir. 1998); *Miller v. Department of Air Force*, 178 F.3d 1307 (Fed. Cir. 1998); *Morris v. Department of Navy*, 114 F.3d 1207 (Fed. Cir. 1997); *Smith v. Department of Defense*, 132 F.3d 51 (Fed. Cir. 1997); *Hill v. Department of Transp.*, 98 F.3d 1357 (Fed. Cir. 1996); *Hurley v. U.S. Postal Service*, 77 F.3d 502 (Fed. Cir. 1996); *Murphy v. Department of Defense*, 99 F.3d 1158 (Fed. Cir. 1996); *Perry v. Department of Veterans Affairs*, 74 F.3d 1259 (Fed. Cir. 1996); *Rogan v. Department of Air Force*, 92 F.3d 1207 (Fed. Cir. 1996); *Briscoe v. Department of Veterans Affairs*, 55 F.3d 1571 (Fed. Cir. 1995); *Link v. Department of Treasury*, 51 F.3d 1577 (Fed. Cir. 1995); *Rogers v. U.S. Postal Service*, 59 F.3d 181 (Fed. Cir. 1995); *Ilardo v. U.S. Postal Service*, 5 F.3d 1504 (Fed. Cir. 1993); *Pryor v. Department of Army*, 989 F.2d 1203 (Fed. Cir. 1993); *Rhynders v. U.S. Postal Service*, 11 F.3d 1071 (Fed. Cir. 1993); *Unmack v. Department of Army*, 11 F.3d 1069 (Fed. Cir. 1993); *Williams v. U.S. Postal Service*, 11 F.3d 1070 (Fed. Cir. 1993); *Ayuso-Morales v. Merit Systems Protection Bd.*, 956 F.2d 1172 (Fed. Cir. 1992); *Foster v. Merit Systems Protection Bd.*, 976 F.2d 747 (Fed. Cir. 1992); *Woodard v. U.S. Postal Service*, 965 F.2d 1064 (Fed. Cir. 1992); *Stewart v. U.S. Postal Service*, 926 F.2d 1146 (Fed. Cir. 1991); *Tucker v. Department of Navy*, 871 F.2d 1096 (Fed. Cir. 1989); *Callicotte v. Carlucci*, 698 F.Supp. 944 (D.D.C. 1988); *McCall v. U.S. Postal Service*, 839 F.2d 664 (Fed. Cir. 1988).

713 *Krzewinski v. U.S. Postal Service*, 1999 WL 446874, 2 (Fed. Cir. 1999); *Springs v. Dept. of Treasury*, 18 Fed.Appx. 889, 891 (Fed. Cir. 2001); *Miller v. U.S. Postal Service*, 1999 WL 159938, 2 (Fed. Cir. 1999).

714 *Ramos v. U.S. Postal Service*, 292 Fed.Appx. 910 (Fed. Cir. 2008); *Long v. U.S. Postal Service*, 229 Fed. Appx. 919 (Fed. Cir. 2007); *Smith v. Department of Veterans Affairs*, 169 Fed. Appx. 585 (Fed. Cir. 2006); *Strothers v. U.S. Postal Service, 167 Fed.Appx. 211 (Fed. Cir. 2006); Logrono v. U.S. Postal Service, 131 Fed.Appx. 713 (Fed. Cir. 2005); Murphy v. Department of Navy, 89 Fed.Appx. 702 (Fed. Cir. 2004); Alley v. U.S. Postal Service, 10 Fed. Appx. 897 (Fed. Cir. 2001)*; *Buchanan v. Department of Energy*, 247 F.3d 1333 (Fed. Cir. 2001); *Zinn v. Department of Army*, 25 Fed.Appx. 962 (Fed. Cir.

Eine weitere Erscheinungsform des vertraglich vereinbarten Rechtsmittelausschlusses liegt im Wechsel mit Unterwerfungsklausel (*cognovit note*).[715] Durch ihn ermächtigt der Schuldner den Gläubiger für den Fall, dass er nicht zahlt, die Klage sich selbst zuzustellen und den Anspruch anzuerkennen.[716] Die Einlegung von Rechtsmitteln soll in diesem Fall ausgeschlossen sein.[717]

Rechtsmittelausschlussklauseln treten auch häufig in Verbindung mit Schiedsklauseln auf.[718] Dabei ist zu unterscheiden: Die Überprüfung, ob eine Schiedsklausel wirksam zustande gekommen ist, kann den staatlichen Gerichten vertraglich nicht entzogen werden.[719] Ebenso unzulässig ist ein gänzlicher Ausschluss der staatlichen Überprüfung eines Schiedsspruchs.[720] Zulässig ist es

---

2001); *Bowens v. U.S. Postal Service*, 243 F.3d 561 (Fed. Cir. 2000); *Rousselle v. Department of Veterans Affairs*, 232 F.3d 916 (Fed. Cir. 2000); *Birdsong v. Department of the Navy*, 168 F.3d 1320 (Fed. Cir. 1998); *Morris v. Department of Navy*, 114 F.3d 1207 (Fed. Cir. 1997); *Hill v. Department of Transp.*, 98 F.3d 1357 (Fed. Cir. 1996); *Murphy v. Department of Defense*, 99 F.3d 1158 (Fed. Cir. 1996); *Perry v. Department of Veterans Affairs*, 74 F.3d 1259 (Fed. Cir. 1996); *Rogan v. Department of Air Force*, 92 F.3d 1207 (Fed. Cir. 1996); *Link v. Department of Treasury*, 51 F.3d 1577 (Fed. Cir. 1995); *Rogers v. U.S. Postal Service*, 59 F.3d 181 (Fed. Cir. 1995); *Rhynders v. U.S. Postal Service*, 11 F.3d 1071 (Fed. Cir. 1993); *Ayuso-Morales v. Merit Systems Protection Bd.*, 956 F.2d 1172 (Fed. Cir. 1992); *Foster v. Merit Systems Protection Bd.*, 976 F.2d 747 (Fed. Cir. 1992); *Woodard v. U.S. Postal Service*, 965 F.2d 1064 (Fed. Cir. 1992); *Stewart v. U.S. Postal Service*, 926 F.2d 1146 (Fed. Cir. 1991); *Tucker v. Department of Navy*, 871 F.2d 1096 (Fed. Cir. 1989).

715 *D. H. Overmyer Co. Inc., of Ohio v. Frick Co.*, 405 U.S. 174 (1972).

716 *Schack*, Einführung in das US-amerikanische Zivilprozessrecht, 4. Aufl. 2011, Rdnr. 94; *Jones v. John Hancock Mut. Life Ins. Co.*, 289 F.Supp. 930, 935 (D.C. Mich. 1968): „[The cognovits note] is written authority of a debtor and a direction by him for the entry of a judgment against him if the obligation set forth in the note is not paid when due. Such a judgment may be taken by any person or any company holding the note, and it cuts off every defense which the maker of the note may otherwise have. It likewise cuts off all rights of appeal from any judgment taken on it."

717 *D. H. Overmyer Co. Inc., of Ohio v. Frick Co.*, 405 U.S. 174, 177 (1972) („[The cognovits note] likewise cuts of all rights of appeal from any judgment taken on it").

718 *Paulson*, 45 Ariz. St. L.J. 471, 493 (2013).

719 *Paulson*, 45 Ariz. St. L.J. 471, 493 (2013) („parties cannot bar themselves from seeking redress from the court [altogether] as a matter of public policy").

720 *Paulson*, 45 Ariz. St. L.J. 471, 493 (2013) („courts do not generally allow parties to waive a district court's review of an arbitration award – some redress to the courts must be allowed"); *Strom v. First American Professional Real*, 2009 WL 2244211, 2 (2009) („the 'no appeal' clause, to the extent it attempts to preclude any court access, is invalid"); *MACTEC, Inc. v. Gorelick*, 427 F.3d 821 (10th Cir. 2005).

jedoch, das Schiedsgericht als erstinstanzliches Gericht zu vereinbaren, dessen Schiedsspruch vom staatlichen *district court* als Rechtsmittelinstanz überprüft werden kann.[721] Weiter können im letztgenannten Fall die staatlichen Rechtsmittelinstanzen gekappt werden, etwa indem vereinbart wird, dass das Urteil des *district judge* über den Schiedsspruch *„final and nonappealable"* sein soll, bzw. entsprechendes für die Entscheidung des *Court of Appeals* gelten soll.[722]

3. Vorteile und Bedenken

Die Vorteile eines Rechtsmittelausschlusses liegen auf der Hand: Er schafft Endgültigkeit und damit Rechtssicherheit.[723] Ein Rechtsmittelausschluss kann zudem den Rechtsfrieden zwischen den Parteien befördern. Die Vertrags- und Prozessparteien müssen sich über die Festsetzungen des erstinstanzlichen Urteils oder die des Vergleichs nicht streiten, da sie an sie gebunden sind.

Auch die Gefahren eines Rechtsmittelausschlusses sind ersichtlich: Die Parteien begeben sich hinsichtlich aller mit dem Sachverhalt zusammenhängender oder bezüglich einzelner Teile in die Hände des Richters. Trifft dieser eine rechtlich falsche oder „ungerechte" Entscheidung, sind sie dennoch daran gebunden. Die Gefahr von völlig unvorhersehbaren Entscheidungen ist jedenfalls geringer

---

721 *MACTEC, Inc. v. Gorelick*, 427 F.3d 821 (2005); *Bowen v. Amoco Pipeline Co.*, 254 F.3d 925, 931 (10th Cir. 2001) („the parties' agreement that the district court's ruling be final may be construed as [...] a finality clause expressing their intent to have the district court enter judgment on the arbitration award."); *Paulson,* 45 Ariz. St. L.J. 471, 493 (2013).

722 Nicht ausreichend für einen Ausschluss der staatlichen *court of appeals* ist die Vereinbarung, dass das Urteil des *district judge „final"* sein soll, denn dadurch wird lediglich die allgemeine Regel bestätigt, dass instanzbeendende Urteile endgültig sein müssen. *Bowen v. Amoco Pipeline Co.*, 254 F.3d 925, 931 (10th Cir. 2001) („In fact, the very statute from which we derive our jurisdiction, 28 USC § 1291, grants appellate court's jurisdiction from 'all final decisions of the district courts'. Hence, by agreeing that the district court's ruling shall be final, the parties have merely reinforced the appellate jurisdiction conferred by § 1291"); zulässig und wirksam ist wiederum eine Abrede, nach der die Überprüfung des Schiedsspruchs durch den *district judge „final and nonappealable"* sein soll, *MACTEC, Inc. v. Gorelick*, 427 F.3d 821, 828 (10th Cir. 2005) („[T]he stock purchase agreement states not only that the district court's judgment shall be final, but also that it shall be 'nonappealable'. As a result, [...] the instant clause should be held to have waived all judicial review over the district court's confirmation of the arbitration award").

723 *Noyes,* 30 Harv. J.L. & Pub. Pol'y 579, 592 (2007) („limited appellate review encourages finality").

als im Schiedsverfahren,[724] da sie einer strengeren Kontrolle unterliegen und den Rechtsmittelgerichten große Kompetenz zugeschrieben wird, aber sie ist dennoch existent.[725]

4. *Zulässigkeit vorprozessualer Abreden?*

Es ist fraglich, ob ein antizipierter Rechtsmittelausschlussvertrag zulässig ist. Im Rahmen von Rechtsmittelausschlüssen ist im Unterschied zu den anderen hier untersuchten Erscheinungsformen nicht ohne Weiteres klar, was unter „vorprozessual“, oder im englischen „*pre-litigation*“, zu verstehen ist. Es kommen verschiedene Zeitpunkte in Betracht: Der Verzicht könnte vor Beginn einer erstinstanzlichen Rechtsstreitigkeit, vor Urteilsverkündung in erster Instanz, nach Urteilsverkündung aber vor Rechtsmitteleinlegung, nach Rechtsmitteleinlegung aber vor Beginn der mündlichen Verhandlung sowie vor Urteilsverkündung in der Rechtsmittelinstanz erklärt werden.

Im deutschen Zivilprozessrecht gab es hinsichtlich des Zeitpunktes zuletzt mit Wirkung zum 1.1.2014 eine Änderung, die die Verhandlungsposition des Rechtsmittelbeklagten hinsichtlich eines potentiellen Verzichtsvertrages gestärkt hat. Der neu eingefügte § 565.2 ZPO sieht nunmehr vor, dass der Rechtsmittelkläger ab Beginn der mündlichen Verhandlung auf die Einwilligung des Rechtsmittelbeklagten angewiesen ist, wenn er das Rechtsmittel zurücknehmen will. Zuvor konnte der Rechtsmittelkläger bis zur Urteilsverkündung sein Rechtsmittel zurücknehmen, ohne dass der Rechtsmittelbeklagte ein streitiges Urteil in der Sache erwirken konnte.[726]

In der amerikanischen Literatur und Rechtsprechung findet sich bedauerlicherweise keine präzise Auseinandersetzung mit jedem der genannten Zeitpunkte. *Pre-litigation*, wörtlich „vor dem Prozess“, meint nachfolgend den Zeitraum vor Rechtshängigkeit, etwa bei Abschluss des materiell-rechtlichen Vertrages.

---

724 *Noyes*, 30 Harv. J.L. & Pub. Pol'y 579, 592 (2007) für das Schiedsverfahren: „This concern [of limited judicial review creating an opportunity for great mischief by the arbitrator] is compounded because arbitrators do not have to issue written awards, which increases the difficulty of judicial review and further reduces the likelihood of a court vacating an arbitration award.“

725 Es wird angenommen, dass die Rechtsmittelinstanzen bessere Entscheidungen treffen, *Moffit*, 75 Geo. Wash. L. Rev. 461 (2007) Fn. 42 („Our system assumes that an appellate court, with its ability to focus more narrowly on each legal decision by the trial court, will render a more accurate decision than the previous decision“).

726 *Ball*, in: Musielak/Voit ZPO, 14. Aufl. 2017, § 565 Rn. 3.

Das deutsche Prozessrecht erkennt einen entsprechenden Verzichtsvertrag in diesem frühen Stadium an.[727] Der antizipierte Rechtsmittelverzichtvertrag fand bereits in der Begründung zur CPO positive Erwähnung.[728] Die Parteien dürfen

---

727 *RGZ* 104, 133, 135 (Rechtsmittelverzichts gegenüber einem auf Ehescheidung lautenden Urteil); *RGZ* 20, 398, 400 („nach der zur Zeit der [...] in Bremen dieserhalb geltenden Grundsätze des früheren gemeinen Prozeßrechtes [...] war auch die rechtliche Wirksamkeit eines von den Beteiligten schon im voraus vertragsmäßig vereinbarten Verzichtes auf eine eventuelle Appellation nicht zu beanstanden"); *RGZ* 36, 421, 422 („der im voraus erklärte vertragsmäßige Verzicht auf ein Rechtsmittel oder auf jedes Rechtsmittel verstößt gegen kein Verbotsgesetz, noch weniger gegen die guten Sitten"); *BGH* NJW 1958, 1397; *BGH* NJW 1963, 243 („[Genauso wie bei einem vorprozessualen Schiedsvertrag] kann vereinbart werden, [...] kein Rechtsmittel einzulegen. Handelt der Verpflichtete dem zuwider, so darf er damit im Prozeß nicht gehört werden" [sic]); *BGH* NJW 1982, 2072, 2073 („[Es sind] auch [weitere außergerichtliche] Vereinbarungen für zulässig erachtet worden, gegen ein noch zu erlassenes Urteil kein Rechtsmittel einzulegen [...] Hiernach erscheint es [...] auch für Fälle der vorliegenden Art zulässig, daß ein Ehegatte, gegen den ein Titel auf Zahlung von Trennungsunterhalt besteht, sich durch einen entsprechenden Prozeßvertrag verpflichtet, wegen des Wegfalls des titulierten Anspruches durch die Ehescheidung keine Vollstreckungsabwehrklage gegen seine nacheheliche Inanspruchnahme aufgrund des bisherigen Titels zu erheben" [sic]); *BGH* NJW 1986, 198 („Nach der von [der Revision] herangezogenen Fundstelle [Stein-Jonas-Grunsky, § 514 Rdnr. 2] soll zwar darauf geachtet werden, daß die Partei sich über die Tragweite des Verzichts im klaren ist; dieser Gesichtspunkt könne dazu führen, dem vorgängigen Rechtsmittelverzicht im Einzelfall die Wirkung zu versagen [...] Die bloße Möglichkeit, daß die Bekl. den Ausschluss von Verfahrensrügen [...] nicht bedacht haben, kann es jedoch nicht rechtfertigen, einen Wegfall oder eine Einschränkung ihrer Verpflichtung zum Berufungsverzicht anzunehmen"); *BGH* NJW 1990, 441, 443 („Im Verfahrensrecht ist anerkannt, daß die Parteien eines [künftigen] Prozesses sich zu jedem Verhalten verpflichten können, das möglich ist und weder gegen ein gesetzliches Verbot noch gegen die guten Sitten verstößt. Wirksam sind deshalb zum Beispiel Abreden dahin, [...] kein Rechtsmittel einzulegen [...] Wird gegen sie verstoßen, so ist die erhobene Klage unzulässig" [sic]); *RGZ* 20, 398, 400; 36, 421 f.; *BGH* NJW 1986, 198.

728 *Hahn* (Hrsg.), Die gesammelten Materialien zur Civilprozessordnung und dem Einführungsgesetz zu derselben, 1880, § 455: „ebensowenig aber ist mit dem nordd. Entw. § 772 eine Verzichtsleistung auf das Rechtsmittel vor dem Urtheile völlig auszuschließen oder auch nur zu beschränken. Die Gültigkeit eines hierauf gerichteten Vertrags – welchen das französische Recht [Code de proc. für Verfahren vor Friedensgerichten, sowie code de commerce für das handelsgerichtliche Verfahren] erwähnt und welcher für das Verfahren vor ordentlichen Gerichten und vor Schiedsgerichten als zulässig gilt [...] – ist lediglich nach dem Zivilrechte zu beurtheilen. Ein solcher Vertrag ist einem Kompromiß analog".

sich vertraglich zu jedem prozessualen Verhalten verpflichten, sofern dieses Verhalten tatsächlich möglich ist und weder gegen ein gesetzliches Verbot noch die guten Sitten verstößt.[729] In der Literatur gibt es jedoch auch seit jeher große Skeptiker.[730]

Während es also möglich ist, auf die Ausschöpfung des Rechtsweges zu verzichten, soll jedenfalls der vorprozessuale, in Allgemeinen Geschäftsbedingungen stehende Verzicht auf die Beschreitung des Rechtswegs unwirksam sein. Das gilt mit Einfügung des § 309 Nr. 14 BGB mit Wirkung vom 26.02.2016 nunmehr auch für den aufschiebenden Klageverzicht. Denn insbesondere Verbrauchern soll ein ungehinderter Zugang zu den staatlichen Gerichten zustehen.[731]

Ein gänzlicher Klageverzicht – aufschiebend oder aufhebend – ist auch im amerikanischen Recht wegen *due process of law* unwirksam. Wie im deutschen Recht ist jedoch ein vorprozessualer Rechtsmittelverzichtvertrag rechtlich zulässig.[732] Selbst der *Supreme Court* beschäftigte sich mit einem entsprechenden

729 *BGH* NJW 1958, 1397 (Scheidungsrechtsstreit); *BGH* NJW 1963, 243; *BGH* NJW 1982, 2072, 2073 (Trennungsunterhaltsstreitigkeit).

730 *Walsmann* AcP 1907, 1 (208) („[d]er Vertrag führt […] gewissermaßen zu einem Konventionalprozess"); *Hellwig*, System des deutschen Zivilprozeßrechts, 1912, S. 450 (das Gesetz, nicht die Parteivereinbarung bestimme die gerichtliche Zuständigkeit; es könne nur auf konkrete gegenwärtige Befugnisse verzichtet werden); *Oertmann* ZZP 1915, 389 (415) („[der vorgängige Verzicht ist] ein aleatorisches Geschäft und allen gegen deren Wirksamkeit sprechenden Bedenken vollauf ausgesetzt"); *Barz*, Das Klagezurücknahmeversprechen, 1933, S. 13 (wegen Verbotes des Konventionalprozesses und zum Schutz der Parteien selbst unzulässig); *Goldschmidt*, Der Prozess als Rechtslage, 1962, S. 311 (wegen Gefahr eines Konventionalprozesses unzulässig); *Hellwig*, in: FS Gierke, 1969, S. 41 (90); *Rimmelspacher* JuS 1988, 953 (956), der jedenfalls den vorprozessualen einseitigen Verzicht für unzulässig erklärt: „Auf die Notwendigkeit eines beiderseitigen Verzichts deutet indes schon die Formulierung in den Motiven zur CPO hin, die von einem ‚Kompromiß' sprechen […] vor allem [aber] die Erwägung, daß der Erklärende angesichts der Formlosigkeit der Erklärung vor deren allzu leichtfertiger Abgabe und damit der vorschnellen Preisgabe einer prozessualen Befugnis geschützt werden muß".

731 *Hau*, in: FS Lindacher, 2017, 139 (142).

732 *Nail v. Browning*, 74 Fla. 108, 111 (Fla. 1917) („a party may, before trial or judgment by express agreement, upon a sufficient consideration waive his right to appeal"); *Harmina v. Shay*, 101 N.J. Eq. 273, 274 (N.J. Err. & App. 1927) („a party may, by express agreement or stipulation before trial, or judgment, waive his right to appeal"). Demgegenüber ist nach Ansicht des texanischen *appeal court* ein *pre-litigation waiver* auch nach Erlass des erstinstanzlichen Urteil möglich, vgl. *Johnson v. Halley*, 27 S.W. 750, 751 (Tex. Civ. App. 1894) („we see no good reason why parties should not be allowed, upon sufficient consideration, to waive their right of appeal *after the judgment*

Ausschluss und ging wohl von dessen Wirksamkeit aus, auch wenn er die Frage offenlassen konnte.[733]

Letztlich steht es im Ermessen der Parteien, ob sie Rechtsmittel einlegen wollen, woraus folgt, dass es jedenfalls kein öffentliches Interesse an der Ausschöpfung des Instanzenzuges gibt.[734] Es sprechen allenfalls Erwägungen zum Schutz der Parteien selbst vor Übereilung gegen die Zulässigkeit antizipierter Rechtsmittelverzichtverträge. Wie bei allen unter dem „Schleier des Nichtwissens"[735] getroffenen vorprozessualen Vereinbarungen besteht die Gefahr, dass sie sich *ex post* als nachteilig herausstellen.[736] Andererseits liegt in dieser vorprozessualen Ungewissheit darüber, welche Rolle man in einem späteren Prozess spielen wird, gerade die Chance, Pareto-optimale Vereinbarungen zu treffen.[737] Speziell im amerikanischen Recht kommt das Erfordernis einer Gegenleistung hinzu,[738] welches auch dazu dient, *ex post* nachteilige Folgen des Rechtsmittelausschlusses auszugleichen oder jedenfalls abzumildern.[739] Ferner kann den Bedenken durch die Möglichkeiten eines Übereilungsschutzes durch strengere Formvorschriften

---

has been rendered, and *before the record has been filed*, as well as *after the jurisdiction of this court* [appellate court] *has attached*") [Hervorhebung hinzugefügt]; *Noyes*, 30 Harv. J.L. & Pub. Pol'y 579, 612 (2007); *Thornburg*, 2006 J. Disp. Resol. 181, 202 (2006); *Kapeliuk/Klement*, 14 (2008); *United States Consolidated Seeded Raisin Co. v. Chaddock & Co.*, 173 F. 577, 579 (9th Cir. 1909); kritisch *Paulson*, 45 Ariz. St. L.J. 471, 491 (2013), ohne Beleg für seine These: „[...] courts, in dicta, appear to disfavor ex ante waivers."

733 *D. H. Overmyer Co. Inc., of Ohio v. Frick Co.*, 405 U.S. 174, 184 (1972) („contract waiver, before suit has been filed, before any dispute has arisen", „whereby a party gives up in advance his constitutional right to defend any suit by the other, to notice and an opportunity to be heard, no matter what defenses he may have, and to be represented by counsel of his own choice.").

734 *Wagner*, Prozeßverträge, 1998, S. 538.

735 *John Rawls*, A Theory of Justice, dazu im 4. Kapitel, A. II. 2.

736 *Kapeliuk/Klement*, 43 (2008) („[The parties] may forgo their right of appeal even if eventually it would turn out that the trial court has performed a significant error. Pre-dispute procedural arrangements might therefore be suspect of undercutting the adversary nature of the judicial process, thus adversely affecting its reputational capital."); in dieselbe Richtung *Paulson*, 45 Ariz. St. L.J. 471, 494 (2013) („the resulting judgment might be so totally incongruous to their [the parties] rights, or the remedy sought, that it would be intolerable to either, or both of them, for that matter").

737 Da dieses Phänomen allgemein gilt, wird es noch eingehend für alle Formen vorprozessualer Prozessverträge im 4. Kapitel unter A. II. 2 behandelt.

738 Dazu sogleich unter 5. c.

739 *Paulson*, 45 Ariz. St. L.J. 471, 496 (2013).

und/oder Aufklärungspflichten begegnet werden.[740] Obgleich das bisherige Fallrecht die Verfügbarkeit vorprozessualer Rechtsmittelausschlüsse eindeutig vorsieht, ist es, wie auch im Falle der vorprozessualen *discovery stipulation* nach Rule 29 FRCP, dürftig. Wieder erklärt sich dies mit der großen Beliebtheit des Schiedsverfahrens, in dem Rechtsmittel ohnehin beschränkt sind.[741]

5. *Wirksamkeitsvoraussetzungen*

a. „Knowingly and voluntarily"

Um wirksam zu sein, muss die Vereinbarung zunächst „*knowing and voluntary*" sein[742] – dieses Erfordernis ist bereits von Juryausschlussklauseln bekannt.[743] Das bloße „Kennen-Müssen" der Umstände, die zum Ausschluss führen, reicht demnach nicht aus. Während dieser Standard zunächst für den Verzicht auf in der Verfassung verbürgte Rechte entwickelt wurde,[744] kann er auch darüber hinaus angewandt werden, sofern die abzubedingenden Rechte ebenso grundsätzlich für das Funktionieren des Rechtssystems sind.[745] Für das Recht, erstinstanzliche

---

740 Vergleiche dazu eingehend in Kapitel 4 A. II. 2., insbesondere c. – e., sowie C.

741 *Noyes,* 30 Harv. J.L. & Pub. Pol'y 579, 591 (2007): „Arbitration is riskier than litigation because the FAA [Federal Arbitration Act] severely limits parties' ability to seek judicial review of an arbitration award. As a practical matter, there is no appellate 'check' on the arbitrator's work. Once the arbitrators issue an award, the prevailing party will seek to enforce the award by submitting it to a court and requesting entry of a judgment. The FAA provides that arbitration agreements are 'valid, irrevocable, and enforceable, save upon such grounds as exist at law or in equity for the revocation of any contract.' [9 USC § 2] An arbitration award will not be vacated when the arbitrator misinterprets the governing law or applies it incorrectly. Thus, the party opposing entry of judgment based on an arbitration award will prevail only when the award is 'completely irrational' or exhibits a 'manifest disregard of law'".

742 *McCall v. U.S. Postal Service,* 839 F.2d 664, 667 (Fed. Cir. 1988) („Because his choice was knowing and voluntary, the public interest against involuntary waivers of rights does not weigh against the enforcement of this agreement and it is not void as a matter of public policy"); *Callicotte v. Carlucci,* 698 F.Supp. 944, 947 (D.D.C. 1988) („The Court also concludes that [plaintiff] did not enter into the agreement with a free and open mind. A waiver of one's right to appeal is valid only 'where overreaching or exploitation is not inherent in the situation.' *Runyan v. National Cash Register Corp.*, 787 F.2d 1039, 1045 (6th Cir.1986)"); *Benitez-Arzate v. U.S.*, 2006 WL 625509, 3 (N.D.W. Va. 2006).

743 Siehe 3. Kapitel D. II. 3. a.

744 *Noyes,* 30 Harv. J.L. & Pub. Pol'y 579, 635 (2007).

745 *Ware,* 67 SPG Law & Contemp. Probs. 167 (2004); *Sternlight,* 16 Ohio St. J. on Disp. Resol. 669, 678 (2001); *Noyes,* 30 Harv. J.L. & Pub. Pol'y 579, 581 (2007).

Entscheidungen anzufechten und jedenfalls in rechtlicher Hinsicht überprüfen zu lassen, kann diese Grundsätzlichkeit bejaht werden, da es letztlich um den freien Zugang zu den Gerichten als Bestandteil der Rechtsstaatlichkeit geht.[746]

b. Erkennbarer Rechtsbindungswille

Nach einer Ansicht muss sowohl beim einseitigen wie auch beidseitigen Verzicht auf Rechtsmittel ein Rechtsbindungswille klar und eindeutig erkennbar sein.[747] Einer anderen Ansicht zufolge kann die Annahme von Vorteilen (*benefits*), wie etwa die Entgegennahme der Geldsumme, zu der das erstinstanzliche Gericht die unterliegende Partei verurteilt hat, einen impliziten Verzicht auf Rechtsmittel enthalten.[748] Dies bestreitet eine dritte Ansicht, nach der ein Umstand hinzutreten muss, der die Einlegung von Rechtsmitteln in den Augen der zahlenden Partei als rechtsmissbräuchlich erscheinen lassen würde.[749]

Demgegenüber ist es in der amerikanischen Rechtsprechung weitreichend etabliert, dass das verspätete Vorbringen von Einwänden als konkludenter Verzicht

---

746 Für eine Ausdehnung des höheren Standards in Fällen erhöhter Schutzbedürftigkeit, siehe im 4. Kapitel unter A. II. 1. b. aa. (3).

747 *Uhl v. Komatsu Forklift Co., Ltd.*, 512 F.3d 294 (6th Cir. 2008) (im Urteilstenor: „clearly express intent"); *MACTEC, Inc. v. Gorelick*, 427 F.3d 821, 828 (10th Cir. 2005) („intention to [eliminate judicial review by contract] must be clear and unequivocal"); *In re Lybarger*, 793 F.2d 136, 138 (6th Cir. 1986); *Brown v. Gillette Co.*, 723 F.2d 192, 192 (1st Cir. 1983); *Goodsell v. Shea*, 651 F.2d 765, 767 (C.C.P.A. 1981); *Payne v. S.S. Tropic Breeze*, 423 F.2d 236, 238 (1st Cir. 1970) („The intention to waive the right to appeal must appear clearly from the stipulation"); *Kane v. Roxy Theatres Corporation*, 63 F.2d 754, 756 (2d Cir. 1933) („An intention to waive right of appeal must clearly appear by the terms of the stipulation"); *United States Consolidated Seeded Raisin Co. v. Chaddock & Co.*, 173 F. 577, 579 (9th Cir. 1909).

748 Dafür z.B. *Wynfield Inns v. Edward LeRoux Group, Inc.*, 896 F.2d 483 (11th Cir. 1990); *Fidelcor Mortg. Corp. v. Insurance Co.*, 820 F.2d 367, 370 (11th Cir. 1987); *Cherokee Nation v. U. S.*, 355 F.2d 945, 949 (Ct. Cl. 1966); *Gilfillan v. McKee*, 159 U.S. 303, 312 (1895) („No waiver [...] can be implied except from conduct which is inconsistent with the claim of a right to reverse the judgment or decree, which it is sought to bring into review. „); *Embry v. Palmer*, 107 U.S. 3, 8 (1883).

749 *U.S. v. Hougham*, 364 U.S. 310 (1960) („It is a generally accepted rule of law that where a judgment is appealed [...], acceptance of payment of the amount of the unsatisfactory judgment does not, standing alone, amount to an accord and satisfaction of the entire claim."); differenzierend auch *Embry v. Palmer*, 107 U.S. 3, 8 (1883) („[N]o waiver or release of errors, operating as a bar to the further prosecution of an appeal or writ of error, can be implied, except from conduct which is inconsistent with the claim of a right to reverse the judgment or decree.").

zu werten ist (sogenannte *general waiver rule*).[750] Sie stützt sich auf Rule 46 FRCP, die in Satz 2 besagt: „Failing to object does not prejudice a party who had no opportunity to do so when the ruling or order was made". Die Umstände, die nach Ansicht des *appellant* die Einlegung des Rechtsmittels rechtfertigen, muss er bereits im *district court* vorgetragen haben, um in der Rechtsmittelinstanz nicht präkludiert zu sein. Denn dem *district court* solle stets die Möglichkeit bleiben, einen eventuellen Fehler selbst zu berichtigen.[751] Außerdem fördere die *general waiver rule* die Endgültigkeit und Prozessökonomie.[752]

Die *general waiver rule* ist jedoch nicht unproblematisch, ist es doch nicht einsichtig, warum ein Rechtsmittelverzicht strengeren Anforderungen unterliegt, wenn er im Rahmen eines Vertrages erfolgt, als wenn er das Ergebnis von „Vergesslichkeit" ist. Der *Supreme Court* wehrt sich gegen eine generelle Regelung bezüglich der Rechtzeitigkeit des Vorbringens von Einwänden und stellt die Entscheidung über das Vorliegen eines Rechtsmittelausschlusses in das Ermessen des Rechtsmittelgerichts.[753]

---

750 *Parsley*, in: *Parsley/Ebner/Barney u. a.* (Hrsg.), Strategies For Appellate Litigation, 2013, 2013 WL 574524, 2 (2013). Vgl. auch *Ortiz v. Hyatt Regency Cerromar Beach Hotel, Inc.*, 422 F.Supp.2d 336, 339 (D.P.R. 2006) („a party who fails to file any objections to the Magistrate Judge's Report and Recommendation within ten days of its filing waives his or her right to appeal from the district court's order"); *Aircraft Owners and Pilots Ass'n v. Hinson*, 102 F.3d 1421, 1428 (7th Cir. 1996) („[defendants] did not object in the district court within ten days and therefore have waived the right to appeal"); *Porterco, Inc. v. Igloo Products Corp.*, 955 F.2d 1164 (8th Cir. 1992) („it was incumbent upon [defendant] to call the court's attention to any incipient error. [Defendant] made no specific, relevant objection to the District Court's decision [...], and has therefore waived appellate review of the District Court's ruling.").

751 *Parsley*, in: *Parsley/Ebner/Barney u. a.* (Hrsg.), Strategies For Appellate Litigation, 2013, 2013 WL 574524, 2 (2013).

752 *Parsley*, in: *Parsley/Ebner/Barney u. a.* (Hrsg.), Strategies For Appellate Litigation, 2013, 2013 WL 574524, 3 (2013).

753 *Singleton v. Wulff*, 428 U.S. 106, 121 (1976): „The matter of what questions may be taken up and resolved for the first time on appeal is one left primarily to the discretion of the courts of appeals, to be exercised on the facts of individual cases. We announce no general rule. Certainly there are circumstances in which a federal appellate court is justified in resolving an issue not passed on below, as where the proper resolution is beyond any doubt, see Turner v. City of Memphis, 369 U.S. 350, 82 S.Ct. 805, 7 L.Ed.2d 762 (1962), or where 'injustice might otherwise result'".

c. *Vereinbarung einer Gegenleistung*

Ferner ist das Vorliegen einer Gegenleistung für den Rechtsmittelausschlussvertrag erforderlich.[754] Ein „geschenkter" Rechtsmittelausschluss ist unwirksam.[755] Die Gegenleistung muss angemessen,[756] wirksam und rechtlich relevant sein.[757] Was angemessen ist, wird bisher nicht zufriedenstellend beantwortet und obliegt letztlich der Einschätzung des jeweiligen Richters. Der *Court of Appeals for the Ninth Circuit* etwa stellt das kaum hilfreiche Kriterium auf, wonach der Umstand, dass eine Klage durch einen Rechtsmittelausschluss insgesamt „less expensive and time consuming" sei, als „Gegenleistung" ausreichend sein soll.[758] Der *Court of Appeals for the Federal Circuit* wiederum meint, dass die Vereinbarung selbst im Einzelfall ausreichen könne, denn die verzichtende Partei „obtain[s] a substantial benefit from the agreement", etwa indem sie ihren Arbeitsplatz behalte.[759] Da ein *last chance agreement* als Alternative zur Kündigung eingesetzt wird, stellt in diesen Fallgruppen durchweg das Behaltendürfen des Arbeitsplatzes die geforderte Gegenleistung dar.

Zur rechtlichen Wirksamkeit und Relevanz der Gegenleistung ist erforderlich, dass der Gegenleistungsschuldner (oder ein Dritter) einen Nachteil wirtschaftlicher, rechtlicher oder sonstiger Art erleidet und der Gegenleistungsempfänger daraus entsprechend einen Vorteil zieht.[760] Der Vor- bzw. Nachteil muss überdies ausgehandelt sein und darf nicht in der Vergangenheit liegen.[761]

6. *Beweislast*

Nach einer in Rechtsprechung und Literatur weit vertretenen Ansicht besteht eine materiell-rechtliche Vermutung für die Wirksamkeit des

---

754 *Bell v. United States*, 9 F.2d 820, 821 (9th Cir. 1925), in dem es sich zwar um einen strafrechtlichen Fall handelte, der jedoch auf den Zivilprozess Bezug nimmt („even there [in a civil action] the waiver must be supported by an adequate consideration").

755 *Calamari/Perillo*, Contracts, 15 (5th ed. 2010) („Gratuitous promises – promises not supported by consideration – are not enforced").

756 *Bell v. United States*, 9 F.2d 820, 821 (9th Cir. 1925).

757 *United States Consolidated Seeded Raisin Co. v. Chaddock & Co.*, 173 F. 577, 579 (9th Cir. 1909).

758 *Acton v. Merle Norman Cosmetics, Inc.*, 163 F.3d 605 (9th Cir. 1998).

759 *McCall v. U.S. Postal Service*, 839 F.2d 664, 667 (Fed. Cir. 1988) („That McCall obtained a substantial benefit from the agreement is plain: he retained his employment and was given an opportunity to demonstrate satisfactory attendance and performance.").

760 *Calamari/Perillo*, Contracts, 15.

761 *Calamari/Perillo*, Contracts, 16.

Rechtsmittelausschlusses.[762] Damit muss derjenige, der sie bestreitet, darlegen, warum der Verzichtsvertrag nicht „*knowing [and] voluntary*" zustande gekommen sein soll[763] oder ob und warum er gegen *public policy* verstoßen soll. Dies entspricht auch der *general waiver rule* für den einseitigen, konkludenten Verzicht in Folge der verspäteten Geltendmachung eines Einwandes. Auch in der speziellen Fallgruppe der *last chance agreements* trägt der Arbeitnehmer, der sich auf die Unwirksamkeit des Verzichtes beruft, die Darlegungs- und Beweislast.[764] Er muss anführen, dass er das *last chance agreement* nicht verletzt hat,[765] dass er es nicht *voluntarily and knowingly* geschlossen hat, oder dass der Arbeitgeber die Vereinbarung verletzt hat.[766] Bezüglich Letzterem besteht wiederum die Vermutung, dass der Arbeitgeber den Vertrag nicht verletzt, sondern in gutem Glauben (*good faith*) gehandelt hat.[767]

Nach *Paulson* soll es genau umgekehrt liegen: Aus dem Erfordernis eines expliziten Rechtsmittelausschlusses folge eine Vermutung gegen dessen Wirksamkeit.[768] Was in der Tat problematisch ist und jedenfalls für das Erfordernis eines expliziten und eindeutigen Verzichtes spricht, ist, dass Rechtsmittelausschlussvereinbarungen bisweilen auch als Gerichtsstands- oder Juryausschlussklauseln interpretiert werden können.[769] Lautet eine Vereinbarung etwa auf

---

762 *Payne v. S.S. Tropic Breeze*, 423 F.2d 236, 438 (1st Cir. 1970); *U.S. v. Beras*, 571 Fed.Appx. 68, 69 (2d Cir. 2014); *U.S. v. Gomez-Perez*, 215 F.3d 315, 319 (2d Cir. 2000) („presumption of the enforceability of a waiver [of appellate rights]"); in die Richtung: *MACTEC, Inc. v. Gorelick*, 427 F.3d 821, 830 (10th Cir. 2005) („courts routinely enforce agreements that waive the right to appellate review over district court decisions").

763 *U.S. v. Gomez-Perez*, 215 F.3d 315, 319 (2d Cir. 2000) („[if] defense counsel […] contest[s] the validity of the waiver then she is responsible for submitting a brief […] that addresses […]: (1) whether defendant's […] waiver of appellate rights were knowing, voluntary, and competent"). In dem Fall handelte es sich zwar um einen strafrechtlichen Rechtsmittelausschluss. Die Anforderungen an einen solchen sind indes weitaus strenger, sodass die materiell-rechtliche Vermutung der Wirksamkeit des Rechtsmittelausschlusses erst recht im Zivilprozess gilt, vgl. auch *Bell v. United States*, 9 F.2d 820, 821 (9th Cir. 1925) („even there").

764 *Baker v. Department of Transp.*, 418 F.3d 1369 (Fed. Cir. 2005).

765 *Baker v. Department of Transp.*, 418 F.3d 1369, 1378 (2005); *Gilbert v. Department of Justice*, 334 F.3d 1065, 1070 (Fed. Cir. 2003).

766 *Williams v. U.S. Postal Service*, 58 Fed. Appx. 469 (Fed. Cir. 2003); *Link v. Department of Treasury*, 51 F.3d 1577, 1581 (Fed. Cir. 1995).

767 *Strothers v. U.S. Postal Service*, 167 Fed.Appx. 211 (Fed. Cir. 2006).

768 *Paulson*, 45 Ariz. St. L.J. 471, 495 (2013).

769 *Paulson*, 45 Ariz. St. L.J. 471, 495 (2013); vgl. auch die „Umdeutung" der als solchen zunächst interpretierten Rechtsmittelausschlussklausel in *Vargo v. Mangus*, 94 Fed.

„exclusive jurisdiction to decide any and all issues" ist damit nicht zwingend ein Rechtsmittelausschluss gemeint.[770]

Der *Supreme Court* hat bislang offengelassen, wer bei Vorliegen eines vertraglich ausgehandelten Rechtsmittelausschlusses die Darlegungs- und Beweislast trägt.

7. Unbeachtlichkeit im Einzelfall

a. Infolge Ausübung richterlichen Ermessens

Im Einzelfall steht den Richtern Ermessen zu, einen Rechtsmittelverzichtsvertrag als unbeachtlich zu behandeln.[771] Die amerikanische Literatur spricht von einem *safety valve of plain-error review*.[772] Zum einen betrifft das Fälle der Präklusion. Wenn etwa eine Partei anwaltlich nicht vertreten ist, ist sie zur Vermeidung von *„manifest injustice"* nur dann von der Anrufung des Rechtsmittelgerichtes präkludiert, wenn sie erstinstanzlich explizit auf diese Rechtsfolge aufmerksam gemacht worden ist,[773] wobei dies nicht von allen Gerichten befolgt wird.[774] Auch in anderen Fällen des impliziten Rechtsmittelausschlusses kann *the interest of justice* eine Ausnahme rechtfertigen.[775]

Appx. 941, 942 (3d Cir. 2004) („Other conditions were also attached to the agreement: [...] waiver of the right to appeal [...]").

770 So auch *U.S. v. International Broth. of Teamsters*, 905 F.2d 610, 615 (2d Cir. 1990) („the phrase 'exclusive jurisdiction' does not unambiguously exclude appellate review. Appellants argue [and the court agrees] that paragraph 16 was merely intended as a provision on venue").

771 *Paulson*, 45 Ariz. St. L.J. 471, 496 (2013).

772 *Davis/Hershkoff*, 53 Yale L. & Pol'y Rev. 507, 563 (2011); Verweis auf *Edwards/Elliott*, Federal Courts Standards of Review: Appellate Court Review of District Court Decisions and Agency Actions 55–56 (2007).

773 *Snyder v. Snyder*, 139 F.3d 912 (10th Cir. 1998); *Fottler v. U.S.*, 73 F.3d 1064, 1065 (10th Cir. 2008); *Gensler*, 1 Federal Rules of Civil Procedure, Rules and Commentary Rule 72.

774 *Pickens v. U.S. Dept. of Justice*, 479 Fed. Appx. 460 (4th Cir. 2012); *Hall v. Warden, Lebanon Correctional Inst.*, 662 F.3d 745, 752 (6th Cir. 2012); *Carson v. Hudson*, 421 Fed. Appx. 560, 565 (6th Cir. 2011); *El Bey v. Roop*, 530 F.3d 407, 412 (6th Cir. 2008).

775 *Tumminaro v. Astrue*, 671 F.3d 629, 633 (7th Cir. 2011); *Alspaugh v. McConnell*, 643 F.3d 162, 166 (6th Cir. 2011) („we have previously held pro se 'pleadings are held to a less stringent standard than those prepared by an attorney.' Urbina v. Thoms, 270 F.3d 292, 295 (6th Cir.2001). Further, the untimely nature of [plaintiff's] objections does not bar his appeal, because '[we] may excuse the default in the interest of justice,' Kent v. Johnson, 821 F.2d 1220, 1223 (6th Cir.1987)"); *Caidor v. Onondaga County*, 517 F.3d 601, 604 (2d Cir. 2008) (bei Fehlen anwaltlicher Vertretung und unterbleiben eines

Insbesondere Verzichtsverträge, die vor Erlass des erstinstanzlichen Urteils geschlossen wurden, erfordern die Möglichkeit einer Korrektur im Einzelfall, wie ein Richter am *Supreme Court* in Utah feststellte:

„It is not to be doubted that after a judgment has been rendered by a court adjudicating the rights of the parties, so that each party knows what his rights and obligations are, they may then agree to abide thereby, and not to take an appeal. This is simply tantamount to settling the lawsuit at that point. […] The real difficulty is confronted when, before the particular grievance has arisen, and the parties don't even know what it is, or is going to be, the agreement states they will not seek redress therefrom in court.
The right and some viable means of seeking redress of grievances is essential to a free and orderly society, which the judicial branch of our government and its courts were established to implement.[…]
Where parties have agreed to abide by a decision of a court before they even know what it is, or will be, it is certainly within the realm of possibility that a court might render a judgment so totally incongruous to their rights, or the remedy sought, that it would be intolerable to either, or both of them, for that matter. There surely should be some safety valve to correct such a situation and this would be the right of appeal.“[776]

Im Rahmen der Überprüfung von Schiedssprüchen hat das *Court of Appeals for the Second Circuit* generell festgestellt, dass staatliche Gerichte nicht lediglich „Absegnungsbehörde“ seien („federal courts are not rubber stamps“) und dass Gerichte an entsprechende Parteivereinbarungen nicht gebunden seien, wenn diese zur Unanfechtbarkeit von parteiischen, korrupten, oder an grundsätzlichen Verfahrensfehlern leidenden Entscheidungen führen würden.[777]

---

expliziten Hinweises auf die Rechtsfolgen verspäteter Einwände); *Morales-Fernandez v. I.N.S.*, 418 F.3d 1116, 1122 (10th Cir. 2005) (besonderer Schutz anwaltlich nicht vertretener Kläger; *plain error review* auch trotz Verzicht); *Miles v. Barnhart*, 374 F.3d 694, 698 (8th Cir. 2004); *Wells v. Shriners Hosp.*, 109 F.3d 198, 200 (4th Cir. 1997); *U.S. v. One Parcel of Real Property, With Buildings, Appurtenances, Improvements, and Contents, Known as: 2121 East 30th Street, Tulsa, Oklahoma*, 73 F.3d 1057, 1060 (10th Cir. 1996) (*general waiver rule* gelte zwar, könne aber im Interesse von Gerechtigkeit und Fairness außer Acht gelassen werden); *Douglass v. United Services Auto. Ass'n*, 79 F.3d 1415, 1429 (5th Cir. 1996); *Resolution Trust Corp. v. Hallmark Builders, Inc.*, 996 F.2d 1144, 1149 (11th Cir. 1993); *Roldan v. Racette*, 984 F.2d 85, 89 (2d Cir. 1993) (Verzicht kann im Interesse der Gerechtigkeit außer Acht gelassen werden); *Video Views, Inc. v. Studio 21, Ltd.*, 797 F.2d 538, 540 (7th Cir. 1986) (*general waiver rule* kann im Interesse der Gerechtigkeit außer Acht gelassen werden).

776 *C. G. Horman Co. v. Lloyd*, 28 Utah 2d 112, 117 (Utah 1972).

777 *Hoeft v. MVL Group, Inc.*, 343 F.3d 57, 64 (2d Cir. 2003). Die Entscheidung wurde nunmehr aus anderem Grunde verworfen.

b. Infolge „Widerrufs" durch die Parteien selbst

Die Parteien können einen Verzicht „widerrufen" – im amerikanischen Fallrecht wird das als *waiver of a waiver* bezeichnet. Während eine Willenserklärung unter Abwesenden nach deutschem Verständnis grundsätzlich nur bis zu ihrem Zugang beim Erklärungsempfänger widerrufen werden kann, § 130 I 2 BGB, ist der „Widerruf" im Fall *Hunt v. DaVita, Inc.* nach Wirksamwerden der Verzichtserklärung erfolgt. Weiteres Fallrecht zu den Voraussetzungen des Widerrufs eines Verzichts findet sich nicht. Es scheint jedoch, als folgten die Richter einer einzelfallbezogenen Gerechtigkeitsabwägung („is subject to a limited equitable exception when waiver would otherwise defeat the ends of justice").[778] Aus dem Grundsatz der Parteiautonomie lässt sich jedenfalls allgemein folgern, dass beide Parteien übereinstimmend einen Verzichtsvertrag für unwirksam erklären können.

---

778 *Hunt v. DaVita, Inc.*, 680 F.3d 775, 780 (7th Cir. 2012) („waived the waiver").

4. Kapitel Prozessverträge und Interessenausgleich

A. Ausgleich widerstreitender Interessen *de lege lata* und *de lege ferenda*

Der „legitime Einsatzbereich“ von Prozessverträgen bestimmt sich zum einen nach der Disponibilität eines Rechts und ferner nach dessen Dispositivität.[779] Die Disponibilität sagt etwas darüber aus, ob ein prozessuales Recht oder eine prozessuale Pflicht den Vertrags- und Prozessparteien überhaupt zusteht.[780] Die Dispositivität eines Rechtes ist nur gegeben, wenn eine Norm eine Ermächtigung zur Abweichung enthält und ist jedenfalls bei Vorliegen absolut zu schützender Interessen zu verneinen.[781]

Zwar könnte man annehmen, dass ein Prozessvertrag immer nur die prozessualen Rechte und Pflichten der Parteien selbst betreffe und daher nur deren Interessen in Einklang zu bringen seien.[782] Diese Annahme lässt sich bei näherer Untersuchung jedoch nicht validieren. Jeder Prozessvertrag hat über die Rechtsbeziehungen der kontrahierenden Parteien hinausgehende Wirkungen. Durch Prozessverträge können die der Streitigkeit zugrunde liegenden Prozessnormen geändert oder abbedungen werden.[783] Durch die gerichtliche Validierung von Prozessverträgen wird zudem neues Recht in Form von Fallrecht geschaffen.[784] Die privatautonome Einflussnahme auf geltendes Recht wirft damit Legitimitätsfragen auf, da das geltende Prozessrecht die Basis für die staatliche Findung gerechter Lösungen in den Grenzen einer effizienten Nutzung öffentlicher Ressourcen bildet. Daneben muss der Staat auch am Verfahren unbeteiligte Dritte schützen. Auch die Interessen der Öffentlichkeit an einer sparsamen Nutzung

---

779 *Wagner*, Prozeßverträge, 1998, S. 125.

780 *Ebd.*

781 *Ebd.*

782 *Strong*, 39 Brooklyn J. Int'l L. 1027, 1061 (2014).

783 *Kapeliuk/Klement*, 91 Tex. L. Rev. 1475, 1477 (2013): Jede von den Vertrags- und Prozessparteien vertraglich intendierte Abweichung vom geltenden Prozessrecht ändert zu einem gewissen Teil auch das geltende Recht.

784 *Kapeliuk/Klement*, 91 Tex. L. Rev. 1475, 1477 (2013): Jede von den Vertrags- und Prozessparteien vertraglich intendierte Abweichung vom geltenden Prozessrecht ändert zu einem gewissen Teil auch das geltende Recht. *Bone*, 90 Tex. L. Rev. 1329, 1338 (2012); *Taylor/Cliffe*, 35 U. Rich. L. Rev. 1085, 1101 (2002).

gerichtlicher Ressourcen, einer transparenten Rechtsfindung und -schaffung, sowie allgemein an der Funktionsfähigkeit des Rechts sind zu berücksichtigen. Die Öffentlichkeit informiert sich über ergangene Urteile, erzielte Einigungen oder sonstige Streitbeilegungen, um daraus Rückschlüsse für ihr künftiges Handeln zu ziehen. Die Zulässigkeit und Wirksamkeit prozessualer Vereinbarungen kann daher nur unter Beachtung der widerstreitenden Interessen des Staates, der Prozessparteien selbst, der Öffentlichkeit, sowie betroffener dritter Parteien beantwortet werden, welche nachfolgend näher beleuchtet und gegeneinander abgewogen werden sollen.

I. Staatliche Interessen

1. Grundsätzliches

Während es Handelsakteuren[785] bereits seit Langem offensteht, ihre materiellen Rechtsbeziehungen zu regeln, wurden die prozessualen als ein unter staatlicher Vorherrschaft stehender Regelungsbereich aufgefasst, der der privatautonomen Einflussnahme entzogen sein sollte.[786] Die Zulassung von Prozessverträgen kann zu einer Machteinbuße der amerikanischen Rechtsetzer – Kongress und *Supreme Court* – führen, insofern durch sie privatautonom geltendes Recht geändert wird.[787] Dies wirft Legitimationsfragen auf und könnte überdies den Gerechtigkeitsauftrag des Staates gefährden. Eine Rechtsänderung im Wege privater Verträge führte nämlich zu einer Machtübergabe an die Vertragsparteien und ihre Anwälte, die der Öffentlichkeit und Dritten nicht Rechenschaft schuldig sind.[788] Jedoch ist nicht nur die Rolle des Rechtsetzers, sondern auch der Rechtsprechung infrage gestellt. Auch die Kontrolle durch eine Jury ist bei entsprechenden Ausschlussklauseln in einem Prozessvertrag gefährdet.[789] Darüber hinaus bestehen Bedenken hinsichtlich der Wahrung der Rechtseinheit.[790] Die Auseinandersetzung mit der Reichweite zulässiger Prozessverträge stößt dabei auf die

785 Gemeint sind alle Teilnehmer des Rechtsverkehrs.

786 *Hoffman*, 2014 U. Ill. L. Rev. 389, 398 (2014); *Strong*, 39 Brooklyn J. Int'l L. 1027, 1028 (2014).

787 *Kapeliuk/Klement*, 91 Tex. L. Rev. 1475, 1477 (2013); *Bone*, 90 Tex. L. Rev. 1329, 1338 (2012); *Taylor/Cliffe*, 35 U. Rich. L. Rev. 1085, 1101 (2002).

788 *Bone*, 90 Tex. L. Rev. 1329, 1338 (2012).

789 *Chuang*, S. 22.

790 *Chuang*, S. 25 und FN 118: „main goal(s) of the Federal Rules of Civil Procesdure (…) (are) to establish national uniformity in procedure".

Frage des unabdingbaren Kerns staatlicher Regelungskompetenz, die auch das Machtgefüge zwischen Bund und Einzelstaaten berührt.[791]

2. Prozessverträge als Eingriff in hoheitliche Aufgaben

a. Staatliche Hegemonie über die Setzung von Prozessrecht

Die prozessualen Rechtsbeziehungen wurden lange als ein unter staatlicher Hegemonie stehender Regelungsbereich aufgefasst.[792] Das Bild vom Prozessrecht als öffentliches Recht, das außerhalb der Reichweite privater Akteure steht, begann mit dem Aufkommen von Gerichtsstandsklauseln erstmals zu bröckeln. Der internationale Handel hatte es erforderlich gemacht, sich im Vorfeld einer Streitigkeit auf bestimmte Foren, teilweise verbunden mit Rechtswahlklauseln hinsichtlich des anwendbaren materiellen Rechts, zu einigen. Somit verabschiedeten sich amerikanische Gerichte von der bis dahin vorherrschenden *ouster doctrine*, nach der ausschließlich geltendes Recht die Gerichtszuständigkeit bestimmte.[793] Auch das Schiedsverfahren, das gemeinhin als Prototyp privatautonomer Prozessgestaltungsmöglichkeiten erachtet wird, zeigt, dass es Alternativen zur staatlichen Vormachtstellung auf dem Gebiet des Prozessrechtes gibt.

aa. Grund für die Beschränkung parteilicher Prozessautonomie

Die Prozessautonomie als prozessuale Ergänzung der Privatautonomie[794] wird vor staatlichen Gerichten begrenzt. Den Grund für die staatliche Hegemonie über das Prozessrecht sehen einige Stimmen in der Tatsache begründet, dass dem Staat ein Gerechtigkeitsauftrag obliege.[795] Das Prozessrecht sei zwingender

---

791 *Berch*, 45 McGeorge L. Rev. 635 (2014): die sachliche Gerichtszuständigkeit bestimmende *jurisdictional rules* sind demnach zwingend, während *nonjurisdictional rules* (alle sonstigen Zuständigkeitsregeln) abdingbar sind.

792 *Hoffman*, 2014 U. Ill. L. Rev. 389, 398 (2014); *Strong*, 39 Brooklyn J. Int'l L. 1027, 1028 (2014).

793 Vgl. bereits 3. Kapitel A. I.; *Taylor/Cliffe*, 35 U. Rich. L. Rev. 1085, 1092 (2002).

794 Der Begriff der Prozessautonomie (*procedural autonomy*) entstammt der Arbeit *Strong*, 39 Brooklyn J. Int'l L. 1027, 1035 (2014), vgl. bereits die Ausführungen hierzu in der Einleitung.

795 35A C.J.S. Federal Civil Procedure § 9; in diese Richtung auch *Taylor/Cliffe*, 35 U. Rich. L. Rev. 1085, 1087 (2002); *Supplies, Inc. v. Aetna Cas. & Sur. Co.*, 18 F.R.D. 226, 227 (W.D. Pa. 1995); *Surowitz v. Hilton Hotels Corp.*, 383 U.S. 363, 373 (1966); *Home Ins. Co. of New York v. Morse*, 87 U.S. 445, 451 (1874) („The regular administration of justice might be greatly impeded or interfered with by such stipulations if they were specifically enforced"); *Ray v. Morris*, 170 F.2d 498, 499 (7th Cir. 1948); *Sly v. U.S.*, 125 F.Supp. 89, 93 (E.D. Ill. 1954).

Garant von Recht und Gerechtigkeit und helfe dem Staat, seine Aufgaben angemessen zu erfüllen.[796] Das geltende Recht sei jedoch nicht nur besonders „fair", sondern zugleich auch „effizient",[797] womit es auch aus konsequentialistischer Sicht[798] dem Zivilprozess diene.[799] Die Effizienzbehauptung mag vorerst dahingestellt sein.[800]

Es fragt sich zunächst, ob der Staat seinen Gerechtigkeitsauftrag nicht erfüllen könnte, wenn den Prozessparteien weitgehende Freiheiten in der Wahl des ihrer Streitigkeit zugrunde liegenden Prozessrechts eingeräumt würden. Würde man dies bejahen, würde man die institutionelle Berechtigung des Schiedsverfahrens als Musterbeispiel weitreichender Prozessautonomie infrage stellen.[801] Es wird jedoch gemeinhin angenommen, dass der Schiedsrichter trotz Anwendung privatautonom gestalteter Verfahrensnormen gerechte Entscheidungen treffen kann.[802] Auch betont der Supreme Court, dass das Schiedsverfahren ein dem staatlichen Zivilprozess ebenbürtiges Gerichtsverfahrensmodell sei.[803] Dies ist jedoch nicht unbedenklich, besteht durch Schiedsverfahren zugleich die Gefahr, dass Streitigkeiten „im Schatten des Rechts" durch privat gewählte und bezahlte Schiedsrichter beigelegt werden.[804] Nichtsdestotrotz kann die Ausführung eines Gerechtigkeitsauftrags für sich genommen nicht der Grund für die angebliche staatliche Hegemonie über das Prozessrecht sein.[805]

Die Möglichkeit der Wahl von Prozessregeln *à la carte*, wie sie im Schiedsverfahren möglich ist, könnte jedoch gerade diesem vorbehalten sein. Tatsächlich folgern manche im Umkehrschluss zu den dort vorhandenen Möglichkeiten, dass den Parteien dieselben Handlungsoptionen vor staatlichen Gerichten

---

796 *Strong*, 39 Brooklyn J. Int'l L. 1027, 1052 (2014).

797 Rule 1 (Satz 2) FRCP: [These rules] should be construed and administered to secure the just, speedy, and inexpensive determination of every action and proceeding.

798 *Hoffman*, 2014 U. Ill. L. Rev. 389, 402 (2014): Ziel des Prozessrechts soll die Minimierung von Transaktionskosten sein, siehe dazu auch A. I. 2. b. (1).

799 *Strong*, 39 Brooklyn J. Int'l L. 1027, 1064 (2014).

800 Eine Diskussion der Frage der Effizienz und Fairness erfolgt unten, Kapitel 4. A. II. 1 a. Vgl. ferner *Strong*, 39 Brooklyn J. Int'l L. 1027 (2014); *Bone*, 90 Tex. L. Rev. 1329, 1370 (2012); *Resnik*, Procedure as Contract, 80 Notre Dame L. Rev. 593, 607 (2005).

801 *Noyes*, 30 Harv. J.L. & Pub. Pol'y 579, 620 (2007).

802 *Noyes*, 30 Harv. J.L. & Pub. Pol'y 579, 620 (2007).

803 *Mitsubishi Motors Corp. v. Soler Chrysler-Plymouth, Inc.*, 473 U.S. 614, 628 (1985); *Moses H. Cone Memorial Hosp. v. Mercury Const. Corp.*, 460 U.S. 1, 24 (1983).

804 *Richman*, Norms and Law: Putting the Horse Before the Cart, 62 Duke L.J. 739, 774 (2012).

805 *Noyes*, 30 Harv. J.L. & Pub. Pol'y 579, 620 (2007).

gerade nicht zustünden.[806] Genauso gut kann dagegen vertreten werden, dass aus der Bandbreite an prozessualer Autonomie im Schiedsverfahren ein gutes Fundament für die Entwicklung privater Prozessverträge für das Verfahren vor staatlichen Gerichten gelegt ist.[807] Aus dem Vorhandensein bestimmter Handlungsoptionen in der einen Verfahrensart folgt nicht *per se* etwas für die andere Verfahrensart. Eine unterschiedliche Behandlung kann sich allenfalls aus der unterschiedlichen Legitimation und Zielsetzung der Verfahrensarten ergeben: Das Schiedsverfahren leitet seine Legitimation sowohl hinsichtlich seiner Einrichtung als Institution, als auch seiner Auswahl als zur Entscheidung berufenes Forum im Einzelfall vom privatautonomen Willen der Vertrags- und Prozessparteien ab und dient damit vornehmlich den Parteiinteressen.[808] Doch auch aus der unterschiedlichen Legitimationsquelle des Schiedsverfahrens leitet sich nicht *per se* eine Unzulässigkeit parteilicher Prozessautonomie im staatlichen Verfahren ab.[809]

Eine Beschränkung könnte sich auch aus der Rechtsnatur des Prozessrechts ergeben. Manche argumentieren, dass Prozessrecht als öffentliches Recht im Gegensatz zum Privatrecht[810] per Definition außerhalb der Reichweite der Parteien liege. Andere gehen sogar so weit zu argumentieren, dass die Existenz weitreichender Prozessautonomie nur dann mit geltendem Recht vereinbar sei, wenn das Prozessrecht als Privatrecht uminterpretiert werden würde.[811] Diesem Gedankengang liegt die Annahme zugrunde, dass aus der öffentlich-rechtlichen Qualifikation des Prozessrechtes Einschränkungen oder gar ein Ausschluss prozessautonomer Handlungsmöglichkeiten folgten. Das aber widerspricht dem

---

806 *Hoffman*, 2014 U. Ill. L. Rev. 389, 391 (2014); *Taylor/Cliffe*, 35 U. Rich. L. Rev. 1085, 1088 (2002).

807 *Noyes*, 30 Harv. J.L. & Pub. Pol'y 579, 596 (2007); *Strong*, 39 Brooklyn J. Int'l L. 1027, 1033 (2014).

808 *Bone*, 90 Tex. L. Rev. 1329, 1386 (2012); *Moffit*, 75 Geo. Wash. L. Rev. 461, 507 (2007).

809 Sogleich aber zur Legitimationsquelle des staatlichen Zivilprozesses.

810 Prozessrecht wird üblicherweise zum materiellen Recht abgegrenzt. Allerdings ist das materielle Recht in großen Teilen ebenso öffentliches Recht, man denke nur an die Regelungen „öffentlich-rechtlicher Rechtsbeziehungen zwischen dem Staat als Steuergläubiger und dem Bürger als Steuerschuldner", das im materiellen Steuerrecht normiert ist, *Wagner*, Prozeßverträge, 1998, S. 13.

811 *Hoffman*, 2014 U. Ill. L. Rev. 389, 394 (2014); in die Richtung auch *Resnik*, 80 Notre Dame L. Rev. 593 (2005) (die öffentlich-rechtliche Dimension des Zivilprozesses entwickle sich zu einem „*new law of Civil Procedure*" fort, in dem nicht die genaue Auswertung der Tatsachen durch den Richter, sondern „*rules of bargaining*" dominieren).

Grundsatz der Parteihoheit und Prozessautonomie im stark adversarisch aufgebauten amerikanischen Zivilprozess.

Zweifellos handelt es sich beim Prozessrecht um öffentliches Recht, denn es regelt mitnichten nur die Beziehungen zwischen privaten Handelsakteuren, sondern auch die Beziehung zwischen den Prozessparteien und dem Gericht. Reicht der Kläger seine Klageschrift bei Gericht ein, entsteht ein Rechtsverhältnis zwischen ihm und dem Beklagten, das gegenseitige Rücksichtnahmepflichten und solche nach Rules 4 ff. FRCP mit sich bringt. Spätestens mit Zustellung der Klageschrift an den Beklagten entstehen Rechte und Pflichten auch in seiner Person – es entsteht ein Dreiecksrechtsverhältnis zwischen Kläger, Beklagten und Gericht, das bundesrechtlich den Bestimmungen der FRCP unterliegt. Das Gericht kann darüber hinaus mit Anhängigkeit einer Streitigkeit Pflichten gegenüber Dritten haben. Beispielsweise wurden dem Gericht mit Änderung der *class action*-Vorschriften 2003 mehr Kontrollbefugnisse eingeräumt und „Treuhänder"-Pflichten[812] auferlegt, um die Interessen abwesender *class*-Mitglieder angemessen zu schützen.[813] Nicht zuletzt dient das Prozessrecht auch öffentlichen Interessen, wie dem eingangs genannten Gerechtigkeitsauftrag sowie dem angemessenen Umgang mit öffentlichen Ressourcen.

Gerade die Betroffenheit weiterer, über die der Parteien hinausgehender, Interessen stellt den Grund für die Beschränkung parteilicher Prozessautonomie vor staatlichen Gerichten dar. Eine Änderung der Prozessregeln kann sich auf verschiedene Interessengruppen auswirken.[814] Das Problem liegt mithin in der Frage der Legitimität, über öffentliche Rechtsgüter und Interessen[815] zu verfügen:

> *„[I]t is commonplace in law-and-economics literature to characterize adjudication as a source of public goods, goods the benefits of which can be consumed by many actors without reducing the benefits of one actor. Among the most important of those public goods, although not the only, are various kinds of information that help policy makers and*

---

812 In diesem Kontext wird der Richter in der Tat als *fiduciary* bezeichnet, vgl. nur *Grunin v. International House of Pancakes*, 513 F.2d 114 (8th Cir. 1975); *Ehrheart v. Verizon Wireless*, 609 F.3d 590 (3rd Cir. 2010); *In re Joint Eastern and Southern Dist. Asbestos Litigation*, 129 B.R. 710 (E.D. & S.D. N.Y 1991).

813 *Resnik*, 80 Notre Dame L. Rev. 593, 640 (2005).

814 *Wigmore* (Hrsg.), Evidence in Trials at Common Law, 1983, § 8, S. 605: „It is arguable that the proceedings in courts are not there solely for the convenience of the parties and that it is important for social reasons to maintain the solemnity and dignity of judicial proceedings regardless of the wishes of the parties".

815 Im Folgenden Zitat sind „öffentliche Interessen" weit zu verstehen und bilden den Gegensatz zu den privaten Interessen der Prozessparteien.

members of the general public identify and respond to social problems. The practice of contracting for procedure can be conceptualized, therefore, as contracting over the production of public goods that play a critical role in shaping public policy, encouraging social trust, and supporting social values."[816]

Woher sollten die Prozessparteien die Legitimation für eine Änderung, die möglicherweise zulasten einer anderen Interessengruppe ginge, nehmen? Ein Vertrag zulasten Dritter ist mit deren Privatautonomie unvereinbar – es gibt keinen Grund, warum Dritte, die aus einer Vereinbarung keinerlei Vorteile ziehen, durch diese rechtlich gebunden sein sollen, bloß, weil die Vertragsparteien dies wollen. Eine Änderung des Prozessrechts würde vornehmlich über die Anwälte der Prozessparteien, die entsprechende Klauseln ausarbeiten und verhandeln, zustande kommen. Anwälte sind aber nur Ihren Mandanten Rechenschaft pflichtig – nicht der Öffentlichkeit, nicht dem Staat, und auch nicht dritten Personen.[817] Sie können und müssen teilweise aufgrund von Verschwiegenheitsverpflichtungen gegenüber dem Mandanten Verträge unter Verschluss halten, während den Staat auch eine Pflicht zur transparenten Rechtsetzung trifft.[818] Daher ist es sinnvoll, dass grundsätzlich der demokratisch legitimierten Legislative und der von ihr eingesetzten „Rechtsetzungskörper"[819] die Normhoheit über das Prozessrecht zukommt. Zugleich lässt sich die Bewahrung bestimmter Interessen durch die Formulierung einzelner Prozessregeln als zwingendes Recht sicherstellen, dazu sogleich unter cc.

---

816 *Davis/Hershkoff*, 53 Yale L. & Pol'y Rev. 507, 513 (2011); In diese Richtung auch *Resnik*, 80 Notre Dame L. Rev. 593, 597 (2005) („adjudication as a form of 'social ordering'") sowie *Moffit*, 75 Geo. Wash. L. Rev. 461, 506 (2007) („litigation […] as a public good").

817 *Taylor/Cliffe*, 35 U. Rich. L. Rev. 1085, 1100 (2002); *Davis/Hershkoff*, 53 Yale L. & Pol'y Rev. 507, 533 (2011). Dies gilt freilich auch nicht uneingeschränkt, auch Anwälte können nicht alles tun, nur, weil der Mandant es verlangt. Es soll hier jedoch nur um die grundsätzliche Abgrenzung gehen.

818 Gesetze und Entscheidungen sind nicht nur nach ihrem Erlass zu veröffentlichen, auch der Weg dorthin muss für die Öffentlichkeit nachvollziehbar sein. Gesetze werden der Öffentlichkeit zur Stellungnahme vor Erlass vorgelegt, vgl. für das Gesetzgebungsverfahren die Darstellung bei *Taylor/Cliffe*, 35 U. Rich. L. Rev. 1085, 1100 (2002). Selbst *local rules* eines Gerichtes haben dieses Prozedere zu befolgen, vgl. etwa Rule 83(a) (1) (Satz 3) FRCP. Gerichtsverhandlungen sind öffentlich.

819 Dazu sogleich unter bb.

bb. Delegation hoheitlicher Rechtsetzungsbefugnis

Das amerikanische Bundesprozessrecht ist nicht „unantastbar". Unbestritten hat der US-Kongress seine Rechtsetzungsbefugnisse delegiert, darunter auch an private Interessenvertreter. Zunächst hat er den *Supreme Court* zum Erlass des Bundesprozessrechts ermächtigt.[820] Das Verfließen klarer Grenzen zwischen Legislative und Judikative war allerdings bereits für den Erlass „fairer prozessualer Regelungen" bedenklich,[821] worunter vor allem das Ansehen der Gerichte gelitten hat, denen eigennütziger Aktivismus vorgeworfen wird.[822] Nichtsdestotrotz wird dem *Supreme Court* von manchen Literaturstimmen mehr Unabhängigkeit von Lobbygruppen beim Erlass des Prozessrechts zugetraut als dem Kongress.[823]

Der *Supreme Court* wiederum hat die Ausarbeitung von Vorschlägen zur Fassung des Bundesprozessrechts der *Judicial Conference* anvertraut. Für Letztere arbeitet im Bereich des Prozessrechts ein *Advisory Committee*, das, so heißt es auf der offiziellen Website der *Judicial Conference*, auch aus privaten Interessenvertretern wie Anwälten und Professoren[824] zusammengesetzt

---

820 28 USC § 2072 (Rules Enabling Act).

821 *Taylor/Cliffe*, 35 U. Rich. L. Rev. 1085, 1098 (2002); *Geyh*, Paradise Lost, Paradigm Found: Redefining the Judiciary's Imperiled Role in Congress, 71 N.Y.U. L. Rev. 1165, 1165 (1996); vgl. auch A. 2. A. (3).

822 *Friedenthal*, The Rulemaking Power of the Supreme Court: A Contemporary Crisis, 27 Stan. L. Rev. 673, 673 (1975): „If judges or court personnel desire specific reforms [to the rules of civil procedure], they may be forced to assume the role of partisan lobbyists and engage in political infighting – which should be avoided if courts are to remain, and appear to the public to remain, independent and objective arbiters".

823 *Friedenthal*, 27 Stan. L. Rev. 673, 674 (1975). Dem Kongress selbst wird stets der Vorwurf des Handelns für bestimmte Interessengruppen gemacht. „[T]he legislature by definition is open to the lobbying of special interest groups. If Congress manages to approve any changes, revisions may be possible only through political compromise. Consequently, proposed changes may not be effective or even the best solution to a perceived procedural problem", *Terry*, A Critical Analysis of the Formulation and Content of the 1993 Amendments to the Federal Rules of Civil Procedure, 63 U. Cin. L. Rev. 869, 889 (1995); *Friedenthal*, 27 Stan. L. Rev. 673, 673 (1975): „[L]egislators, even when sensitive to the need for reform, are often influenced by special interest lobbyists, including members of various elements of the bar itself. Such lobbyists may pressure legislators to alter crucial parts of a proposed reform bill, thereby limiting or destroying its overall effectiveness".

824 Man mag bestreiten, dass ein Professor Interessenvertreter ist. Der Begriff ist jedoch für die vorliegende Argumentation weit zu verstehen, und kann sich auf die Interessen der Studenten, der Universität, sowie allgemein der Öffentlichkeit beziehen.

ist.[825] Während das *Rules Committee* durch seine hochkarätige Besetzung[826] zwar generell hohes Ansehen genießt, wird auch ihm der „Vorwurf“[827] der Beeinflussung durch Lobbygruppen gemacht. Insbesondere der von der American Bar Association ausgeübte Druck wird als für das Prozessrecht bzw. die dahinterstehenden Interessen nachteilig empfunden.[828]

Ferner wurde durch die FRCP auch der Ermessensspielraum des Richters erheblich gestärkt.[829] Die Regeln sollen bewusst „flexibel“ und „wenig formalistisch“ gehalten sein, wodurch auch der Richter das anwendbare Verfahrensrecht zu einem gewissen Grad den Besonderheiten des Einzelfalles anpassen kann und so die Weiterentwicklung des Rechts auch in seinen Händen liegt.[830]

Zuletzt seien auch die in den FRCP selbst enthaltenen Ermächtigungen zur Änderung des einer Streitigkeit zugrunde liegenden Prozessrechts genannt. Beispielsweise ermächtigt Rule 29 FRCP die Parteien explizit, das *discovery*-Verfahren abzuändern.[831] Diese Regelung wurde 1970 und 1993 ausgeweitet, um den Prozessparteien mehr Spielraum für die Ausgestaltung der *discovery* einzuräumen.[832]

Mithin ist ein Teil der Gesetzgebungsgewalt ohnehin nicht beim Kongress konzentriert, sondern zum einen an den *Supreme Court* und unter diesem stehende Gerichte, zum anderen Teil an private Interessengruppen und -vertreter

---

825 http://www.uscourts.gov/rules-policies/about-rulemaking-process/committee-membership-selection (zuletzt abgerufen am 9. Oktober 2017).

826 Vgl. nur die aktuelle Besetzung für das Zivilprozessrecht unter http://www.uscourts.gov/rules-policies/about-rulemaking-process/committee-membership-selection (zuletzt abgerufen am 9. Oktober 2017).

827 Oder sollte man sagen, das „Kompliment“ der engen Kooperation mit Lobbygruppen gemacht; siehe auch *Terry*, 63 U. Cin. L. Rev. 869, 890 (1995), der dem Lobbyismus auf Seiten des *Rules Committee* als positive Entwicklung beurteilt, weil er in der engen Zusammenarbeit einen konstruktiven Gegenpol zum Kongress sieht.

828 *Adams*, The Conflicts of Jurisdictions – an Economic Analysis of Pre-Trial Discovery, Fact Gathering and Cost Shifting Rules in the United States and Germany, 3 European Review of Private Law 53 (1995).

829 *Bone*, 90 Tex. L. Rev. 1329, 1371 (2012); *Bone*, Who Decides? A Critical Look at Procedural Discretion, 28 Colum. J. Transnat'l L. 1961, 1967 (2007); *Resnik*, 80 Notre Dame L. Rev. 593, 601 (2005).

830 *Resnik*, 80 Notre Dame L. Rev. 593, 601 (2005); *Bone*, 28 Colum. J. Transnat'l L. 1961, 1967 (2007).

831 Rule 29 FRCP: „[T]he parties may stipulate […] procedures governing or limiting discovery“; im Detail hierzu 3. Kapitel B. II.

832 *Taylor/Cliffe*, 35 U. Rich. L. Rev. 1085, 1109 (2002).

abgegeben.[833] Damit können Teile des Verfahrensrechts als Vorschlag aufgefasst werden, den die Prozessparteien in Ermangelung einer abweichenden Regelung annehmen.[834] Gleichwohl muss es, aufgrund der oben getroffenen Feststellung, dass das Prozessrecht vielen Interessen dient und die effektive und gerechte Durchsetzung materiellen Rechts sicherstellen muss, auch zwingende prozessuale Regelungen geben.

cc. Unterscheidung zwischen zwingendem und abdingbarem Prozessrecht

Der Staat hat mithin grundsätzlich die Befugnis, aber auch die Aufgabe, über das Prozessrecht zu wachen. Es liegt damit auch an ihm, die Abdingbarkeit bestimmter Normen zu bestimmen.[835] Um eine Differenzierung zwischen zwingendem sowie abdingbaren Recht vorzunehmen, hat *Wagner* für das deutsche Recht in Weiterentwicklung *Bülows* Ideen[836] vorgeschlagen, zwischen drei Kategorien von Normen zu unterscheiden:[837] Als zwingendes Recht definiert er all jene Normen, die „absolut zu schützenden Interessen" dienen.[838] Eine dispositive Norm wiederum erkennt man an ihrer zweiteiligen Zusammensetzung: Sie enthält einen Ermächtigungstatbestand, sowie eine subsidiäre, um die amerikanisch-rechtliche Terminologie zu verwenden, *default*-Bestimmung,[839] die in Ermangelung einer Inanspruchnahme der Ermächtigung zum Erlass abweichender Regelungen greift.[840] Da nicht jede Ermächtigungsnorm mit einer solchen subsidiären Regelung gepaart ist, bedarf es zuletzt noch einer dritten Kategorie, der der bloßen Ermächtigungsnormen, oder, wie *Wagner* sie nennt, „freistellenden Normen".[841] Diese enthalten eine „bloße Ermächtigung zum eigenverantwortlichen Handeln", ohne subsidiäre Regelung.[842]

---

833 *Adams*, 3 European Review of Private Law 53 (1995).

834 *Strong*, 39 Brooklyn J. Int'l L. 1027, 1030 (2014).

835 *Wagner*, Prozeßverträge, 1998, S. 54 („Autonomie des einzelnen [...] als von staatlicher Seite eingeräumter Handlungsspielraum") unter Verweis (Fn. 42) auf *Bülow*, Dispositives Civilprozeßrecht und die verbindliche Kraft der Rechtsordnung, AcP 64, 1, 92.

836 *Bülow* AcP 64, 1.

837 *Wagner*, Prozeßverträge, 1998, S. 52.

838 *Wagner*, Prozeßverträge, 1998, S. 56.

839 Vgl. etwa *Hoffman*, 2014 U. Ill. L. Rev. 389, 395 (2014); *Noyes*, 30 Harv. J.L. & Pub. Pol'y 579, 620 (2007); *Strong*, 39 Brooklyn J. Int'l L. 1027, 1053 (2014).

840 *Wagner*, Prozeßverträge, 1998, S. 55.

841 Ebd.

842 *Wagner*, Prozeßverträge, 1998, S. 56.

Die gefundenen Kategorien sind gedanklich auf das amerikanische Zivilprozessrecht übertragbar. Die *subject matter jurisdiction*, Art. III Abs. 2 Unterabschnitt 1 der US-Verfassung, kann parteilich nicht abgeändert werden.[843] Die *subject matter jurisdiction* schützt die Kompetenzverteilung zwischen Bund und Ländern, welche weniger aus Sorge um eine Ausdehnung des Machtbereichs der Judikative zwingend,[844] jedoch fundamental für die vertikale Gewaltenteilung zwischen Bund und Einzelstaaten ist. Die im ständigen Spannungsverhältnis stehende Machtaufteilung zwischen den beiden Körperschaften berührt die Grundlagen des amerikanischen Staates,[845] woraus sich ihr zwingender Charakter erklärt. Darüber hinaus berührt die *subject matter jurisdiction* auch politische Kompetenzen des Kongresses: Dieser hat das Erfordernis von *full diversity* aufgestellt, welches ebenfalls nicht auf *minimal diversity* herabgesenkt werden kann.[846]

Rule 29 FRCP ist ein Beispiel für eine dispositive Gesetzesregelung. Sie enthält eine Ermächtigung der Parteien, die *discovery*-Regeln in den dort bestimmten Grenzen abzuändern. Machen die Prozessparteien hiervon keinen Gebrauch, greifen die Regelungen von Rule 26 ff. FRCP als *default*-Prozessrecht.

Das vorliegend ebenfalls untersuchte Recht, Rechtsmittel einzulegen, fällt in die dritte Kategorie, denn es ermächtigt lediglich zur Ausübung, hält aber nicht gleichzeitig subsidiäre Regeln bereit.[847] Üben die Parteien das Recht zur Rechtsmitteleinlegung nicht aus, passiert schlicht gar nichts.

dd. Verletzung des Gewaltenteilungsgrundsatzes durch die gerichtliche Validierung von Prozessverträgen?

Ein teilweise vertretener Einwand gegen die Zulässigkeit von Prozessverträgen ist die Verletzung des Gewaltenteilungsprinzips. Es stehe nicht in der Macht des *Supreme Court* und erst recht nicht der unter ihm stehenden Gerichte, Prozessverträge zu validieren, da die resultierende Rechtsänderung in die Kompetenzen

---

843 *Moffit*, 75 Geo. Wash. L. Rev. 461, 503 (2007); dies folgt, wie im 1. Kapitel unter B. I. 1. dargelegt, auch im Umkehrschluss aus der Verweisung von Rule 12(h)(1) FRCP auf die *waivable defenses* in Rule 12(b)(2)-(5) FRCP folgt, bei der Rule 12(b)(1) FRCP, die *subject matter jurisdiction*, explizit ausgenommen ist.

844 Vergleiche dazu bereits 1. Kapitel B. I. 1.

845 Das zwischen ihnen mühsam austarierte Machtverhältnis droht jederzeit neuer Streitpunkt zu sein, was alleine die Komplexität der Diskussionen um *Erie* und post-*Erie* Entscheidungen zeigt, vgl. bereits 1. Kapitel A. III. und B. I. 1.

846 Vergleiche bereits Kapitel 1. A. I. und B. I. 1.

847 So auch im deutschen Recht, vgl. *Wagner*, Prozeßverträge, 1998, S. 56.

der Legislative eingreife.[848] Der *Supreme Court* dürfe die vom Kongress durch den Rules Enabling Act übertragenen Kompetenzen nur ausüben, um selbst „general rules of practice and procedure“ (28 USC § 2072(a)) zu erlassen, nicht aber, um diese an Anwälte privater Parteien weiter zu reichen.[849] Genauso wenig wie Gerichte ihren Kompetenzbereich ohne Ermächtigung durch den Kongress ausweiten könnten, könnten sie beschließen, ihre Kompetenzen nicht auszuüben.[850] Eine Validierung von Prozessverträgen führe zudem zu einer Umgehung des Rechtsetzungsprozesses, insbesondere der öffentlichen Vorlage der intendierten Rechtsänderungen, um der Öffentlichkeit die Möglichkeit der Stellungnahme zu ermöglichen.[851]

In eine ähnliche Richtung gehen die Überlegungen *Bones*, der vor allem die Normenhierarchie in Gefahr sieht.[852] Nach dieser müssen stets die im Rang tiefer stehenden Normen mit den darüberstehenden im Einklang sein. Eine Rechtsänderung durch den Kongress oder den *Supreme Court* muss die Normenhierarchie respektieren und einhalten. Die Prozessparteien jedoch wären nach seiner Ansicht an diese Regelungen nicht gebunden.[853]

Dieser Kritik ist zunächst entgegen zu halten, dass ohnehin bereits eine Vielzahl von Interessengruppen an der Formung des Prozessrechts beteiligt ist.[854] Zudem ist das Prozessrecht, wie noch dargelegt wird, weder so „einheitlich“,[855] noch so „effizient“ und im Einzelfall „gerecht“,[856] wie gemeinhin angenommen. Außerdem wird durch gerichtliche Validierung eines Prozessvertrages keine abstrakt-generelle Regelung gesetzt. Es entsteht „lediglich“ neues Fallrecht, welches ganz unten in der Normpyramide einzuordnen ist. Dieses ist ohnehin von Einzelfall zu Einzelfall aufgrund der jeweiligen Besonderheiten unterschiedlich und allgemeine Prinzipien lassen sich aus ihm nur durch weitgehende Abstraktion von jenen sachverhaltsspezifischen Details und anhand der Bildung von Vergleichsgruppen ableiten. Im Falle von Prozessverträgen wäre die übergeordnete Vergleichsgruppe für die Ableitung bestimmter Grundsätze der „Prozessvertrag“,

848 *Taylor/Cliffe*, 35 U. Rich. L. Rev. 1085, 1097 (2002).

849 *Taylor/Cliffe*, 35 U. Rich. L. Rev. 1085, 1098 (2002).

850 Verweis auf die *Supreme Court* Entscheidung in *Cohen v. State of Virginia*, 19 U.S. 264, 304 (1821) in *Taylor/Cliffe*, 35 U. Rich. L. Rev. 1085, 1098 (2002).

851 *Taylor/Cliffe*, 35 U. Rich. L. Rev. 1085, 1100 (2002).

852 *Bone*, 90 Tex. L. Rev. 1329, 1338 (2012).

853 *Bone*, 90 Tex. L. Rev. 1329, 1338 (2012).

854 Siehe 4. Kapitel, A. I. 2. a..

855 Siehe 4. Kapitel, A. I. 5.

856 Siehe 4. Kapitel, A. II.; *Resnik*, 80 Notre Dame L. Rev. 593, 607 (2005).

sodass nur Änderungen des Prozessrechts durch Prozessverträge selbst jeweils miteinander verglichen werden. Eine zunehmende Falldichte hinsichtlich der gerichtlichen Behandlung von Prozessverträgen würde diese Bildung allgemeiner Gültigkeitskriterien erleichtern. Da Prozessverträge unstreitig bereits Teil des amerikanischen Zivilprozesses sind und darüber hinaus eine Vielzahl von Vorteilen für verschiedene Beteiligte bedeuten können, ist eine klare gerichtliche Behandlung derselben ein wünschenswertes Ziel.

b. Richterrolle im amerikanischen Zivilprozess

Erkenntnisse für die Reichweite zulässiger prozessualer Vereinbarungen könnten auch aus der Rolle und Funktion der Judikative gewonnen werden. Es ist fraglich, inwiefern die Arbeitsweise der Gerichte allgemein und die Ausübung richterlicher Kompetenzen im Besonderen Grenzen für die Zulässigkeit von Prozessverträgen vorgeben. Zwingend sind zunächst diejenigen verfassungsrechtlichen wie einfachgesetzlichen Normen, durch die die Gerichte eingerichtet werden und ihre Funktionsweise geregelt wird (*court-establishing laws*).[857] Als Beispiel wurde bereits Art. III Abs. 2 Unterabschnitt 1 der US-Verfassung genannt, der die *subject-matter jurisdiction* regelt.[858] Ein weiteres sind die gesetzlich vorgesehenen Möglichkeiten eine Streitigkeit zu beenden, etwa durch Urteil, sowie generell die Bestimmungen, die regeln, wie der Richter im Zivilprozess seine Aufgaben zu erfüllen hat.[859] Die grundsätzlichen Gerichtsstrukturen bilden somit die äußerste Grenze, bis zu der die Prozessautonomie der Parteien reichen kann.[860]

aa. Bestimmung der Richterrolle

Um die Reichweite parteilicher Prozessautonomie im Hinblick auf die Aufgabenerfüllung des Richters näher benennen zu können, bedarf es einer Bestimmung der Richterrolle im amerikanischen Zivilprozess.[861]

---

857 *Moffit*, 75 Geo. Wash. L. Rev. 461, 503 f. (2007).

858 Kapitel 4 A. I. 2. a. cc.

859 *Noyes*, 30 Harv. J.L. & Pub. Pol'y 579, 630 (2007); *Moffit*, 75 Geo. Wash. L. Rev. 461, 505 (2007).

860 *Moffit*, 75 Geo. Wash. L. Rev. 461, 503 (2007).

861 Vergleiche hierzu auch 3. Kapitel B. I. 2., in dem die aus deutscher Sicht „passive" Rolle des amerikanischen Richters dargelegt wurde.

(1) Systemischer Vergleich zum Schiedsverfahren

In der amerikanischen Literatur wird ein funktionaler Vergleich zum Schiedsverfahren angestellt.[862] Das Schiedsverfahren, das seine Geltung vom privatautonomen Willen der Vertrags- und Prozessparteien herleitet,[863] ist Musterbeispiel für weitgehende Prozessautonomie. Was im Schiedsverfahren nicht mehr zulässig ist, kann erst recht nicht im staatlichen Verfahren zulässig sein.[864] Der amerikanische Richter wiederum erfüllt über die Interessen der Prozessparteien hinausgehende Aufgaben. Daraus folgt analog zu den Erkenntnissen über zwingendes Recht, dass eine Änderung des Rechtsprechungsvorgangs nur zulässig sein kann, wenn keine zwingenden Interessen anderer Interessengruppen betroffen sind.

Nicht nur hinsichtlich der Legitimation, sondern auch bezüglich des Rechtsfindungsprozesses ergeben sich Unterschiede zum Schiedsverfahren: Neben der Entscheidung des Einzelfalles (insofern besteht kein Unterschied zur Aufgabe des Schiedsrichters) wendet der staatliche Richter das Recht an, pflegt es und entwickelt es fort.[865] Er hat Rechtsprinzipien und Präzedenzfälle zu befolgen.[866] Er muss seine Entscheidungen begründen, denn durch sie schafft er neues Recht.[867] Er ist unabhängig von den Parteien und dient dem übergeordneten Ziel der Gerechtigkeit, indem er materielles Recht durchsetzt[868] (deontologische Sichtweise)[869] oder für die Minimierung von Transaktionskosten sorgt (konsequentialistische Sichtweise).[870] Im Gegensatz dazu ist die Arbeitsweise des Schiedsrichters im Grundsatz – sofern man aufgrund der Bandbreite an Ausgestaltungsmöglichkeiten des Schiedsverfahrens überhaupt generelle Aussagen

862 *Bone,* 90 Tex. L. Rev. 1329, 1385 (2012); *Strong,* 39 Brooklyn J. Int'l L. 1027, 1062 (2014).

863 Siehe bereits im 4. Kapitel A. I. 2. a. aa.; ferner *Bone,* 90 Tex. L. Rev. 1329, 1386 (2012); *Moffit,* 75 Geo. Wash. L. Rev. 461, 507 (2007).

864 *Bone,* 90 Tex. L. Rev. 1329, 1354 (2012).

865 *Bone,* 90 Tex. L. Rev. 1329, 1387 (2012).

866 *Bone,* 90 Tex. L. Rev. 1329, 1386 (2012); *Moffit,* 75 Geo. Wash. L. Rev. 461, 507 (2007).

867 *Moffit,* 75 Geo. Wash. L. Rev. 461, 507 (2007) (Das staatliche Verfahren habe den Vorteil, dass es klar verständliche und artikulierte Rechtsvorschriften setzt).

868 *Bone,* 90 Tex. L. Rev. 1329, 1387 (2012).

869 *Strong,* 39 Brooklyn J. Int'l L. 1027, 1055 (2014).

870 *Hoffman,* 2014 U. Ill. L. Rev. 389, 402 (2014) „the focus of civil procedure rules should be to minimize transaction costs, not to maximize procedural justice"; *Strong,* 39 Brooklyn J. Int'l L. 1027, 1053 (2014) (Verweist für konsequentialistische Sichtweise ebenfalls auf *Hoffmann,* S. 1055 Fn. 127).

treffen kann[871] – anders, da er laut *Bone* nicht an grundlegende Prinzipien oder Präzedenzrecht gebunden ist:

> „*[A]rbitration is not thought at its core to be about reasoning to a decision from general principles with an obligation to respect precedent. To be sure, arbitrators are expected to do this sometimes, but when they are, it is usually explained by features of the particular context rather than properties of arbitration in general.*"[872]

Die gefundenen Eigenarten richterlicher Entscheidungsfindung können mithin nicht durch Parteivereinbarung abgeändert werden: Die Anwendung materiellen Rechts, die Entscheidungsfindung anhand des geltenden Rechts und grundlegenden Rechtsprinzipien, die Begründung der Entscheidung, die Unabhängigkeit von den Prozessparteien und die grundsätzliche Öffentlichkeit des Verfahrens.[873]

(2) Systemischer Vergleich zur paternalistischen Konzeption der Richterrolle

Die Richterrolle lässt sich auch anhand der Art des Rechtssystems bestimmen. Typisierend wird im Hinblick auf die Richterrolle – unter anderem – zwischen liberalen und paternalistischen Rechtssystemen unterschieden.[874] Das amerikanische Rechtssystem wird als liberal beschrieben: Es ist entsprechend der Vorstellung konzipiert, dass individuelle Freiheit Ausgangspunkt jedes staatlichen Handelns ist.[875] Staatliches Handeln ist folglich subsidiär[876] und der Schutz der Bürger vor staatlichen Eingriffen zentrales Anliegen.[877] Im Gegensatz dazu gehen paternalistische oder wohlfahrtsstaatliche Systeme von der Notwendigkeit staatlicher Bevormundung aus.[878]

Denknotwendig übernehmen entweder das Gericht oder die Prozessparteien einen aktiven Part im Prozess. Eine weitreichende Parteiherrschaft geht folglich

---

871 Kritisch *Strong*, 39 Brooklyn J. Int'l L. 1027, 1084 (2014), die es für notwendig erachtet zwischen verschiedenen Schiedsverfahrenstypen zu unterscheiden, und anführt, dass man etwa auf dem Gebiet der Internationalen Handelsschiedsgerichtsbarkeit streng legalistisch vorgehen würde.

872 *Bone*, 90 Tex. L. Rev. 1329, 1386 (2012).

873 Vgl. dazu auch im 4. Kapitel B. I.

874 *Stürner* ÖJZ 2014, 629.

875 Grundsätzlich für liberale Gesellschaften *Stürner* ÖJZ 2014, 629.

876 *Stürner* ÖJZ 2014, 629.

877 *Dodge*, 97 Va. L. Rev. 723, 765 (2011).

878 *Stürner* ÖJZ 2014, 629 (630) (unter Verweis auf Hans W. Fasching: „Rechtsdurchsetzung als ‚Gemeinschaftsaufgabe zur Sicherung der sozialen Wohlfahrt der Bürger'").

mit einer passiveren Richterrolle einher, während eine schwache Parteiherrschaft aktive gerichtliche Tätigkeit verlangt. Wie die Rollen jeweils beschaffen sind, hängt von der Einstellung gegenüber dem Richter und der Anwaltschaft ab.[879] Eine „Abneigung gegen die freie Advokatur“[880] hat etwa in Preußen zu einer starken Richterfigur[881] geführt, während für die USA, wie bereits dargelegt, ein tiefgreifendes Misstrauen gegenüber staatlicher Macht und damit auch gegenüber einer dominanten Richterrolle herrscht.[882] Dementsprechend ist die Rolle des Richters im amerikanischen Zivilprozess weitgehend die eines passiven Zuhörers, während die Prozessparteien die Beweisermittlung selbst und auf eigene Kosten durchführen, mithin den Streitstoff eingrenzen, Zeugen wählen und auf die Befragung durch die gegnerische Partei vorbereiten – allgemein gesprochen für die Präsentation des gesamten Falles vor Gericht zuständig sind.

In der amerikanischen Literatur wird diskutiert, ob nicht die Prozessparteien die Richterrolle durch Parteivereinbarung stärken könnten.[883] In einer paternalistischen oder „wohlfahrtsstaatlichen Konzeption“[884] der Richterrolle wäre es am Richter, zu entscheiden, was für die Prozessparteien wie auch andere Interessengruppen das Beste ist. Er könnte die Validierung von Prozessverträgen dann verweigern, wenn sie sich *ex post* als nachteilig herausstellten.

Der Richter wird gemeinhin als notwendiges „Sicherheitsnetz“ betrachtet, der einer für die Parteien *ex post* nachteiligen Vereinbarung gerichtlich die Wirksamkeit versagen kann.[885] Richter sind in der Lage, die wirtschaftlichen, sozialen und rechtlichen Auswirkungen einer Prozessvereinbarung auf die Prozessparteien in Ausgleich zu bringen, und daher geeignete Stelle, im Einzelfall die Durchsetzung der Vereinbarung zu ermöglichen oder sie zu verhindern. Der Richter muss jedoch grundsätzlich den *trade-off*, den die Parteien zwischen den

879 Gleichzeitig kann nicht gesagt werden, dass liberale Gesellschaften immer passive Richter haben, und umgekehrt aktive Richter nur in hierarchischen Systemen vorkämen, *Stürner* ÖJZ 2014, 629 (631).

880 *Stürner* ÖJZ 2014, 629 (630).

881 *Stürner* ÖJZ 2014, 629 (630), der an die „richterliche Vaterfigur“ des preußischen Allgemeinen Landrechts (ALR) erinnert, vgl. diesbezüglich etwa den weitreichenden Ermessensspielraum: ALR § 49. „Findet der Richter kein Gesetz, welches zur Entscheidung des streitigen Falles dienen könnte, so muß er zwar nach den in dem Gesetzbuche angenommenen allgemeinen Grundsätzen, und nach den wegen ähnlicher Fälle vorhandnen Verordnungen, seiner besten Einsicht gemäß, erkennen.“

882 Vergleiche hierfür das 3. Kapitel B. I. 2.

883 *Dodge*, 97 Va. L. Rev. 723, 765 (2011).

884 *Stürner* ÖJZ 2014, 629 (630).

885 *Paulson*, 45 Ariz. St. L.J. 471, 523 (2013).

Vor- und Nachteilen im vorprozessualen und prozessualen Zeitpunkt vorgenommen haben, respektieren;[886] er darf seinen Willen nicht voreilig an die Stelle des erklärten Parteiwillens stellen.

Eine darüberhinausgehende Stärkung der Richterrolle, sich sogar über geltendes Recht hinwegzusetzen, um im Einzelfall Effizienz herzustellen, ist eine ganz andere Frage. Neben Bedenken hinsichtlich einer Verletzung des Gewaltenteilungsprinzips, wird gegen eine derartige Stärkung der Richterrolle zu Recht vorgebracht, dass der Richter nicht das Wissen und die Expertise hätte, eine für alle Beteiligten effiziente Lösung zu finden.[887] Aufgrund seiner Neutralität müsse er weiterhin eine Vielzahl an Interessen bei der Frage der Vor- oder Nachteilhaftigkeit einer Vereinbarung im Blick haben, und die Beantwortung der Effizienzfrage sei dadurch sehr viel komplexer.[888] Manche potentiellen Auswirkungen der Validierung oder Nichtvalidierung sind schlichtweg nicht vorhersehbar und von externen Faktoren abhängig, sodass bestimmte Kostenrechnungen nahezu unmöglich aufzustellen und zu lösen sind.[889]

Gemeinhin wird die Unterscheidung zwischen aktiver und passiver Richterrolle auch an der Abgrenzung eines inquisitorischen zum gegnerischen (*adversarial*) Rechtssystem vorgenommen.[890] Letzteres ist gerade für *common law*-Jurisdiktionen typisch. Eine Stärkung der Richterrolle könnte auch durch Verleihung und Auferlegung inquisitorischer Rechte und Pflichten erfolgen. Zwar ist es definierendes Merkmal des amerikanischen Zivilprozesses, dass dem amerikanischen Richter im Sinne von Art. III der US Verfassung aufgrund des gegen ihn bestehenden Misstrauens keine Vernehmungsbefugnis zukommen soll, es den „gelehrten Prozess",[891] wie wir ihn im deutschen Zivilprozess kennen, gerade nicht geben soll.[892] Dennoch gibt es die oftmals übersehene Möglichkeit der Einsetzung von „Richtern" außerhalb des Art. III.[893] Die Parteien können einen Entscheidungsfinder mit quasi-inquisitorischen Befugnissen einsetzen, den *special master* im Sinne von Rule 53 FRCP, der sodann richterliche

886 Dazu sowie den Ausnahmen noch ausführlich im 4. Kapitel unter A. II. 2. sowie C. III.

887 *Bone*, 90 Tex. L. Rev. 1329, 1381 (2012).

888 *Bone*, 90 Tex. L. Rev. 1329, 1381 (2012).

889 Dazu Kapitel 4. A. III. 1.

890 *Kessler*, Our Inquisitorial Tradition: Equity Procedure, Due Process, and the Search for an Alternative to the Adversarial, 90 Cornell L. Rev. 1181, 1187 (2005).

891 *Stürner* ÖJZ 2014, 629 (635).

892 *Kessler*, 90 Cornell L. Rev. 1181, 1197 (2005).

893 *Kessler*, 90 Cornell L. Rev. 1181, 1184 (2005).

Pflichten unter Zustimmung der Parteien ausübt.[894] Während er zwar formal vom Richter selbst nach den in Rule 53(a) FRCP[895] genannten Voraussetzungen eingesetzt wird, da er an dessen Stelle tritt, folgt der Richter bei Vorliegen einer Parteivereinbarung grundsätzlich den Parteiwünschen (*party-appointed special master*).[896] Die *special masters* werden insbesondere für das Verfahrensstadium eingesetzt, in dem eine inquisitorische Funktion besonders Sinn macht: Dem

---

894 *Kessler*, 90 Cornell L. Rev. 1181, 1194 (2005) („appoint pretrial masters to undertake an active, managerial role"; „great deal of managerial and investigatory involvement in the litigation [that] fall outside the traditional role judicial officers play in an adversarial system").

895 Rule 53 FRCP: (a) Appointment.

(1) Scope. Unless a statute provides otherwise, a court may appoint a master only to:

(A) perform duties consented to by the parties;

(B) hold trial proceedings and make or recommend findings of fact on issues to be decided without a jury if appointment is warranted by:

(i) some exceptional condition; or

(ii) the need to perform an accounting or resolve a difficult computation of damages; or

(C) address pretrial and posttrial matters that cannot be effectively and timely addressed by an available district judge or magistrate judge of the district.

(2) Disqualification. A master must not have a relationship to the parties, attorneys, action, or court that would require disqualification of a judge under 28 USC § 455, unless the parties, with the court's approval, consent to the appointment after the master discloses any potential grounds for disqualification.

(3) Possible Expense or Delay. In appointing a master, the court must consider the fairness of imposing the likely expenses on the parties and must protect against unreasonable expense or delay.

896 *Kane v. Sulzer Settlement Trust, Respondent Sulzer Orthopedics Inc.'s Brief in Opposition to Petition for Writ of Certiori*, 2005 WL 3598666 (2005), certiorari denied by Supreme Court, 126 S.Cz. 1334; *Navarro v. Eskanos & Adler*, 2007 WL 1574548, 3 (N.D. Cal. 2007); *In re Zyprexa*, 375 F.Supp.2d 190 (E.D. N.Y. 2005); *Kapral v. Jepson*, 271 F.Supp. 74, 81 (D. Conn. 1967); SN009 ALI-ABA 1911 (Juli 2007), vgl. auch die Regelung in Rule 53(b) FRCP:

(b) Order Appointing a Master.

(1) Notice. […] Any party may suggest candidates for appointment.

[…]

(3) Issuing. […]

pre-trial discovery-Verfahren.[897] Dabei können sie in eigener Sache Tatsachen ermitteln und Beweiserhebungen anordnen.[898] *Special masters* werden aber auch nach Urteilserlass eingesetzt, um die Umsetzung und Durchsetzung des Richterspruchs sicherzustellen.[899] Der Umfang ihrer Handlungsmöglichkeiten ist gemäß Rule 53(c) FRCP weit.[900] *Masters* wird oftmals vorgeworfen, ihre Handlungsbefugnisse über die gesetzlich vorgesehenen Möglichkeiten hinaus auszuüben. Dennoch sind bislang ihre Handlungen generell von den Gerichten für wirksam erachtet worden.

Allgemein wird vor einer zunehmenden „Privatisierung“ der Richterrolle gewarnt, die das Anliegen des Rechts in sein Gegenteil verkehren könne: Dann stünde nicht mehr der Schutz des Einzelnen vor dem Staat im Mittelpunkt rechtlicher Bestrebungen, sondern der Schutz der Grundfeste des Staates vor dem Einzelnen.[901] Demgemäß dürften die Prozessparteien kein dreiköpfiges Gremium zur Entscheidung ihrer Streitigkeit wählen; sie könnten auch nicht einen bestimmten, besonders fachkundigen Richter wählen oder die Streitwertgrenze für die Zuständigkeit in *diversity*-Fällen herabsenken.[902]

(B) if a ground [for disqualification under 28 USC §455] is disclosed, the parties, with the court's approval, waive the disqualification [...]

897 *Willging/Hooper/Leary/Miletich/Reagan/Shapard*, Special Masters' Incidence and Activity, Report to the Judicial Conference's Advisory Committee on Civil Rules and Its Subcommittee on Special Masters, Federal Judicial Center 2000, S. 1 ff.

898 *Kessler*, 90 Cornell L. Rev. 1181, 1185 (2005).

899 *Willging/Hooper/Leary/Miletich/Reagan/Shapard*, Federal Judicial Center 2000, S. 1 ff.; *Kessler*, 90 Cornell L. Rev. 1181, 1192 (2005).

900 Rule 53 FRCP: (c) Master's Authority.

(1) In General. Unless the appointing order directs otherwise, a master may:

(A) regulate all proceedings;
(B) take all appropriate measures to perform the assigned duties fairly and efficiently; and
(C) if conducting an evidentiary hearing, exercise the appointing court's power to compel, take, and record evidence.

(2) Sanctions. The master may by order impose on a party any noncontempt sanction provided by Rule 37 or 45, and may recommend a contempt sanction against a party and sanctions against a nonparty.

901 *Dodge*, 97 Va. L. Rev. 723, 765 (2011).

902 *Dodge*, 97 Va. L. Rev. 723, 765 (2011).

bb. Richter als dritte Partei eines Prozessvertrages?

In der amerikanischen Rechtsliteratur taucht bisweilen das Argument auf, der Richter (oder allgemeiner: das Gericht) werde als dritte Partei an den Prozessvertrag gebunden.[903] Das würde jedoch heißen, dass das Gericht sich des Vertragsbruchs schuldig machen kann, wenn es nicht im von den Parteien erwünschten Sinne handelt.[904] Es erscheint auch fraglich, welche Rechte der Richter oder das Gericht aus einem solchen dreiseitigen Vertrag ableiten sollte. Eine solche dreiseitige Vertragsbeziehung käme wieder einem unzulässigen Vertrag zulasten Dritter nahe.

Der Prozessvertrag regelt nur die horizontalen Rechtsbeziehungen, nämlich die zwischen den Prozessparteien zueinander. Dabei können sie – sofern sie auf Grundlage von Ermächtigungs- oder abdingbaren Rechts handeln – den Richter zur Vornahme bestimmter Handlungen „verpflichten". Es wird in diesem Zusammenhang vorgeschlagen, die FRCP als im Ermessen des Richters stehende *default*-Regelungen aufzufassen.[905] Nach dieser Ansicht können Prozessverträge festlegen, wie der Richter sein Ermessen auszuüben hat.[906]

c. Zwischenergebnis

Den Vertrags- und Prozessparteien können Einflussnahmemöglichkeiten auf das einer Streitigkeit zugrunde liegende Prozessrecht eingeräumt werden, ohne dass dadurch *per se* Hoheitsrechte verletzt werden. Eine Unzulässigkeitsgrenze bildet jedoch zwingendes Recht, das zum Schutz höherrangiger Interessen unabdingbar ist.

3. *Prozessverträge als* de facto outsourcing *hoheitlicher Aufgaben*

Während es im vorgehenden Abschnitt um das staatliche Interesse an der Bewahrung seiner Kompetenzen ging, soll nachfolgend der Ausgleich der unterschiedlichen Belange bei Annahme eines staatlichen Interesses an der Auslagerung seiner Aufgaben untersucht werden.

Eine Ansicht in der amerikanischen Rechtsliteratur wirft den Gerichten und dem Gesetzgeber vor, durch Zulassung und Validierung von Prozessverträgen eine *de facto* Auslagerung hoheitlicher Aufgaben zu betreiben.[907] Indem

---

903 *Paulson,* 45 Ariz. St. L.J. 471, 471 (2013).
904 *Noyes,* 30 Harv. J.L. & Pub. Pol'y 579, 633 (2007).
905 *Paulson,* 45 Ariz. St. L.J. 471, 523 (2013).
906 *Paulson,* 45 Ariz. St. L.J. 471, 523 (2013).
907 *Davis/Hershkoff,* 53 Yale L. & Pol'y Rev. 507, 534 (2011).

den Prozessparteien die Möglichkeit eingeräumt werde, über anwendbares Prozessrecht zu kontrahieren, werde neues Recht durch private Interessenvertreter geschaffen.[908] Empirisch betrachtet lässt sich tatsächlich eine Einräumung von Einflussmöglichkeiten auf die Formung des Prozessrechts an verschiedene Beteiligte – teilweise auch private Interessenvertreter – feststellen.[909] Ferner besteht durch die in Bundesgerichten vorherrschende generelle Aufrechterhaltung wichtiger Prozessverträge wie Schieds-, Gerichtsstands- sowie Juryausschlussklauseln,[910] unterstützt durch die materiell-rechtliche Vermutung der Wirksamkeit jener Abreden (bis auf die Juryausschlussklausel),[911] die klare Tendenz, den Prozessparteien weitgehende Prozessautonomie einzuräumen.

Outsourcing ist eine Form funktionaler Privatisierung, bei der der Staat Private einschaltet und hoheitliche Aufgaben zwischen beiden geteilt werden.[912] Die Verantwortung für die Aufgabenerfüllung bleibt – anders als bei materieller Privatisierung, bei der eine staatliche Aufgabe vollständig auf den Privaten

---

908 *Davis/Hershkoff*, 53 Yale L. & Pol'y Rev. 507, 533 (2011).

909 Siehe bereits Kapitel 4 A. I. 2. a.

910 *Noyes*, 30 Harv. J.L. & Pub. Pol'y 579, 598 (2007), Verweis auf *Solimine*, Forum-Selection Clauses And the Privatization of Procedure, 25 Cornell Int'l L.J. 51, 52 (1992) („The rise of forum-selection clauses is a manifestation of the increasing deference to party autonomy in jurisdictional and related matters. Not coincidentally, the last two decades have also seen the enforcement of contractual choice-of-law clauses, and the upholding of waivers of personal jurisdiction and service-of-process requirements").

911 **Für Gerichtsstandsklauseln**: *Atlantic Marine Const. Co., Inc. v. U.S. District of Texas*, 134 S. Ct. 568, 581 (2013); *Carnival Cruise Lines, Inc. v. Shute*, 499 U.S. 585 (1991); *Stewart Organization, Inc. v. Ricoh Corp.*, 487 U.S. 22, 33 (1988); *M/S Bremen v. Zapata Off-Shore Co.*, 407 U.S. 1, 17 (1972); *Cardoni v. Prosperity Bank*, 805 F.3d 573, 580 (5th Cir. 2015); *Mitsui & Co. (USA), Inc. v. Mira M/V*, 111 F.3d 33, 35 (5th Cir. 1998); *Ginter ex rel. Ballard v. Belcher, Prendergast & Laporte*, F.3d 439, 441 (5th Cir. 2008); **für Schiedsklauseln**: *AT & T Technologies, Inc. v. Communications Workers of America*, 475 U.S. 643 (1986); **für Rechtsmittelausschlussklauseln** (obgleich die materiell-rechtliche Vermutung streitig ist, vgl. im 3. Kapitel E. II. 6.): *Calamari/Perillo*, Contracts, 16; *U.S. v. Beras*, 571 Fed.Appx. 68, 69 (2nd Cir. 2014); *U.S. v. Gomez-Perez*, 215 F.3d 315, 319 (2nd Cir. 2000); wohl auch *MACTEC, Inc. v. Gorelick*, 427 F.3d 821, 830 (10th Cir. 2005) („courts routinely enforce agreements that waive the right to appellate review over district court decisions"); *U.S. v. Gomez-Perez*, 215 F.3d 315, 319 (2nd Cir. 2000); *Payne v. S.S. Tropic Breeze*, 423 F.2d 236, 438 (1st Cir. 1970); **nicht** jedoch **für Juryausschlussklauseln**: *Hodges v. Easton*, 106 U.S. 408, 412 (1882); *Aetna Ins. Co. v. Kennedy to Use of Bogash*, 301 U.S. 389, 393 (1937).

912 *Davis/Hershkoff*, 53 Yale L. & Pol'y Rev. 507, 534 (2011); *Ewald*, Privatisierung staatlicher Aufgaben, 2005, S. 19.

übertragen wird – weiterhin beim Staat.[913] Durch die Teilung soll die Aufgabenerfüllung flexibler, innovativer sowie günstiger werden.[914]

Um der Argumentation dieser Meinung folgen zu können, soll zunächst angenommen werden, es handelte sich bei der Zulassung und Förderung von Prozessvertragsschlüssen tatsächlich um *de facto outsourcing*. Nach *Davis* und *Hershkoff* liege das Problem sodann im Fehlen effektiver Kontrollmöglichkeiten des Staates, obgleich das Setzen und Bewahren des Prozessrechts nach wie vor unbestritten in dessen Verantwortungsbereich falle.[915] Da die Abgabe von Hoheitsaufgaben und -befugnissen stückweise und faktisch erfolge, fehlten neben der Herausbildung angemessener Kontrollmechanismen auch die Erarbeitung einer klaren Aufgabenbeschreibung sowie jegliche Transparenz.[916] Die Vertragsparteien seien dem Gemeinwohl und Drittinteressen gerade nicht verpflichtet.[917] Somit sei die Rechtslage bedrohlicher als die bei einer expliziten Aufgabendelegation.[918]

Bereits das Fehlen von angemessenen Kontrollmechanismen erscheint fraglich. Sofern es zum Streit kommt, unterliegen Prozessverträge der gerichtlichen Überprüfung. Man kann sich darüber streiten, ob diese Kontrolle weit genug geht,[919] doch liegt die Lösung dann nicht in der allgemeinen Unzulässigkeit der Vereinbarungen, sondern in der Notwendigkeit einer genaueren gerichtlichen Überprüfung. Eine gerichtliche Kontrolle fehlt nur dann, wenn es entweder nicht zum Prozess kommt – dann entfaltet der Prozessvertrag jedoch auch keine Wirkung –, die Prozessparteien sich vor Gericht nicht über die Wirksamkeit streiten oder die Wirksamkeit für sie keine Rolle spielt. Das Gericht kann in letzterem Fall zwar auch zu unangefochtenen Prozessklauseln Stellung beziehen, muss dies aber nicht tun. Sofern das Gericht jedoch nicht Stellung bezieht, gibt es keinen Präzedenzfall, durch den neues Recht geschaffen wird. Die gerichtliche Schaffung von Präzedenzfällen hängt also zwingend mit der Relevanz einer Klausel zusammen.

Es bleibt somit die Frage, ob der staatliche Schutz bei gerichtlicher Überprüfung von Prozessverträgen zu kurz greift.

---

913 *Ewald*, Privatisierung staatlicher Aufgaben, 2005, S. 17.

914 *Davis/Hershkoff*, 53 Yale L. & Pol'y Rev. 507, 534 (2011).

915 *Davis/Hershkoff*, 53 Yale L. & Pol'y Rev. 507, 533 (2011).

916 Ebd.

917 Ebd.

918 *Davis/Hershkoff*, 53 WMMLR 507, 533 ff. (2011).

919 Verneinend *Rice*, Enforceable or Not? Class Action Waivers in Mandatory Arbitration Clauses and the Need For a Judicial Standard, 45 Hous. L. Rev. 215, 225 (2008).

Der Vorwurf unzureichenden Schutzes bezieht sich vor allem auf Dritte,[920] womit solche Beteiligten gemeint sind, die nicht selbst Vertrags- und Prozesspartei sind, aber deren Interessen gleichwohl betroffen sind oder sein können.[921] Am namhaftesten für eine Drittbetroffenheit ist das Beispiel von Vereinbarungen zur Durchführung oder zum Ausschluss von Gruppenklagen, durch die Dritte entweder als potentielle oder als nichtpartizipierende abwesende Gruppenmitglieder betroffen sein könnten:[922] Wird der Gruppenrechtsbehelf wirksam ausgeschlossen, können Dritte als potentielle Gruppenmitglieder jede faktische Möglichkeit des Rechtsschutzes verlieren, wenn ihre Forderungen zu gering sind (faktischer Rechtsbehelfsverlust).[923] Im Falle der Durchführung einer Klage als *class action* können abwesende Dritte an das Ergebnis des Rechtsstreits trotz Nichtpartizipation gebunden sein (Rechtskrafterstreckung).[924]

Es ist jedoch wichtig anzumerken, dass Drittschutz generell auf wenige Ausnahmen beschränkt ist, da die mögliche materiell-rechtliche Haftung ansonsten uferlos und Prozessverfahren unüberschaubar würden. Somit haben Dritte nur ausnahmsweise Beteiligungsrechte und sind im Grundsatz nicht klagebefugt (*third party standing*). Manche Literaturstimmen plädieren dafür, den Drittschutz auszuweiten und eine Drittklagebefugnis bei Vorliegen noch zu bildender *public policy*-Ausnahmen nach kanadischem Vorbild einzuführen.[925] Ein Beispiel von einklagbaren „Drittinteressen" im kanadischen Recht ist etwa die Geltendmachung von Umweltinteressen,[926] welche jedoch nach dem Verständnis dieser Arbeit den öffentlichen Interessen zuzuordnen wären, und nicht originär Drittinteresse ist.[927] Ob es in Fällen, denen ein Prozessvertrag zugrunde liegt, tatsächlich ein gesteigertes Bedürfnis von erweitertem Drittschutz gibt, bleibt abzuwarten; *Davis* und *Hershkoff* begründen die Notwendigkeit eines erhöhten Drittschutzes nicht weiter.[928]

---

920 *Davis/Hershkoff*, 53 Yale L. & Pol'y Rev. 507, 533 (2011).

921 Dazu noch eingehend im 4. Kapitel unter A. IV.

922 Handelt es sich um aktive Gruppenmitglieder, fallen sie nach dem hier vertretenen Verständnis nicht unter den Begriff des Dritten, vgl. im 4. Kapitel A. IV.

923 Vergleiche bereits im 3. Kapitel C.

924 Vergleiche bereits im 3. Kapitel C.

925 *McKee*, Standing on a Spectrum: Third Party Standing in the United States, Canada, and Australia, 16 Barry L. Rev. 115, 115 (2011).

926 *McKee*, 16 Barry L. Rev. 115, 115 (2011).

927 Vgl. im 4. Kapitel A. IV.

928 *Davis/Hershkoff*, 53 Yale L. & Pol'y Rev. 507, 533 (2011).

Darüber hinaus handelt es sich bei der Einräumung von Handlungsbefugnissen im Bereich des Prozessrechts nicht bereits um *outsourcing*. Private sind weder organisatorisch zur Erfüllung diesbezüglicher staatlicher Aufgaben eingeschaltet (keine formelle Privatisierung) noch wurden ihnen diese Aufgaben gänzlich inhaltlich übertragen (keine materielle Privatisierung). Auch eine funktionale Aufgabenteilung zwischen Staat und Prozessparteien kann im Hinblick auf die Setzung von Prozessrecht noch nicht angenommen werden (keine funktionale Privatisierung). Der Kongress hat im Bereich des Bundesprozessrechts lediglich Rechtsetzungsbefugnisse an die Rechtsprechung abgegeben. Im Zusammenspiel zwischen Rechtsprechung und Prozessparteien haben Letztere in *common law*-Systemen, die den Prozess adversarisch aufbauen, von Anbeginn an eine stärkere und aktivere Rolle als in den meisten *civil law*-Jurisdiktionen.[929] Eine Grenze, nach der der Staat jedenfalls faktisch keine Kontrollmöglichkeiten mehr über das Prozessrecht hätte, ist dabei nicht überschritten (keine *de facto* Privatisierung). Die Gefahr unzureichenden Schutzes durch *de facto outsourcing* stellt damit lediglich ein theoretisches Problem dar.

4. *Prozessverträge als Störung der Informationssammlung und -leitung*

Prozessverträge könnten ferner eine Gefahr für die Integrität des Prozesses staatlicher Rechtsfindung als wichtiger Informationsquelle darstellen und dadurch mit dem staatlichen Interesse an der Entwicklung besseren Rechts[930] sowie der Akzeptanz des Rechts- und Gerichtssystems in der Bevölkerung kollidieren.[931] *Davis* und *Hershkoff* beschreiben das staatliche Gerichtsverfahren als „a system of precedent and regulation“[932], was zwei Problemquellen im Hinblick auf einzelfallbezogene Informationen benennt: Die mögliche qualitative Verschlechterung neuen Präzedenzrechts sowie der staatlichen Weiterentwicklung des Rechts in seiner regulierenden Funktion. Jede Änderung des Informationsflusses in und über den Rechtsfindungsprozess beeinflusst die Schaffung neuen Rechts sowie dessen generelle Akzeptanz in der Bevölkerung.[933] Das gilt nicht zuletzt deshalb,

929 *Langbein*, The German Advantage in Civil Procedure, 52 U. Chi. L. Rev. 823, 824 (1985), („supposedly nonadversarial procedure of the Continental tradition“), zur Einordnung des deutschen Zivilprozessrechts: „German civil procedure strikes an adroit balance between nonadversarial and adversarial values“.

930 Insbesondere bezüglich der ständigen Verbesserung des geltenden Rechts kommt es im Folgenden in der Argumentation zu Überschneidungen mit Parteiinteressen.

931 *Davis/Hershkoff*, 53 Yale L. & Pol'y Rev. 507, 541 (2011).

932 *Davis/Hershkoff*, 53 Yale L. & Pol'y Rev. 507, 541 (2011).

933 *Davis/Hershkoff*, 53 Yale L. & Pol'y Rev. 507, 541 (2011).

weil der Staat nur in Kenntnis aller möglichen Spannungsquellen rechtliche Lösungen in Gesetzesform oder Präzedenzrecht entwickeln kann.

Relevant sind zwei Gruppen an Informationen: Einmal die Informationen über den Einzelfall selbst, sowohl im Austausch zwischen den Parteien als auch im Verhältnis zum Gericht.[934] Diese fallbezogenen Informationen sind die Grundlage für prozesstaktische Erwägungen der Prozessparteien einerseits und der Entscheidungsfindung des Gerichtes andererseits. Die Parteiherrschaft über die streitgegenstandsbezogenen Informationen gilt im amerikanischen adversarischen System umso mehr, als die Parteien den aktiven Part einnehmen, und dem Gericht gerade keine inquisitorische Macht zukommt. Das Gericht trifft seine Entscheidung einzig auf Grundlage der von den Parteien beigebrachten Tatsachen.[935]

Der zweite Typ umfasst die öffentlich zur Verfügung stehenden Informationen über anhängige und abgeschlossene Verfahren, die Rückschlüsse auf die Funktionsweise des Gerichtssystems und den Vorgang der Entscheidungsfindung ermöglichen. Diese Informationen müssen einfach zugänglich sowie eingängig sein, um sicherzustellen, dass jeder das geltende Recht kennt und versteht.[936] Darüber hinaus beeinflussen sie das Gerechtigkeitsempfinden – ihre öffentliche Bereitstellung ist also auch für die Legitimation des geltenden Rechts und die empfundene Treue gegenüber demokratischen Grundwerten wichtig.[937]

Da die vorhandenen Informationen über einen Rechtsstreit von vornherein davon abhängen, was die Parteien in den Prozess einbringen, ist es unvermeidbar, dass die Informationssammlung und -verbreitung zu einem großen Teil von ihnen abhängig ist und ständigen Änderungen unterliegt. Die Unzulässigkeitsgrenze für Vereinbarungen, die auf das Kommunikationsverhalten des Gerichtes Einfluss zu nehmen versuchen, erscheint dabei jedenfalls bei einer Unterbrechung des Informationsflusses überschritten zu sein, wenn die Parteien also den gänzlichen Ausschluss der Öffentlichkeit und eine Geheimhaltung aller Gerichtsdokumente vereinbaren. Denn es ist gerade Wesen des staatlichen Gerichtsprozesses, dass er offen und transparent gestaltet ist – „Judicial proceedings are public rather than private property“[938] – was nicht zuletzt im

934 *Davis/Hershkoff*, 53 Yale L. & Pol'y Rev. 507, 541 (2011).

935 *Yoon*, The Importance of Litigant Wealth, 59 DePaul Law Review 649, 649 (2010) („[T]he court [in an adversarial system such as ours] makes a decision based on the information presented by the litigants' lawyers“).

936 *LoPucki*, Court-System Transparency, 94 Iowa L. Rev. 481, 497 (2009).

937 *Thornburg*, The Managerial Judge Goes to Trial, 44 U. Rich. L. Rev. 1261, 1267 (2010); *Davis/Hershkoff*, 53 Yale L. & Pol'y Rev. 507, 541 (2011).

938 *Union Oil Co. of California v. Leavell*, 220 F.3d 562, 568 (7th Cir. 2000).

1. Amendment, der *Due Process*-Klausel, sowie dem ungeschriebenen Grundsatz der öffentlichen Zugänglichkeit der Gerichtsakten verankert ist.[939] Dementsprechend sind auch Vertraulichkeitsvereinbarungen im staatlichen Zivilprozess selten von Bestand, selbst wenn sie in einem Schiedsvertrag geschlossen wurden und lediglich im Rahmen der Überprüfung des Schiedsspruchs vor ein staatliches Gericht gelangen.[940]

Eine Einflussnahme auf das einer Streitigkeit zugrunde liegende Prozessrecht ist bedenklich, wenn unter der Änderung des Informationsflusses die Qualität einer Gerichtsentscheidung leidet.[941] Eine Änderung der Vorschriften über die Anforderungen an Schriftsätze (Rule 7–16 FRCP) beeinflusst den Informationsaustausch zwischen den Parteien sowie welche Informationen dem Gericht zur Verfügung stehen.[942] Selbiges kann für diejenigen Informationen gesagt werden, die im Rahmen der *pre-trial discovery* (Rule 16, 26–37 FRCP) erlangt werden und potentiell in den Prozess eingeführt werden können (neben den genannten sind die Rules of Evidence relevant).[943]

Ferner kann eine Änderung der Regelungen zum Forum beeinflussen, wie weit Richter und Jury mit den Besonderheiten des Einzelfalles vertraut sind.[944] Richterliche Expertise kann für bestimmte Fragestellungen in einem bestimmten Forum besonders ausgeprägt sein, etwa, weil sich dieses über lange Zeit hinweg vorwiegend mit ähnlichen Fällen auseinandergesetzt hat.[945] So hat das *United States District Court for the Southern District of New York* als Gericht im Finanzzentrum New Yorks und damit den USA besondere Expertise in finanz- sowie wirtschaftsrechtlichen Zusammenhängen. Die Forumsverlagerung kann aufgrund einer Gerichtsstandsvereinbarung oder durch Wahl einer besonderen, in einem anderen Forum ansässigen Jury erfolgen, wobei nicht selten Erwägungen zur Unvoreingenommenheit des Zielforums zulasten gerichtlicher Expertise gehen.

Als Beispiel seien die Versuche der Verteidigung im Boston Marathon Bombing-Fall, das (Straf-)Verfahren in ein Forum außerhalb Bostons vor eine ortsfremde Jury zu bringen, genannt. Geschworene außerhalb Bostons wären zwar vor Verfahrensbeginn tendenziell weniger gut von den Vorgängen informiert,

---

939 *Noyes*, 30 Harv. J.L. & Pub. Pol'y 579, 589 (2007).
940 Dazu im 4. Kapitel unter A. II. 1. e.
941 *Davis/Hershkoff*, 53 Yale L. & Pol'y Rev. 507, 543 (2011).
942 *Davis/Hershkoff*, 53 Yale L. & Pol'y Rev. 507, 542 (2011).
943 *Davis/Hershkoff*, 53 Yale L. & Pol'y Rev. 507, 542 (2011).
944 *Davis/Hershkoff*, 53 Yale L. & Pol'y Rev. 507, 543 (2011).
945 *Davis/Hershkoff*, 53 Yale L. & Pol'y Rev. 507, 543 (2011).

persönlich betroffen und somit potentiell befangen gewesen, hätten aber gleichzeitig auch die Gegebenheiten vor Ort nicht gekannt und hätten somit keine örtlichen Besonderheiten berücksichtigen können. Die Verhandlung vor einer ortsfremden Jury wurde in diesem Fall aber auch deshalb abgelehnt, weil die Aufarbeitung des Falles in Boston dem Informationsinteresse der Bostoner Bevölkerung diente.[946]

Abgesehen von solch drastischen Fällen dienen Juryverfahren allgemein der Beteiligung der Öffentlichkeit am Entscheidungsfindungsprozess: Die Jury soll nicht nur einen Querschnitt der amerikanischen Gesellschaft abbilden, sondern auch die aktivere Auseinandersetzung mit Recht und Gerechtigkeit fördern. Alle „Bürger der USA“[947] müssen jederzeit damit rechnen, im Losverfahren ausgewählt, angeschrieben und als potentieller Juror zu einem Eignungsgespräch geladen zu werden. Die amerikanische Gesellschaft informiert sich tendenziell mehr über aktuelle Geschehnisse und laufende Gerichtsverfahren, wenn jeder Bürger damit rechnen muss, selbst einberufen zu werden, oder jedenfalls durch die Teilnahme naher Bekannter als Juroren einen engeren Bezug zu den lokalen Geschehnissen hat. Gerade das Fehlen der lokalen Verbundenheit oder des Verständnisses für die Besonderheiten des Einzelfalles kann sich nachteilig auf die Qualität der Entscheidung auswirken. Ein signifikanter Rückgang an Juryverfahren durch Juryausschlussklauseln kann das Informationsverhalten der Öffentlichkeit beeinflussen. Gleichzeitig ist es auch möglich, dass die Parteivereinbarung gerade sicherstellt, dass der Fall an das „bessere“ Forum geleitet wird, die Informationsverwaltung in der *discovery* zielgerichteter verläuft und so weiter.[948] Bei Begutachtung der Zulässigkeit eines Prozessvertrages hat der Richter beide Möglichkeiten abzuschätzen.

Auch eine Behinderung der Weiterentwicklung des Rechts in seiner regulierenden Funktion ist möglich.[949] Die einzelfallspezifischen Informationen sind für den Rechtssetzer wichtig, um sozialen, politischen und wirtschaftlichen

---

946 Das Informationsinteresse der Bostoner Gesellschaft würde eine Befangenheit der Juroren freilich nicht rechtfertigen. Die Unbefangenheit der Jury wurde in diesem Fall sichergestellt, indem die Jury erst nach wochenlangen Interviews tausender möglicher Juroren hinsichtlich ihrer potentiellen Betroffenheit zusammengestellt wurde.

947 Je nach Bundesstaat wird der „Pool potentieller Juroren“ mit dem Wählerverzeichnis, dem Verzeichnis ausgestellter Führerscheine oder dem Verzeichnis registrierter Einwohner eines Bundesstaates, die eine *state identification card* (einer Art Personalausweis des jeweiligen Bundesstaates) beantragt haben, abgeglichen.

948 In diese Richtung auch: *Davis/Hershkoff*, 53 Yale L. & Pol'y Rev. 507, 546 (2011).

949 *Davis/Hershkoff*, 53 Yale L. & Pol'y Rev. 507, 544 (2011).

Regelungsbedarf zu identifizieren und gegebenenfalls regulierend bzw. deregulierend einzugreifen.[950] Wenn es den Prozessparteien weitgehend selbst überlassen wird, die Durchsetzung ihrer Interessen sicherzustellen, entsteht ein verzerrtes Bild ihrer Bedürfnisse einerseits und der neben ihnen betroffenen Interessen andererseits. Eine Vereinbarung spiegelt möglicherweise vor allem die Verhandlungsstärke der jeweiligen Vertragspartner wider. Ferner darf nicht übersehen werden, dass die Prozessparteien öffentliche Anliegen wie auch generell die Vorteile einer Verbesserung des geltenden Rechts nicht in ihre Abwägungen einbezogen haben.[951] Ökonomen haben in Bezug auf Schiedsverfahren stets betont, dass die unterschiedlichen Anreizstrukturen im staatlichen und privaten Rechtsverfahren die Entwicklung „besseren Rechts" behindern können,[952] da ein privat gewählter Schiedsrichter eher geneigt sein wird, für die Parteien Pareto-optimale Vereinbarungen zu treffen.[953] Im Kontext staatlicher Gerichtsverfahren sind insbesondere Änderungen nach Rule 29 FRCP, welche nach der hier vertretenen Ansicht auch vorprozessuale Prozessvereinbarungen umfassen, bedenklich.[954] Sind die Informationen nie Gegenstand der *discovery*, können sie auch später nicht mehr in den Prozess eingeführt werden. Es wird vertreten, dass in Gebieten wie dem Verbraucherschutz- und dem Arbeitsrecht nur die vollständige Offenlegung und Veröffentlichung an Informationen für den Gesetzgeber Aufschluss über Spannungsquellen geben kann.[955] Das Interesse des Staates an Kenntnis aller Umstände überwiege in solchen Fällen das Parteiinteresse.[956] Der Zulässigkeit von Prozessverträgen stehe in diesem Fall eine *public policy*-Ausnahme entgegen.[957]

---

950 *Lahav*, The Law and Large Numbers: Preserving Adjudication in Complex Litigation, 59 Fla. L. Rev. 383, 431 (2007); *Davis/Hershkoff*, 53 Yale L. & Pol'y Rev. 507, 544 (2011).

951 *Cooter/Rubinfeld*, Economic Analysis of Legal Disputes and Their Resolution, 27 J. Econ. Lit. 1067, 1093 (1989).

952 Ebd.

953 Ebd.

954 *Davis/Hershkoff*, 53 Yale L. & Pol'y Rev. 507, 545 (2011).

955 Ebd., unter Verweis auf *Friedenthal*, A Divided Supreme Court Adopts Discovery Amendments to the Federal Rules of Civil Procedure, 69 Calif. L. Rev. 806, 818 (1981); auch dieser Ansicht *Brudz/Redgrave*, Using Contract Terms to Get Ahead of Prospective eDiscovery Costs and Burdens in Commercial Litigation, 18 Rich. J.L. & Tech. 13, 37 (2012).

956 *Brudz/Redgrave*, 18 Rich. J.L. & Tech. 13, 37 (2012).

957 Ebd., unter Verweis auf *Mason v. Orthodontic Centers of Colorado, Inc.*, 516 F.Supp. 1205, 1215 (D. Colo. 2007); *Aurora Nat. Life Assur. Co. v. Ewing*, 527 F.3d

Darüber hinaus darf die Zulassung von Prozessverträgen nicht zu fehlender Transparenz hinsichtlich der Funktionsweise staatlicher Rechtsfindung führen.[958] Transparenz ermöglicht zunächst, dass ein staatlicher Machtmissbrauch schneller aufgedeckt wird, und schreckt zugleich vor einem solchen ab.[959] Daneben ermöglicht erst Transparenz die Beurteilung, ob eine Regelung „fair“ ist.[960] Eine Regelung muss in ihrem Anwendungsbereich im Einzelfall betrachtet werden und dort der Fallsituation als angemessen und richtig empfunden werden. Um dies beurteilen zu können, müssen hinreichend viele Entscheidungen zugänglich und jede für sich genommen verständlich sein.[961] Prozesstaktische Erwägungen, die in einen Prozessvertrag Eingang gefunden haben, müssen in der Gerichtsakte als solche gekennzeichnet sein. Manchmal weisen Gerichte darauf hin, dass die Entscheidung ohne die Prozessklausel anders ausgefallen wäre.[962] Die – im Gegensatz zum deutschen Zivilprozess – wortgetreue Aufzeichnung dessen, was bei Vernehmungen gesagt wurde, sowie jede sonstige Dokumentation des Verfahrens sind weiterhin der Öffentlichkeit zur Verfügung zu stellen, tragen aber jetzt schon zu einer guten Informationskultur bei.[963]

5. *Prozessverträge als Gefahr für die Einheitlichkeit des Prozessrechts*

Amerikanische Rechtsgelehrte führen die Notwendigkeit der Konzentration von Rechtsetzungsgewalt (bei einer staatlichen Institution) an, um die Einheitlichkeit des Rechts sicherzustellen.[964] Die Einheitlichkeit des Rechts, so geht die

---

1358 (8th Cir. 2008); *Aurora Nat. Life Assur. Co. v. Harrison*, 462 F.Supp.2d 951, 971 (S.D. Iowa 2006); Restatement (Second) of Contracts § 178 (1981).

958 *Lahav*, 59 Fla. L. Rev. 383, 431 (2007) (das staatliche Gerichtsverfahren sei gerade durch diese Transparenz in Abgrenzung zu privaten Verfahrensformen gekennzeichnet).

959 *Lahav*, 59 Fla. L. Rev. 383, 385 (2007); *LoPucki*, 94 Iowa L. Rev. 481, 494 (2009); *Martin*, Online Access to Court Records, 53 Vill. L. Rev. 855, 861 (2008) („courts' historic commitment to transparency“); *Thornburg*, 44 U. Rich. L. Rev. 1261, 1265 (2010) (aufgrund fehlender Signalwirkung seien „settlements [...] in the shadow of the law“ so bedenklich).

960 *Thornburg*, 44 U. Rich. L. Rev. 1261, 1267 (2010).

961 *Lahav*, 59 Fla. L. Rev. 383, 431 (2007).

962 Abermals bestätigt sich, dass die in post-Erie Fällen gefundene Definition des Prozessrechts als *„unsubstantial“* nicht taugt, vergleiche bereits 2. Kapitel B. II.

963 *Stürner* ÖJZ 2014, 629 (635).

964 *Strong*, 39 Brooklyn J. Int'l L. 1027, 1064 (2014).

Argumentation weiter, sichere die Effizienz der Rechtsanwendung.[965] Eine Zulassung von Prozessverträgen bedeute eine Übertragung von Rechtsetzungsgewalt an eine Vielzahl von Personen und Personengruppen. Dadurch wiederum drohe eine Rechtszersplitterung.[966]

Die Einheitlichkeit des Rechts, insbesondere des Prozessrechts, dient grundlegenden Werten wie dem Gleichheitsgrundsatz und dem Fairnessprinzip.[967] Der Ausgang einer Entscheidung soll nicht von Forum oder Richter abhängig sein, sondern auf einer gleichen Rechtsanwendung beruhen, durch die vorhersehbare Entscheidungen hervorgebracht werden.[968] Mancher vertritt zudem die Ansicht, dass die Einheitlichkeit des Rechts die Effizienz desselben zur Folge habe, weil das Recht bei vorhandener Einheitlichkeit zunehmend bekannt sei, was Zeit und andere Ressourcen spare.[969]

Ziel des Rules Enabling Act war eben jene Vereinheitlichung des Prozessrechtes durch Schaffung der FRCP.[970] Auch wurde dargelegt, dass letzteres Regelwerk Vorbildfunktion für die Einzelstaaten hatte und teilweise wortwörtlich in deren Prozessrecht übernommen wurde, was eine Angleichung des Bundes- sowie des Staatenprozessrechts befördert hat.[971]

Gleichzeitig erscheint das Bild von der Einheitlichkeit des Prozessrechts eine Illusion zu sein: „[T]he current rules of civil procedure are not as uniform as some people appear to believe.“[972] Die Gründe hierfür liegen jedoch weitgehend

965 *Strong,* 39 Brooklyn J. Int'l L. 1027, 1064 (2014), unter Verweis (Fn. 167) auf *Janger*, Universal Proceduralism, 32 Brooklyn J. Int'l L. 819, 819 (2007); *Keeton*, The Function of Local Rules and the Tension With Uniformity, 50 U. Pitt. L. Rev. 853, 860 (1989).

966 *Strong,* 39 Brooklyn J. Int'l L. 1027, 1064 (2014); *Bone,* 90 Tex. L. Rev. 1329, 1371 (2012). Im Ergebnis Einheitlichkeitsargument gegen prozessuale Autonomie ablehnend: „The current Federal Rules are uniform only at a very high level of generality. They do not in fact create uniform procedure in particular cases“.

967 Damit könnte die Argumentation zur Einheitlichkeit des Rechts auch unter II., dem Interesse der Prozessparteien an einem effizienten Verfahren, geführt werden. Die jeweiligen Interessen sind nicht immer sauber trennbar, und überdies wird nachfolgend die Verknüpfung von Einheitlichkeit und Effizienz ohnehin angezweifelt.

968 *Keeton,* 50 U. Pitt. L. Rev. 853, 860 (1989).

969 *Keeton,* 50 U. Pitt. L. Rev. 853, 860 (1989).

970 *Subrin,* Federal Rules, Local Rules, and State Rules, 137 U. Pitt. L. Rev. 1999, 1999 (1989).

971 1. Kapitel B. III.; ferner *Schack*, Einführung in das US-amerikanische Zivilprozessrecht, 4. Aufl. 2011, Rdnr. 31.

972 *Strong,* 39 Brooklyn J. Int'l L. 1027, 1064 (2014); *Bone,* 90 Tex. L. Rev. 1329, 1371 (2012).

außerhalb der Einflusssphäre von Prozessverträgen. Bereits die Existenz zweier paralleler Rechtssysteme auf Bundes- und Staatenebene verhindert die Entstehung eines einheitlichen amerikanischen Prozessrechts. So zeigt allein der Versuch, das Prozessrecht begrifflich als das Recht zu fassen, das nicht „maßgeblich" (*substantial*) für den Urteilstenor ist, wie sehr man darum bemüht ist, eine unterschiedliche Rechtsanwendung auf prozessualer Ebene zu verhindern.[973]

Auch innerhalb der beiden Rechtssysteme gibt es starke Unterschiede der Gerichtspraktiken, sowohl zwischen einzelnen Bundesstaatengerichten als auch innerhalb der verschiedenen Bundesgerichte.[974] Ursache hierfür ist nach Ansicht einiger Rechtsgelehrter die fehlende Bereitschaft der staatlichen Behörden und Akteure selbst, ihre Aufgaben einheitlich durchzuführen.[975] Richter haben einen breiten Ermessensspielraum und können sogar eigene Regelungen, die *local rules*, aufstellen.[976] Zudem (oder gerade deshalb)[977] haben sich innerhalb der beiden großen Blöcke – Bundesprozessrecht und Staatenrecht – neben dem geschriebenen Prozessrecht allmählich ungeschriebene Systeme etabliert („*informal procedural system*")[978]:

> *„[T]here are two distinct yet related systems that simultaneously process civil litigation. One of these is the formal system of procedural rules and doctrine that govern pleadings and motion practice in state or federal courts. The other system has no procedural rulebook, is largely ignored in law schools, and is seldom mentioned by judges. Yet it is a methodical and logical system that civil litigators are aware of and, increasingly, rely upon as a necessary complement to the formal system. This dichotomy poses an interesting challenge for federal practice and procedure in the new century.*"[979]

Ein komplexes, ungeschriebenes Prozessrecht bedroht nicht nur die Einheitlichkeit des Rechts, sondern führt überdies zur Steigerung der Unvorhersehbarkeit

973 Diese Entwicklung wurde maßgeblich durch die Diskussion um *forum selection clauses* angestoßen und weitergetrieben.

974 *Subrin*, 137 U. Pitt. L. Rev. 1999, 2031 (1989).

975 *Bone*, 90 Tex. L. Rev. 1329, 1371 (2012); *Strong*, 39 Brooklyn J. Int'l L. 1027, 1065 (2014).

976 *Bone*, 90 Tex. L. Rev. 1329, 1371 (2012).

977 Die *local rules* sind eigentlich schriftliche Regelungen. Allerdings verläuft die Grenze zwischen schriftlichen *local rules* und ungeschriebenen Gepflogenheiten hinsichtlich ihrer Anwendung sowie der Ausübung von Ermessen fließend.

978 *Strong*, 39 Brooklyn J. Int'l L. 1027, 1043 (2014), in Fn. 74 Verweis auf *Subrin*, The Integration of Law and Fact in an Uncharted Parallel Procedural Universe, 79 Notre Dame L. Rev. 1981, 1983 (2004).

979 *Subrin*, 79 Notre Dame L. Rev. 1981, 1983 (2004).

von Gerichtsentscheidungen, da es von außen weitgehend undurchsichtig ist.[980] Das gilt umso mehr bei Beteiligung forumsfremder Prozessparteien.[981]

Damit sind die bisher vorhandenen Möglichkeiten vertraglicher Prozessgestaltung jedenfalls nicht ursächlich für die fehlende Prozessrechtseinheitlichkeit.[982] Überdies ist der Schluss von der Einheitlichkeit des Rechts auf die Effizienz desselben fraglich.[983] Das Erstarken der parallel zum staatlichen System bestehenden Schiedsgerichtsbarkeit sowie die zunehmende Kritik an langwierigen, teuren Gerichtsverfahren belegen die steigende Wahrnehmung des staatlichen Verfahrens als ineffizient.

Vor allem jedoch können Prozessverträge auch als Abhilfe für die nach wie vor bestehenden Unterschiede der Rechtsanwendung gesehen werden. Während Prozessverträge zwar einerseits die prozessualen Handlungsmöglichkeiten und damit die Uneinheitlichkeit noch vergrößern können, können andererseits bestehende Unsicherheiten auch aufgewogen werden. Dies gilt vor allem für die Prozessparteien selbst,[984] die die Anwendung bestimmter Prozessregeln unabhängig vom Forum festlegen können, jedoch auch aus staatlicher und öffentlicher Sicht. Etablieren sich bestimmte Formen von Prozessverträgen als gut und zuverlässig, können diese langfristig als Standardregelung maßgeblich sein. Das ist eine wichtige Botschaft für den Gesetzgeber, der hierauf aufbauend das Recht weiterentwickeln kann,[985] sowie für die Öffentlichkeit, die sich auf das Wiederkehren einer bestimmten Regelung einstellen kann. Allerdings bestehen teilweise noch extreme Unterschiede bei Auslegung und Validierung von bestimmten Prozessabreden wie etwa die gerichtliche Behandlung von *class action waivers* zeigt, bei der die Gerichte zwischen genereller Unzulässigkeit der Klausel und grundsätzlicher Aufrechterhaltung des erklärten Parteiwillens schwanken.[986] Um die bestehenden Unterschiede der gerichtlichen Validierungspraxis auszugleichen, bietet sich die Formulierung klarer Differenzierungskriterien an, um zulässige und wirksame Verträge von anderen zu unterscheiden. Dazu sollten der Parteistatus, der Vertragstypus, insbesondere die Verhandelbarkeit einer Klausel und der Zeitpunkt der Vereinbarung gehören.[987]

---

980 *Strong,* 39 Brooklyn J. Int'l L. 1027, 1043 (2014).
981 *Strong,* 39 Brooklyn J. Int'l L. 1027, 1043 (2014).
982 *Strong,* 39 Brooklyn J. Int'l L. 1027, 1065 (2014).
983 *Strong,* 39 Brooklyn J. Int'l L. 1027, 1065 (2014).
984 Siehe insbesondere sogleich im 4. Kapitel A. II. 1. a.
985 Dazu bereits im 4. Kapitel A. I. 4.
986 Siehe im 3. Kapitel C. II. 3.
987 Dazu noch im 4. Kapitel A. II. 1. b. und C.

II. Interessen der Prozessparteien

1. Grundsätzliches

a. Effizienz und Präzision

Eine zentrale Zielsetzung von Prozessverträgen ist es, den Zivilprozess effizienter zu gestalten.[988] Das Recht sollte solche Vereinbarungen fördern, die die Wirtschaftlichkeit zum beiderseitigen Vorteil der Vertragspartner erhöhen.[989] Hinter Forderungen nach Zulassung effizienzsteigernder Verträge steht oftmals die Annahme, dass eine Vereinbarung bei Erhöhung der Wirtschaftlichkeit der Rechtsbeziehung insgesamt zum beiderseitigen Vorteil sein müsse, denn andernfalls hätten sich die Parteien nicht geeinigt. Dabei wird oftmals angenommen, dass beide Seiten in einer Verhandlungsposition stehen, die es ihnen ermöglicht, ausgeglichene oder jedenfalls für beide Seiten vorteilhafte Regelungen zu finden.[990] Eine weitere These ist, dass eine effizientere Verfahrensgestaltung durch die Parteien zu einer effizienteren Nutzung gerichtlicher Ressourcen führt, weswegen sie zumindest im Sinne öffentlicher Interessen *de lege ferenda* weiter zu befördern seien.[991]

Bereits die *de lege lata* eingeräumte Prozessautonomie ermöglicht den Abschluss solcher Prozessverträge, die die Effizienz des Zivilprozesses erhöhen. Die Wahl eines bestimmten Forums kann dem Wunsch nach Sicherung bestimmter richterlicher Expertise entspringen, durch welche schnellere und in der Sache angemessenere Ergebnisse hervorgebracht werden können. Zudem wird die Akzeptanz des Ergebnisses durch die Einräumung von Prozessautonomie gefördert (dazu unter c.), wodurch die Kosten für einen Folgeprozess gespart werden können. Je nachdem, welches das eigentlich zur Entscheidung berufene Forum wäre, kann eine Forumswahl auch ganz praktische Vorteile, wie die Einsparung von Reisekosten, mit sich bringen. Der Ausschluss einer Jury kann den Entscheidungsfindungsprozess vorhersehbarer und schneller machen: Es müssen keine potentiellen Juroren geladen, interviewt und ausgewählt werden.

---

988 Siehe dazu bereits die Ausführungen in der Einleitung.

989 *Davis/Hershkoff*, 53 Yale L. & Pol'y Rev. 507, 526 (2011), unter Verweis in Fn. 68 auf *Clark*, Contracts, Elites, and Traditions in the Making of Corporate Law, 89 Colum. L. Rev. 1703, 1706 (1989), der in Bezug auf Vertragstheorien im Gesellschaftsrecht feststellt: „To sum up the strong form of the contractual theory in a motto: Everything is negotiable".

990 *Shavell*, Foundations of Economic Analysis of Law, 446 (2004).

991 Dazu eingehend unter A. III. 1.

Unwägbarkeiten bei der Entscheidungsfindung können minimiert werden.[992] Das Verfahren kann allein deshalb schneller sein, weil die Notwendigkeit, eine einstimmige Entscheidung zwischen 6–12 Juroren herzustellen, entfällt. Das Erfordernis der Einstimmigkeit einer Juryentscheidung kann jedoch zudem gesondert abbedungen werden.[993] Auch ein Individualverfahren in Abgrenzung zu einem Gruppenverfahren ist, für sich genommen, deutlich schneller, weil weitaus weniger Personen daran beteiligt sind.

Das Erreichen einer effizienteren Verfahrensgestaltung ist jedoch vor allem im Verfahrensabschnitt der kostspieligen *pre-trial discovery* relevant. Zwar soll bereits die Durchführung auf Parteikosten die ineffiziente Nutzung der einzelnen Instrumente ausschließen, jedoch besteht insbesondere in diesem Verfahrensabschnitt die Gefahr für ein Gefangenendilemma der Parteien,[994] dessen Entstehung sich durch eine *ex ante* getroffene Vereinbarung hinsichtlich Art und Umfang der *discovery* vermeiden lässt. Strategische und opportunistische Verhaltensweisen lassen sich im Vorfeld des Prozesses besser reduzieren, weil sich die Parteien hier noch nicht der Situation als Kontrahenten ausgesetzt sehen und gleichgerichtetes Handeln besser möglich ist.[995] Im Kontrast dazu will jede Partei nach Einreichung der Klage, dass ihre individuellen Vorteile größer sind als ihre individuellen Kosten.[996] Ganz allgemein ist damit der Zeitpunkt der Vereinbarung relevanter Faktor in der Beurteilung der Wirtschaftlichkeit von Prozessklauseln für die Parteien. *De lege ferenda* ist eine Klarstellung des *Supreme Court* oder der FRCP bezüglich der Zulässigkeit vorprozessualer *discovery*-Änderungen wünschenswert.[997]

---

992 Vgl. dazu den Beitrag des ehemaligen Richters *Lambros*, The Summary Jury Trial – Ending the Guessing Game: An Objective Means of Case Evaluation, 12 Ohio St. J. on Disp. Resol. 621 (1997): „Seventeen years have passed since I pondered ways to address the most elusive task that faces a trial lawyer--predicting the outcome of a jury trial. Every time a case is prepared for litigation, a trial lawyer is faced with the imponderable task of attempting to predict the outcome of a jury trial. Clients desire to know what the outcome will be prior to trial and, thus, an attorney must venture a guess to determine whether to advise their clients to settle or to risk a trial. The evaluation process was too subjective. As professionals, we have been in need of something more objective for measuring outcomes. [T]his speculation [engendered frustration]".

993 3. Kapitel, B. III.

994 3. Kapitel, B. I. 3. a.

995 *Kapeliuk/Klement*, 4 (2008); dazu sogleich noch eingehend unter 2.

996 *Kapeliuk/Klement*, 4 (2008).

997 Siehe auch im 4. Kapitel C. III.

Darüber hinaus kann jede Umgestaltung der *discovery*, also auch die *ex post* im Rahmen der *pre-trial*-Konferenz vereinbarte, diesen Verfahrensabschnitt kostengünstiger und schneller gestalten. Eine sinnvolle Eingrenzung des zu behandelnden Streitstoffes ermöglicht eine frühzeitige Einschätzung der eigenen Position sowie der prozessualen Erfolgsaussichten. Oftmals wissen die Prozessparteien vor Durchführung der *discovery* nicht genau, ob ihre Position begründet ist, oder sie suchen in diesem Vorstadium zum Gerichtsprozess überhaupt erst nach Klagegründen oder Verteidigungsmöglichkeiten. Eine einvernehmliche Beschränkung der *discovery* ist aber auch gerade dann sinnvoll, wenn die Positionen bereits klar sind, und die Entscheidung nur von der Interpretation einzelner Dokumente durch das Gericht abhängt.

Effizienz ist im Rahmen von Prozessverträgen eng mit Präzision verknüpft. Klare Vertragsklauseln können, insbesondere dort, wo das Recht offen oder unklar ist, zu mehr Effizienz führen. Das gilt jedenfalls für den Zeitraum vor Klageeinreichung, wenn die geschaffene Klarheit dazu führt, dass es nicht oder nur in begrenztem Umfang zum Rechtsstreit kommt. Allerdings muss berücksichtigt werden, dass die Ermittlung von potentiellen Unklarheiten und die Findung präziser Formulierungen im Vorfeld der Streitigkeit zu höheren Transaktionskosten führen können.[998]

Der Grad der Präzision ist die Regelgröße für eine Kostenverlagerung vom Anfang der parteilichen Rechtsbeziehung hin zum Zeitpunkt des Rechtsstreits, die die Parteien zum beiderseitigen Vorteil nutzen können.[999] Höhere Kosten im Vorfeld einer Streitigkeit können das Prozessrisiko und damit die Prozesskosten senken. Umgekehrt können sich die Parteien jedoch auch bewusst für vage Klauseln bzw. knappe Verträge entscheiden, um Transaktionskosten zu sparen. Das werden sie tun, wenn sie entweder das Prozessrisiko als gering einschätzen, oder sie sich in der wirtschaftlich stärkeren Position sehen. Das Verhältnis zwischen Transaktions- und Prozesskosten gibt mithin Aufschluss über angestellte Abwägungen hinsichtlich der Wahrscheinlichkeit eines Prozesses, der Wichtigkeit der Einhaltung vertraglicher Verpflichtungen sowie der Einschätzung der eigenen Position. Idealerweise sind die Transaktionskosten gering und die Prozesskosten gleich Null. Bisweilen wird auch von *cost-accuracy-ratio* gesprochen, welche ebenfalls für die Beurteilung der Wirtschaftlichkeit maßgeblich sein soll.[1000] Dabei wird davon ausgegangen, dass niedrige Kosten und hohe Genauigkeit

998 *Dodge*, 97 Va. L. Rev. 723, 756 (2011).

999 *Scott/Triantis*, Anticipating Litigation in Contract Design, 115 Yale L.J. 814 (2006).

1000 *Dodge*, 97 Va. L. Rev. 723, 748 (2011).

einer Regelung das wirtschaftliche Idealverhältnis sind. Aus dem Blickwinkel der Wirtschaftlichkeit ist die Genauigkeit jedoch dann irrelevanter Faktor, wenn sie keine Auswirkung auf die Erfüllung der Vertragspflichten sowie das Entstehen einer Streitigkeit hat.

Präzision kann auch Selbstzweck sein – es kann den Parteien also gerade darauf ankommen, die Gestaltung ihrer Rechtsbeziehungen möglichst präzise zu fassen. Durch Prozessklauseln lassen sich dabei *de lege lata* nicht nur gesetzlich vorgesehene prozessuale Rechte und Pflichten präzisieren, sondern auch gesetzlich nicht geregelte, wie auch subjektive Rechte und Pflichten. Durch Schaffung klarer Anreizsysteme, die vertragstreues Verhalten mit Prozesskosteneinsparungen belohnen, kann die Wichtigkeit der Einhaltung subjektiver Rechte und Pflichten unterstrichen werden (*substance-reinforcing provisions*).[1001] Dies kann sich auf ein Parteiverhalten im Hinblick auf die Erfüllung der materiellen Pflichten (*substantive behavior*) sowie des prozessualen Auftretens (*procedural behavior*) auswirken. Auch der Ausschluss von Rechtsbehelfen, neben dem Rechtsmittelausschluss[1002] etwa der Ausschluss der Geltendmachung eines bestimmten Anspruchs[1003] oder einer Verteidigung,[1004] präzisiert die subjektiven Rechtsbeziehungen, die dann eine höhere Stufe der Verbindlichkeit einnehmen (*substance-readjusting provisions*)[1005]. Daneben stellt er eine vertrauensbildende Maßnahme dar und vertieft somit die Rechtsbeziehung der Parteien. Auch aus diesem Grund ist die Zulässigkeit des vorprozessualen Verzichtsvertrages sinnvoll.[1006]

Die Investition in genaue und ausführliche Vertragsklauseln kann auch der Kommunikation bestimmter Informationen dienen, die auf andere Weise schwer zu vermitteln sind.[1007] Für die Parteien sind erstens Informationen hinsichtlich der Fähigkeit und Bereitschaft der anderen Seite, den Vertrag ordnungsgemäß zu erfüllen (*private* performance *information*) relevant, und zweitens, hinsichtlich der prozesstaktischen Einstellung der anderen Seite, etwa deren Neigung zu prozessieren und vorhandene Prozessinstrumente ausschöpfend einzusetzen bzw. wahrzunehmen (*party's litigation information*).[1008] Wichtige performance

---

1001 *Dodge*, 97 Va. L. Rev. 723, 746 (2011), „substance-reinforcing provisions" umfassen in *Dodges* Arbeit die materiellen wie prozessualen Rechte und Pflichten der Parteien.

1002 Dazu im 3. Kapitel E.

1003 *Dodge*, 97 Va. L. Rev. 723, 746 (2011) mwN in Fn. 84.

1004 *Dodge*, 97 Va. L. Rev. 723, 746 (2011) mwN in Fn. 85.

1005 *Dodge*, 97 Va. L. Rev. 723, 746 (2011).

1006 Siehe auch im 3. Kapitel E. II. 4.

1007 *Kapeliuk/Klement*, 23 (2008); *Bone*, 90 Tex. L. Rev. 1329, 1356 (2012).

1008 *Kapeliuk/Klement*, 23 (2008).

information ist etwa die Zahlungsfähigkeit. Sofern keine Dokumentation diesbezüglich aus früheren Geschäften vorhanden oder erhältlich ist, ist eine materiell-rechtliche Verpflichtung, für den Fall der Nichtzahlung eine Vertragsstrafe zu zahlen, bedeutungslos, wenn die Nichtzahlung auf einem Zahlungsausfall des Schuldners beruht. Der Schuldner kann jedoch durch prozessuale Vereinbarungen signalisieren, dass er zahlen kann und wird: Er kann beispielsweise auf die Bekanntgabe und Zustellung (*notice*) einer einstweiligen Beschlagnahme von Sachen verzichten oder einem vorläufigen Forderungseinzug zustimmen.[1009] Für den Vertragspartner ist diese Information relevant, um den (potentiellen) Schuldner von anderen zu unterscheiden, die den Verzicht auf wichtige *due process*-Rechte nicht erklären.[1010] Auch *litigation information* kann durch Verzicht auf bestimmte Rechtsbehelfe und -instrumente (zum Beispiel *discovery*-Instrumente) vermittelt werden.[1011]

Inwieweit im Hinblick auf Kosten-Nutzen-Abwägungen von einem gleichberechtigten *trade-off* gesprochen werden kann, soll im Rahmen der Frage, inwieweit das geltende Recht eine Schutzrolle übernimmt und übernehmen sollte, diskutiert werden.[1012] Prozessverträge bieten jedenfalls das Potential für eine effizientere Gestaltung der Rechts- und Prozessbeziehungen. Soweit dies im Einzelfall zutrifft, sollte der Richter – in den nachfolgend diskutierten Grenzen formeller und materieller Fairness – gehalten sein, die kostengünstigere Variante zu bevorzugen, etwa durch Reduktion seines Ermessens auf Null.[1013] Gerade das Bestehen vielfältiger richterlicher *case management*-Optionen bietet die Möglichkeit, solche parteilich maßgeschneiderten Prozessrechtsregime zu fördern, die zu gesteigerter Wirtschaftlichkeit der Rechtsbeziehungen beitragen.[1014]

b. Materielle Fairness

Prozessverträge können die materielle Fairness (*substantive fairness*) eines Zivilprozesses steigern,[1015] da grundsätzlich die Vertragsparteien am besten wissen, was ihren Interessen entspricht und sie damit neben Pareto-effizienten auch

---

1009 *Kapeliuk/Klement*, 24 (2008).

1010 *Kapeliuk/Klement*, 24 (2008).

1011 *Kapeliuk/Klement*, 25 (2008).

1012 Im 4. Kapitel unter A. II. 1. b. (1).

1013 *Strong*, 39 Brooklyn J. Int'l L. 1027, 1066 (2014).

1014 *Strong*, 39 Brooklyn J. Int'l L. 1027, 1066 (2014); *Glenn*, Prospects for Transnational Civil Procedure in the Americas, 1/2 Unif. L. Rev. 485, 490 (2003).

1015 *Davis/Hershkoff*, 53 Yale L. & Pol'y Rev. 507, 530 (2011).

„faire" Lösungen finden können.[1016] Da Fairness Ausdruck subjektiven Gerechtigkeitsempfindens ist, erscheint es *prima facie* zielführend, die Beteiligten schlichtweg zu fragen, welche Lösungen sie als am „gerechtesten" empfinden.[1017] Der Vertrag ist damit „adäquates Regelungsmodell", wenn es um den gerechten Ausgleich von Interessen geht.[1018]

Gleichzeitig muss die Zustimmung zu einem Prozessvertrag nicht notwendig bedeuten, dass die zustimmende Partei ihn als einen „gerechten Ausgleich" wertet. Konnte die zustimmende Partei nur darüber entscheiden, den Vertrag als Ganzen (etwa einen Kaufvertrag mit einzelnen Prozessklauseln) anzunehmen oder abzulehnen, ist sie aber gleichzeitig auf den Abschluss eines solchen oder ähnlichen Gesamtvertrages angewiesen, kann sie sehr wohl einzelne Regelungen des Vertrages als „ungerecht" empfinden und dennoch wirksam ihre Zustimmung erteilt haben.[1019] Die Wirksamkeit der Zustimmung wird erst dann fraglich, wenn Zweifel an der „Freiwilligkeit der Vereinbarung" im Sinne „echter Selbstbestimmung"[1020] bestehen. Es kann jedoch auch sein, dass eine Partei bei Vertragsschluss von einem durch und durch gerechten Vertragswerk ausgeht und erst nachträglich feststellt, dass sie bestimmte Risiken nicht vorhergesehen oder falsch eingeschätzt hat.[1021] Allgemeine Gerechtigkeitserwägungen des normativen Rechts sollen dabei nicht selten eine kontrahierende Partei vor sich selbst schützen. Daneben ermöglicht die Einräumung richterlichen Ermessens, im Einzelfall für Billigkeit zu sorgen, etwa indem der Richter eine Prozessklausel oder einen Prozessvertrag für sittenwidrig erklären kann.[1022]

1016 *Davis/Hershkoff*, 53 Yale L. & Pol'y Rev. 507, 530 (2011).

1017 *Braun*, Einführung in die Rechtswissenschaft, 3. Aufl. 2007, S. 88: „[Es] sind zwar keine Erkenntnisse zu erwarten, die über den Horizont der unmittelbar Beteiligten hinausreichen. Dieses Verfahren scheint aber dennoch zu garantieren, dass den Beteiligten jedenfalls kein Unrecht geschieht; denn: volenti non fit iniuria – wer es selbst so will, dem widerfährt zumindest kein Unrecht".

1018 *Ebd.* Deshalb sehen die Vertragstheoretiker in der Rechtsphilosophie auch den Gesellschaftsvertrag als angemessenes Instrument, um die staatliche Rechtsordnung zu etablieren.

1019 *Dodge*, 97 Va. L. Rev. 723, 735 (2011).

1020 *Wagner*, Prozeßverträge, 1998, S. 126.

1021 *Dodge*, 97 Va. L. Rev. 723, 735 (2011).

1022 Vgl. dazu bereits an vereinzelten Stellen im 3. Kapitel.

aa. Schutz der wirtschaftlich und intellektuell schwächeren Partei

Die Position der Parteien eines Prozessvertrages ist klar: Sie erwarten, dass das Recht ihnen die größtmögliche Gestaltungsfreiheit hinsichtlich der Vertragsausgestaltung überlässt, aber dann schützend eingreift, wenn sie die Rechtsfolgen ihrer Handlungen nicht vorhergesehen oder falsch eingeschätzt haben. Das Recht soll weiter, aus Sicht der schwächeren Partei, eine ungleiche Verhandlungsposition ausgleichen. Aus Sicht der stärkeren Partei soll jedoch das Vereinbarte maßgeblich sein. Eine nachträgliche „Korrektur" durch die Gerichte, indem diese einzelne Vertragsklauseln oder den Prozessvertrag als Ganzen *ex post* für unzulässig und unwirksam erklären, stellt aus Sicht der Partei, die am Vertrag festhalten will, einen unzulässig starken Eingriff in die Privatautonomie dar. Es stellt auch die Verlässlichkeit von Prozessverträgen infrage.

(1) Generell: Schutz einzelner Personengruppen

Das Recht nimmt an einzelnen Stellen besondere Personengruppen von der grundsätzlich gleichen Rechtsanwendung auf alle aus, um sie unter besonderen Schutz zu stellen.[1023] So sollen einzelne Regelungen des amerikanischen Zivilprozesses Prophylaxe gegen eine Benachteiligung solcher Personen sein, die sich nicht selbst angemessen schützen können.[1024] Zum Beispiel sollen Kinder als schwache und wehrlose Partei durch die Bestellung eines *guardian ad litem* geschützt werden, der für die Dauer des Prozesses deren Rechte als Vormund und Rechtsbeistand zu wahren hat.[1025] Ähnlich „wehrlos" sind diejenigen *class*-Mitglieder, die im Prozess selbst nicht anwesend sind, auf die sich aber grundsätzlich die Urteilswirkungen hinsichtlich der Tatsachen- und Rechtsfragen erstrecken.[1026] Dementsprechend sind die richterlichen Leitungs- und

---

1023 *Moffit,* 75 Geo. Wash. L. Rev. 461, 516 (2007).

1024 *Moffit,* 75 Geo. Wash. L. Rev. 461, 516 (2007).

1025 *Moffit,* 75 Geo. Wash. L. Rev. 461, 516 (2007).

1026 *Wal-Mart Stores, Inc. v. Dukes*, 131 S.Ct. 2541, 2550 (2011); *In re American Medical Systems, Inc.*, 75 F.3d 1069, 1080 (6th Cir. 1996); *Califano v. Yamasaki*, 442 U.S. 682, 701 (1979); *Eisen v. Carlisle and Jacquelin*, 391 F.2d 555, 568 (2nd Cir. 1968); *Giordano v. Radio Corporation of America*, 183 F.2d 558, 561 (3rd Cir. 1950). Zur Möglichkeit, der Bindungswirkung eines Urteils für alle *class*-Mitglieder zu entgehen *Cameron-Grant v. Maxim Healthcare Services, Inc.*, 347 F.3d 1240, 1248 (11th Cir. 2003), („unless they affirmatively 'opt out' of the suit") und weiter *LaChapelle v. Owens-Illinois, Inc.*, 513 F.2d 286, 288 (5th Cir. 1975) („More correctly, class members may opt out only when the action is maintainable under subdivision (b)(3) of Rule 23. When either subdivision (b)(1) or (b)(2) applies, the rule does not allow a class member

Eingriffsbefugnisse bei einer *class action* breiter gestaltet,[1027] so heißt es auch explizit in Rule 23(d)(B) FRCP, „to protect class members and fairly conduct the action".[1028]

In Bezug auf Prozessverträge tauchen in der amerikanischen Diskussion um einen erhöhten Schutz vor Übervorteilung des Weiteren folgende Personengruppen auf: Verbraucher, Arbeitnehmer, Kreditnehmer und weitere ähnlich „schwache" Vertragsparteien.[1029] Charakteristisches Merkmal dieser Personen ist, dass sie nicht in derselben Verhandlungsposition wie ein Unternehmer[1030] stehen, da ihnen typischerweise besondere Kenntnisse, juristische Kompetenz sowie wirtschaftliche Erfahrenheit und Ressourcen fehlen.[1031] In der Regel sind sie an der Vertragsausgestaltung nicht beteiligt und haben auch nicht dieselben Möglichkeiten, bestimmte Standardklauseln schnell und kostengünstig durch eine Rechtsabteilung überprüfen zu lassen.[1032] Sie befinden sich zumeist in der Position eines „Bittstellers", der auf den Abschluss eines bestimmten Vertrages angewiesen ist. Daher besteht die Gefahr der Übervorteilung, also dass der Unternehmer Prozessklauseln und Vertragsbedingungen durchsetzt, die ihm selbst Vorteile bringen, aber zum Nachteil der schwächeren Partei sind. Im

---

to avoid the effect of judgment by disassociating himself from the suit."). Siehe im Detail bereits: 3. Kapitel C. I. 1. b.

1027 *Moffit*, 75 Geo. Wash. L. Rev. 461, 516 (2007).

1028 Aus diesem Grund unterliegen der Vergleich, die Klagerücknahme oder die sonstige Streitbeilegung im Falle einer *class action* der richterlichen Zustimmung, Rule 23(e) FRCP („The claims, issues, or defenses of a certified class may be settled, voluntarily dismissed, or compromised only with the court's approval [...]").

1029 *Moffit*, 75 Geo. Wash. L. Rev. 461, 516 (2007); *Davis/Hershkoff*, 53 Yale L. & Pol'y Rev. 507, 510 (2011); *Dodge*, 97 Va. L. Rev. 723, 724 (2011); *Bone*, 90 Tex. L. Rev. 1329, 1332 (2012).

1030 Der Begriff des Unternehmers ist nicht streng i.S.d. Unternehmerbegriffs in § 14 I BGB oder des Kaufmannsbegriffs in § 1 I HGB zu verstehen. In der amerikanischen Literatur geht es vorwiegend um die Einteilung in zwei Gruppen: die mit den Gepflogenheiten im Handelsverkehr vertrauten und gleichzeitig hinreichend professionell organisierten Wirtschaftsteilnehmer (*commercial actors*) und alle anderen (*non-commercial actors*), vgl. etwa *Dodge*, 97 Va. L. Rev. 723, 755 (2011).

1031 *Dodge*, 97 Va. L. Rev. 723, 735 (2011) („unaware of the magnitude of the rights they were waiving or unable to contract for alternative terms"); *Bone*, 90 Tex. L. Rev. 1329, 1360 (2012).

1032 *Dodge*, 97 Va. L. Rev. 723, 757 (2011).

Kontext von Verbraucherverträgen wird regelmäßig vorgetragen, dass zumeist nur eine Partei unberechtigt von dem Vertrag profitieren würde.[1033]

Die Gefahr der Übervorteilung mangels ausgeglichener Verhandlungspositionen (*bargaining power*) wird vor allem bei Vorliegen eines sogenannten *adhesion* oder *boilerplate contract* erhöht. Bei dieser Vertragsart handelt es sich um eine Art Formularvertrag (*standard form contract*), also einen Vertrag, der für eine Vielzahl von Verträgen vorformulierte Vertragsbedingungen enthält. Die Besonderheit des *adhesion contract* im Unterschied zu sonstigen Formularverträgen liegt darin, dass der Verwender, der an zahlreichen ähnlichen Geschäften partizipiert, der anderen, unerfahrenen Partei (*adhering party*) den Vertrag auf einer *take-it-or-leave-it*-Basis anbietet, und die andere Partei nahezu keine Möglichkeit der Verhandlung hat.[1034] Dabei kann, muss allerdings nicht, die Grenze zum Vorliegen eines Knebelvertrages wie im deutschen Recht, wonach die wirtschaftliche Selbstständigkeit und Entschließungsfreiheit einer Person ganz oder zu einem wesentlichen Teil beseitigt wird,[1035] erreicht sein. Im amerikanischen Fallrecht fällt das Vorliegen eines *adhesion contract* typischerweise mit einem ungleichen Parteistatus, welcher die wirtschaftliche Übermacht der einen Partei begründet, zusammen, obgleich dies ebenfalls nicht zwingend ist. Nach Ansicht einiger einzelstaatlicher Gerichte soll daher eine Bestimmung, die in einem *adhesion contract* vorkommt, per se unwirksam sein.[1036] Eine wirtschaftliche Dominanz

---

1033 *Dodge*, 97 Va. L. Rev. 723, 724 (2011), unter Verweis auf die Arbeit von *Mann/Siebeneicher*, Just One Click: The Reality of Internet Retail Contracting, 108 Colum. L. Rev. 984 (2008).

1034 Definition und Voraussetzungen des *adhesion contract* bei *Rakoff*, 96 Harv. L. Rev. 1174, 1177 (1983).

1035 *Armbrüster*, in: MüKo BGB, 5. Aufl. 2006, § 138 Rn. 71 ff.; *Ahrens*, in PWW, 8. Aufl. 2013, § 138 Rn. 122.

1036 *Barcelona v. Sea Victory Maritime, Inc.*, 619 So.2d 741, 745 (La. Ct. App. 1993) („contracts of adhesion that negate consent to their forum selection provisions") (Louisiana); für Minnesota gibt es eine Reihe ähnlicher Entscheidungen, exemplarisch seien zwei genannt: *Interfund Corp. v. O'Byrne*, 462 N.W.2d 86, 88 (Minn. Ct. App. 1990) („A forum selection clause is unreasonable if contained in an adhesion contract which is the product of disparate bargaining power") (Minnesota); *Hauenstein & Bergmeister, Inc. v. Met-Fab Industries, Inc.*, 320 N.W.2d 886, 891 (Minn. 1982) („Forum selection clauses in contracts which are termed adhesion contracts and which are products of unequal bargaining power between parties are unreasonable") (Minnesota); *Polzin v. Appleway Equipment Leasing, Inc.*, 345 Mont. 508, 514 (Mont. 2008) („Evidence that the clause is a contract of adhesion supports the conclusion that the clause is unreasonable") (Montana); *Molino v. Sagamore*, 105 A.D.3d 922 (N.Y. App. Div. 2013) („Holding: [...] rental agreement containing forum-selection clause was not a contract of

ist gleichwohl auch zwischen Parteien mit gleichem Status – bspw. beide sind Kaufleute – denkbar, sodass nicht voreilig vom Parteistatus auf das Vorliegen bzw. Nichtvorliegen eines *adhesion contract* geschlossen werden darf.[1037] Auch das Vorliegen einer Verhandlungsasymmetrie bedeutet nicht zugleich, dass die Übermacht der einen zum Nachteil der anderen Vertragspartei im Sinne der Sittenwidrigkeitsdoktrin ausgenutzt wurde,[1038] oder es sonst eines Ausgleichs der Verhandlungspositionen bedürfte.

Im deutschen Rechtsraum ist die staatliche Gewährleistung sozialer Sicherheit nahezu Konsens, etwas überspitzt ausgedrückt soll der „unerfahrene [...] Bürger vor der Marktmacht von intellektuell und wirtschaftlich überlegenen Anbietern" geschützt werden.[1039] Auch das amerikanische Recht kennt grundsätzlich einen Schutz der genannten Personengruppen, gleichwohl ist dessen Konzeption von wirtschaftsliberalen Vorstellungen wie dem Glauben an die Eigenverantwortung mündiger, selbstbestimmter Bürger sowie der Selbstregulierung des Marktes geprägt. Bundes- und Staatengerichte verfolgen dabei unterschiedliche Richtungen, die zunächst aufgezeigt werden sollen, um sodann die Forderungen der amerikanischen Literatur nach Rechtsänderungen besser einordnen zu können.

(2) Gerichtliche Haltung

Bundesgerichte tendieren im Gegensatz zu den Staatengerichten dazu, der Unterscheidung zwischen Unternehmern und Verbrauchern und Weiteren keine große Bedeutung einzuräumen. Lediglich im Einzelfall kann eine Prozessklausel deshalb unwirksam sein, weil eine Partei ungleich stark benachteiligt war.[1040] Die marktliberale Haltung wird etwa durch die Stellungnahme des *Court of Appeals for the 7th Circuit* deutlich:

> „*As long as the price is negotiable and the customer may shop elsewhere, consumer protection comes from competition rather than judicial intervention. Making the institution of contract unreliable by trying to adjust matters ex post in favor of the weaker party will just make weaker parties worse off in the long run.*"[1041]

---

adhesion but was valid and enforceable") (New York); *Durdahl v. National Safety Associates, Inc.*, 988 P.2d 525, 529 (Wyo. 1999) (Bezugnahme auf *Hauenstein & Bergmeister, Inc. v. Met-Fab Industries, Inc.*) (Wyoming).

1037 Dazu auch sogleich unter (3).

1038 Vgl. im 2. Kapitel B. II.

1039 *Braun*, Einführung in die Rechtswissenschaft, 3. Aufl. 2007, S. 277.

1040 Zum Beispiel *Carnival Cruise Lines, Inc. v. Shute*, 499 U.S. 585, 586 (1991).

1041 *IFC Credit Corp. v. United Business & Indus. Federal Credit Union*, 512 F.3d 989, 993 (7th Cir. 2007).

Inwiefern die Marktkräfte ausreichender Ausgleich einer wirtschaftlich schwachen Position sind, wird unter (3) näher beleuchtet. Das Argument der Rechtsunsicherheit in Bezug auf das Rechtsinstrument des Vertrages vermag jedoch bereits als solches nicht zu überzeugen. Denn unstreitig unterliegt die Frage der Wirksamkeit eines Vertrages der gerichtlichen Kontrolle. Würden die Parteien antizipieren, dass ein Gericht stets alle Klauseln „durchwinkte", müssten sie gar nicht erst versuchen, diese im Einklang mit geltendem Recht zu formulieren. Wenn einzelstaatliches Recht den Verbraucherschutz als *public policy* erklärt, dazu sogleich,[1042] ist dies außerdem kein unsicherer Zustand. Die Unsicherheit besteht in der Praxis gleichwohl dadurch, dass es eine einheitliche Linie zwischen den Gerichten hinsichtlich der Auslegung und Wichtigkeit solcher Schutzgesetze nicht gibt.[1043] Daneben ist die Einräumung gerichtlichen Ermessensspielraums immer mit Unsicherheit verbunden, die sich jedoch dadurch rechtfertigt, völlig unhaltbare Ergebnisse zu vermeiden.

(a) Gerichtsstandsklauseln

In Bezug auf Gerichtsstandsklauseln hat der *Supreme Court* zuletzt in der Entscheidung *Carnival Cruise Lines*[1044] klargestellt, dass die vom *9th Circuit of Appeals* verfolgte unterschiedliche Behandlung von Verträgen bei Beteiligung von Verbrauchern nicht haltbar sei.[1045] Er befand eine Gerichtsstandsklausel für wirksam, die sich im Kleingedruckten auf der Rückseite eines Kreuzfahrttickets befand, und von der der Kläger zudem erst nach Abschluss des Vertrages und Bezahlung Kenntnis erlangen konnte, da ihm das Ticket erst dann ausgegeben wurde.[1046] Nach deutschem AGB-Recht wäre diese Klausel gar nicht erst wirksam einbezogen gewesen.[1047] In der Urteilsbegründung wird auf diesen Punkt nicht weiter eingegangen,[1048] sondern es heißt lediglich, dass der Verbraucher

---

1042 (a)–(d).

1043 Der *Supreme Court*, dessen Entscheidungen für Bundes- wie Staatengerichte maßgeblich sind, hat bislang nicht generell zum Verbraucherschutz u. a. Stellung bezogen.

1044 *Carnival Cruise Lines, Inc. v. Shute*, 499 U.S. 585 (1991).

1045 499 U.S. 585, 592 (1991).

1046 499 U.S. 585, 597 (1991) (*Justice Stevens* in seinem *dissent*: „fine print on the back of the ticket"; „only the most meticulous passenger is likely to become aware of the forum-selection provision"; „many passengers, like the respondents in this case, [...] will not have an opportunity to read paragraph 8 until they have actually purchased their tickets"; „product of disparate bargaining power between the carrier and the passenger, and they undermine the strong public interest in deterring negligent conduct.").

1047 § 305 I, II BGB.

1048 Erst im *dissent* von *Justice Stevens* wird dieser Punkt angesprochen.

die Möglichkeit der Kenntnisnahme nicht bestritten habe und damit vermutlich die Möglichkeit hatte, den Vertrag in Kenntnis aller Bestandteile abzulehnen.[1049] Außerdem bestehe die Möglichkeit, dass der Verbraucher im Gegenzug von niedrigeren Preisen profitiert habe.[1050] Eine andere Beurteilung des Vertrages aufgrund der Beteiligung eines Verbrauchers, oder der Tatsache der Nichtverhandelbarkeit der Klauseln, würde den Interessen des Verwenders nicht gerecht werden,[1051] da eine andere Vertragsgestaltung unwirtschaftlich wäre.[1052] Es besteht vielmehr unterschiedslos für sowohl Geschäftsleute als auch Verbraucher eine Vermutung zugunsten der Wirksamkeit einer Gerichtsstandsklausel.[1053]

Im Unterschied dazu ist einzelstaatliches Recht strenger. Teilweise werden Gerichtsstandsklauseln generell oder für bestimmte Verträge untersagt; eine Klausel im Widerspruch dazu verstößt sodann gegen *public policy*. Beispielhaft sei zunächst das Recht von North Carolina genannt, nach dem Gerichtsstandsklauseln unwirksam sind, es sei denn eine der Ausnahmen greift, etwa wenn die Klausel in „*non-consumer loan transactions*" enthalten ist, N. C. Gen. Stat. § 22B-3.[1054] Ähnlich sieht es in South Carolina aus, wo Gerichtsstandsklauseln

---

1049 499 U.S. 585, 590 (1991) („The respondents do not contest the incorporation of the provisions").

1050 499 U.S. 585, 585 (1991) („*it is likely* that passengers purchasing tickets containing a forum clause like the one here at issue benefit in the form of reduced fares reflecting the savings that the cruise line enjoys by limiting the fora in which it may be sued" [Hervorhebung hinzugefügt]).

1051 499 U.S. 585, 593 (1991) („In this context, it would be entirely unreasonable for us to assume that respondents-or any other cruise passenger-would negotiate with petitioner the terms of a forum-selection clause in an ordinary commercial cruise ticket. Common sense dictates that a ticket of this kind will be a form contract the terms of which are not subject to negotiation, and that an individual purchasing the ticket will not have bargaining parity with the cruise line").

1052 499 U.S. 585, 593 (1991).

1053 *The Bremen*, 92 S.Ct. 1, 15, 18 (1907): Auf S. 15: „[...] we conclude that the forum clause should control absent a strong showing that it should be set aside"; auf S. 18 „[...] it should be incumbent on the party seeking to escape his contract to show that trial in the contractual forum will be so gravely difficult and inconvenient that he will for all practical purposes be deprived of his day in court. Absent that, there is no basis for concluding that it would be unfair, unjust, or unreasonable to hold that party to his bargain."; *Carnival Cruise Lines, Inc. v. Shute*, 499 U.S. 593 f. (1991); *Davis/Hershkoff*, 53 Yale L. & Pol'y Rev. 507, 524 (2011).

1054 N. C. Gen. Stat. § 22B-3 – Contracts with forum-selection provisions: Except as otherwise provided in this section, any provision in a contract entered into in North Carolina that requires the prosecution of any action or the arbitration of any dispute

zugunsten eines ansonsten unzuständigen Forums bei Beteiligung eines Verbrauchers unwirksam sind, § 36-2A-106.[1055] Oregon räumt dem Verbraucher in O.R.S. § 81.150 Abs. 2[1056] ein Widerrufsrecht hinsichtlich seiner Zustimmung zur Gerichtsstandsklausel ein.

In anderen Verbraucherschutzgesetzen (oder den entsprechenden Schutzgesetzen in anderen Rechtsgebieten) wird die Gerichtsstandsklausel zwar nicht explizit genannt, die Verlagerung des Gerichtsverfahrens entsprechend der Gerichtsstandsklausel würde aber zu der dort genannten *public policy* im Widerspruch stehen. So verstößt eine Gerichtsstandsklausel gegen Washingtons Consumer Protection Act, Kapitel 19.86 RCW (CPA), wenn die Forumswahl zur Anwendung eines Staatenrechts führt, das Gruppenklagen ausschließt und damit die Eintreibung geringfügiger Klagen faktisch nicht möglich ist.[1057] Inhaltlich dasselbe bestimmt auch der kalifornische Consumers Legal Remedies Act (CLRA).[1058]

Einige einzelstaatliche Gerichtsentscheidungen fragen nach der Ausgeglichenheit der Verhandlungspositionen (*bargaining power*) und der Verhandelbarkeit des Vertrages, welche besonders beim Vorliegen eines *adhesion* oder *boilerplate contract* kritisch beurteilt wird. Manche Staatengerichte sehen eine Gerichtsstandsklausel in einem *adhesion contract* per se als unwirksam an.[1059]

---

that arises from the contract to be instituted or heard in another state is against public policy and is void and unenforceable. This prohibition shall not apply to non-consumer loan transactions or to any action or arbitration of a dispute that is commenced in another state pursuant to a forum selection provision with the consent of all parties to the contract at the time that the dispute arises.

1055 § 36-2A-106. Limitation on power of parties to consumer lease to choose applicable law and judicial forum: (2) If the judicial forum chosen by the parties to a consumer lease is a forum that would not otherwise have jurisdiction over the lessee, the choice is not enforceable.

1056 § 81.150. Consumer protection; consumer contracts; revocation: (2) A consumer may revoke a provision in a consumer contract that requires the consumer to assert a claim against the other party to the contract, or respond to a claim by the other party to the contract, in a forum that is not in this state.

1057 *Dix v. ICT Group, Inc.*, 160 Wash.2d 826, 850 (Wash. 2007).

1058 *America Online, Inc. v. Superior Court*, 90 Cal.App.4th 1, 4 (Cal. Ct. App. 2001).

1059 *Barcelona v. Sea Victory Maritime, Inc.*, 619 So.2d 741, 745 (La. Ct. App. 1993) („contracts of adhesion that negate consent to their forum selection provisions") (Louisiana); für Minnesota gibt es eine Reihe ähnlicher Entscheidungen, exemplarisch seien zwei genannt: *Interfund Corp. v. O'Byrne*, 462 N.W.2d 86, 88 (Minn. Ct. App. 1990) („A forum selection clause is unreasonable if contained in an adhesion contract which is the product of disparate bargaining power") (Minnesota); *Hauenstein & Bergmeister,*

Andere, allen voran kalifornische Gerichte, verfolgen eine den Bundesgerichten ähnelnde Argumentation, wonach alleine das Vorliegen einer ungleichen Verhandlungsposition bzw. einer Nichtverhandelbarkeit nichts über die „Fairness" (und damit erst recht nichts über die Wirksamkeit) aussagt, Gerichtsstandsklauseln demnach weiterhin grundsätzlich wirksam sind.[1060] Allerdings ist hier die Möglichkeit der Kenntnisnahme entscheidendes Kriterium.[1061]

(b) Class Arbitration Waiver

Auch in *AT&T Mobility* hat der *Supreme Court* den Verbraucherschutz gelockert. Er ist von der bis dahin vorherrschend zitierten *Discover Bank*-Regelung abgewichen,[1062] nach der eine *class arbitration*-Ausschlussklausel dann unwirksam sein soll, wenn sie in einem Verbraucher-*adhesion-contract* vorkommt.[1063] *Discover-Bank* gilt nunmehr selbst dann nicht, wenn die Kläger, wie in *AT & T*,

---

Inc. v. Met-Fab Industries, Inc., 320 N.W.2d 886, 891 (Minn. 1982) („Forum selection clauses in contracts which are termed adhesion contracts and which are products of unequal bargaining power between parties are unreasonable") (Minnesota); *Polzin v. Appleway Equipment Leasing, Inc.*, 345 Mont. 508, 514 (Mont. 2008) („Evidence that the clause is a contract of adhesion supports the conclusion that the clause is unreasonable") (Montana); *Molino v. Sagamore*, 105 A.D.3d 922 (N.Y. App. Div. 2013) („Holding: [...] rental agreement containing forum-selection clause was not a contract of adhesion but was valid and enforceable") (New York); *Durdahl v. National Safety Associates, Inc.*, 988 P.2d 525, 529 (Wyo. 1999) (Bezugnahme auf *Hauenstein & Bergmeister, Inc. v. Met-Fab Industries, Inc.*) (Wyoming).

1060 *Aral v. EarthLink, Inc.*, 134 Cal.App.4th 544, 560 (Cal. Ct. App. 2005) („Although the forum selection clause here is contained in an adhesion contract, that clause in an adhesion contract is enforceable even though the defendant did not actually read it") (Kalifornien); *Intershop Communications v. Superior Court*, 104 Cal.App.4th 191, 201 (Cal. Ct. App. 2002) (Kalifornien); *Cohn Law Form v. YP Southeast Advertising & Publishing, LLC*, 2015 WL 3883242, 6 (Tenn. Ct. App. 2015) („even assuming that the contracts and the forum selection clause constitute contracts of adhesion, this conclusion does not render the contracts unenforceable") (Tennessee).

1061 *Aral v. EarthLink, Inc.*, 134 Cal.App.4th 544, 560 (Cal. Ct. App. 2005) („when the clause does not give adequate notice to the defendant that he is agreeing to the jurisdiction cited in the contract, the requisite mutual consent to that contractual term is lacking and no valid contract with respect to such clause thus exists").

1062 *AT&T Mobility LLC v. Concepcion*, 563 U.S. 333 (2011) („The Supreme Court, Justice Scalia, held that the Federal Arbitration Act preempts California's judicial rule regarding the unconscionability of class arbitration waivers in consumer contracts, abrogating Discover Bank v. Superior Court, 36 Cal.4th 148, 30 Cal.Rptr.3d 76, 113 P.3d 1100").

1063 *Discover Bank v. Superior Court*, 36 Cal.4th 148 (Cal. 2005).

mit dem wirksamen Ausschluss der Sammelklage faktisch nicht klagen können, da die Streitwerte zu gering sind.[1064] Auch für Bundesgerichte ist die Zugehörigkeit einer Partei zu einer bestimmten Personengruppe, wie der der Verbraucher, kein Unwirksamkeitsgrund der Ausschlussklausel.[1065] Dem schließen sich manche Staatengerichte an.[1066]

Im Gegensatz dazu sehen andere Staatengerichte, insbesondere die kalifornischen,[1067] *class action* oder *arbitration waiver* im Zusammenhang mit Verbraucherverträgen kritisch.[1068] Der Ausschluss einer Sammelklage steht dabei aus

---

1064 *AT&T Mobility LLC v. Concepcion*, 563 U.S. 333, 365 (2011); *Bone*, 90 Tex. L. Rev. 1329, 1332 (2012).

1065 *Iberia Credit Bureau, Inc. v. Cingular Wireless LLC*, 379 F.3d 159 (5th Cir. 2004) (Wirksamkeit des Ausschlusses trotz Verbraucherkontextes); *Livingston v. Associates Finance, Inc.*, 339 F.3d 553 (7th Cir. 2003) (Wirksamkeit des Ausschlusses trotz eines mutmaßlichen Verbraucherkontextes, dessen Prüfung für das Gericht unerheblich erschien); *Adkins v. Labor Ready, Inc.*, 303 F.3d 496, 502 (4th Cir. 2002); *Dominium Austin Partners, L.L.C. v. Emerson*, 248 F.3d 720, 728 (8th Cir. 2001); *Bowen v. First Family Financial Services, Inc.*, 233 F.3d 1331, 1331 (11th Cir. 2000) (Wirksamkeit des Ausschlusses trotz Verbraucherkontextes); *Johnson v. West Suburban Bank*, 225 F.3d 366, 371 (3rd Cir. 2000); 225 F.3d 366 (2000) (jedenfalls keine Unwirksamkeit des Ausschlusses trotz Verbraucherkontextes; es obliegt den Schiedsgerichten über die Wirksamkeit zu entscheiden).

1066 *Brown v. KFC National Management Co.*, 82 Hawai'i 226 (Haw. 1996) (Hawaii); *Walther v. Sovereign Bank*, 386 Md. 412, 749 (Md. Ct. App. 2005) (Maryland); *Strand v. U.S. Bank Nat. Ass'n ND*, 693 N.W.2d 918, 924 (N.D. 2005) (North Dakota); *Tsadilas v. Providian Nat. Bank*, 786 N.Y.S.2d 478, 480 (N.Y. App. Div. 2004) (New York); *AutoNation USA Corp. v. Leroy*, 105 S.W.3d 190, 200 (Tex. App. 2003) (Texas); *Rains v. Foundation Health Systems Life & Health*, 23 P.3d 1249, 1253 (Colo. App. 2001) (Colorado); *Pyburn v. Bill Heard Chevrolet*, 63 S.W.3d 351, 363 (Tenn. Ct. App. 2001) (Tennessee); *Gras v. Associates First Capital Corp.*, 346 N.J.Super. 42, 889 (N.J. Super. Ct. 2001) (New Jersey).

1067 Siehe bereits 3. Kapitel C. II. 3. a., diese Tendenz wird daher teilweise auch als *California's rule* oder *Discover Bank rule* bezeichnet, *AT&T Mobility LLC v. Concepcion*, 131 S.Ct. 1740, 1746 (2011).

1068 *Leonard v. Terminix Intern. Co., L.P.*, 854 So.2d 529 (Ala. 2002) (Sittenwidrigkeit angenommen) (Alabama); *Powertel, Inc. v. Bexley*, 743 So.2d 570 (Fla. Dist. Ct. App. 1999) (Sittenwidrigkeit angenommen) (Florida); *Discover Bank v. Superior Court*, 36 Cal.4th 148 (Cal. 2005) (Sittenwidrigkeit angenommen) (Kalifornien); *Szetela v. Discover Bank*, 97 Cal.App.4th 1094 (Cal. Ct. App. 2002) (Sittenwidrigkeit angenommen) (Kalifornien); *Lytle v. CitiFinancial Services, Inc.*, 810 A.2d 643 (Pa. Super. Ct. 2002) (Sittenwidrigkeit angenommen) (Pennsylvania); *Eagle v. Fred Martin Motor Co.*, 157 Ohio App.3d 150 (Ohio Ct. App. 2004) (Sittenwidrigkeit angenommen)

Sicht der Staatengerichte nicht selten im Widerspruch zum staatlichen Verbraucherrecht, das aufgrund geringer Streitwerte sodann nicht mehr durchgesetzt werden könne.[1069] *Class actions* seien ein Instrument des Verbraucherschutzes.[1070] Sofern der Schutzgedanke des Rechts zugunsten von Verbrauchern, Arbeitnehmern oder weiteren Personengruppen durch den Ausschluss einer Gruppenklage unterlaufen werden würde, sei die Ausschlussklausel zu invalidieren.[1071]

(Ohio); *Scott v. Cingular Wireless*, 160 Wash.2d 843 (Wash. 2007) (Sittenwidrigkeit angenommen) (Washington); *State ex rel. Dunlap v. Berger*, 211 W.Va. 549 (W. Va. 2002) (Sittenwidrigkeit angenommen) (West Virginia); *Eastman v. Conseco Finance Servicing Corp.*, 2002 WL 1061856 (Wis. Ct. App. 2002) (Sittenwidrigkeit angenommen) (Wisconsin).

1069 *America Online, Inc. v. Superior Court*, 90 Cal.App.4th 1, 5 (Cal. Ct. App. 2001) („Enforcement of the contractual forum selection and choice of law clauses would be the functional equivalent of a contractual waiver of the consumer protections under the CLRA and, thus, is prohibited under California law").

1070 Klauselunwirksamkeit aufgrund des Verbraucherschutzes: *Ting v. AT&T*, 319 F.3d 1126, 1151 (9th Cir. 2003) (unter Anwendung diesbezüglichen kalifornischen Rechts); **Staatengerichte:** *America Online, Inc. v. Superior Court*, 90 Cal.App.4th 1, 17 (Cal. Ct. App. 2001) (Kalifornien) („class actions as an instrumentality of consumer protection"); *Whitney v. Alltel Communications, Inc.*, 173 S.W.3d 300, 311 (Mo. Ct. App. 2005) (Anwendung von Missouri *state law*); *Eagle v. Fred Martin Motor Co.*, 157 Ohio App.3d 150 (Ohio Ct. App. 2004) (Anwendung von Ohio *state law*); *State ex rel. Dunlap v. Berger*, 211 W.Va. 549 (W. Va. 2002) (Anwendung von West Virginia *state law*).

1071 **Bundesgerichte:** *Walker v. Ryan's Family Steak Houses, Inc.*, 289 F.Supp. 916, 934 (M.D. Tenn. 2003) („[...] the unavailability of class arbitration [...] works to employees' detriment. These one-sided terms, together with the manifest inequality of the parties' bargaining positions, create an unconscionable contract. Unconscionable contracts of adhesion are unenforceable [...]"); *Luna v. Household Finance Corp. III*, 236 F.Supp.2d 1166, 1179 (W.D. Wash. 2002) („arbitration agreements [...] may not be used to 'work oppression.' Here, the prohibition on class actions allows the Arbitration Rider to be used as a sword to strike down access to justice instead of a shield against prohibitive costs. [...] This finding weighs heavily in favor of a finding of substantive unconscionability"); *Comb v. PayPal, Inc.*, 218 F.Supp.2d 1165 (N.D. Cal. 2002); *Acorn v. Household Intern., Inc.*, 211 F.Supp.2d 1160, 1170 (N.D. Cal. 2002); *Ting v. AT & T*, 182 F.Supp.2d 902, 939 (N.D. Cal. 2002) („[the company] wants to make it very difficult for anyone to effectively vindicate her rights, even in that forum. That is illegal and unconscionable"); in den hier relevanten Teilen bestätigt: *Ting v. AT&T*, 319 F.3d 1126, 1149 (9th Cir. 2003); *Lozada v. Dale Baker Oldsmobile, Inc.*, 91 F.Supp.2d 1087, 1104 (W.D. Mich. 2000); *In re Knepp*, 229 B.R. 821, 842 (Bkrtcy. N.D. Ala. 1999); *Leonard v. Terminix Intern. Co., L.P.*, 854 So.2d 529, 535 (Ala. 2002); *Discover Bank v. Superior Court*, 36 Cal.4th 148 (Cal. 2005),

Das gelte auch, um den Abschreckungseffekt von Gesetzen aufrechtzuerhalten, denn ein wirksamer *class action*-Ausschluss könne zu einer faktischen Haftungsfreizeichnung gegenüber einer Vielzahl von Personen führen, die alle denselben geringen Schaden erlitten haben (so etwa in Produkthaftungsfällen).

(c) Juryausschlussklauseln

Geht es um den Schutz von in der Verfassung verbürgten Rechten, nehmen die Bundesgerichte auf den ersten Blick eine andere Position ein:[1072] In Straf- wie Zivilverfahren bestehe unterschiedslos[1073] eine Vermutung zugunsten der Unwirksamkeit des Ausschlusses.[1074] Bereits 1882 stellte der *Supreme Court* klar, dass das Verfassungsrecht auf ein Juryverfahren so fundamental für die Gewährleistung der Rechte und Freiheiten amerikanischer Bürger sei, dass zunächst von einem Nichtausschluss ausgegangen werden müsse.[1075] Das gilt auch unabhängig

---

(„Waiver of class arbitration in a consumer contract of adhesion is unconscionable under California law and should not be enforced, when it occurs in a setting in which disputes between the contracting parties predictably involve small amounts of damages, and when it is alleged that the party with the superior bargaining power has carried out a scheme to deliberately cheat large numbers of consumers out of individually small sums of money"), die Entscheidung wurde jedoch durch den *US Supreme Court* verworfen: *AT&T Mobility LLC v. Concepcion*, 563 U.S. 333 (2011); **Staatengerichte:** *Powertel, Inc. v. Bexley*, 743 So.2d 570, 576 (Fla. Dist. Ct. App. 1999) (Florida); *Szetela v. Discover Bank*, 97 Cal.App.4th 1094, 1099 (Cal. Ct. App. 2002) (Kalifornien); *Eagle v. Fred Martin Motor Co.*, 157 Ohio App.3d 150, 174 (Ohio Ct. App. 2004) (Ohio); *Lytle v. CitiFinancial Services, Inc.*, 810 A.2d 643, 665 (Pa. Super. Ct. 2002) (Pennsylvania); *State ex rel. Dunlap v. Berger*, 211 W.Va. 549, 562 (W. Va. 2002) (West Virginia); *Eastman v. Conseco Finance Servicing Corp.*, 2002 WL 1061856 (Wis. Ct. App. 2002) (Wisconsin); *Chalk v. T-Mobile USA, Inc.*, 560 F.3d 1087, 1095 (9th Cir. 2009) („class action waiver in a contract where individual damages are likely to be small is substantively unconscionable as a matter of state contract law").

1072 Vgl. bereits 3. Kapitel D. II. 4.

1073 *Fuentes v. Shevin*, 407 U.S. 67, 94 (1972); *Walls v. Central Contra Costa Transit Authority*, 653 F.3d 963, 969 (9th Cir. 2011).

1074 „The court indulges every reasonable presumption against waiver of fundamental constitutional rights, and doubts must be resolved in favor of no waiver", sinngemäß in *U.S. v. Kowalczyk*, 805 F.3d 847 (9th Cir. 2015); *U.S. v. Yannai*, 791 F.3d 226 (2d Cir. 2015); *U.S. v. Ceballos*, 789 F.3d 607 (5th Cir. 2015); *U.S. v. Cazares*, 788 F.3d 956 (9th Cir. 2015); *U.S. v. Velazquez*, 749 F.3d 161 (3d Cir. 2014); *U.S. v. Thomas*, 724 F.3d 632 (5th Cir. 2013); *VIBO Corp., Inc. v. Conway*, 669 F.3d 675 (6th Cir. 2012); *McCamey v. Epps*, 658 F.3d 491 (5th Cir. 2011).

1075 *Hodges v. Easton*, 106 U.S. 408, 412 (1882).

von der betroffenen Personengruppe, ist also nicht im Hinblick auf den Schutz „schwacher" Parteien eingeführt worden. Teile der Literatur beklagen jedoch, dass diese Vermutung zu leicht widerlegbar sei, weswegen das Schutzniveau bei Juryausschlussklauseln faktisch nicht höher sei als bei Gerichtsstands- und *class action*-Ausschlussklauseln.[1076]

Zudem wird ein erhöhtes Schutzniveau für Juryklauseln nunmehr vom *Court of Appeals for the 7. Circuit* infrage gestellt, da auch Rule 38 FRCP keine erhöhten Anforderungen an einen Juryausschluss zu entnehmen seien.

> *„It does not matter that the seller's offer was non-negotiable […]; just so with procedural clauses, such as jury waivers. As long as the price is negotiable and the customer may shop elsewhere, consumer protection comes from competition rather than judicial intervention. […] [A]ppellate decisions [that] have held that agreements to resolve disputes by bench trials are enforceable only if extra evidence of negotiation or consent supports that clause[1077] […] do not persuade us.“*[1078]

Diese Entscheidung verkennt jedoch, dass Rule 38 FRCP im Lichte der Verfassung ausgelegt werden muss, weswegen die Voraussetzungen des *Supreme Court*, die an den Ausschluss eines in der Verfassung garantierten Rechts gestellt werden, maßgeblich sind, auch wenn die einfachgesetzliche Rule 38 FRCP diese nicht explizit nennt.[1079]

(d) Zusammenfassung des geltenden Rechts

Zusammenfassend lässt sich feststellen, dass für den *Supreme Court* die Aufrechterhaltung des vertraglich Vereinbarten zentrales Anliegen ist. Unklar ist, wie er im Einzelnen die Anwendung und Auslegung einzelstaatlicher Schutzgesetze zugunsten von Verbrauchern, Arbeitnehmern u. a. angehen würde. Von der Tendenz her lehnt er jedoch eine Differenzierung zwischen *commercial actor* und *non-commercial actor* sowie nach Vertragsart (*standard form contract* oder ausgehandelter Vertrag) in Bezug auf Prozessverträge ab.[1080]

1076 *Chester S. Chuang*, Working Paper No. 1085 Bepress Legal Series (2006), S. 26.

1077 Gemeint sind *K.M.C. Co. v. Irving Trust Co.*, 757 F.2d 752, 755 ff. (6th Cir.1985); *National Equipment Rental, Ltd. v. Hendrix*, 565 F.2d 255, 257 f. (2d Cir.1977).

1078 *IFC Credit Corp. v. United Business & Indus. Federal Credit Union*, 512 F.3d 989, 993 (7th Cir. 2007).

1079 Dies verkennend: *IFC Credit Corp. v. United Business & Indus. Federal Credit Union*, 512 F.3d 989, 993 (7th Cir. 2007).

1080 Die Forderung nach dieser begrifflichen Differenzierung findet sich etwa bei *Dodge*, 97 Va. L. Rev. 723, 755 (2011).

(3) Forderungen nach und Umsetzung eines stärkeren Schutzniveaus *de lege ferenda*

(a) Differenzierung nach Parteistatus und Vertragstypus

In der amerikanischen Literatur ist die Forderung nach mehr Schutz und einer Differenzierung sowohl nach Art der kontrahierenden Personen als auch nach Vertragstypus groß, insbesondere unter Rechtsgelehrten im Bereich des Arbeits- oder Verbraucherschutzrechts.[1081] Eine Forderung geht so weit, dass die Unwirksamkeit einer Prozessklausel vermutet werden soll, wenn sie in einem *adhesion contract* mit einem Verbraucher vorkommt.[1082] Es liege dann am Verwender, die Zulässigkeit im Einzelfall darzulegen.[1083] Die bestehenden Informations- und Ressourcenasymmetrien führten zu einer ungleichen Verhandlungsstärke, was die Unterscheidung erforderlich mache. Die Notwendigkeit der Zweiteilung werde auch nicht durch die im vorprozessualen Bereich bestehende Unklarheit über die Rollenverteilung in einem späteren Prozess beseitigt.[1084] Oftmals profitiere einseitig die stärkere Partei von bestimmten Prozessklauseln, da sie sich bereits im Vorfeld des Vertrages ihrer stärkeren Position bewusst sei.[1085] Von einem wirklichen *trade-off* im Sinne einer gleichberechtigten Kosten-Nutzen-Abwägung der Parteien könne nur zwischen gleichermaßen erfahrenen (bzw. unerfahrenen) Handelspartnern im rein kommerziellen Bereich gesprochen werden. Spätestens wenn Prozessklauseln auf einer *take-it-or-leave-it*-Basis angeboten würden, müsse das Recht als Korrektiv eingreifen und die Position der schwächeren Partei verbessern.[1086] Das gelte umso mehr, wenn die Gelegenheit anwaltlicher Beratung nicht bestand.[1087]

1081 Bspw. *Dodge,* 97 Va. L. Rev. 723, 756 (2011); *Miller,* Contracting Out of Process, Contracting Out of Corporate Accountability: An Argument Against Enforcement of Pre-Dispute Limits on Process, 75 Tenn. L. Rev. 365, 367 (2008); *Resnik,* 80 Notre Dame L. Rev. 593, 622 (2005); *Taylor/Cliffe,* 35 U. Rich. L. Rev. 1085, 1085 (2002).

1082 *Zhang,* Contractual Choice of Law in Contracts of Adhesion and Party Autonomy, 41 Akron L. Rev. 123, 129 (2008); *Goldman,* My Way and the Highway: The Law and Economics of Choice of Forum Clauses in Consumer Form Contracts, 86 Nw. U. L. Rev. 700, 700 (1992).

1083 *Zhang,* 41 Akron L. Rev. 123, 129 (2008); *Goldman,* 86 Nw. U. L. Rev. 700, 700 (1992).

1084 *Bone,* 90 Tex. L. Rev. 1329, 1341 (2012).

1085 *Dodge,* 97 Va. L. Rev. 723, 724 (2011); *Mann/Siebeneicher,* 108 Colum. L. Rev. 984 (2008).

1086 *Dodge,* 97 Va. L. Rev. 723, 756 (2011).

1087 So wurde für Juryausschlussklauseln, für die bereits anerkanntermaßen ein strengerer Prüfungsmaßstab angelegt wird, die fehlende anwaltliche Beratungsmöglichkeit

Gegen die Zweiteilung in *commercial* und *non-commercial actors* ist einzuwenden, dass es auch unter erfahrenen Wirtschaftsteilnehmern solche gibt, die die Preise (und damit analog die Vertragsbedingungen) vorgeben, sogenannte *price setters*, und solche, denen die Mittel oder Strategien fehlen, und die sich an den Marktpreisen orientieren müssen, sogenannte *price takers*.[1088] Die *price setters* können damit bestimmte, für die andere Seite nachteilige Prozessklauseln ebenfalls auf einer *take-it-or-leave-it*-Basis präsentieren, die ein *price taker*-Unternehmen annehmen wird, um den Vertrag überhaupt schließen zu können. Eine festgefahrene Kategorisierung nach Art der teilnehmenden Person verstellt daher den Blick darauf, dass es auf die Frage der Verhandlungs- und Überprüfungsmöglichkeit der Prozessklauseln ankommt, wobei – analog zum Wirksamkeitserfordernis von Juryausschlussklauseln[1089] – die Erfahrenheit im Wirtschaftsleben wichtiger Indikator ist.

Zudem ist eine Sonderbehandlung von *non-commercial actors* auch eine Art staatlicher Bevormundung, oder in den Worten *Brauns* ausgedrückt:

> *„[dem] Verbraucher, der auf politischem Gebiet nach wie vor als mündiger Bürger behandelt wird, [wird] […] eine Art geminderter Geschäftsfähigkeit beigemessen, derzufolge er für sein geschäftliches Verhalten nur noch in eingeschränktem Umfang verantwortlich ist.“*[1090]

Jedenfalls soweit der Konkurrenzdruck eine schlechte Ausgangsposition ausgleichen kann, ist das Wirken der Marktkräfte einer staatlichen „Zwangsbeglückung“ vorzugswürdig.

Ob die Marktkräfte ein Ungleichgewicht an Informationen und Ressourcen ausgleichen, ist seit jeher heftig umstritten und wird auch an dieser Stelle nicht abschließend beantwortet werden.[1091] In Bezug auf die Informationsasymmetrie ist jedoch das Werk des Nobelpreisträgers *George Akerlof*, „The Market for Lemons“, erwähnenswert.[1092] Die Theorie besagt, dass unvollständig informierte Käufer vor Vertragsschluss die Qualität der angebotenen Ware nicht beurteilen und daher keine optimale Entscheidung treffen können.[1093] Das hat jedoch

---

als Indiz für die Nichtverhandelbarkeit gewertet, *National Equipment Rental, Ltd. v. Hendrix*, 565 F.2d 255, 258 (2d Cir. 1977).

1088 Analogie zum Kartellrecht gebildet von *Dodge*, 97 Va. L. Rev. 723, 757 (2011).

1089 Vgl. 3. Kapitel D. I.

1090 *Braun*, Einführung in die Rechtswissenschaft, 3. Aufl. 2007, S. 277.

1091 *Dodge*, 97 Va. L. Rev. 723, 755 (2011).

1092 *Akerlof*, The Market for „Lemons“: Quality Uncertainty and the Market Mechanism, 84/3 The Quarterly Journal of Economics 488 (1970); *Dodge*, 97 Va. L. Rev. 723, 760 (2011).

1093 *Akerlof*, 84/3 The Quarterly Journal of Economics 488, 489 (1970).

Auswirkungen auf die Produktqualität.[1094] Da eine Unterscheidung zwischen hoch- und minderwertigen Angeboten nicht möglich ist, wird in die Kaufentscheidung das Risiko, eine „*lemon*" zu erwischen, mit einkalkuliert, und der Käufer ist nur bereit einen geringeren Preis zu zahlen als denjenigen, der für das bessere Produkt angemessen wäre.[1095] Da für das bessere Produkt nicht der angemessene Preis verlangt werden kann, ist es gleichzeitig für den Verkäufer unattraktiv, dieses anzubieten.[1096] Das führt zur Marktverdrängung der besseren Produkte.[1097] Asymmetrische Informationen behindern also Pareto-optimale Verträge.

Dasselbe gilt auch für die Ausgestaltung von Verträgen: Da der Käufer bzw. allgemein die *adhering party* die Klauseln nicht bewerten kann, sie aufgrund der Rechtsprechung des *Supreme Court* möglicherweise auch erst nach Vertragsschluss vorgelegt bekommen wird, kann er deren Qualität sowie die möglichen Prozesskosten nicht abschätzen und wird nur einen geringeren Preis zahlen wollen. Dadurch lohnt es sich für den Verkäufer auch nicht, hohe Transaktionskosten auf sich zu nehmen, um die Vertragsausgestaltung der einzelnen Transaktion angemessen zu gestalten. Nach der „Market for Lemons"-Theorie droht durch die Verdrängung „guter Produkte" und „guter Verträge" ein Marktversagen. Diese Theorie legt nahe, dass es auch aus ökonomischer Sicht sinnvoll ist, eine Unterscheidung nach der Vertragsart (frei ausgehandelter Vertrag, Formularvertrag) und nach der beteiligten Partei (*commercial, non-commercial*) vorzunehmen und bestehende Informationsungleichgewichte entsprechend auszugleichen.

Die Notwendigkeit der Unterscheidung nach der kontrahierenden Personengruppe wird auch durch eine Studie nahegelegt, deren zentrale These ist, dass die Vertragsausgestaltung bei Beteiligung eines Verbrauchers (oder einer anderen „schwachen" Partei) anders ausfällt, als wenn beide Vertragsparteien Handelsakteure sind. Den Ergebnissen der Studie zufolge sehen 75 % aller Verbraucherverträge und über 90 % der Arbeitsverträge Zwangsschiedsklauseln vor, während nur 6 % der Handelsverträge eine Schiedsklausel verwenden.[1098] Insbesondere Schiedsklauseln werden als besonders „gefährlich" für den staatlichen Schutz der „schwachen" Partei gesehen, da es im Schiedsverfahren zum einen

---

1094 *Akerlof*, 84/3 The Quarterly Journal of Economics 488, 490 (1970).

1095 *Akerlof*, 84/3 The Quarterly Journal of Economics 488, 489 (1970).

1096 *Akerlof*, 84/3 The Quarterly Journal of Economics 488, 490 (1970).

1097 *Akerlof*, 84/3 The Quarterly Journal of Economics 488, 490 (1970).

1098 *Eisenberg/Miller/Sherwin*, Mandatory Arbitration for Customers but Not for Peers: A Study of Arbitration Clauses in Consumer and Non-Consumer Contracts, 92 Judicature 118, 121 (2008).

die weitesten Gestaltungsmöglichkeiten gibt und das Verfahren zum anderen bis auf die Überprüfung der Wirksamkeit der Schiedsklausel staatlicher Gerichte und damit staatlichem Schutz entzogen ist.[1099] 80 % aller Verbraucherverträge und über 90 % der Arbeitsverträge sollen überdies eine Juryausschlussklausel vorsehen, während dies nur in 30 % der Handelsverträge der Fall ist.[1100] Letztlich ist jedoch, neben der Frage der Aussagekraft der Studie, unklar, ob „ausbeutende Geschäftspraktiken des Klausel-verwendenden Unternehmens" unterstellt werden können,[1101] oder zwingend ein Marktversagen hinsichtlich der Preisgestaltung angenommen werden kann.[1102] Dahinter könnte auch die homogene Festlegung des Marktes auf bestimmte Klauseln als „optimal" stehen, die sich wiederum in Preisvorteilen widerspiegeln könnten.[1103]

Neben der Auswirkung auf die Qualität eines Vertrages (oder des Vertragsgegenstandes) stellen weitere ökonomische Theorien infrage, dass die Kostenersparnisse des Verkäufers sich tatsächlich in niedrigeren Preisen für die Käufer äußern.[1104] Ferner ist ohne ein Grundgehalt an Informationen über den Vertragsgegenstand keine freie Entscheidung für oder gegen ihn möglich. Die Zurverfügungstellung von Informationen ist zudem wichtige vertrauensbildende Maßnahme – und Vertrauen ist wiederum Grundvoraussetzung für die Teilhabe am Marktgeschehen. Ohne Kenntnis ist also keine Selbstregulierung des Marktes möglich.[1105] Auch der *Supreme Court* sowie die zitierte Passage des *7th Circuit Court of Appeals* gehen von diesem Marktverständnis aus, wenn sie von Konkurrenzdruck sprechen, der sich wieder zugunsten niedrigerer Preise für die schwächere Partei auswirken soll.[1106]

1099 *Davis/Hershkoff*, 53 Yale L. & Pol'y Rev. 507, 510 (2011).

1100 *Eisenberg/Miller/Sherwin*, 92 Judicature 118, 122 (2008).

1101 *Dodge*, 97 Va. L. Rev. 723, 751 (2011).

1102 *Dodge*, 97 Va. L. Rev. 723, 753 (2011).

1103 *Dodge*, 97 Va. L. Rev. 723, 751 (2011).

1104 *Sternlight/Jensen*, Using Arbitration to Eliminate Consumer Class Actions: Efficient Business Practice or Unconscionable Abuse?, 67 SPG Law & Contemp. Probs. 75, 95 (2004) („In sum, economic theory alone raises significant doubts that companies pass on to consumers the entire cost-savings from using arbitration clauses to eliminate class actions. It is not surprising that, to date, no published studies show that the imposition of mandatory arbitration leads to lower prices").

1105 Ähnlich *Bone*, 90 Tex. L. Rev. 1329, 1360 (2012); *Moffit*, 75 Geo. Wash. L. Rev. 461, 517 (2007).

1106 *Carnival Cruise Lines, Inc. v. Shute*, 499 U.S. 585, 585 (1991); *Bone*, 90 Tex. L. Rev. 1329, 1360 (2012) („competition works only if a sufficiently large number of employees [or consumers] understand these agreements and can shop for jobs").

Es ist mithin aus rechtlicher wie aus ökonomischer Sicht sinnvoll, bestehende Informationsungleichgewichte auszugleichen. Dies kann einmal durch die unter II. 1. a. angesprochene Vermittlung von *private performance information* oder *party's litigation information*[1107] durch die Parteien selbst geschehen. Für den Verkäufer bedeutet jedoch der „uninformierte" Käufer ein geringeres Prozessrisiko, weswegen zusätzlich der Gesetzgeber korrigierend eingreifen und entsprechende Anreize setzen sollte, Klauseln klar und verständlich zu formulieren, und sie der anderen Partei vor Vertragsschluss vorzulegen, damit sie überhaupt erst wirksam einbezogen werden.[1108]

Dennoch müssen nach der erwähnten Rechtsprechung Klauseln bei Vertragsschluss bislang nicht einsehbar sein,[1109] können im Kleingedruckten[1110] oder in seitenlangen Dokumenten „versteckt" werden. Verschärfend tritt der Umstand hinzu, dass es sich bei einmaligen Transaktionen oftmals nicht lohnt, die Zeit und Kosten für eine lange AGB-Prüfung aufzuwenden. Es besteht eine „rationale Ignoranz"[1111] gegenüber der Vertragsausgestaltung, die dadurch verstärkt wird, dass amerikanische Bundesgerichte regelmäßig nichts an diversen prozessualen AGB-Klauseln (Gerichtsstandsvereinbarungen,[1112] Schiedsklauseln,[1113] Rechtsmittelausschlüsse) auszusetzen haben,[1114] solange sie nicht die strengen Anforderungen der Sittenwidrigkeit erreicht haben.[1115] Realistischer erscheint damit, dass ein Verbraucher (oder eine andere schwache Vertragspartei) den Prozessvertrag nicht gelesen und mithin keine Kenntnis von seinen Klauseln hat[1116] und somit im Bereich von Formularverträgen regelmäßig kein ausgleichender

---

1107 *Kapeliuk/Klement*, 23 (2008).

1108 Anders als in *Carnival Cruise Lines, Inc. v. Shute*, 499 U.S. 585, 597 ff. (1991), vgl. bereits im 4. Kapitel unter A. II. 1. b. aa. (2) (a).

1109 *Carnival Cruise Lines, Inc. v. Shute*, 499 U.S. 585 (1991).

1110 499 U.S. 585 (1991).

1111 *Wagner*, Prozeßverträge, 1998, S. 127.

1112 *Atlantic Marine Const. Co., Inc. v. U.S. District of Texas*, 134 S. Ct. 568, 581 (2013); *Carnival Cruise Lines, Inc. v. Shute*, 499 U.S. 585 (1991); *Stewart Organization, Inc. v. Ricoh Corp.*, 487 U.S. 22, 33 (1988); *M/S Bremen v. Zapata Off-Shore Co.*, 407 U.S. 1 (1972); *Cardoni v. Prosperity Bank*, 805 F.3d 573, 580 (5th Cir. 2015); *Mitsui & Co. (USA), Inc. v. Mira M/V*, 111 F.3d 33, 35 (5th Cir. 1998).

1113 *Alle-Murphy*, 75 Temp. L. Rev. 125, 153 (2002).

1114 *Southland Corp. v. Keating*, 465 U.S. 1, 19 (1983); *Harris v. Green Tree Fin. Corp.*, 183 F.3d 173, 178 (3d Cir. 1998); *Paladino v. Avnet Computer Techs., Inc.*, 134 F.3d 1054, 1057 (11th Cir. 1998).

1115 *Alle-Murphy*, 75 Temp. L. Rev. 125, 152 (2002).

1116 *Dodge*, 97 Va. L. Rev. 723, 756 (2011).

Wettbewerbsmechanismus besteht.[1117] Dies und die Marktmacht von *price setter*-Unternehmen ermöglichen es, dass sich bestimmte Vertragsbedingungen auf dem Markt besonders gut etablieren.[1118] Der Verbraucher habe dann faktisch keine Wahl, wenn er den Vertrag abschließen will oder muss,[1119] oder um es in den Worten von *Radin* auszudrücken:

> „*In the United States, most consumers are subject to one or more of the following: arbitration clauses, choice-of-forum clauses, exculpatory clauses, disclaimers of warranty, limitations of remedies, divestments of information user rights, or a variety of other onerous clauses. Even though I know more than most recipients about the legal significance of these clauses, I cannot do anything about them. So, just like almost everyone else, I do not read them. I must take them or forego the transaction, just like everyone else. I cannot employ a financial management firm for my retirement account without accepting its arbitration clause. I cannot use iTunes without clicking "I agree" to its TOS. I cannot proceed with an exercise class without signing a form that exculpates the provider for any injury to me no matter how caused.*"[1120]

Es bietet sich daher bei Vorliegen eines ungleichen Parteistatus (bspw. Unternehmer/Verbraucher) und/oder einem Formularvertrag an, eine strengere Einbeziehungs- (dazu (b)) und Inhaltskontrolle (dazu (c)) des Prozessvertrages durchzuführen. Die Formulierung von Differenzierungskriterien wie die des Parteistatus, des Vertragstypus und des Zeitpunkts der Vereinbarung[1121] bietet sich an, um den besonderen „Schwächen" der mit diesen Kriterien typischerweise einhergehenden Fallkonstellationen durch eine strengere Einbeziehungs- und Inhaltskontrolle Rechnung zu tragen, und so eine – innerhalb

1117 Ganz selbstverständlich von einem „Ausfall [...] des Vertrags- [und] Wettbewerbsmechanismus" ausgehend: *Wagner*, Prozeßverträge, 1998, S. 127.

1118 *Dodge* sieht das Problem in der Möglichkeit, überhaupt Prozessverträge schließen zu können, vgl. *Dodge*, 97 Va. L. Rev. 723, 755 (2011): „The rise of procedural contracting thus provides for a new, additional mechanism for the subset of sophisticated market actors seeking to exploit consumer mistakes and errors". Überzeugender wäre es, eine strengere AGB-Prüfung einzuführen, bei der zentrale Klauseln nicht in einem seitenlangen Dokument „versteckt" werden können.

1119 *Friedrich Kessler*, Contracts on Adhesion – Some Thoughts About Freedom of Contract, 43 Colum. L. Rev. 629, 632 (1943): „The weaker party, in need of the goods or services, is frequently not in a position to shop around for better terms, either because the author of the standard contract has a monopoly (natural or artificial) or because all competitors use the same clauses".

1120 *Radin*, Reconsidering Boilerplate: Confronting Normative and Democratic Degradation, 40 Cap. U. L. Rev. 617, 620 (2012).

1121 Dazu sogleich noch unter cc.

dieser Gruppen – zunehmend einheitliche, aber dem Einzelfall gerecht werdende gerichtliche Beurteilung von Prozessverträgen voranzutreiben.

(b) Einbeziehungskontrolle bei ungleichem Parteistatus und/oder Vorliegen eines Formularvertrages

Die Frage der Kenntnis ist elementarer Bestandteil der Zustimmung und damit der Vertragsfreiheit.[1122] Daher muss unabhängig vom Parteistatus und Vertragstypus die Möglichkeit der Kenntnisnahme bei Vertragsschluss bestehen, indem alle Vertragsklauseln in diesem Zeitpunkt vorliegen und einsehbar sind.

Zusätzlich ist bei Vorliegen eines ungleichen Parteistatus unabhängig vom Vertragstypus (*adhesion contract*, sonstiger Formularvertrag, Individualvereinbarung) sowie bei gleichem Parteistatus bei Vorliegen eines *adhesion contract* eine strengere Einbeziehungskontrolle vorzunehmen. Letztere Fallgruppe erklärt sich dadurch, dass die *adhering party* per Definition unerfahren und wirtschaftlich untergeordnet ist (trotz gleichen Parteistatus) und den Vertrag nur auf einer *take-it-or-leave-it*-Basis angeboten bekommt. Daher besteht trotz gleichem Parteistatus die Gefahr einer Ausnutzung einer wirtschaftlich überlegenen Position, die zum Vorliegen von *procedural unconscionability*[1123] führen kann.

Eine strengere Einbeziehungskontrolle setzt voraus, dass bei Vorliegen von Formularklauseln auf diese gesondert hinzuweisen ist. Zentrale Klauseln dürfen nicht im Kleingedruckten, sondern sollten an offensichtlicher Stelle hervorgehoben stehen und verständlich sein.[1124] Nur dann kann bei Abschluss des Vertrages überhaupt Konsens vorliegen.[1125]

(c) Inhaltskontrolle bei ungleichem Parteistatus und/oder Vorliegen eines Formularvertrages

Nachdem es Voraussetzung einer wirksamen Einbeziehung ist, dass Prozessklauseln an offensichtlicher Stelle stehen und auf ihr Bestehen vor Vertragsschluss hingewiesen wird, um der anderen Partei die Möglichkeit der Kenntnisnahme einzuräumen, ist für die wirksame inhaltliche Ausgestaltung wichtig, dass diese Klauseln hinreichend bestimmt und verständlich formuliert sind. Die Parteien müssen die Möglichkeit haben, die Reichweite ihrer prozessualen Rechte und Pflichten abzuschätzen oder sich über deren Bedeutung zu informieren. Zwar vermag die Sittenwidrigkeitsdoktrin als Ausgleich für gravierende

---

1122 *Radin*, 40 Cap. U. L. Rev. 617, 621 (2012).

1123 Zur Definition vgl. im 2. Kapitel B. II. 2.

1124 So bereits für Juryausschlussklauseln: *National Equipment Rental, Ltd. v. Hendrix*, 565 F.2d 255, 258 (2d Cir. 1977).

1125 *Bone*, 90 Tex. L. Rev. 1329, 1360 (2012).

Verhandlungsasymmetrien dienen, soweit diese tatsächlich zur Übervorteilung einer Partei ausgenutzt wurden.[1126] Sie sollte aber nicht zu einer allgemeinen Inhaltskontrolle ausgedehnt werden, wonach durch sie jegliches Ungleichgewicht oder unsachgerechte Ergebnis korrigiert wird.

Die Kontrolle des Vertragsinhaltes kann sich an den Kriterien des Parteistatus, Vertragstypus und Zeitpunktes der Vereinbarung orientieren und bei erforderlicher Schutzbedürftigkeit (etwa ungleicher Parteistatus und/oder ein *adhesion contract*) strenger ausfallen. Die Ansatzpunkte für eine stärkere Differenzierung finden sich bereits teilweise im einzelstaatlichen Fallrecht, die *de lege ferenda* zu einem einheitlichen Prüfungsstandard weiterentwickelt werden können. Daneben können aber auch die für einen wirksamen Jury-Ausschluss formulierten Voraussetzungen als Vorbild dienen.[1127] Denn es besteht wie auch beim Verzicht auf in der Verfassung verbürgte Rechte eine erhöhte Schutzbedürftigkeit.

Für Rechte, die ebenso grundsätzlich für das Funktionieren des Rechtssystems sind,[1128] wurden die erhöhten Anforderungen, jedenfalls für das Vorliegen von Konsens, bereits übertragen. So muss der Ausschluss von Rechtsmitteln auch *knowingly and voluntarily* erklärt werden.[1129]

bb. Sicherung der Durchsetzung von geringfügigen Forderungen

Neben bestimmten schutzwürdigen Personengruppen besteht bisweilen die Notwendigkeit bestimmte Forderungen zu schützen, namentlich geringfügige Forderungen.[1130] Bei Ausschluss des Rechtsbehelfs der *class action* kann die effektive Rechtsdurchsetzung gefährdet sein.[1131] Das gilt insbesondere, wenn der Streitwert so gering ist, dass sich ein Individualverfahren wirtschaftlich nicht

---

1126 Siehe im 2. Kapitel B. II.

1127 Vgl. 3. Kapitel D. II. 3.: (1) Verhandelbarkeit der Klausel, (2) deren Auffälligkeit, (3) die relative Ausgeglichenheit der Verhandlungspositionen der Parteien, und (4) wirtschaftlicher Scharfsinn der Parteien.

1128 *Ware*, 67 SPG Law & Contemp. Probs. 167 (2004); *Sternlight*, 16 Ohio St. J. on Disp. Resol. 669, 678 (2001); *Noyes*, 30 Harv. J.L. & Pub. Pol'y 579, 581 (2007).

1129 Vgl. im 3. Kapitel E. II 5. a.

1130 Ein Anwalt würde *Orgel* zufolge bei einem Streitwert von unter $ 600 kaum die Prozessführung übernehmen, *Orgel*, Class Arbitration (2013), S. 269 mwN.

1131 *Deposit Guaranty Nat'l Bank v. Roper*, 445 U.S. 326, 339 (1980) („Where it is not economically feasible to obtain relief within the traditional framework of a multiplicity of small individual suits for damages, aggrieved persons may be without any effective redress unless they may employ the class-action device."); *Phillips Petroleum Co. v. Shutts*, 472 U.S. 797, 809 (1985); *Eisen v. Carlisle & Jacquelin*, 417 U.S. 156, 161 (1974).

lohnt.[1132] Die Verwendung von Ausschlussklauseln darf dabei nicht zur faktischen Haftungsfreizeichnung werden,[1133] wobei die Gerichte, wie unter 1. b. aa. (2) dargelegt, großzügig bei der Beurteilung der Wirksamkeit sind.

Das Vorhandensein des Rechtsbehelfs der *class action* wird jedoch als notwendiges Instrument des Verbraucherschutzes gesehen:

> *„Frequently numerous consumers are exposed to the same dubious practice by the same seller so that proof of the prevalence of the practice as to one consumer would provide proof for all. Individual actions by each of the defrauded consumers is often impracticable because the amount of individual recovery would be insufficient to justify bringing a separate action; thus an unscrupulous seller retains the benefits of its wrongful conduct. A class action by consumers produces several salutary by-products, including a therapeutic effect upon those sellers who indulge in fraudulent practices, aid to legitimate business enterprises by curtailing illegitimate competition, and avoidance to the judicial process of the burden of multiple litigation involving identical claims. The benefit to the parties and the courts would, in many circumstances, be substantial.“*[1134]

Dementsprechend sehen im Bereich des Verbraucherschutzes einige einzelstaatliche Gesetze den Ausschluss von Gerichtsstandsklauseln vor, da durch sie die Gefahr der Anwendung eines Staatenrechts entstehen könnte, nach dem Ausschlussklauseln regelmäßig wirksam sind.[1135] Die Forderungen nach mehr Schutz geringfügiger Forderungen in der amerikanischen Literatur sind mit der Forderung nach einem größeren Schutz von bestimmten Personengruppen verbunden.

cc. Schutz vor antizipiertem Rechtsverlust

In der amerikanischen Fachliteratur wird bisweilen auch vorgeschlagen, zwischen vorprozessualen und nach Anhängigkeit vereinbarten Ausschlüssen und

---

1132 *Deposit Guaranty Nat'l Bank v. Roper*, 445 U.S. 326, 339 (1980) („Where it is not economically feasible to obtain relief within the traditional framework of a multiplicity of small individual suits for damages, aggrieved persons may be without any effective redress unless they may employ the class-action device.“); *Phillips Petroleum Co. v. Shutts*, 472 U.S. 797, 809 (1985); *Eisen v. Carlisle & Jacquelin*, 417 U.S. 156, 161 (1974).

1133 *In re Knepp*, 229 B.R. 821, 842 (Bkrtcy. N.D. Ala. 1999); sinngemäß auch: *Lozada v. Dale Baker Oldsmobile, Inc.*, 91 F.Supp.2d 1087, 1104 (W.D. Mich. 2000); *Chalk v. T-Mobile USA, Inc.*, 560 F.3d 1087, 1095 (9th Cir. 2009).

1134 *America Online, Inc. v. Superior Court*, 90 Cal.App.4th 1, 17 (Cal. Ct. App. 2001).

1135 So zum Beispiel der Washington Consumer Protection Act, vgl. *Dix v. ICT Group, Inc.*, 160 Wash.2d 826 (Wash. 2007).

Modifikationen zu unterscheiden.[1136] Um den höchstmöglichen Schutz zu erreichen, lautet eine Forderung, nur *ex post*, also nach Klageerhebung, geschlossene Prozessverträge zuzulassen.[1137] Das Risiko, einen *ex ante* nicht abschätzbaren Rechtsverlust zu erleiden, sei zu groß.[1138] Bereits 1915 ging *Oertmann* sogar so weit, anhand des antizipierten Rechtsmittelausschlusses im deutschen Recht zu behaupten, dass das Finden einer „gerechten" Vereinbarung und ein antizipierter Rechtsverzicht unvereinbar seien.[1139]

Ein Übereilungsschutz ist geboten, da ein Verzicht schnell und einfach erklärt ist. Gleichzeitig lässt sich der Verzicht auf bestimmte zentrale Rechte wie den Rechtsschutz durch staatliche Gerichte kaum durch niedrige Preise ausgleichen. *De lege lata* sind jedoch vorprozessuale Rechtsverzichte wirksam,[1140] weswegen nicht von einer generellen Unzulässigkeit gesprochen werden kann. Eine generelle Unzulässigkeit wäre überdies auch nicht interessengerecht, dazu sogleich unter 2.

Bestimmte Schutzvorrichtungen sieht das Recht für den Ausschluss von Verfassungs- und ihnen im Rang gleichgestellten Rechten[1141] vor, wie für Jury- und Rechtsmittelausschlüsse, die *knowingly and voluntarily* geschlossen worden sein müssen. Dieses Schutzniveau wird zwar nunmehr vom *Court of Appeals for the 7. Circuit* infrage gestellt,[1142] jedoch durch einzelstaatliche Gerichte für Verbraucherverträge weiterhin bestätigt.[1143] Die Frage, ob die Voraussetzungen je nach beteiligten Personengruppen gelten sollen, ist damit jedoch nicht generell beantwortet. Tatsächlich geht eine weitere Forderung dahin gehend,

1136 *Moffit*, 75 Geo. Wash. L. Rev. 461, 518 (2007); zu *ex ante*-Vereinbarungen vgl. bereits im 3. Kapitel A. II. 2. (für Gerichtsstandsklauseln); B. I. 3. a. und II. 1. (für *discovery*-Modifikationen); D. II. 2. (für Juryausschlussklauseln); E. II. 4. (für Rechtsmittelausschlussklauseln) sowie im 4. Kapitel A. II. 1. a. Eingehend zur Zulässigkeit vorprozessualer Prozessverträge nachfolgend unter A. II. 2.

1137 *Moffit*, 75 Geo. Wash. L. Rev. 461, 518 (2007).

1138 *Moffit*, 75 Geo. Wash. L. Rev. 461, 518 (2007).

1139 *Oertmann* ZZP 1915, 389.

1140 Vergleiche bereits das Kapitel 3. Alle dort untersuchten Erscheinungsformen amerikanischer Prozessverträge können vor einem Prozess, zusammen mit dem materiell-rechtlichen Vertrag geschlossen werden. Einzig im Rahmen der *discovery* wird diskutiert, ob die vorprozessuale Vereinbarung von Rule 29 FRCP umfasst sei oder nicht.

1141 Vergleiche bereits im 3. Kapitel E. II. 5. a.

1142 *IFC Credit Corp. v. United Business & Indus. Federal Credit Union*, 512 F.3d 989, 993 (7th Cir. 2007).

1143 *Redmond v. Sirius Int'l Ins. Corp.*, 2014 U.S. Dis. Lexis 5089, 50 (E.D. Wis. 2014).

auch bei antizipierten Rechtsausschlüssen eine ähnliche Unterscheidung vorzunehmen, wie sie *de lege ferenda* bei Beteiligung bestimmter Personengruppen sowie geringfügiger Forderungen für notwendig erachtet wurde.[1144] Neben bzw. kumulativ zu der beteiligten Personengruppe kann auch die Vertragsart (*adhesion contract*, sonstiger Formularvertrag, frei ausgehandelter Vertrag) relevantes Unterscheidungskriterium sein.

Des Weiteren kann auch das Vorliegen anwaltlicher Vertretung Differenzierungsmerkmal sein:[1145] Wenn ein Anwalt für die Überprüfung von Vertragsklauseln herangezogen wurde, kann erwartet werden, dass er seinen Mandanten ausreichend über die Risiken informiert. Gleichzeitig erscheint die Umsetzung eines solchen Unterscheidungskriteriums schwierig[1146] und nicht immer angemessen: Die Überprüfung eines Prozessvertrages kann auch von einem anderen Experten vorgenommen werden. Umgekehrt ist auch denkbar, dass der Verwender vorformulierter Prozessklauseln das Problem für sich löst, indem er Verträge in Anwesenheit eines Anwaltes seiner Rechtsabteilung unterschreiben lässt. Auch für Online-Verträge lässt sich eine vermeintliche anwaltliche Beratungsoption eröffnen, indem telefonisch ein Unternehmensanwalt, oder bei *outsourcing* anwaltlicher Beratung, ein Callcenter verfügbar gemacht wird, den bzw. das die andere Partei bei Bedarf anrufen kann. Die Ausgestaltung dieser Lösung lässt sich auf eine Weise gestalten, dass sie zum einen im alltäglichen Massengeschäft praktikabel ist, es unattraktiv wird, diese Option überhaupt erst in Anspruch zu nehmen (etwa durch lange Warteschleifen), und selbst bei Inanspruchnahme der angeblichen anwaltlichen Beratung die Kosten gering gehalten werden können. Neben der Gefahr, dass der Schutzzweck eines Anwaltszwangs unterlaufen werden könnte, erscheint das Kriterium anwaltlicher Vertretung einigen auch als zu paternalistisch.[1147]

Sinnvolles Unterscheidungskriterium ist damit wieder die betroffene Personengruppe sowie die Vertragsart. Das unter A. II. 1. b. aa. (3) Gesagte gilt erst recht für antizipierte Rechtsverzichte. Vorprozessuale Verzichtsklauseln müssen an prominenter Stelle im Vertrag stehen, verständlich formuliert sein und einen Hinweis auf die Rechtsfolgen beinhalten. Die Möglichkeit der Kenntnisnahme der anderen Partei muss dadurch gewährleistet werden, dass die Vertragsklauseln vor Vertragsschluss zugänglich gemacht werden, um überhaupt wirksam

---

1144 *Moffit*, 75 Geo. Wash. L. Rev. 461, 518 (2007).
1145 Ebd.; so bereits im 3. Kapitel unter D. II. 2.
1146 Ebd.
1147 Ebd.

einbezogen zu sein. Bei Bedarf – je nach Bedeutung und Größe des Geschäfts – ist die Möglichkeit einer anwaltlichen Beratung vor Vertragsschluss einzuräumen, worauf jedoch bewusst verzichtet werden kann.

c. *Selbstbestimmung*

Die Idee der prozessualen Selbstbestimmung hat zwei Komponenten: Eine systemische sowie eine intrinsische.[1148] Der systemische Wert der Selbstbestimmung soll darin liegen, dass die Integrität des staatlichen Rechtssystems gestärkt wird.[1149] Der amerikanische adversarische Zivilprozess hängt gerade davon ab, dass die Tatsachen von den Prozessparteien beigebracht und das Recht unter ihrer Mitwirkung weiterentwickelt wird. Insbesondere durch vorprozessuale Vereinbarungen werde die Selbstbestimmung und damit der Zivilprozess gestärkt.[1150] Darüber hinaus soll die Teilhabe der Prozessparteien die Akkuratesse von Gerichtsentscheidungen steigern.[1151]

Daneben gibt es noch einen intrinsischen Wert der Selbstbestimmung, der einmal psychologisch und einmal normativ erläutert werden kann.[1152] Psychologisch gesehen bedeutet Selbstbestimmung, dass die Prozessparteien mit dem Prozessergebnis zufriedener sind, wenn sie Einfluss auf die Gestaltung des Prozesses nehmen konnten.[1153] Die Parteiautonomie wird mit dem Konzept materieller Fairness verknüpft:[1154] Je höher das Maß an Selbstbestimmung, umso fairer wird eine Regelung empfunden.[1155] Dieser Schluss wird auch von einem Werk der sogenannten *procedural justice*-Fachliteratur zum amerikanischen Zivilprozess nahegelegt.[1156] Zwar geht es darin vorwiegend um einen Vergleich des adversarischen zum inquisitorischen Rechtssystem. Dabei wird jedoch gerade die Bedeutung einer stärkeren Stellung der Prozessparteien im Prozess und die Einräumung von mehr Prozessautonomie untersucht. Es wird festgestellt, dass beide Seiten, unabhängig davon, ob sie gewonnen oder verloren

1148 *Bone*, 90 Tex. L. Rev. 1329, 1357 (2012).

1149 *Davis/Hershkoff*, 53 Yale L. & Pol'y Rev. 507, 531 (2011).

1150 Ebd.

1151 *Solum*, Procedural Justice, 78 S. Cal. L. Rev. 181, 273 (2004).

1152 Unterteilung so bei *Bone*, 90 Tex. L. Rev. 1329, 1357 (2012); *Solum*, 78 S. Cal. L. Rev. 181, 374 (2004).

1153 *Subrin/Minow/Brodin u. a.*, Civil Procedure, 395; *Bone*, 90 Tex. L. Rev. 1329, 1358 (2012) mwN in Fn. 119.

1154 So auch *Wagner*, Prozeßverträge, 1998, S. 125.

1155 *Braun*, Einführung in die Rechtswissenschaft, 3. Aufl. 2007, S. 89.

1156 *Bone*, 90 Tex. L. Rev. 1329, 1358 (2012).

haben, das Ergebnis eines Rechtsstreits jeweils fairer empfanden, wenn das Verfahren adversarisch gestaltet war:[1157]

> „*[O]ne would predict that people would see as fair those procedures that favored their own interests. However, several studies [...] have shown a poor correspondence between ratings of the perceived favorableness of procedures to the disputant and procedural fairness ratings of the same procedures. The outcome-oriented position, in its simplest form, would predict that receiving a negative outcome from a high process control procedure should make it obvious to a disputant that process control has been ineffective in securing favorable outcomes, and any procedural fairness advantage of process control should disappear. In fact, virtually all of the studies of procedural fairness in dispute resolution have shown process control enhancement of procedural fairness judgments in conditions where subjects received negative outcomes.*“[1158]

Der angebliche Vorteil der psychologischen Komponente der Selbstbestimmtheit wird von *Bone* infrage gestellt.[1159] Er behauptet, dass im Gegenteil die Prozessparteien enttäuscht sein könnten, wenn eine *ex ante* getroffene Vereinbarung sich *ex post* als nachteilig herausstellt.[1160] Er stellt einen Vergleich zum Wahlsystem an.[1161] Dort werden die Wähler auch nicht weit im Vorhinein ihrer Stimmabgabe an diese gebunden, sondern sie entscheiden an der Urne und ihre Entscheidungen haben damit nahezu unmittelbare Auswirkung auf das Wahlergebnis.[1162] Vergeht wiederum viel Zeit zwischen einer getroffenen Entscheidung und den Auswirkungen derselben, könnte sich die Interessenlage grundlegend verändert haben, sodass eine Bindung an frühere Erklärungen sogar eine Beschränkung der Selbstbestimmung darstellen könnte.[1163]

Die normative Seite der Selbstbestimmung kann auf Kants Beschreibung des Menschen und der Verbindung von Würde und Autonomie zurückgeführt werden:[1164] Die Würde des Menschen entspringt seiner Natur als vernünftiges Wesen und verlangt nach Achtung. Er ist nur dem Gesetz unterworfen, das er sich

---

1157 Tabelle 5-1. in *Lind/Tyler*, The Social Psychology of Procedural Justice, 95 (1988) („*party control*“ durch Kontrolle der eingebrachten Beweise und Sachverträge in Abwesenheit richterlichen Eingriffs).

1158 *Lind/Tyler*, The Social Psychology of Procedural Justice, 97.

1159 *Bone*, 90 Tex. L. Rev. 1329, 1359 (2012).

1160 *Bone*, 90 Tex. L. Rev. 1329, 1359 (2012).

1161 *Bone*, 90 Tex. L. Rev. 1329, 1359 (2012).

1162 *Bone*, 90 Tex. L. Rev. 1329, 1359 (2012).

1163 *Bone*, 90 Tex. L. Rev. 1329, 1359 (2012).

1164 *Kant*, Grundlegung zur Metaphysik der Sitten, 1785, Kant's gesammelte Schriften, hg. von der Königlich Preußischen Akademie der Wissenschaften, Band IV, Berlin 1911, S. 436 Z. 6 f.

selbst gibt;[1165] ein Handeln nach einem nicht selbst gegebenen Gesetz bedeutet ein Mangel an Würde. Daraus ergibt sich – grob gesagt – eine Forderung an die Beschaffenheit des Rechts: Die Würde des Menschen als vernünftigem Wesen verlangt nach Teilhabe in Form der Machtausübung im Prozess.[1166]

Andere Literaturstimmen legen den Fokus ihrer Argumentation auf die normative Verbindlichkeit von Gerichtsentscheidungen. Sie stellen fest, dass Gerichtsentscheidungen nicht deshalb verbindlich sind, weil sie akkurat oder wir im Einzelfall mit ihnen zufrieden sind.[1167] Das staatliche Gerichtswesen als Quelle bindender Urteile leitet seine Legitimität von den Bürgern ab, denen, wie auch nach Kants Ansatz, folglich Teilhaberechte eingeräumt werden müssen.[1168] Teilhabe am Zivilprozess ist mithin zugleich demokratische Selbstbestimmung.[1169] Auch Gesetze sind nur deshalb bindend, weil die Bürger zuvor durch Wahlen an der Zusammensetzung des Gesetzgebungsgremiums und andere Teilhabemöglichkeiten am Gesetzgebungsprozess im weiteren Sinne beteiligt sind.[1170]

Partizipation ist zentral für die Legitimität jeglichen staatlichen Handelns.[1171] Wieder anders ausgedrückt ist es unverzichtbarer Bestandteil individueller Freiheit, auf gesetzlich eingeräumte Rechte zugunsten eines als wertvoller empfundenen Wertes zu verzichten.[1172] Auch hier wendet *Bone* ein, dass das Maß an Selbstbestimmung zwar *ex ante* erweitert wird, jedoch *ex post* beschränkt sein könnte, wenn Parteien an frühere Entscheidungen gebunden sind, die sie jetzt nicht mehr unterstützen.[1173]

Bones Kritik kann abgewonnen werden, dass der Argumentation für die Einräumung breiterer Selbstbestimmungsmöglichkeiten die Annahme zugrunde

---

1165 Zentral an dieser Stelle ist Kants kategorischer Imperativ: „Handle nur nach derjenigen Maxime, durch die du zugleich wollen kannst, dass sie ein allgemeines Gesetz werde.", *Kant*, S. 439 Z. 1 f.

1166 In diese Richtung auch *Bone*, 90 Tex. L. Rev. 1329, 1359 (2012).

1167 *Solum*, 78 S. Cal. L. Rev. 181, 275 (2004).

1168 *Solum*, 78 S. Cal. L. Rev. 181, 374 (2004).

1169 *Davis/Hershkoff*, 53 Yale L. & Pol'y Rev. 507, 531 (2011).

1170 *Solum*, 78 S. Cal. L. Rev. 181, 276 (2004).

1171 *Solum*, 78 S. Cal. L. Rev. 181, 273 (2004) („Because a right of participation must be afforded to those to be bound by judicial proceedings in order for those proceedings to serve as a legitimate source of authority, the value of participation cannot be reduced to a function of the effect of participation on outcomes; nor can the value of participation be reduced to a subjective preference or feeling of satisfaction.").

1172 *Davis/Hershkoff*, 53 Yale L. & Pol'y Rev. 507, 532 (2011).

1173 *Bone*, 90 Tex. L. Rev. 1329, 1359 (2012).

liegt, die Parteien würden selbstbestimmte und informierte Entscheidungen treffen können,[1174] was bei Vorliegen von Informations- und Ressourcenasymmetrien bereits infrage gestellt wurde.[1175] Um einer Bindung an Entscheidungen, die sich *ex post* als nachteilig erweisen, entgegenzuwirken, gilt es jedoch nicht die Gestaltungsmöglichkeiten der Vertrags- und Prozessparteien – der Bürger – zu beschneiden, sondern bestehende Ungleichgewichte auszugleichen, einen Übereilungsschutz sowie eine strengere Inhaltskontrolle vorzusehen.[1176] Denn die möglichen Vorteile selbstbestimmter Prozessgestaltung überwiegen die Nachteile, nicht zuletzt, weil Letztere rechtlich in den Griff zu kriegen sind.[1177] Überzeugend ist insbesondere die Sichtweise, dass Prozessverträge eine weitere Möglichkeit der politischen Teilhabe am Rechtswesen eröffnen, durch welche Gerichtsentscheidungen Rechtmäßigkeit verliehen werden kann. Deshalb sind die bereits bestehenden, breiten Mitwirkungsmöglichkeiten[1178] der Prozessparteien *de lege ferenda* zu erweitern.

d. Formelle Fairness

Die formelle Fairness beschreibt, als wie gerecht ein Gerichtsverfahren empfunden wird. Ebenso wie im Rahmen der Diskussion um materielle Gerechtigkeit geht es um das subjektive Empfinden der beteiligten Personen. Einem Großteil der amerikanischen Literatur zufolge erkenne man formell faire Verfahrensregeln vor allem anhand von zwei Aspekten: Einmal daran, dass sie diejenigen Werte, die die Öffentlichkeit als „fair" empfindet, steigern,[1179] und zum anderen daran, dass sie Fehlerkosten minimieren.[1180] Andere stellen diese begriffliche Fassung formeller Fairness infrage:[1181] Zunächst gehe es bei formeller Fairness um ein gerechtes Verfahren zugunsten der betroffenen Parteien. Eine Orientierung an einer Steigerung des Gemeinwohls sei demnach verfehlt.[1182] Soweit einige individuelle Personen unter einer Verfahrensregelung litten, ließe sie sich auch nicht durch die Vorteile für eine viel größere Anzahl Personen rechtfertigen;[1183]

1174 *Davis/Hershkoff*, 53 Yale L. & Pol'y Rev. 507, 531 (2011).

1175 Vgl. bereits im 4. Kapitel unter A. II. 1. b.

1176 Siehe bereits b. cc.

1177 Vgl. dazu auch im 4. Kapitel C.

1178 So etwa die Wertung bei *Davis/Hershkoff*, 53 Yale L. & Pol'y Rev. 507, 531 (2011).

1179 *Moffit*, 75 Geo. Wash. L. Rev. 461, 508 (2007); *Davis/Hershkoff*, 53 Yale L. & Pol'y Rev. 507, 532 (2011).

1180 *Davis/Hershkoff*, 53 Yale L. & Pol'y Rev. 507, 532 (2011).

1181 *Bone*, 83 B.U.L. Rev. 485 (2003).

1182 *Bone*, 83 B.U.L. Rev. 485, 487 (2003).

1183 Ebd.

eine Aufrechnung von Vor- und Nachteilen finde bei einer Fairnessbetrachtung gerade nicht statt.[1184] Die formelle Fairness verlange, dass jede Prozesspartei durch die Verfahrensregel besser dastehe als ohne sie, und dies auch, wenn die Parteiinteressen vollkommen gegensätzlich sind.[1185]

Zum anderen kann es auch nicht nur um die Vermeidung von falschen, unangemessenen Ergebnissen gehen. Sonst könnte formelle Fairness durch eine beliebige Steigerung der Genauigkeit von Gerichtsentscheidungen erzielt werden, was unüberschaubare Gerichtskosten mit sich tragen könnte.[1186] *Bone* führt dafür das Beispiel einer Parteivereinbarung zugunsten einer Gerichtsentscheidung mithilfe von 100 Juroren an, durch welche zwar den Parteiinteressen entsprochen werde, jedoch das öffentliche Gerichtssystem im Vergleich zu den Vorteilen für die Prozessparteien überproportional belastet würde.[1187] Die Vermeidung von Fehlerkosten spielt mithin eine große Rolle, ist jedoch durch öffentliche Interessen an einer effizienten Nutzung öffentlicher Ressourcen beschränkt.[1188]

Eine Verfahrensregel ist *Bone* zufolge vielmehr dann fair, wenn sie die individuellen Rechte der Prozessparteien schützt, indem sie die *due process*-Garantie wahrt und gleichzeitig den Gleichheitsgrundsatz beachtet.[1189] Einige Bestandteile der *due process*-Garantie sind aufgrund ihrer fundamentalen Bedeutung unveränderlich, etwa der Anspruch auf angemessenes rechtliches Gehör, der Anspruch auf Gleichbehandlung, und der Anspruch auf eine gleiche Rechtsanwendung, also eine Herrschaft von allgemeinen Regeln, nicht Meinungen,[1190] wobei alle drei „Ansprüche" untrennbar miteinander verbunden sind. Abdingbarer Bestandteil der *due-process*-Garantie ist das Erfordernis der Zustellung

---

1184 *Bone,* 83 B.U.L. Rev. 485, 497 (2003).

1185 Ebd.

1186 *Bone,* 83 B.U.L. Rev. 485, 493 (2003); so auch *Moffit,* 75 Geo. Wash. L. Rev. 461, 508 (2007).

1187 *Moffit,* 75 Geo. Wash. L. Rev. 461, 508 (2007). Juroren an Bundesgerichten bekommen für jeden Verfahrenstag 40 $ gezahlt, wenn das Verfahren länger als 10 Tage andauert, 50 $ pro Tag. Hinzu kommen Fahrtkosten, sowie Verpflegung und Unterkunft, die insbesondere dann hoch sein können, wenn die Juroren zu einem Forum anreisen müssen, indem sie nicht ortsansässig sind; http://www.uscourts.gov/services-forms/jury-service/juror-pay (zuletzt abgerufen am 9. Oktober 2017).

1188 *Bone,* 83 B.U.L. Rev. 485, 493 (2003); *Moffit,* 75 Geo. Wash. L. Rev. 461, 508 (2007).

1189 *Bone,* 83 B.U.L. Rev. 485, 495 (2003).

1190 So bereits Aristoteles, vgl. *Braun,* Einführung in die Rechtswissenschaft, 3. Aufl. 2007, S. 67.

bzw. Mitteilung. Allerdings gilt für dessen Verzicht aufgrund des Verfassungsrangs der *due-process*-Garantie der strengere Konsensstandard.[1191]

Gleiches gleich und Ungleiches ungleich zu behandeln ist der Ausgangspunkt für eine nach allgemein bestimmten Maßstäben erfolgende Rechtsanwendung, die zusammen mit der Anerkenntnis der Gleichheit der Personen für eine Akzeptanz des Rechtssystems wie auch für Verlässlichkeit der Gerichtsentscheidungen sorgt.[1192] Formelle Fairness ist damit eng mit der Gewährleistung von Rechtssicherheit verbunden.[1193] Neben der gleichen Rechtsanwendung ist jedoch auch Gleichheit im Sinne von „Verteilungsgleichheit" gemeint, d.h. bei Anwendung und Durchsetzung der materiellen Rechtslage ist auf eine gleiche Verteilung von Rechtsgütern zu achten.[1194]

Das Finden einer gleichberechtigten Lösung ist wiederum nur durch Konsens möglich, der durch einen Dialog der Parteien erreicht wird.[1195] In eine ähnliche Richtung geht auch die Argumentation bestimmter kontraktualistischer Gerechtigkeitstheorien, die ein „*ex ante*-Argument" in die Diskussion einführen: Demnach ist eine Verfahrensregel dann fair, wenn eine rationale Person in der Position einer Prozesspartei ihr zugestimmt hätte, wenn sie im Vorfeld einer Streitigkeit dazu in der Lage gewesen wäre.[1196] Die Zustimmung zu einer bestimmten Regelung sei hypothetisch zu bestimmen, da oftmals keine tatsächliche Zustimmung vorliege bzw. eingeholt werden könne.[1197] Das *ex ante*-Argument vermag damit die Frage formeller Fairness in Bezug auf eine konkrete Vereinbarung zu beantworten: Haben die Vertragsparteien antizipiert, dass sie sich als Prozessparteien gegenüberstehen könnten, und haben sie sich auf den Ausschluss oder die Änderung einer Verfahrensregelung geeinigt, kann nach dieser Theorie die Fairness der Regelung angenommen werden. Das gilt nach dem *ex ante*-Argument erst recht für nach Anhängigkeit getroffene Vereinbarungen. Für die Untersuchung dessen, ob die Vereinbarung wirksam zustande gekommen ist, gelten dieselben Maßstäbe und *de lege ferenda*-Vorschläge, wie bisher unter A. II. 1. erarbeitet.

1191 2. Kapitel B. II.

1192 *Braun*, Einführung in die Rechtswissenschaft, 3. Aufl. 2007, S. 67.

1193 *Braun*, Einführung in die Rechtswissenschaft, 3. Aufl. 2007, S. 68.

1194 Verteilungsgerechtigkeit durch Verteilungsgleichheit, *Bone*, 83 B.U.L. Rev. 485, 495 (2003).

1195 *Braun*, Einführung in die Rechtswissenschaft, 3. Aufl. 2007, S. 73.

1196 *Bone*, 83 B.U.L. Rev. 485, 490 (2003).

1197 *Bone*, 83 B.U.L. Rev. 485, 490 (2003), im Zivilprozess gehe es darum, den Ausgleich zwischen allen betroffenen Interessen herzustellen, was durch Zustimmung – hypothetische oder tatsächliche – erreicht werden könnte.

e. Vertraulichkeit

Die Vertrags- und Prozessparteien werden nach Möglichkeit versuchen, ihre Informationen geheim zu halten. Ein großer Nachteil des staatlichen Verfahrens besteht aus ihrer Sicht darin, dass bis auf wenige Ausnahmen alle Informationen gesammelt und öffentlich zugänglich gemacht werden können.[1198] Der Gegner einer Prozesspartei kann sich auf die Zuschauerbank setzen, den mündlichen Verhandlungen lauschen und dabei hoffen, auf Betriebsgeheimnisse seines Konkurrenten zu stoßen. Bis auf die vereinzelte Möglichkeit, die Öffentlichkeit von der Verhandlung auszuschließen sowie einzelne Dokumente entweder über eine Privilegierung oder gerichtlich erlassene *protective orders* zu schützen, gibt es keinen Schutz gegen solche Gefahren.[1199] Wer absolute Vertraulichkeit seiner Informationen sucht, ist mit dem Schiedsverfahren besser beraten:[1200]

> „*People who want secrecy should opt for arbitration. When they call on the courts, they must accept the openness that goes with subsidized dispute resolution by public (or publicly accountable) official. Judicial proceedings are public rather than private property.*"[1201]

Aber selbst eine Vertraulichkeitsvereinbarung für das Schiedsverfahren kann vor staatlichen Gerichten bestandslos sein. So mussten in einem kürzlich von einem New Yorker Bundesdistriktgericht entschiedenen Fall Dokumente, die von den Parteien im Schiedsverfahren einvernehmlich als vertraulich eingestuft wurden, vorgelegt und öffentlich zugänglich gemacht werden. Das Gericht führte hierzu aus:

> „*Litigation in an American court is not governed by the principle that "what happens in Vegas stays in Vegas"—or in this case, in London. Private agreements cannot be used to circumvent United States courts' policy in favor of open litigation, and private parties cannot unilaterally keep information that is relevant to a lawsuit properly before a United States court out of public view, even if that same information is material to a private dispute resolution that is subject to confidentiality. Put otherwise, a private agreement to arbitrate a dispute does not cloak documents and other evidence relevant to that dispute with a "shield*

1198 Wie bereits im 4. Kapitel unter A. I. 4. erörtert: „Judicial proceedings are public rather than private property", *Union Oil Co. of California v. Leavell*, 220 F.3d 562, 568 (7th Cir. 2000).

1199 *Strong*, 39 Brooklyn J. Int'l L. 1027, 1072 (2014) unter Verweis auf *Delaware Coalition for Open Government v. Strine*, 894 F.Supp.2d 493, 503 (D. Del. 2012).

1200 *Strong*, 39 Brooklyn J. Int'l L. 1027, 1074 (2014); *Noyes*, 30 Harv. J.L. & Pub. Pol'y 579, 589 (2007).

1201 *Union Oil Co. of California v. Leavell*, 220 F.3d 562, 568 (7th Cir. 2000); siehe dazu bereits im 4. Kapitel A. I. 4.

of invisibility," or immunize them either from public disclosure in connection with other, related proceedings or from publication in connection with those other proceedings."[1202]

2. Besondere Interessenlage im vorprozessualen Bereich

a. Begründung des ex ante-Arguments

Das *ex ante*-Argument wurde bereits zur Begründung formeller Fairness (A. II. 1. d.) vorgestellt und besagt, dass das Verfahrensrecht fair ist, wenn eine rationale Person in der Position der Prozesspartei ihm vor Prozessbeginn zugestimmt hätte.[1203] Die Fairness beruht bei dem *ex ante*-Argument auf folgender Annahme: Jede rationale Person nimmt eine Abwägung der zu erwartenden Vorteile und Kosten einer bestimmten Verfahrensregelung vor.[1204]

Bone zeigt zwei theoretisch konstruierte Szenarien[1205] auf, die das *ex ante*-Argument stützen, und hier in Kürze dargestellt werden sollen. Beide Male geht es um die Frage, ob die *discovery* beschränkt werden soll. Es wird unterstellt, dass es nur die Wahl zwischen breiter und beschränkter *discovery* gibt, und dass eine breite Nutzung der *discovery*-Instrumente es der Partei mit den stärkeren Argumenten erlaubt mit höherer Wahrscheinlichkeit (angenommen: 80 % im Gegensatz zu nur 50 %) zu gewinnen.[1206]

Im ersten Szenario, dem Erwartungsszenario, einigen sich beide Parteien etwa auf eine Beschränkung der *discovery*, da sie nicht wissen, wer im Falle eines Prozesses die besseren Karten hat, nur, dass sie beide gleiche Chancen auf die stärkere wie auch die schwächere Position im Prozess haben (bei Beteiligung von einem Kläger und einem Beklagten liegt die Wahrscheinlichkeit für jede Position mithin bei 50 %). Sie bilden beide den Mittelwert aus Vor- und Nachteilen einer breiten *discovery* und kommen zu dem Ergebnis, dass die vorprozessuale Beschränkung der *discovery* für beide vorteilhaft ist. Im Gegensatz zum zweiten Szenario profitieren die Partien jedoch nur *ex ante* von der Vereinbarung, während die Situation für die stärkere Partei *ex post* ohne Beschränkungsvereinbarung besser wäre.

1202 *Veleron Holding, B.V. v. Morgan Stanley*, 2014 WL 1569610, 1 (S.D.N.Y. 2014).

1203 *Bone*, 83 B.U.L. Rev. 485, 496 (2003).

1204 *Bone*, 83 B.U.L. Rev. 485, 496 (2003).

1205 Die sich nicht eins zu eins auf die Realität übertragen lassen, sondern auf verschiedenen Annahmen beruhen, etwa dass es nur eine binäre Wahl der *discovery* gibt: breite oder beschränkte *discovery*.

1206 *Bone*, 83 B.U.L. Rev. 485, 498 (2003).

Im zweiten Szenario, dem Beispiel kollektiver Wohlfahrt,[1207] profitieren beide Seiten nicht nur *ex ante*, sondern auch *ex post*.[1208] Haben sich zum Beispiel die Parteien eines Arbeitsvertrages auf die Beschränkung der *discovery* geeinigt, senkt das die Kosten des Arbeitgebers, den Arbeitnehmer einzustellen, da er geringere zu erwartende Prozesskosten hat.[1209] Er könnte daher bereit sein, dem Arbeitnehmer mehr Gehalt zu zahlen, wodurch der Arbeitnehmer motiviert sein könnte, produktiver zu sein, wodurch höhere Umsätze erzielt werden, die wiederum zur Auszahlung eines noch höheren Gehalts führen können. Durch die *ex ante*-Vereinbarung können die Parteien also das gegenseitige Vertrauen stärken und ihre Motivation und Produktivität erhöhen.[1210]

b. Vorteile vorprozessualer Verträge

Der Zeitpunkt der Vereinbarung ist relevant, weil die Interessen *ex ante* noch gleichgerichtet sind.[1211] Relevanter Zeitpunkt, der eine Änderung der Interessenlage hervorruft, ist die Einreichung und Zustellung der Klageschrift.[1212] Ab Anhängigkeit (vorliegend auch als vorprozessuale Situation bezeichnet) befinden sich die Parteien im Widerstreit, eine Vereinbarung zum beiderseitigen Vorteil ist schwieriger zu erzielen, ein Nullsummenspiel wahrscheinlicher.[1213] An verschiedensten Stellen wurden mögliche Vorteile einer *ex ante*-Vereinbarung genannt, die wie folgt zusammengefasst werden können:

Zunächst kann sie einen Ausweg aus dem *prisoner's dilemma* bieten.[1214] Einigen sich die Parteien vorprozessual auf den Ausschluss eines bestimmten Rechts, oder erweitern sie ihren Rechtskreis, ändert sich die Palette sodann zur Verfügung stehender Handlungsoptionen,[1215] während die Palette möglicher Handlungsoptionen im Prozess weitestgehend festgelegt ist.[1216] *Ex ante* befinden sich die Parteien in einem Zustand der Ungewissheit über die spätere Rolle in einem Zivilprozess, den Streitgegenstand sowie weitere Prozessgegebenheiten. Diese Sphäre des Nichtwissens ermöglicht es, Vereinbarungen zum beiderseitigen

1207 *Bone* nennt es das *collective action scenario*, *Bone,* 83 B.U.L. Rev. 485, 500 (2003).
1208 Ebd.
1209 Ebd.
1210 Ebd.
1211 *Kapeliuk/Klement,* 91 Tex. L. Rev. 1475, 1484 (2013).
1212 *Kapeliuk/Klement,* 91 Tex. L. Rev. 1475, 1475 (2013).
1213 *Kapeliuk/Klement,* 91 Tex. L. Rev. 1475, 1483 (2013).
1214 Ebd.; *Kapeliuk/Klement,* 16 (2008).
1215 *Kapeliuk/Klement,* 91 Tex. L. Rev. 1475, 1482 (2013).
1216 Ebd.

Vorteil zu treffen. Der „Schleier des Nichtwissens“[1217] wird erst mit Anhängigkeit einer Klage gehoben. Der *ex ante*-Zeitpunkt ermöglicht also eine Minimierung oder gar einen Ausschluss strategischen und opportunistischen Verhaltens bei Vertragsschluss.[1218]

Daneben kann eine *ex ante*-Vereinbarung auch das vorprozessuale Verhalten positiv beeinflussen. Die Vertragstreue kann gefördert, sowie der Anreiz, sich im Einklang mit materiellem Recht zu verhalten, gesteigert werden.[1219] Damit einhergehend kann auch das prozessuale Verhalten positiv bestärkt werden, indem die Motivation, zu prozessieren, gesenkt, oder, im Falle eines Zivilprozesses, die Einigungsbereitschaft erhöht werden kann.[1220]

Zuletzt ermöglicht eine *ex ante*-Vereinbarung die Kommunikation ansonsten schwer vermittelbarer Informationen.[1221] Es können sowohl *private performance information* wie die Zahlungswilligkeit und -fähigkeit als auch *litigation information* kommuniziert werden.[1222] Letztere Informationsquelle umfasst Informationen zur Geneigtheit, Streitigkeiten vor Gericht zu bringen und auszutragen.[1223]

Bone argumentiert, die Unterscheidung zwischen einer *ex ante*- und *ex post*-Situation werde überbewertet.[1224] Tatsächlich liege *ex ante* kein Rawl'scher Schleier des Nichtwissens vor und *ex post* seien die Parteien nicht umfassend informiert.[1225] Jedenfalls welche Seiten die Parteien einnehmen werden, könnten sie oftmals vorhersagen.[1226] In einem Verbrauchervertrag werde der Verbraucher im Hinblick auf eine mangelhafte Sache tendenziell der Kläger sein, der Verkäufer tendenziell der Beklagte; wird über die Kaufpreiszahlung gestritten, ist es genau umgekehrt.[1227] Auch bei Abschluss eines Arbeitsvertrages kann man annehmen, dass tendenziell der Arbeitnehmer Kläger und der Arbeitgeber der Beklagte sein wird, jedenfalls, wenn es um eine Kündigung oder Abfindung geht.

Nichtsdestotrotz: Ob *Bones* These zutrifft, ist empirisch zu bestimmen.[1228] Dafür liegen bisher nicht genügend Daten vor. Und selbst wenn die Unterschiede

1217 *Rawls*, A Theory of Justice, 136 (1971).
1218 *Kapeliuk/Klement*, 91 Tex. L. Rev. 1475, 1483 (2013).
1219 *Kapeliuk/Klement*, 91 Tex. L. Rev. 1475, 1484 (2013).
1220 Ebd.
1221 Vergleiche bereits im 4. Kapitel unter A. II. 1. a.
1222 *Kapeliuk/Klement*, 23 (2008).
1223 Ebd.
1224 *Bone*, 90 Tex. L. Rev. 1329, 1341 (2012).
1225 Ebd.
1226 Ebd.
1227 Beispiel so ähnlich bei *Bone*, 90 Tex. L. Rev. 1329, 1341 (2012).
1228 *Kapeliuk/Klement*, 91 Tex. L. Rev. 1475, 1485 (2013).

ex ante und *ex post* geringer sein mögen als zunächst angenommen, ist damit jedenfalls nicht die grundsätzlich verschiedene Interessenlage der Parteien *ex ante* und *ex post* widerlegt.

c. Bedenken und Notwendigkeit eines Übereilungsschutzes

Gegen die Zulassung vorprozessualer Prozessverträge könnten dogmatische wie auch rechtspolitische Bedenken sprechen. Dogmatisch argumentieren manche, auf ein Recht könne erst mit dessen Entstehen verzichtet werden.[1229] Dabei lässt sich der Rechtsverzicht auf ein künftiges Recht auch dogmatisch begründen: Während die Verzichtserklärung in Antizipation eines zukünftigen Zustandes erklärt wird, treten die Rechtsfolgen des Verzichts erst mit Entstehung des Rechtes ein.

Vorprozessuale Prozessvereinbarungen könnten jedoch rechtspolitisch ungewollt sein. Zunächst können wieder Legitimitätsfragen ins Feld geführt werden – die Befugnis, so weitreichende prozessuale Entscheidungen zu treffen, könnte dem Staate vorbehalten sein. In der deutschen Literatur zur Zulässigkeit antizipierter Prozessverträge wurde dieser Einwand oft mit dem „Verbot des Konventionalprozesses" betitelt.[1230] Ein Konventionalprozess ist ein Zivilprozess, der nur durch Parteivereinbarung Gestalt und Form annimmt.[1231] Typisches Beispiel eines antizipierten Prozessvertrages ist die Vereinbarung einer Gerichtsstandsklausel. Vergleichbar der im amerikanischen Rechtsraum geltenden *ouster doctrine*, gab es im deutschen Recht seit jeher die Position, dass die gerichtliche Zuständigkeit durch das Gesetz und nicht durch Parteivereinbarung bestimmt werden solle.[1232] Die Legitimitätsargumentation ist jedoch, wie unter A. I. 1.–3. dargelegt, nicht überzeugend und im Hinblick darauf, dass Gerichtsstandsklauseln, die im deutschen wie im amerikanischen Zivilprozessrecht mittlerweile anerkannt sind, nicht mehr relevant.

Ernst zu nehmen ist der Einwand, dass der antizipierte Rechtsverzicht unabsehbare Nachteile für eine Vertragspartei mit sich bringen kann. *Oertmann*

1229 *Goldschmidt*, Der Prozess als Rechtslage, 1962, S. 311; *Hellwig*, System des deutschen Zivilprozeßrechts, 1912, S. 450, (es könne nur auf konkrete gegenwärtige Befugnisse verzichtet werden).

1230 *RGZ* 20, 398, 402; *Walsmann* AcP 1907, 1 (209); *Hellwig*, System des deutschen Zivilprozeßrechts, 1912, S. 450; *Barz*, Das Klagezurücknahmeversprechen, 1933, S. 13; *Goldschmidt*, Der Prozess als Rechtslage, 1962, S. 311.

1231 *Freyherrn von zu Rhein, Friedrich August*, Jahrbücher des gemeinen deutschen bürgerlichen Prozesses, 1829, S. 105

1232 *Hellwig*, System des deutschen Zivilprozeßrechts, 1912, S. 450.

zufolge ist „[der vorgängige Verzicht] ein aleatorisches Geschäft [= das zu einem unvorhersehbaren, zufälligen Ergebnis führen kann] und allen gegen deren Wirksamkeit sprechenden Bedenken vollauf ausgesetzt".[1233] Wie bei allen unter dem „Schleier des Nichtwissens" getroffenen vorprozessualen Vereinbarungen besteht die Gefahr, dass sie sich *ex post* als schlecht herausstellen.[1234] Manche vertreten sogar, es sei den Parteien per Definition unmöglich, „eine [gerechte] Abmachung über künftige Gerechtsame [zu treffen], deren Tragweite noch nicht im entferntesten übersehen" werden kann.[1235] Ferner kann die Bindung *ex post* an eine *ex ante* getroffene Vereinbarung eine Verletzung der Selbstbestimmung darstellen.[1236]

d. Zusammenfassung des geltenden Rechts zur Zulässigkeit vorprozessualer Verträge

Weder die Rechtsprechung[1237] noch das geschriebene Bundeszivilprozessrecht[1238] kennen einen kategorischen Ausschluss vorprozessualer Verträge. Allerdings

---

1233 *Oertmann* ZZP 1915, 389 (415).

1234 *Kapeliuk/Klement*, 43 (2008) („[The parties] may forgo their right of appeal even if eventually it would turn out that the trial court has performed a significant error. Pre-dispute procedural arrangements might therefore be suspect of undercutting the adversary nature of the judicial process, thus adversely affecting its reputational capital."); in dieselbe Richtung *Paulson*, 45 Ariz. St. L.J. 471, 494 (2013) („the resulting judgment might be so totally incongruous to their [the parties] rights, or the remedy sought, that it would be intolerable to either, or both of them, for that matter").

1235 So *Oertmann* ZZP 1915, 389 (422), so stellt er weiter fest: „Auch sonst behandelt die Rechtsordnung bekanntlich einen in omnem eventum vollzogenen vorgängigen Verzicht auf eine zukünftige, in ihrer Tragweite noch unübersehbare Gerechtsame vielfach anders, minder günstig als denjenigen über das entsprechende, bereits erworbene Recht: so kann nach § 276 BGB dem Schuldner die Haftung wegen Vorsatzes nicht im Voraus erlassen werden, während einem Verzicht auf den erworbenen Ersatzanspruch aus vorsätzlicher Vertragsverletzung nicht das mindeste Bedenken entgegensteht.". Vergleiche ferner zur entsprechenden Diskussion im deutschen Recht die sog. „Übersehbarkeitslehre" bei *Wagner*, Prozeßverträge, 1998, S. 537.

1236 Vgl. bereits A. II. 1. b. (3).

1237 *Bone*, 90 Tex. L. Rev. 1329, 1352 (2012): „Still, judges seem quite willing to enforce most agreements as long as they deal with the set of procedures recognized as suitable for ex ante specification".

1238 Jedenfalls so die Interpretation, etwa bei *Bone*, 90 Tex. L. Rev. 1329, 1369 (2012): „parties should be able to contract in advance of litigation to accomplish what the rule system allows them to do during litigation, even when the Federal Rules do not explicitly authorize ex ante contracting".

gibt es auch keine allgemeingültige Position des *Supreme Court* zur Zulässigkeit antizipierter Prozessverträge und auch keine Stellungnahme zu jeder der bisher anerkannten Erscheinungsformen prozessualer Vereinbarungen.

Gerichtsstandsklauseln sind der Prototyp antizipierter Prozessregelungen: Die Vertragsparteien legen sich im Vorhinein einer Rechtsstreitigkeit auf ein Forum fest, an dem Klage eingereicht werden und das sodann für die Entscheidung der Streitigkeit zuständig sein soll. Forumswahlklauseln sind *de lege lata* zulässige vorprozessuale Vereinbarungen.

Unklar ist die Rechtslage hinsichtlich vorprozessualer *discovery*-Vereinbarungen.[1239] Der Fall *Elliott-McGowan Productions v. Republic Productions, Inc.*, 145 F.Supp. 48 (1956) spricht dafür, sie als von Rule 29 FRCP erfasst anzusehen. Eine diesbezügliche Klarstellung des *Supreme Court* ist wünschenswert.

Class action waiver werden wie Gerichtsstandsklauseln regelmäßig vor Anhängigkeit einer Rechtsstreitigkeit geschlossen. Im Prozess selbst kann die Zertifizierung einer Streitigkeit als *class action* durch Stellung des Antrages erreicht werden – ein diesbezüglicher im Prozess geschlossener Vertrag ist ungewöhnlich. Die Zulässigkeit ist jedoch im Verbraucherkontext streitig.[1240]

Auch im Bereich von Juryausschlussklauseln kann nach *Hendrix* nicht von einer generellen Unzulässigkeit vorprozessualer Verträge gesprochen werden.[1241]

e. *Übereilungsschutz* de lege ferenda

Warnung vor und Schutz gegen voreilige Rechtsverluste ist etwa in Form von Formvorschriften und Aufklärungspflichten geboten. Jedenfalls ein Schrifterfordernis für die Dokumentation des Verzichts erscheint erforderlich, darüber hinaus könnten jedoch auch strengere Formvorschriften angestellt werden.

Ausreichend könnte es auch sein, nur den beiderseitigen, nicht jedoch den einseitigen Rechtsverzicht für zulässig zu erachten.[1242] Man könnte die Zulässigkeit

---

1239 Vgl. bereits im 3. Kapitel B. II. 1.

1240 Utah lässt antizipierte *class action waivers* in Verbraucherverträgen explizit zu: S.B. 252, 2006 leg., General Session (Utah 2006), erhältlich unter http://le.utah.gov/~2006/bills/static/SB0252.html (zuletzt abgerufen am 9. Oktober 2017).

1241 *National Equipment Rental, Ltd. v. Hendrix*, 565 F.2d 255 (2d Cir. 1977).

1242 *Rimmelspacher* JuS 1988, 953 (956), „Auf die Notwendigkeit eines beiderseitigen Verzichts deutet indes schon die Formulierung in den Motiven zur CPO hin, die von einem ‚Kompromiß' sprechen […] vor allem [aber] die Erwägung, daß der Erklärende angesichts der Formlosigkeit der Erklärung vor deren allzu leichtfertiger Abgabe und damit der vorschnellen Preisgabe einer prozessualen Befugnis geschützt werden muß".

eines vorprozessualen Verzichts zum Schutz der Parteien aber auch gänzlich verweigern.[1243] Allerdings ist zu beachten, dass strengere Formvorschriften die Privatautonomie der Parteien deutlich weniger einschränkt und ein angemessener Schutz hierdurch denkbar erscheint.

III. Öffentliche Interessen

In Abgrenzung zu den staatlichen Interessen soll es nachfolgend um die Interessen der breiten Bevölkerung gehen. Die Unterhaltung des staatlichen Gerichtssystems durch öffentliche Gelder rechtfertigt sich durch die soziale und gemeinschaftliche Funktion, die darin wahrgenommen wird.[1244] Der von den Vertrags- und Prozessparteien zu zahlende Anteil für die Eröffnung eines Zivilverfahrens (*filing fee*) ist im Vergleich zu den öffentlichen Kosten verschwindend gering.[1245] Da die Parteien mithin nicht vollständig für die Kosten und Auswirkungen ihrer Vereinbarungen einzustehen haben, müssen Gerichte bei der Frage der Zulässigkeit und Wirksamkeit solcher Vereinbarungen auch öffentliche Interessen im Blick haben.[1246]

1. Sinnvolle Nutzung öffentlicher Ressourcen

Eine effizientere Verfahrensgestaltung durch einen Prozessvertrag muss nicht gleichzeitig zu einer effizienteren Nutzung gerichtlicher Ressourcen führen. Denn die Interessen der Parteien sind keineswegs auf die Einsparung öffentlicher Gelder gerichtet, sondern in erster Linie auf die Minimierung eigener Prozesskosten. Die Prozessparteien internalisieren die öffentlichen Kosten des Gerichtssystems nicht, daher sind ihre Prozessabreden nicht notwendig „sozial optimal".[1247] Überdies ist es möglich, dass die Einsparung eigener Kosten gar auf Kosten des Gerichtssystems geschieht, Letztere also steigen.

Der Kosteneinwand ist dennoch mit Abstand zu betrachten. Zum einen ist eine Bandbreite der prozessvertraglich vereinbarungsfähigen Rechtsausschlüsse und Handlungsmodifikationen auch einseitig während eines laufenden Verfahrens erzielbar, so etwa wenn eine Partei sich wirksam auf ihr Juryausschlussrecht beruft oder im Rahmen der *pre-trial discovery* auf eine Eingrenzung des Verfahrensstoffes durch den Richter hinwirkt. Die hierdurch entstehenden Kosten,

1243 *Barz*, Das Klagezurücknahmeversprechen, 1933, S. 13.
1244 *Moffit*, 75 Geo. Wash. L. Rev. 461, 508 (2007).
1245 *Moffit*, 75 Geo. Wash. L. Rev. 461, 508 (2007).
1246 *Kapeliuk/Klement*, 4 (2008).
1247 *Bone*, 90 Tex. L. Rev. 1329, 1374 (2012).

die höher sein mögen, als wenn die entsprechende Handlung nicht vorgenommen worden wäre, können nicht generell der Zulassung von Prozessverträgen zugeschrieben werden. Sie entstehen vielmehr aufgrund der Abänderbarkeit der jeweiligen Prozessnorm sowie der verfahrensleitenden Rolle des Richters, durch welche er die Anliegen der Parteien berücksichtigen kann und soll.

Weiter ist zweifelhaft, wie die Frage steigender Gerichtskosten überhaupt zu beurteilen ist. Zwar könnte man einen Vergleich der Prozesskosten mit und ohne die jeweilige Vereinbarung (bzw. im Prozess: der jeweiligen Handlung der Partei) anstellen. Der Zeitpunkt für die Festlegung der jeweiligen Kosten ist indes schwer zu bestimmen. Denn kurzfristige Mehrkosten für das Gericht können gleichwohl erhebliche Kosteneinsparungen öffentlicher Ressourcen mittel- und langfristig bedeuten.

Ferner kann die gerichtliche Aufrechterhaltung prozessualer Vereinbarungen auch positive Auswirkungen auf das Parteiverhalten haben, wodurch auch das öffentliche Budget entlastet werden kann. Beispielsweise könnten die Parteien vereinbaren, dass ungerechtfertigte Klagen (*frivolous claims*) auf besonders harte Weise zu ahnden sind.[1248] Damit wollen sie in aller Linie sich selbst disziplinieren und die Vertragsdurchführung sicherstellen. Gleichzeitig entspricht eine solche Prozessvereinbarung auch rechtspolitischen Zielsetzungen, die Gerichte zu entlasten. Verstößt im Einzelfall eine Partei gegen die Bestimmung und klagt ungerechtfertigt, entstehen zwar kurzfristig Kosten für die staatliche Durchsetzung der Vereinbarung durch den sogenannten *administrator*. Insgesamt ist der Anreiz, *frivolous claims* zu vermeiden, bei Aufrechterhaltung derartiger Vereinbarungen jedoch hoheitlich positiv bestärkt, was insgesamt zu einem Rückgang unberechtigter Klagen führen kann.

Aus demselben Gedanken können auch im Hinblick auf *discovery*-Beschränkungen öffentliche Kosten neben den privaten Kosten gesenkt werden. Das Argument mancher, eine Beschränkung der *discovery* und damit des Informationsflusses zwischen den Parteien verringere die Wahrscheinlichkeit einer Einigung und steigere damit die Gefahr für ein teures Gerichtsverfahren,[1249] ist zurückzuweisen. Zwar ist die *discovery* wichtig, um die eigenen Klage- bzw. Verteidigungsargumente zu ermitteln, die eigene Position zu stärken und die Erfolgsaussichten im Prozess abschätzen zu können. Gleichwohl geht es gerade nicht darum, die *discovery* gänzlich auszuschließen, sondern die Anzahl *discovery*-Instrumente auf ein dem Einzelfall angemessenes Maß zu begrenzen, den

---

1248 Beispiel findet sich so bei *Bone*, 90 Tex. L. Rev. 1329, 1374 (2012).

1249 *Bone*, 90 Tex. L. Rev. 1329, 1375 (2012).

Streitgegenstand frühzeitig und klar festzulegen und damit *fishing expeditions* auszuschließen, und einen sinnvollen Zeitplan für die Durchführung der *discovery* zu erarbeiten. Maßgeblich für die Frage der Effizienz ist daher, ob die Parteien zweckmäßige Abreden getroffen haben, und ob der verfahrensleitende Richter sein Ermessen zur sinnvollen Aufrechterhaltung und Durchführung derselben nutzt. Nicht die uferlose, sondern gerade die sinnvoll bestimmte *discovery* ermöglicht eine frühzeitige Beurteilung der eigenen Position sowie der prozessualen Erfolgsaussichten. Eine klare Einschätzung der eigenen Position im Prozess sowie der des Gegners macht auch Vergleichsabschlüsse – soweit eine generelle Bereitschaft hierzu besteht – attraktiver, als wenn eine Partei stets auf das unerwartete Auffinden weiterer Beweise durch *fishing expeditions* hofft.

Die sinnvolle Aufarbeitung einer Streitigkeit in der *discovery* steigert zudem die Bereitschaft, das gerichtliche oder außergerichtliche Ergebnis der Streitbeilegung zu akzeptieren, wodurch das Gerichtssystem von Folgeprozessen verschont bleibt.[1250] Sowohl zu viel als auch zu wenig *discovery* können die endgültige Streitbeilegung gefährden. Fließt zu viel Geld sinnlos in die *discovery*, besteht die Gefahr, dass die Parteien nur noch prozessieren, um dem Gegner möglichst viel Schaden anzurichten. Werden die maßgeblichen Streitpunkte aus Sicht der Parteien nicht ausreichend gewürdigt und verhandelt, identifizieren sie sich mit dem Ergebnis der Streitbeilegung weniger, und es droht der erneute Gerichtsprozess. Daher erscheint es naheliegender, dass eine Auseinandersetzung mit Zielsetzung und Umfang der *discovery*, und das Treffen einer entsprechenden Vereinbarung die schnelle und endgültige Streitbeilegung eher befördert als verzögert. Da die *pre-trial discovery* einen Großteil der Gerichtskosten ausmacht, erscheint es naheliegend, dass durch eine Beschränkung derselben neben privaten auch öffentliche Kosten gesenkt werden können. Zwar mag man einwenden, dass in erster Linie die Parteien die Kosten der *discovery* tragen. Gleichwohl bedeutet ein langwieriges *discovery*-Verfahren auch eine intensivere Inanspruchnahme gerichtlicher Zeit und Ressourcen, um die Verfahrensleitung zu bewerkstelligen.

Ebenfalls nicht überzeugend ist der Einwand, Prozessverträge würden allein deshalb im Widerspruch zur sinnvollen Nutzung öffentlicher Ressourcen stehen, weil ein Richter sie auslegen müsse, was je nach Vertragsgestaltung zeitaufwendig sei[1251] oder ihn gar maßlos überfordern könnte.[1252] Die Prozessparteien haben ebenso wie die Öffentlichkeit ein Interesse daran, dass der Richter ihre

1250 Vgl. bereits im 4. Kapitel unter A. II. 1. c.
1251 *Bone*, 90 Tex. L. Rev. 1329, 1375 (2012).
1252 *Moffit*, 75 Geo. Wash. L. Rev. 461, 515 (2007).

Abreden versteht und entsprechend ihrer Intention auszulegen vermag. Zudem sehen sich Richter ständig der Auslegung eines komplexen Zusammenspiels an Regeln ausgesetzt. Insofern kennen sie den Zivilprozess möglicherweise sogar am besten und sind ideal für diese Aufgabe gewappnet.[1253] Daher werden sich langfristig bestimmte Abreden etablieren, die sich als zweckmäßig erwiesen haben, und bei denen die gerichtliche Validierung gesichert ist.[1254]

Sofern ein Prozessvertrag die öffentlichen Kassen besonders stark belasten würde, der individuelle Gewinn der Prozessparteien die öffentlichen Ausgaben jedoch um ein weites übersteigen, soll es ihnen nach *Moffit* freistehen, sich das maßgeschneiderte Verfahren „kaufen" zu können.[1255] Versprechen sich die Vertrags- und Prozessparteien im oben geschilderten Beispielsfall[1256] eine Verbesserung ihrer Rechts- und Prozesslage durch die Einsetzung der genannten 88 Juroren, so können sie das, was an Kosten über die gesetzliche Höchstgrenze von 12 Juroren in Rule 48(a) FRCP hinausgeht, selbst tragen.[1257] Eine Umsetzung dieses Vorschlags droht gleichwohl ein gutes Zivilverfahren von tiefen Taschen abhängig zu machen. Denn die Möglichkeit, sich „maßgeschneiderte Verfahren" zu kaufen, kann dazu führen, dass der Einwand erhöhter öffentlicher Kosten für jede Abweichung vom *default*-Recht der FRCP geltend gemacht würde, sodass nur vordergründig eine Einräumung von mehr Privat- und Prozessautonomie stattfände, während dies für eine Vielzahl von Personen faktisch eine Beschneidung derselben bedeuten würde. Im Übrigen setzt *Moffits* Vorschlag voraus, dass die Mehrkosten einer Verfahrensänderung durch die gewünschte Prozessklausel kalkulierbar sind, was jedoch nicht immer der Fall ist, und die Grenze der „Mehrkosten" zu „normalen Kosten" festlegbar sei, was ebenfalls fraglich erscheint. Entsprechende Ausführungen zur Art und Weise der Berechnung fehlen gleichwohl, sodass dieser Vorschlag bislang nicht praktikabel ist.

Abschließend kann nicht generell gesagt werden, dass die Zulassung von mehr Privat- und Prozessautonomie gleichzeitig zu einer stärkeren Belastung

---

1253 *Moffit,* 75 Geo. Wash. L. Rev. 461, 514 (2007).

1254 *Bone,* 90 Tex. L. Rev. 1329, 1375 (2012).

1255 *Moffit,* 75 Geo. Wash. L. Rev. 461, 515 (2007).

1256 Vgl. A. II. 1. a.

1257 Also am Bundesdistriktgericht für ein Verfahren von 20 Tagen: 88 (Juroren) * 50 $ (pro Juror pro Tag) * 20 (Anzahl Tage) = 88.000 $. Dieser Wert ist der Mindestbetrag und umfasst noch keine eventuellen Verpflegungs- und Unterkunftskosten. Vgl. zu den Kosten eines Juryverfahrens auch http://www.uscourts.gov/services-forms/jury-service/juror-pay (zuletzt abgerufen am 9. Oktober 2017).

der öffentlichen Kassen führen wird.[1258] Im Gegenteil besteht die Hoffnung, dass die Interessen der Parteien an einer effizienten Kostengestaltung ihres Zivilprozesses insoweit denen der Öffentlichkeit entsprechen, als Gesamtkosten gespart werden können, wenn Rechtsstreitigkeiten möglichst schnell und endgültig beigelegt werden. Lediglich solche Vereinbarungen, die offensichtlich einseitig die Fairness und Genauigkeit des Zivilprozesses ohne jegliche Relation zu den Kosten steigern wollen, sollten unwirksam sein und invalidiert werden.[1259]

2. *Sicherung des general-präventiven Charakters bestimmter Verbotsnormen*

Beinhalten Prozessverträge Klauseln, die einen Rechtsbehelf ausschließen, kann der Ausschluss den Abschreckungseffekt (*deterrence effect*) bestimmter Ge- und Verbotsnormen des materiellen Rechts mindern oder vollständig unterlaufen. Im 3. Kapitel wurde bereits angeführt, dass der Ausschluss einer *class action* teilweise zur faktischen Haftungsfreizeichnung des Verwenders der Ausschlussklausel führen kann. Ein Teil der amerikanischen Gerichte löst diese Problematik für sich, indem er eine solche Klausel für unwirksam erklärt, entweder unter Berufung auf in dem Ge- oder Verbotsgesetz zugrunde liegenden *public policy*-Gründen, oder allgemein aus Sittenwidrigkeit.[1260] Der andere Teil nimmt in Kauf, dass es im Einzelfall nicht zu einem Gerichtsverfahren kommt. Er begründet dies mit wichtigen rechtspolitischen Zielen, wie der Anerkennung der Gleichwertigkeit des Schiedsverfahrens,[1261] oder einem Entgegenwirken vor übermäßiger Abschreckung (*over-deterrence*).[1262]

Nachteilige Auswirkungen auf den präventiven Charakter bestimmter Rechtsnormen sind auch durch Rechtsmittelausschlussklauseln denkbar. Um die effektive Rechtsdurchsetzung sicherzustellen, ist der gänzliche Ausschluss der staatlichen Gerichtsbarkeit nicht möglich.[1263] Staatliche Gerichte sollen stets

---

1258 *Strong,* 39 Brooklyn J. Int'l L. 1027, 1066 (2014); *Bone,* 90 Tex. L. Rev. 1329, 1374 (2012).

1259 *Bone,* 83 B.U.L. Rev. 485, 493 (2003); *Moffit,* 75 Geo. Wash. L. Rev. 461, 508 (2007).

1260 *AT&T Mobility LLC v. Concepcion*, 563 U.S. 333, 338 (2011), Verweis auf die *Discover-Bank*-Regel des kalifornischen *Supreme Court.*

1261 563 U.S. 333, 333 (2011).

1262 *Harvard Law Review Association*, Developments in the Law -Class Action, 89 Harv. L. Rev. 1329, 1361 (1976); *In Re Relafen Antitrust Litigation*, 221 F.R.D. 260, 288 (D. Mass. 2004).

1263 Vergleiche dazu bereits im 3. Kapitel E. II. 2.

in der Lage sein, das wirksame Zustandekommen einer Schiedsklausel[1264] oder eines Schiedsspruchs zu überprüfen.[1265] Die Gefahr einer Minderung der general-präventiven Wirkung bestimmter Rechtsnormen wird gleichzeitig als gering eingeschätzt, wenn nur der staatliche Instanzenzug beschnitten werden soll. Somit ist es etwa möglich, ein Schiedsgericht als erste Instanz, und die unteren staatlichen Gerichte als Berufungsinstanz einzusetzen, während gleichzeitig die staatlichen Rechtsmittelinstanzen abgeschnitten werden.[1266]

3. *Sinnvolle Informationsbildung und -verbreitung*

Durch maßgeschneiderte Verfahren droht ein Verlust an Klarheit bezüglich des geltenden Rechts.[1267] Gleichzeitig ist die Öffentlichkeit durch jeden Einzelfall im weiteren Sinne „betroffen". Am deutlichsten ist sie das durch die Bindung der Gerichte im Wege der Doktrin von *stare decisis*. Ferner werden auf Grundlage dessen, was als geltendes Recht verstanden wird, Entscheidungen getroffen, wie etwa einen bestimmten Prozessvertrag überhaupt abzuschließen, zu prozessieren oder sonstige prozesstaktische Erwägungen anzustellen. Daneben wird auch das Verständnis des materiellen Rechts beeinflusst, wie etwa dessen Abschreckungswirkung.

Die bisherigen Mechanismen der Informationsbildung und -verbreitung werden im Schrifttum bemängelt.[1268] Es gebe zu wenige Informationen über die Praxis von Prozessverträgen, Informationen über die Abbedingung einzelner Mechanismen würden nicht dokumentiert,[1269] anders als sogenannte *consent decrees*, die zusammen mit anderen „rechtlichen Materialien" wie Urteilen

---

1264 *Paulson*, 45 Ariz. St. L.J. 471, 493 (2013) („parties cannot bar themselves from seeking redress from the court [altogether] as a matter of public policy").

1265 Ebd. („courts do not generally allow parties to waive a district court's review of an arbitration award – some redress to the courts must be allowed"); *Strom v. First American Professional Real*, 2009 WL 2244211, 2 (2009); *MACTEC, Inc. v. Gorelick*, 427 F.3d 821 (10th Cir. 2005).

1266 *MACTEC, Inc. v. Gorelick*, 427 F.3d 821 (10th Cir. 2005); *Bowen v. Amoco Pipeline Co.*, 254 F.3d 925, 931 (10th Cir. 2001) („the parties' agreement that the district court's ruling be final may be construed as [...] a finality clause expressing their intent to have the district court enter judgment on the arbitration award."); *Paulson*, 45 Ariz. St. L.J. 471, 493 (2013).

1267 Siehe bereits im 4. Kapitel unter A. I. 4.

1268 Siehe bereits im 4. Kapitel unter A. I. 4.; *Davis/Hershkoff*, 53 Yale L. & Pol'y Rev. 507, 516 (2011).

1269 *Davis/Hershkoff*, 53 Yale L. & Pol'y Rev. 507, 516 (2011).

veröffentlicht würden.[1270] Daher sollten *de lege ferenda* bestimmte Dokumentationspflichten eingeführt bzw. ausgebaut werden, die entweder die Parteien, das Gericht oder beide treffen und nach übergeordneten Gesichtspunkten erfolgen sollten. Eine Möglichkeit ist die stärkere Nutzung von sogenannten *case information statements*, die mit Klageerhebung eingereicht werden und bisher der besseren Orientierung des Richters oder anderer Justizangestellter dienen. Sie enthalten nach derzeitiger Rechtslage lediglich grobe Informationen zum Fall wie die sachliche Zuständigkeit, die Höhe des Streitwertes, ob es sich um ein Jury- oder ein *bench*-Verfahren handelt, ob *class members* oder Dritter beteiligt sind, usw.

IV. Interessen Dritter

Ein Rechtsstreit entfaltet im Idealfall nur Auswirkungen auf die Parteien selbst. Das ist insbesondere bei einfachen Sachverhalten der Fall, bei denen die betroffenen Interessen schnell zu überblicken und in Ausgleich zu bringen sind. Mit wachsender Komplexität der Rechtsstreitigkeiten ist die Bandbreite an Fallkonstellationen mit einer möglichen Drittbetroffenheit jedoch regelrecht unüberschaubar, weswegen die Aufgabe, durch das Recht einen angemessenen Ausgleich auch im Hinblick auf Dritte zu schaffen, für Rechtsprechung und Gesetzgebung eine große Herausforderung darstellt. Dritte im Sinne dieses Abschnittes sind solche Personen, die sich durch ein gesteigertes Interesse am Ausgang eines Gerichtsverfahrens von der Öffentlichkeit unterscheidenden, aber nicht selbst Prozesspartei sind. In weiten Teilen können Drittinteressen nicht berücksichtigt werden. In anderen Fällen sieht das Gesetz selbst die zwingende oder fakultative Beteiligung Dritter am Rechtsstreit vor.

1. Erhaltung der Drittbeteiligungsmöglichkeiten

Das Bundesprozessrecht (wie in den Grundsätzen auch das Staatenrecht) kennt verschiedene Möglichkeiten der Beteiligung Dritter am Rechtsstreit. Der Dritte kann ähnlich wie im deutschen Recht durch *compulsory party joinder*[1271]

1270 Ebd.

1271 Im Bundesrecht in Rule 19 FRCP vorgesehen, „**Required Joinder of Parties**": „(a) (1) Required party: A person […] must be joined as a party if: (A) in that person's absence, the court cannot accord complete relief among existing parties; or (B) that person claims an interest relating to the subject of the action and is so situated that *disposing of the action in the person's absence may*: (i) as a practical matter *impair or impede the person's ability to protect the interest*; or (ii) *leave an existing party subject*

(vergleichbar mit dem Beitritt zu einer notwendigen Streitgenossenschaft), oder durch *permissive party joinder*[1272] (freiwillige Streitgenossenschaft, vergleichbar mit der einfachen Streitgenossenschaft) beteiligt werden. Weitere Instrumente einer Drittbeteiligung sind die aktive Beteiligung[1273] Dritter im Wege eines *interpleader*[1274] bei Geltendmachung eines Anspruchs auf den Streitgegenstand – *res* – (meist das Eigentum), oder einer *intervention*[1275].[1276] Nach Rule 13(a)

---

to a substantial risk of incurring double, multiple, or otherwise inconsistent obligations because of the interest […]" [Hervorhebung hinzugefügt].

1272 Im Bundesrecht in Rule 20 FRCP vorgesehen, „**Permissive Joinder of Parties**": „(a) (1) Plaintiffs. Persons may join in one action as plaintiffs if: (A) *they assert any right to relief jointly, severally, or* in the alternative with respect to or arising out of the *same transaction, occurrence*, or series of transactions or occurrences; and (B) any question of law or fact common to all plaintiffs will arise in the action. (2) Defendants. Persons—as well as a vessel, cargo, or other property subject to admiralty process in rem—may be joined in one action as defendants if: (A) *any right to relief is asserted against them jointly, severally, or* in the alternative with respect to or arising out of the *same transaction, occurrence*, or series of transactions or occurrences; and (B) any question of law or fact common to all defendants will arise in the action […]" [Hervorhebung hinzugefügt].

1273 Eine Form passiver Beteiligung „Dritter" ist der sog. **impleader**, durch welchen ein Beklagter, der hierdurch zum sog. *third-party plaintiff* wird, einem Dritten (sog. *nonparty*) den Streit verkündet, vgl. Rule 14 FRCP.

1274 Rule 22 FRCP **Interpleader**: (a) Grounds. (1) By a Plaintiff. *Persons with claims that may expose a plaintiff to double or multiple liability* may be joined as defendants and required to interplead. Joinder for interpleader is proper even though: (A) the claims of the several claimants, or the titles on which their claims depend, lack a common origin or are adverse and independent rather than identical; or (B) the plaintiff denies liability in whole or in part to any or all of the claimants. (2) By a Defendant. A defendant *exposed to similar liability* may seek interpleader through a crossclaim or counterclaim […] [Hervorhebung hinzugefügt].

1275 Rule 24(a) FRCP: **Intervention of Right**. On timely motion, the court must permit anyone to intervene who: (1) is given an unconditional right to intervene by a federal statute; or (2) claims an interest relating to the property or transaction that is the subject of the action, and is so situated that *disposing of the action may as a practical matter impair or impede the movant's ability to protect its interest*, unless existing parties adequately represent that interest. Rule 24(b) FRCP: **Permissive Intervention**. (1) In General. On timely motion, the court may permit anyone to intervene who: (A) is given a conditional right to intervene by a federal statute; or (B) *has a claim or defense that shares with the main action a common question of law or fact*. [Hervorhebungen hinzugefügt].

1276 Eingehend *Böhm*, Amerikanisches Zivilprozessrecht, 2005, Rdnr. 671.

FRCP[1277] gibt es zudem die Möglichkeit der Drittwiderklage.[1278]

Dieser Drittschutz durch Drittbeteiligung kann jedoch durch Parteivereinbarung unterlaufen werden, am deutlichsten, wenn die Drittbeteiligung durch Parteivereinbarung ausgeschlossen wird. Es ist etwa denkbar, dass die Parteien in einem Prozessvertrag vereinbaren, einen Dritten nicht als *joining party* aufzunehmen.[1279] Grundsätzlich können sie das tun. Im Falle der zwingenden Streitgenossenschaft ist diese Möglichkeit vor Bundesgerichten jedoch durch Rule 19(a), (b) FRCP[1280] eingeschränkt. Selbst wenn eine solche Parteivereinbarung im Einzelfall (etwa vor einem Staatengericht) Bestand hat, können je nach Sachverhalt die Drittinteressen auch durch den Richter geschützt werden. Der Richter kann verfahrensleitend eingreifen und die Streitgenossenschaft anordnen,[1281] auch wenn er hierdurch die Parteivereinbarung bewusst missachtet.[1282] Dasselbe gilt für eine Intervention.[1283]

2. *Schutz Dritter vor Fehlerkosten und überlanger Verfahrensdauer*

Teilweise stellt die Literatur darauf ab, dass Dritte zwar nicht direkt durch das Phänomen des Prozessvertrages benachteiligt werden, wohl aber die ohnehin im Zivilprozess denkbaren Nachteile für Dritte durch Parteivereinbarungen verschärft werden könnten.[1284] Indem die Parteien die *discovery* missbrauchen, bestimmte verfahrensverlängernde Anträge stellen oder auf sonstige Weise den Zivilprozess in die Länge ziehen, kann es sein, dass Dritte auf die Durchführung oder den Abschluss eines eigenen Verfahrens länger warten müssen, da das Gericht überlastet ist.[1285] Neben Verzögerungskosten sind Fehlerkosten eine weitere nachteilige Auswirkung:[1286] „Falsche“ Gerichtsentscheidungen können Dritte etwa im Wege der Gerichtsbindung durch die Doktrin von *stare decisis* betreffen. Prozessverträge sind jedoch genauso in der Lage, Verfahrenskosten

---

1277 Normtext im Anhang.

1278 *Niehoff*, Verfahrenskonzentration durch compulsory counterclaims in den US-amerikanischen Zivilprozessordnungen, 2014, S. 138.

1279 *Bone*, 90 Tex. L. Rev. 1329, 1373 (2012).

1280 Normtext im Anhang.

1281 Rule 19(a)(2) FRCP Joinder by Court Order. If a person has not been joined as required, the court must order that the person be made a party.

1282 *Bone*, 90 Tex. L. Rev. 1329, 1374 (2012).

1283 *Moffit*, 75 Geo. Wash. L. Rev. 461, 511 (2007).

1284 *Bone*, 90 Tex. L. Rev. 1329, 1372 (2012).

1285 Ebd.

1286 *Bone*, 90 Tex. L. Rev. 1329, 1373 (2012).

und -dauer zu senken und die Genauigkeit gerichtlicher Entscheidungen zu steigern – genau dies ist sogar zentrales Argument der Befürworter von mehr Prozessautonomie. Darüber hinaus hängt das Problem langer Verfahrensdauer und Fehlerkosten nicht originär mit der Möglichkeit, Prozessverträge zu schließen, zusammen.[1287]

3. *Schutz von potentiellen und abwesenden Gruppenmitgliedern*

Der Schutz Dritter ist insbesondere im Kontext von Sammelklageausschlüssen relevant. Von „Dritten" kann jedoch nur im Hinblick auf potentielle[1288] sowie abwesende[1289] Gruppenmitglieder die Rede sein.[1290] Es gibt drei denkbare Konstellationen, die zu einer Drittbenachteiligung führen können. In der Ersten einigen sich die Parteien A und B auf einen Sammelklageausschluss. Dritte, die potentiell Teil einer *class* wären, haben kein Rechtsschutzinteresse, die Durchführung einer Klage zwischen A und B als *class action* zu beantragen. Sie können nur selbst Klage in Form der Individual- oder Sammelklage erheben.

Im zweiten Szenario schließen A und B einen vorprozessualen Prozessvertrag, der zwar keinen Sammelklageausschluss vorsieht, wohl aber andere Prozessklauseln enthält, wie zum Beispiel eine Beschränkung der *discovery*. Dann wird eine Klage erhoben, die als *class action* zertifiziert wird. Die Frage ist sodann, inwieweit *class action members* an diese vorprozessuale Vereinbarung gebunden sind. Einerseits hatten sie zwar keine Gelegenheit, sich gegen die Vereinbarung zur Wehr zu setzen oder andere Vertragsbedingungen, vertreten durch den *class representative*, auszuhandeln.[1291] Andererseits haben die *class members*, wenn sie

1287 In diese Richtung dann auch ebd.

1288 Bis eine Klage als *class action* eingereicht und zertifiziert ist, gibt es kein Verfahren und mithin überhaupt keine Prozessparteien. Bei Vorliegen eines vorprozessualen Prozessvertrages sind daher Dritte (potentielle Gruppenmitglieder) von den Vertragsparteien zu unterscheiden.

1289 *In re Worlds of Wonder Securities Litigation*, 1992 WL 330411, 2 (N.D. Cal. 1992) („Absent class members are not parties").

1290 Bei aktiven Gruppenmitgliedern kann nicht von Dritten gesprochen werden, denn Erstere sind anders als Dritte im Grundsatz (und nicht nur als Ausnahme) am Prozess beteiligt und können sich einbringen.

1291 *Epstein v. MCA, Inc.*, 179 F.3d 641, 649 (9th Cir. 1999), unter Verweis auf *Matsushita Elec. Indus. Co., Ltd. v. Epstein*, 516 U.S. 367, 378 (1996): „The Court did, of course, address the additional due process requirements for binding absent class members, stating, by way of example, that 'due process for class action plaintiffs requires 'notice plus an opportunity to be heard and participate in the litigation,' and 'that the named plaintiff at all times adequately represent the interests of the absent class members'".

von der Sammelklage in Kenntnis gesetzt werden, die Möglichkeit des *opting-out*.[1292] Machen sie davon keinen Gebrauch, müssen sie den Rechtsstreit an sich so nehmen, wie er in diesem Stadium ist. Die Bindung potentieller *class*-Mitglieder an eine vorprozessuale Vereinbarung hängt mithin davon ab, ob sie von der *class action* und ihren diesbezüglichen Rechten, insbesondere der Möglichkeit des *opting-out* angemessen in Kenntnis gesetzt wurden und ihre Interessen vom *class representative* angemessen vertreten werden. Entscheidend sind die Umstände des Einzelfalles – wie harsch die Auswirkungen des Prozessvertrages auf nicht anwesende *class members* wären, ob Letztere im Rahmen der *pre-trial-conference* Einwände gegen die Bindung an den Prozessvertrag hervorgebracht haben oder vertreten durch den *class*-Repräsentanten haben vorbringen lassen und ob das Ziel von Rule 23 FRCP, eine Vielzahl von Verfahren zu vermeiden,[1293] unterlaufen werden würde.

Im dritten Szenario liegt zwar kein vorprozessualer Vertrag zwischen A und B vor, aber ein im laufenden Verfahren – etwa im Rahmen der *pre-trial-conference* – geschlossener Prozessvertrag. Hier kann – das Vorliegen der Voraussetzungen auf Benachrichtigung aller *class*-Mitglieder und angemessene Vertretung durch den *class representative* vorausgesetzt – von einer Bindung ausgegangen werden, da die Vereinbarung nichts anderes als eine sonstige „Prozesshandlung" der Parteien darstellt, durch die der Fortgang sowie das Endergebnis des Zivilprozesses entscheidend beeinflusst wird, wodurch *class members* unstreitig gebunden werden.[1294]

Um alle *class action members* hinreichend zu schützen, wird neben der Möglichkeit, die Angemessenheit der Vertretung durch den *class representative* anzufechten,[1295] stets die Wichtigkeit der Verfahrensleitung durch den Richter genannt,[1296] die *de lege ferenda* stärker eingesetzt und ausgeübt werden sollte.[1297]

1292 *Gough v. Transamerica Life Ins. Co.*, 781 F.Supp.2d 498 (W.D. Ky. 2011).

1293 *In re Worlds of Wonder Securities Litigation*, 1992 WL 330411, 2 (N.D. Cal. 1992).

1294 *Moffit*, 75 Geo. Wash. L. Rev. 461, 512 (2007) mwN in Fn. 192.

1295 *In re Real Estate Title and Settlement Services Antitrust Litigation*, 869 F.2d 760, 767 (3d Cir. 1989). Inwieweit es eine realistische Option ist, gegen den Gruppenvertreter selbst Klage zu erheben, mit der Begründung, dieser habe die Gruppeninteressen nicht ausreichend gewahrt, hängt vom Einzelfall ab. Eine *class action* ist allerdings oftmals gerade dann zentrales Rechtsinstrument, wenn es sich um niedrige Streitwerte handelt, bei denen ein rationales Desinteresse an einer individuellen Rechtsverfolgung besteht.

1296 *Moffit*, 75 Geo. Wash. L. Rev. 461, 513 (2007).

1297 Vgl. im 4. Kapitel C. V.

4. *Schutz vor schlechterdings unhaltbaren Ergebnissen*

Um schwerwiegende, irreversible Rechtsnachteile für Dritte (*negative externalities*) zu verhindern, soll der Drittschutz eine von drei wesentlichen Grenzen wirksamer Prozessverträge bilden.[1298]

B. Zusammenfassung der Grenzen zulässiger Prozessverträge

Die Rahmenbedingungen von Prozessverträgen im US-Zivilprozess sind, wie unter A. dargelegt, zum einen die Disponibilität der Prozessrechte und -pflichten und zum anderen die staatliche Ermächtigung zur Abweichung in der konkreten Norm,[1299] die beim geschriebenen Recht an einer subsidiären *default*-Bestimmung zu erkennen ist. Innerhalb dieses Bereiches sind Prozessverträge generell zulässig. Es bedarf keines generellen Unzulässigkeitsdogmas bestimmter Prozessverträge mehr; die *ouster doctrine* und denkbare Äquivalente gehören der Vergangenheit an. Das geschriebene Recht, das Fallrecht sowie die Literatur bieten ein ausdifferenziertes Instrumentarium, um im Einzelfall die Vertragsgerechtigkeit sowie die Angemessenheit des Interessenausgleichs aller Betroffenen sicherzustellen. Anknüpfend an die gefundenen Unterscheidungskriterien – Parteistatus (Unternehmer/Verbraucher), Vertragstypus (Formular- oder Individualvertrag), Zeitpunkt der Vereinbarung (*ex ante*/*ex post*) – soll die Zulässigkeit und Wirksamkeit eines Prozessvertrages strenger beurteilt werden. Sie modifizieren gegebenenfalls den Maßstab der allgemeinen Rechtsgeschäftslehre, etwa die Anforderungen an das Vorliegen wirksamer Zustimmung. Trotzdem bedarf es auch klarer, unabdingbarer Grenzen.

I. Bestimmung des unabdingbaren Kerns staatlicher Rechtsfindung

Prozessverträge können nur zulässig sein, soweit sie nicht den Kern staatlicher Gerichtsbarkeit abändern wollen. Die amerikanische Literatur versucht, wie dargelegt,[1300] diesen unabdingbaren Kern durch einen systematischen Vergleich zum Schiedsverfahren zu ermitteln.[1301]

1298 Zusammenfassend *Bone,* 90 Tex. L. Rev. 1329, 1397 (2012); so auch *Clark,* 89 Colum. L. Rev. 1703, 1706 (1989): „except when there are bad third-party effects (alias 'negative externalities'), managers and investors should be free to change any of the default rules by mutual agreement".

1299 So auch generell für das deutsche Prozessrecht: Wagner, Prozeßverträge, 1998, S. 125.

1300 4. Kapitel A. I. 2. b. (1).

1301 *Bone,* 90 Tex. L. Rev. 1329, 1385 (2012); *Strong,* 39 Brooklyn J. Int'l L. 1027, 1062 (2014).

Bone hält insbesondere die Art und Weise der Rechtsfindung und ihre Begründung für zentral – Parteivereinbarungen, die diese abzuändern versuchten, seien besonders problematisch.[1302] Die bereits im Rahmen der Richterrolle rezitierten Ergebnisse sollen nochmal zusammengefasst werden:[1303] Die staatliche Rechtsfindung erfolgt nach allgemeinen Rechtsprinzipien und unter Bindung an Präzedenzrecht.[1304] Die Judikative als dritte Gewalt trägt damit zentral zur Funktionsweise des Rechtsstaates bei, weswegen die Richter auch von den Parteiinteressen unabhängig sind.[1305]

Moffit sieht die Schaffung neuen Rechts in klar verständlicher und transparent artikulierter Art und Weise als zentrale Aufgabe der staatlichen Gerichtsbarkeit und damit als unabdingbaren Kern.[1306] Damit stellt er vor allem auf Informations- und Dokumentationspflichten der Parteien und des Gerichtes sowie die Notwendigkeit der Öffentlichkeit des Verfahrens ab.

Strong fokussiert ihre Argumentation auf die zentrale Aufgabe der Judikative, die entweder in der Findung und Förderung von Gerechtigkeit,[1307] oder in der Minimierung von Transaktionskosten,[1308] oder, wie nach hier vertretener Ansicht, in einer Kombination aus beidem liegt.[1309]

II. Fundamentale Prozessrechte

1. Due Process of Law

Keine Parteivereinbarung darf die Grundlage der Rechtsstaatlichkeit – *due process of law*[1310] – abändern. Damit sind der Anspruch auf ein faires Rechtsverfahren (*procedural fairness*), der Gleichbehandlungsgrundsatz (*right to equal treatment*) und der Anspruch auf rechtliches Gehör (*the right to be heard* und

---

1302 Ebd.

1303 Siehe im 4. Kapitel A. I. 2. b. (1).

1304 *Bone,* 90 Tex. L. Rev. 1329, 1386 (2012); *Moffit,* 75 Geo. Wash. L. Rev. 461, 507 (2007).

1305 *Bone,* 90 Tex. L. Rev. 1329, 1387 (2012).

1306 *Moffit,* 75 Geo. Wash. L. Rev. 461, 507 (2007).

1307 *Strong,* 39 Brooklyn J. Int'l L. 1027, 1055 (2014).

1308 *Hoffman,* 2014 U. Ill. L. Rev. 389, 402 (2014) „the focus of civil procedure rules should be to minimize transaction costs, not to maximize procedural justice."; *Strong,* 39 Brooklyn J. Int'l L. 1027, 1053 (2014) (Verweist für konsequentialistische Sichtweise ebenfalls auf Hoffmann, S. 1055 Fn. 127).

1309 Vgl. einleitend im 4. Kapitel zu A., sowie A. I. 2. a. (1).

1310 Verankert im 5. sowie im 14. Zusatzartikel der amerikanischen Verfassung.

presentation of one's case),[1311] die ohnehin untrennbar miteinander verbunden sind,[1312] unabdingbar.[1313]

2. *Weitere fundamentale Prozessrechtsgarantien*

Aus dem *due process*-Gebot fließen weitere fundamentale Prozessrechtsgarantien wie der Anspruch auf Benachrichtigung:[1314] Die Zustellung der Schriftsätze muss die Gelegenheit tatsächlicher Kenntnisnahme (*proper notice*)[1315] bieten und angemessen sein, um der anderen Seite die Möglichkeit auf rechtliches Gehör zu gewähren.[1316] Unklar ist, inwiefern neben der Möglichkeit einer *cognovit note*[1317] auf eine Benachrichtigung verzichtet werden kann.[1318] Entsprechend dem Sinn und Zweck, dem zu Benachrichtigenden eine angemessene Gegenwehr zu ermöglichen, kann der Verzicht jedenfalls nur wirksam sein, wenn er in der Erwartungshaltung, in naher Zukunft oder bereits unmittelbar einer Rechtsstreitigkeit ausgesetzt zu sein, erklärt wird.[1319] Ebenfalls eine zulässige Form des *waiver of due process*[1320] stellt es dar, auf die Zustellung einzelner Dokumente[1321] oder die Benachrichtigung der einstweiligen Beschlagnahme von Sachen oder dem vorläufigen Forderungseinzug zu verzichten,[1322] nicht jedoch auf die Benachrichtigung der Anhängigkeit, Rule 4(d) FRCP.[1323]

Ferner muss das zur Entscheidung berufene Gremium unabhängig sein (*impartial adjudicator*)[1324] und prozessuale Waffengleichheit zwischen den

---

1311 *Kuckes*, Civil Due Process, Criminal Due Process, 25 Yale L. & Pol'y Rev. 1, 9 (2006).

1312 *Strong*, 39 Brooklyn J. Int'l L. 1027, 1100 (2014).

1313 *Chapman/McConnell*, Due Process as Separation of Powers, 121 Yale L.J. 1672, 1725 (2012) (Diskutiert, ob die Rechtsstaatlichkeit dem Naturrecht entstammt, was ferner für seine Unabdingbarkeit sprechen würden); *Strong*, 39 Brooklyn J. Int'l L. 1027, 1101 (2014) („fundamental or mandatory in nature").

1314 *Strong*, 39 Brooklyn J. Int'l L. 1027, 1105 (2014).

1315 *Kuckes*, 25 Yale L. & Pol'y Rev. 1, 9 (2006).

1316 *Schack*, Einführung in das US-amerikanische Zivilprozessrecht, 4. Aufl. 2011, Rdnr. 93.

1317 Vgl. bereits die Ausführungen zur *cognovits note* im Rahmen der Erscheinungsformen eines Rechtsmittelausschlusses, 3. Kapitel, E. 2.

1318 Dafür *Strong*, 39 Brooklyn J. Int'l L. 1027, 1106 (2014) Fn. 368.

1319 Daher Anhängigkeit der Klage fordernd *Wagner*, Prozeßverträge, 1998, S. 172.

1320 *Kapeliuk/Klement*, 91 Tex. L. Rev. 1475, 1476 (2013).

1321 Etwa auf die gerichtliche Ladung, Rule 4(d) FRCP.

1322 *Kapeliuk/Klement*, 24 (2008).

1323 Normtext im Anhang.

1324 *Kuckes*, 25 Yale L. & Pol'y Rev. 1, 9 (2006).

Prozessparteien bestehen (*equality of arms*).[1325] Letzteres wird jedoch gerade durch das bestehende Instrumentarium zur Herstellung von Vertragsgerechtigkeit abgesichert.

3. Public Policy

Eine generelle Aussage über *public policy* lässt sich aufgrund der Vielfalt an einzelstaatlichen und bundesrechtlichen Regelungen nicht treffen. Sie können sich sowohl aus geschriebenem wie auch ungeschriebenem Recht und Richterrecht ergeben.[1326] *Public policy*-Gründe werden oftmals auf den gesetzgeberischen oder richterlichen Willen bei Kodifizierung bzw. Festhaltens eines Rechtssatzes oder -institutes zurückgeführt.[1327] Sie sind trotz ähnlicher Namensgebung nicht mit den Gründen der „öffentlichen Ordnung“ im deutschen Recht zu verwechseln, welche nach Ansicht des preußischen Oberverwaltungsgerichtes „die Gesamtheit der im Rahmen der verfassungsmäßigen Ordnung liegenden ungeschriebenen Regeln für das Verhalten des Einzelnen in der Öffentlichkeit, deren Beachtung nach den jeweils herrschenden Anschauungen unerlässliche Voraussetzung eines geordneten staatsbürgerlichen Zusammenlebens“ ausmachen.[1328] Die Gründe der öffentlichen Ordnung haben eine andere Schutzrichtung; deren Aufrechterhaltung obliegt der Polizei und sie entstammen gerade nicht einem erklärten Willen im Rahmen einer Gesetzes- oder Urteilsbegründung.

Public policy kann zum zwingenden Charakter einer Norm führen.[1329] Teilweise stellen *public policy*-Gründe auch nur ein der Sittenwidrigkeitsdoktrin entsprechendes Einzelfallkorrektiv dar, aus der nicht die generelle Unzulässigkeit, wohl aber die Unwirksamkeit und folgliche gerichtliche Invalidierung einer Klausel folgt.[1330] So stellt der Verbraucherschutz insbesondere im Staatenrecht einen

1325 *Strong*, 39 Brooklyn J. Int'l L. 1027, 1105 (2014).

1326 Bsp. Cal. Civ. Code § 1668: Verwendung ausdrücklicher oder faktischer Haftungsausschlussklauseln verstößt gegen öffentliche Interessen.

1327 *Szetela v. Discover Bank*, 97 Cal.App.4th 1094, 1101 (Cal. Ct. App. 2002) („One of the policy reasons for class actions is to promote judicial economy and streamline the litigation process in appropriate cases […] [– a] procedural mechanism that benefits the court system as a whole.“).

1328 PrOVGE 91, 139 (140).

1329 *Dodge*, 97 Va. L. Rev. 723, 744 (2011): „holding the provisions void as […] against public policy to prevent intrusions upon public ordering“.

1330 *Szetela v. Discover Bank*, 97 Cal.App.4th 1094, 1101 (Cal. Ct. App. 2002), insb. im Entscheidungstenor: „the provision […] violated […] the public policy of protecting consumers' rights“.

public policy-Grund dar.[1331] Darüber hinaus wird vereinzelt auch die Unwirksamkeit wegen Fehlens wirksamer Zustimmung auf *public policy* gestützt.[1332]

Nach § 178 Restatement (Second) Contracts ist *public policy* ein Unzulässigkeitsgrund (Abs. 1), der zu Invalidierung einer – so wohl vorausgesetzt – wirksamen Vertragsklausel führt.[1333] Die berechtigten Erwartungen der Parteien an der Validierung der Klausel, die Gefahr eines drohenden Rechtsverlustes im Falle der Invalidierung sowie öffentliche Interessen an der ausnahmsweisen Validierung spielen dabei eine Rolle (Abs. 2).[1334] Eine Interessenabwägung ist ebenfalls hinsichtlich der Gründe, die für die Invalidierung sprechen, vorzunehmen (Abs. 3), so etwa die Wichtigkeit von *public policy*, wie sie gesetzlich und richterrechtlich entwickelt wurde, ob durch die Invalidierung das Ziel der *public policy* erreicht wird und wie schwerwiegend die Verletzung der *public policy* ist.[1335]

1331 Vgl. bereits im 4. Kapitel A. II. 1. b. aa. (2) (a).

1332 *McCall v. U.S. Postal Service*, 839 F.2d 664, 667 (Fed. Cir. 1988), obgleich hier im Ergebnis verneint: „the public interest against involuntary waivers of rights [may] weigh against the enforcement of this agreement and [may render an agreement] void as a matter of public policy. „

1333 Restatement (Second) Contracts § 178 (1981) When a Term Is Unenforceable on Grounds of Public Policy: (Abs. 1) A promise or other term of an agreement is unenforceable on grounds of public policy if legislation provides that it is unenforceable or the interest in its enforcement is clearly outweighed in the circumstances by a public policy against the enforcement of such terms.

1334 Restatement (Second) Contracts § 178 (1981) When a Term Is Unenforceable on Grounds of Public Policy: (Abs. 2) In weighing the interest in the enforcement of a term, account is taken of

(a) the parties' justified expectations,
(b) any forfeiture that would result if enforcement were denied, and
(c) any special public interest in the enforcement of the particular term.

1335 Restatement (Second) Contracts § 178 (1981) When a Term Is Unenforceable on Grounds of Public Policy: (Abs. 3) In weighing a public policy against enforcement of a term, account is taken of

(a) the strength of that policy as manifested by legislation or judicial decisions,
(b) the likelihood that a refusal to enforce the term will further that policy,
(c) the seriousness of any misconduct involved and the extent to which it was deliberate, and
(d) the directness of the connection between that misconduct and the term.

4. *Beziehung zwischen Gericht und Prozessparteien*

Auch die Beziehung des Gerichtes zu den Prozessparteien ist Ausfluss des Rechtsstaatlichkeitsgebots und damit unabdingbar. Die Parteien können jedoch – bis auf die sachliche Zuständigkeit – Einfluss auf das zur Entscheidung berufene Forum nehmen und einen mit quasi-inquisitorischen Befugnissen ausgestatteten *special master* im Sinne von Rule 53 FRCP einsetzen. Das adversarisch gestaltete Gerichtsverfahren kann dadurch gleichwohl nicht grundsätzlich abbedungen werden, sondern es bleibt im Allgemeinen intakt. Der *special master* kann den klassischen *common law*-Richter nicht vollständig, sondern nur in einzelnen Verfahrensabschnitten sowie einzelnen Fragestellungen ablösen.

C. Zusammenfassung der Vorschläge für einen angemessenen Interessenausgleich *de lege ferenda* und Stellungnahme

Prozessverträge bieten enorme Möglichkeiten: Sie gewähren die Flexibilität, sich dasjenige Prozessrecht auszusuchen, das zu einem effizienteren Verfahren und gleichzeitig sachgerechteren Lösungen führt. Daneben wird das Gerechtigkeitsempfinden der Parteien gefördert, nicht zuletzt, weil sie größere Teilhaberechte am Zivilprozess eingeräumt bekommen. Prozessverträge bieten damit eben jene Flexibilität, die sonst das Schiedsverfahren so interessant macht, und könnten ein Weg sein, das staatliche Verfahren wieder attraktiver und „wettbewerbsfähiger“ zu machen.[1336]

Während die bislang am häufigsten als Einzelfallkorrektiv genutzte Sittenwidrigkeitsdoktrin zwar im Einzelfall Vertragsgerechtigkeit herzustellen vermag, bietet sich ein weitaus differenziertes Instrumentarium zur angemessenen Berücksichtigung aller betroffenen Interessen an. Dadurch werden binäre Lösungsmodelle sowie sonstige pauschale Einordnungen bestimmter Prozessvertragsarten obsolet und den besonderen Umständen des Einzelfalles sowie den betroffenen Interessen kann in erhöhtem Maße Rechnung getragen werden. Gerade indem die Einzelfallgerechtigkeit durch klare, einheitliche Kriterien gefördert wird, werden auch unterschiedliche Gerichtspraktiken bei Anwendung ein und derselben Sittenwidrigkeitsdoktrin obsolet und damit letztlich auch die Einheitlichkeit des Rechts sowie die Vorhersehbarkeit von Gerichtsentscheidungen gefördert.[1337] Der Anwendungsbereich der Sittenwidrigkeit sollte dabei entsprechend ihrer Definition auf Fälle beschränkt sein, in denen eine

1336 *Moffit,* 75 Geo. Wash. L. Rev. 461, 485 (2007).

1337 Vgl. bereits im 4. Kapitel A. I. 5.

stark ungleiche Verhandlungsposition zur einseitigen Vertragsgestaltung ausgenutzt wird.

Ausgangspunkt für eine Fortentwicklung und Präzisierung der Differenzierungskriterien bilden dabei die teilweise bereits *de lege lata* im Fallrecht vorhandenen Ansätze. Durch die Findung klarer Kriterien zur gerichtlichen Beurteilung von Prozessverträgen lassen sich einerseits die Bedenken der Prozessvertragsgegner (jedenfalls teilweise) ausräumen,[1338] während gleichzeitig die Voraussetzungen für die Einräumung breiterer prozessualer Autonomie zur Einrichtung echter „maßgeschneiderter Zivilverfahren" geschaffen werden.[1339]

I. Differenzierung nach Status der Vertragsparteien

Bislang verwehrt sich der *Supreme Court* einer ausgefeilten Differenzierung nach dem Status der Vertragsparteien. Ein stärkerer Schutz der wirtschaftlich schwächeren Vertragsparteien vor Übervorteilung ist jedoch geboten. Insbesondere wenn die Übermacht einer Partei bedeutet, dass sie den Vertragsinhalt buchstäblich diktieren kann, besteht die Gefahr der „Knebelung" der anderen Partei, die keine freie Entscheidung mehr treffen kann, wenn sie auf den Vertragsschluss angewiesen ist. In extremen Einzelfällen ist sogar das Vorliegen wirksamer Zustimmung fraglich.[1340] Insbesondere wenn auf Rechte verzichtet werden soll oder Beweislastumkehrungen zulasten der schwächeren Partei bestehen oder eingeführt werden, kann deren effektive Rechtsdurchsetzung gefährdet sein.[1341]

Bei Beteiligung einer wirtschaftlich schwächeren Partei sind daher erhöhte Anforderungen an die Wirksamkeit der Zustimmung geboten. Das erfordert auch, dass alle Vertragsbestandteile vor Vertragsschluss bekannt sein müssen,

---

1338 Tendenziell kritisch gegenüber der Idee maßgeschneiderter Verfahren eingestellt: *Dodge*, 97 Va. L. Rev. 723 (2011); *Miller*, 75 Tenn. L. Rev. 365, 367 (2008); *Resnik*, 80 Notre Dame L. Rev. 593, 622 (2005); *Taylor/Cliffe*, 35 U. Rich. L. Rev. 1085, 1085 (2002).

1339 Befürworter von mehr Gestaltungsfreiheit im Prozessvertragsrecht: *Rhee*, Toward Procedural Optionality: Private Ordering of Public Adjudication, 84 N.Y.U. L. Rev. 514, 518 (2009); *Noyes*, 30 Harv. J.L. & Pub. Pol'y 579 (2007); *Scott/Triantis*, 115 Yale L.J. 814, 856 (2006).

1340 *National Equipment Rental, Ltd. v. Hendrix*, 565 F.2d 255, 258 (2d Cir. 1977) („gross inequality in bargaining power suggests [...] that the asserted waiver was neither knowing nor intentional").

1341 *Wagner*, Prozeßverträge, 1998, S. 160: Besondere Gefahr der Knebelung (i.S.v. § 138 BGB) bei „Klageverzichtserklärungen, Beweislastumkehrungen, unangemessen ausgestalteten Schiedsklauseln o.ä.".

damit sich die Zustimmung wirksam auf sie beziehen kann. Handelt es sich zusätzlich noch um ein besonders wichtiges Prozessrecht, wie das in der Verfassung garantierte Recht auf ein Geschworenenverfahren, sollten bestimmte Formvorschriften eingehalten werden, wenn wirksam auf dieses Recht verzichtet werden soll.

Eine Differenzierung bei gleichrangigen Vertragspartnern erscheint hingegen nicht notwendig. So sind Verträge zwischen intellektuell und wirtschaftlich gleich schwachen Parteien nach denselben Maßstäben zu beurteilen wie die zwischen geschäftlich erfahrenen Personen. Eine unterschiedliche Beurteilung kann sich hier jedoch aus dem Vertragstypus ergeben.

II. Differenzierung nach Vertragstypus

Neben der Differenzierung nach dem Status der Vertragsparteien ist auch der Vertragstypus entscheidendes Kriterium: Bei frei ausgehandelten Vertragsklauseln werden die Vertragsparteien tendenziell die wirtschaftliche Freiheit haben, auf einen ihnen günstigen Vertrag hinzuwirken und einzelne Klauseln abzulehnen. Das gilt jedenfalls bei Vertragsparteien gleichen Status. Liegt ein Formularvertrag vor, werden die Vertragsklauseln typischerweise von der wirtschaftlich erfahreneren Partei gestellt. Selbst wenn es sich um Parteien gleichen Status handelt oder der Klauselverwender im Einzelfall die vorformulierten Vertragsbedingungen von einem Dritten hat, ist er in der wirtschaftlich überlegenen Situation: Der Verwender muss die Klauseln nur einmal prüfen und kann sie dann beliebig oft einsetzen, während der Vertragsschluss für die andere Partei oftmals eine einmalige Transaktion darstellt und sie selbst bei vollständiger Transparenz und Bestimmtheit der Vertragsklauseln aufgrund einer rationalen Ignoranz keine Kenntnis ihres Inhaltes haben wird.

Eine Differenzierung bietet sich zwischen drei Vertragsarten an. An frei ausgehandelte Individualvereinbarungen (1) sind keine erhöhten Anforderungen zu stellen, es sei denn der Status der Vertragsparteien gebietet es.

Beim Vorliegen von Formularverträgen, also solchen, die für eine Vielzahl von Verträgen vorformulierte Vertragsbedingungen enthalten, muss die Möglichkeit der Kenntnisnahme der Vertragsklauseln bei Vertragsschluss bestehen, indem diese jedenfalls auf Nachfrage einsehbar sind. Ferner ist zwischen zwei Unterformen an Formularverträgen zu unterscheiden: Zwischen *adhesion-* oder *boilerplate*-Verträgen (2) und sonstigen Formularverträgen (3). (2) unterscheidet sich von (3) dadurch, dass bei Ersterem der Vertrag nur auf einer *take-it-or-leave-it*-Basis angeboten wird, und der Verwender der Klausel, der in zahlreichen ähnlichen Geschäften partizipiert, eine gewisse Erfahrenheit mitbringt, während die sogenannte *adhering party* per Definition unerfahren und wirtschaftlich untergeordnet ist.[1342]

Während an sonstige Formularverträge nach (2) nur im Ausnahmefall besonders krasser Ungleichgewichtslagen erhöhte Anforderungen zu stellen sind, weil die Voraussetzungen der für alle Vertragstypen geltenden Sittenwidrigkeitsdoktrin erfüllt sind, ist vor allem der *adhesion*-Vertrag problematisch, denn er bietet das Potential einer Knebelung.[1343] Daher bedarf es hier zunächst einer strengeren Einbeziehungskontrolle der Vertragsklauseln, sodass auf diese hingewiesen werden muss und sie vorgelegt werden müssen. Im Wege einer strengeren Inhaltskontrolle ist im Einzelfall zu prüfen, ob eine Partei durch den Vertrag besonders benachteiligt wird oder ihr ein faktischer oder unüberschaubarer Rechtsverlust droht. Das Zusammentreffen von Verbraucherstatus und *adhesion contract* für sich bedeutet noch nicht, dass die rechtliche Grenze der Ausnutzung einer wirtschaftlich schwachen Position überschritten ist, sondern bedarf der Prüfung im Einzelfall.[1344] Die bislang als Einzelfallkorrektiv herangezogene Sittenwidrigkeitsdoktrin sollte im Anwendungsbereich von einer Inhaltskontrolle getrennt zu sehen sein, da es Ersterer um die Ausnutzung (etwa durch Zwang oder Ausbeutung) einer Wirtschafts- oder Sachlage geht, während die Inhaltskontrolle weitergeht und sicherstellen soll, dass ein Vertrag klar und hinreichend bestimmt verfasst ist, keine für einen vernünftigen Menschen nicht absehbaren, völlig überraschenden Regelungen enthält, nicht voreilig und unbedacht auf bestimmte Prozessrechte verzichtet wird (dazu noch sogleich unter III.), die Rechtsfolgen des Prozessvertrages absehbar sind und ein Gleichgewicht zwischen den Parteien dort hergestellt wird, wo kein marktwirtschaftlicher Ausgleichmechanismus besteht. Insbesondere die *substantive unconscionability* ist hier bislang unscharf, stellt sie doch nur auf das Vorliegen eines besonders einseitigen Vertrages ab.

III. Differenzierung nach Zeitpunkt der Vereinbarung

Zutreffend ist zwischen vorprozessualen und im Prozess geschlossenen Prozessverträgen zu unterscheiden. Der Zeitpunkt der Vereinbarung ist relevanter Faktor in der Beurteilung der Wirtschaftlichkeit von Prozessklauseln für

---

1342 Definition und Voraussetzungen des *adhesion contract* bei *Rakoff*, 96 Harv. L. Rev. 1174, 1177 (1983), sowie im 4. Kapitel, A. II. 1. b. aa. (1).

1343 Was nicht im Sinne eines nach § 138 BGB unwirksamen Knebelungsvertrages zu verstehen ist, siehe bereits im 4. Kapitel unter A. II. 1. b. aa. (1).

1344 *Noyes*, 30 Harv. J.L. & Pub. Pol'y 579, 638 (2007).

die Parteien, ist aber auch für die Findung fairer Lösungen maßgeblich.[1345] Die Rechtslage hinsichtlich der Zulässigkeit und Wirksamkeitsvoraussetzungen vorprozessualer Vereinbarungen ist klärungsbedürftig. Eine Klarstellung des *Supreme Court* ist wünschenswert, insbesondere hinsichtlich Rule 29 FRCP und ihrem Geltungsumfang.

Eine generelle Unzulässigkeit vorprozessualer Verträge schränkt die Privatautonomie der Prozessparteien zu sehr ein.[1346] Das im deutschen Prozessrecht genannte Übersehbarkeitserfordernis, wonach ein Verzicht erst nach Anhängigkeit des Rechtsstreits erklärt werden kann, ist daher abzulehnen.[1347] Die Notwendigkeit von Übereilungsschutz muss vielmehr anhand verschiedener Kriterien bestimmt werden.

Verträge zwischen gleichrangigen Vertragspartnern rechtfertigen keine Differenzierung, die Privatautonomie der Parteien überwiegt in diesem Bereich:

> „*We could permit sophisticated business parties to enter anticipatory customization agreements, while at the same time refusing to enforce predispute customization contracts in circumstances of more conspicuous power differentials. Customization need not disrupt the prophylactic function of formal procedures.*“[1348]

Eine gerichtliche Invalidierung ist nur dann geboten, wenn durch die Vereinbarung ein erhebliches, ungerechtfertigtes Missverhältnis zwischen den Parteien im Hinblick auf ihre Rechte und Pflichten entsteht, das sie nicht selbst ausgleichen können. Daher hängt die Notwendigkeit der Differenzierung neben dem Status der Parteien auch eng mit der Verhandelbarkeit einer Klausel, mithin der Vertragsart, zusammen. In Verbraucher- oder Arbeitsverträgen in Formularform wurde der antizipierte Rechtsverzicht oftmals unter Zuhilfenahme der Sittenwidrigkeitsdoktrin für unwirksam erklärt. Es bietet sich jedoch *de lege ferenda* an, eine Inhaltskontrolle durchzuführen, die zusätzlich zum Einwand der Sittenwidrigkeit besteht, um Letzterem einen klarer umfassten Anwendungsbereich im amerikanischen Prozessvertragsrecht zuzuordnen.

Antizipierte Rechtsausschlüsse können im Rahmen dieser Inhaltskontrolle beim kumulativen Vorliegen einer wirtschaftlich und informationell ungleichen Verhandlungsposition der Vertragsparteien, bei Nichtverhandelbarkeit der Klausel und dem Bestehen eines ungerechtfertigten Vorteils zugunsten des

1345 Siehe im 4. Kapitel A. II. 1. und 2.

1346 *Wagner*, Prozeßverträge, 1998, S. 51.

1347 *Wagner*, Prozeßverträge, 1998, S. 50.

1348 *Moffit*, 75 Geo. Wash. L. Rev. 461, 518 (2007).

Klauselverwenders als unwirksam erachtet werden.[1349] Denn dann besteht die gesteigerte Gefahr, dass die Validierung einer solchen Klausel zu ungerechten Ergebnissen führt, die auch nicht durch den Wert der Privatautonomie gerechtfertigt werden können.[1350] Darüber hinaus ist der Bestimmtheitsgrundsatz von großer Bedeutung, wonach ein antizipierter Rechtsausschluss nur möglich ist, wenn das Rechtsverhältnis, auf das er sich bezieht, hinreichend bestimmt ist und nicht für alle denkbaren Streitigkeiten besteht. Allerdings kann sich die Prozessklausel, wird sie zusammen mit dem materiell-rechtlichen Vertrag abgeschlossen, auf die dort zugrunde gelegten materiell-rechtlichen Verhältnisse beziehen und damit – je nach Umfang des Vertrages – dem Bestimmtheitsgrundsatz Genüge tun, ohne dass ein besonderer Übereilungsschutz gewonnen wäre.[1351] Der Bestimmtheitsgrundsatz kann damit nur in Zusammenschau mit der vorzunehmenden Differenzierung nach Status der Vertragspartner, Verhandelbarkeit und Einseitigkeit der Vertragsklauseln den notwendigen Schutz gewähren.

IV. Änderung der Beweislast

Zur Sicherung „fundamentaler Fairness" bei Validierung von Prozessklauseln kann eine Beweislaständerung zugunsten der Person, die von der Unwirksamkeit einer vom *default*-Prozessrecht abweichenden Vereinbarung ausgeht, geboten sein.[1352] Bislang wird von den Gerichten bei den vorliegend untersuchten Erscheinungsformen von Prozessverträgen überwiegend die Vermutung der Klauselwirksamkeit angenommen. Eine Aufhebung dieser Vermutung ist jedoch nur bei bestimmten Personengruppen (wirtschaftlich und intellektuell schwächer gestellten) bzw. bei Vorliegen eines Formularvertrages in Gestalt des *adhesion contract* geboten. Denn in diesen Konstellationen besteht die Möglichkeit einer faktisch unüberwindbare Hürde, die Unwirksamkeit der Vereinbarung

1349 Eine Differenzierung nach diesen Kriterien für das deutsche Prozessrecht ablehnend und die Vertragsgerechtigkeit nach dem AGBG als Prüfungsmaßstab in jedem Einzelfall vorziehend *Wagner*, Prozeßverträge, 1998, S. 50.

1350 Ähnlich, wenngleich nicht explizit auf antizipierte Rechtsausschlüsse bezogen, *Bone*, 90 Tex. L. Rev. 1329, 1397 (2012) („restraints [are justified] in three limited situations: […], when the agreement is sharply one-sided and the market has little competition, and when the agreement adopts procedures that seriously disable private enforcement of the substantive law or impair the proper consideration of civil rights claims").

1351 *Wagner*, Prozeßverträge, 1998, S. 173.

1352 Vorschlag so etwa bei *Taylor/Cliffe*, 35 U. Rich. L. Rev. 1085, 1160 (2002).

aufgrund von fehlender oder fehlerhafter Zustimmung, etwa wegen Vorliegen von Sittenwidrigkeit, etc. zu beweisen.

V. Stärkere richterliche Verfahrensleitung

Die Sittenwidrigkeitsdoktrin bietet richterlichen Spielraum,[1353] verliert dadurch allerdings an Konturen. Da jedoch jeder Zivilprozess vor Bundesgerichten eine *pre-trial conference* vorsieht, ist ein idealer Raum für eine richterliche Auseinandersetzung mit einzelnen Prozessvertragsarten bereits gegeben. Dieser kann genutzt werden, um die Prozessparteien zu ermutigen, bestimmte Prozesshandlungen – entweder durch Abschluss eines Prozessvertrages oder auch einseitig – auszuüben. Insofern ein vor Anhängigkeit geschlossener Prozessvertrag vorliegt, kann die Einhaltung der gefundenen Kriterien nur durch eine richterliche Ermittlung und Abwägung der den Vertragsschluss bestimmenden Umstände gewährleistet werden. Der amerikanische Richter muss dabei keine Position einer „richterlichen Vaterfigur“[1354] einnehmen, sondern lediglich den bereits vorhandenen breiten[1355] Ermessensspielraum nutzen. Durch eine stärkere richterliche Ermessensausübung soll solchen Prozessverträgen, deren Validierung schlechterdings unhaltbare Ergebnisse hervorbringen würde, die Wirksamkeit verweigert werden. In Anlehnung an *Bones* Zusammenfassung der wesentlichen drei Szenarien ist das der Fall, wenn durch den Prozessvertrag schwerwiegende, irreversible Rechtsnachteile für Dritte bzw. die Öffentlichkeit zu erwarten sind (*negative externalities*), es sich um einen sehr einseitigen Vertrag handelt und die Ungleichheit nicht durch Marktkräfte ausgeglichen werden kann und zuletzt, wenn die Durchsetzung materiellen Rechts schlechterdings unmöglich würde.[1356]

VI. Schaffung geeigneter Mechanismen zur Informationssammlung und -speicherung

Die Einrichtung bestimmter Informationsmechanismen zur Sammlung und Verbreitung von Informationen über die Anforderungen, Wirkweise sowie den Einsatzbereich von Prozessverträgen ist notwendig, um eine (an den genannten Differenzierungskriterien orientierte) zunehmend einheitliche Beurteilung verschiedener Prozessverträge zu ermöglichen und voranzutreiben. Umfangreichere

---

1353 *Bone,* 90 Tex. L. Rev. 1329, 94 (2012).

1354 *Stürner* ÖJZ 2014 629 (630).

1355 *Dodson/Klebba*, Global Civil Procedure Trends in the Twenty-First Century, 34 B.C. L. Rev. 1, 3 (2011).

1356 *Bone,* 90 Tex. L. Rev. 1329, 1397 (2012).

case information statements sind dabei ein erster Ansatz, die Vertrags- und Prozessparteien zur Dokumentation der gewählten Prozessklauseln und deren intendierten Wirkweise zu befragen. Die bisherigen *case information statements*, die mit Klageerhebung eingereicht werden und bislang nur grobe Informationen zum Fall enthalten,[1357] könnten dabei mit nur geringem Aufwand – indem mehr Fragen auf das auszufüllende Din-A4 Blatt aufgenommen werden – ausgebaut und über die herkömmlichen Quellen der Gerichtsportale und Datenbanken wie Lexis und Westlaw verfügbar gemacht werden.

1357 Vgl. im 4. Kapitel A. III. 3.

Anhang

Ausgewählte Normtexte

Die meisten Normzitate sind, da das angesichts ihres Umfangs möglich war, an der entsprechenden Stelle im Fließtext in der Fußnote abgedruckt.

A. FRCP

Rule 4. Summons

[...]

(d) Waiving Service.

(1) Requesting a Waiver. An individual, corporation, or association that is subject to service under Rule 4(e), (f), or (h) has a duty to avoid unnecessary expenses of serving the summons. The plaintiff may notify such a defendant that an action has been commenced and request that the defendant waive service of a summons. The notice and request must:

(A) be in writing and be addressed:

(i) to the individual defendant; or

(ii) for a defendant subject to service under Rule 4(h), to an officer, a managing or general agent, or any other agent authorized by appointment or by law to receive service of process;

(B) name the court where the complaint was filed;

(C) be accompanied by a copy of the complaint, 2 copies of the waiver form appended to this Rule 4, and a prepaid means for returning the form;

(D) inform the defendant, using the form appended to this Rule 4, of the consequences of waiving and not waiving service;

(E) state the date when the request is sent;

(F) give the defendant a reasonable time of at least 30 days after the request was sent—or at least 60 days if sent to the defendant outside any judicial district of the United States—to return the waiver; and

(G) be sent by first-class mail or other reliable means.

(2) Failure to Waive. If a defendant located within the United States fails, with out good cause, to sign and return a waiver requested by a plaintiff located with in the United States, the court must impose on the defendant:
  (A) the expenses later incurred in making service; and
  (B) the reasonable expenses, including attorney's fees, of any motion required to collect those service expenses.

(3) Time to Answer After a Waiver. A defendant who, before being served with process, timely returns a waiver need not serve an answer to the complaint until 60 days after the request was sent—or until 90 days after it was sent to the defendant outside any judicial district of the United States.

(4) Results of Filing a Waiver. When the plaintiff files a waiver, proof of service is not required and these rules apply as if a summons and complaint had been served at the time of filing the waiver.

(5) Jurisdiction and Venue Not Waived. Waiving service of a summons does not waive any objection to personal jurisdiction or to venue.

Rule 13. Counterclaim and Crossclaim

(a) Compulsory Counterclaim.

(1) In General. A pleading must state as a counterclaim any claim that—at the time of its service—the pleader has against an opposing party if the claim:
  (A) arises out of the transaction or occurrence that is the subject matter of the opposing party's claim; and
  (B) does not require adding another party over whom the court cannot acquire jurisdiction.

(2) Exceptions. The pleader need not state the claim if:
  (A) when the action was commenced, the claim was the subject of an other pending action; or
  (B) the opposing party sued on its claim by attachment or other process that did not establish personal jurisdiction over the pleader on that claim, and the pleader does not assert any counterclaim under this rule.

[…]

Rule 19. Required Joinder of Parties

(a) Persons Required to Be Joined if Feasible.

(1) Required Party. A person who is subject to service of process and whose joinder will not deprive the court of subject-matter jurisdiction must be joined as a party if:

(A) in that person's absence, the court cannot accord complete relief among existing parties; or

(B) that person claims an interest relating to the subject of the action and is so situated that disposing of the action in the person's absence may:

(i) as a practical matter impair or impede the person's ability to protect the interest; or

(ii) leave an existing party subject to a substantial risk of incurring double, multiple, or otherwise inconsistent obligations because of the interest.

(2) Joinder by Court Order. If a person has not been joined as required, the court must order that the person be made a party. A person who refuses to join as a plaintiff may be made either a defendant or, in a proper case, an involuntary plaintiff.

(3) Venue. If a joined party objects to venue and the joinder would make venue improper, the court must dismiss that party.

(b) When Joinder Is Not Feasible. If a person who is required to be joined if feasible cannot be joined, the court must determine whether, in equity and good conscience, the action should proceed among the existing parties or should be dismissed. The factors for the court to consider include:

(1) the extent to which a judgment rendered in the person's absence might prejudice that person or the existing parties;

(2) the extent to which any prejudice could be lessened or avoided by:

(A) protective provisions in the judgment;

(B) shaping the relief; or

(C) other measures;

(3) whether a judgment rendered in the person's absence would be adequate; and

(4) whether the plaintiff would have an adequate remedy if the action were dismissed for nonjoinder.

[...]

Rule 23. Class Actions

(a) Prerequisites. One or more members of a class may sue or be sued as representative parties on behalf of all members only if:
(1) the class is so numerous that joinder of all members is impracticable;
(2) there are questions of law or fact common to the class;
(3) the claims or defenses of the representative parties are typical of the claims or defenses of the class; and
(4) the representative parties will fairly and adequately protect the interests of the class.

(b) Types of Class Actions. A class action may be maintained if Rule 23(a) is satisfied and if:
(1) prosecuting separate actions by or against individual class members would create a risk of:
(A) inconsistent or varying adjudications with respect to individual class members that would establish incompatible standards of conduct for the party opposing the class; or
(B) adjudications with respect to individual class members that, as a practical matter, would be dispositive of the interests of the other members not parties to the individual adjudications or would substantially impair or impede their ability to protect their interests;
(2) the party opposing the class has acted or refused to act on grounds that apply generally to the class, so that final injunctive relief or corresponding declaratory relief is appropriate respecting the class as a whole; or
(3) the court finds that the questions of law or fact common to class members predominate over any questions affecting only individual members, and that a class action is superior to other available methods for fairly and efficiently adjudicating the controversy. The matters pertinent to these findings include:
(A) the class members' interests in individually controlling the prosecution or defense of separate actions;
(B) the extent and nature of any litigation concerning the controversy already begun by or against class members;

(C) the desirability or undesirability of concentrating the litigation of the claims in the particular forum; and

(D) the likely difficulties in managing a class action.

(c) Certification Order; Notice to Class Members; Judgment; Issues Classes; Subclasses.

(1) Certification Order.

(A) Time to Issue. At an early practicable time after a person sues or is sued as a class representative, the court must determine by order whether to certify the action as a class action.

(B) Defining the Class; Appointing Class Counsel. An order that certifies a class action must define the class and the class claims, issues, or defenses, and must appoint class counsel under Rule 23(g).

(C) Altering or Amending the Order. An order that grants or denies class certification may be altered or amended before final judgment.

(2) Notice.

(A) For (b)(1) or (b)(2) Classes. For any class certified under Rule 23(b)(1) or (b)(2), the court may direct appropriate notice to the class.

(B) For (b)(3) Classes. For any class certified under Rule 23(b)(3), the court must direct to class members the best notice that is practicable under the circumstances, including individual notice to all members who can be identified through reasonable effort. The notice must clearly and concisely state in plain, easily understood language:

(i) the nature of the action;

(ii) the definition of the class certified;

(iii) the class claims, issues, or defenses;

(iv) that a class member may enter an appearance through an attorney if the member so desires;

(v) that the court will exclude from the class any member who requests exclusion;

(vi) the time and manner for requesting exclusion; and

(vii) the binding effect of a class judgment on members under Rule 23(c)(3).

(3) Judgment. Whether or not favorable to the class, the judgment in a class action must:
   (A) for any class certified under Rule 23(b)(1) or (b)(2), include and describe those whom the court finds to be class members; and
   (B) for any class certified under Rule 23(b)(3), include and specify or describe those to whom the Rule 23(c)(2) notice was directed, who have not requested exclusion, and whom the court finds to be class members.

(4) Particular Issues. When appropriate, an action may be brought or maintained as a class action with respect to particular issues.

(5) Subclasses. When appropriate, a class may be divided into subclasses that are each treated as a class under this rule.

(d) Conducting the Action.

(1) In General. In conducting an action under this rule, the court may issue or ders that:
   (A) determine the course of proceedings or prescribe measures to prevent undue repetition or complication in presenting evidence or argument;
   (B) require—to protect class members and fairly conduct the action— giving appropriate notice to some or all class members of:
      (i) any step in the action;
      (ii) the proposed extent of the judgment; or
      (iii) the members' opportunity to signify whether they consider the representation fair and adequate, to intervene and present claims or defenses, or to otherwise come into the action;
   (C) impose conditions on the representative parties or on intervenors;
   (D) require that the pleadings be amended to eliminate allegations about representation of absent persons and that the action proceed accordingly; or
   (E) deal with similar procedural matters.

(2) Combining and Amending Orders. An order under Rule 23(d)(1) may be altered or amended from time to time and may be combined with an order under Rule 16.

(e) Settlement, Voluntary Dismissal, or Compromise. The claims, issues, or defenses of a certified class may be settled, voluntarily dismissed, or compromised only with the court's approval. The following procedures apply to a proposed settlement, voluntary dismissal, or compromise:

(1) The court must direct notice in a reasonable manner to all class members who would be bound by the proposal.
(2) If the proposal would bind class members, the court may approve it only after a hearing and on finding that it is fair, reasonable, and adequate.
(3) The parties seeking approval must file a statement identifying any agreement made in connection with the proposal.
(4) If the class action was previously certified under Rule 23(b)(3), the court may refuse to approve a settlement unless it affords a new opportunity to request exclusion to individual class members who had an earlier opportunity to request exclusion but did not do so.
(5) Any class member may object to the proposal if it requires court approval under this subdivision (e); the objection may be withdrawn only with the court's approval.

(f) Appeals. A court of appeals may permit an appeal from an order granting or denying class-action certification under this rule if a petition for permission to appeal is filed with the circuit clerk within 14 days after the order is entered. An appeal does not stay proceedings in the district court unless the district judge or the court of appeals so orders.

(g) Class Counsel.

(1) Appointing Class Counsel. Unless a statute provides otherwise, a court that certifies a class must appoint class counsel. In appointing class counsel, the court:
  (A) must consider:
    (i) the work counsel has done in identifying or investigating potential claims in the action;
    (ii) counsel's experience in handling class actions, other complex litigation, and the types of claims asserted in the action;
    (iii) counsel's knowledge of the applicable law; and
    (iv) the resources that counsel will commit to representing the class;
  (B) may consider any other matter pertinent to counsel's ability to fairly and adequately represent the interests of the class;
  (C) may order potential class counsel to provide information on any subject pertinent to the appointment and to propose terms for attorney's fees and nontaxable costs;

(D) may include in the appointing order provisions about the award of attorney's fees or nontaxable costs under Rule 23(h); and

(E) may make further orders in connection with the appointment.

(2) Standard for Appointing Class Counsel. When one applicant seeks appointment as class counsel, the court may appoint that applicant only if the applicant is adequate under Rule 23(g)(1) and (4). If more than one adequate applicant seeks appointment, the court must appoint the applicant best able to represent the interests of the class.

(3) Interim Counsel. The court may designate interim counsel to act on behalf of a putative class before determining whether to certify the action as a class action.

(4) Duty of Class Counsel. Class counsel must fairly and adequately represent the interests of the class.

(h) Attorney's Fees and Nontaxable Costs. In a certified class action, the court may award reasonable attorney's fees and nontaxable costs that are authorized by law or by the parties' agreement. The following procedures apply:

(1) A claim for an award must be made by motion under Rule 54(d)(2), subject to the provisions of this subdivision (h), at a time the court sets. Notice of the motion must be served on all parties and, for motions by class counsel, directed to class members in a reasonable manner.

(2) A class member, or a party from whom payment is sought, may object to the motion.

(3) The court may hold a hearing and must find the facts and state its legal conclusions under Rule 52(a).

(4) The court may refer issues related to the amount of the award to a special master or a magistrate judge, as provided in Rule 54(d)(2)(D).

Rule 62. Stay of Proceedings to Enforce a Judgment

(a) Automatic Stay; Exceptions for Injunctions, Receiverships, and Patent Accountings. Except as stated in this rule, no execution may issue on a judgment, nor may proceedings be taken to enforce it, until 14 days have passed after its entry. But unless the court orders otherwise, the following are not stayed after being entered, even if an appeal is taken:

(1) an interlocutory or final judgment in an action for an injunction or a receivership; or

(2) a judgment or order that directs an accounting in an action for patent infringement.

(b) Stay Pending the Disposition of a Motion. On appropriate terms for the opposing party's security, the court may stay the execution of a judgment—or any proceedings to enforce it—pending disposition of any of the following motions:

(1) under Rule 50, for judgment as a matter of law;
(2) under Rule 52(b), to amend the findings or for additional findings;
(3) under Rule 59, for a new trial or to alter or amend a judgment; or
(4) under Rule 60, for relief from a judgment or order.

(c) Injunction Pending an Appeal. While an appeal is pending from an interlocutory order or final judgment that grants, dissolves, or denies an injunction, the court may suspend, modify, restore, or grant an injunction on terms for bond or other terms that secure the opposing party's rights. If the judgment appealed from is rendered by a statutory three-judge district court, the order must be made either:

(1) by that court sitting in open session; or
(2) by the assent of all its judges, as evidenced by their signatures.

(d) Stay with Bond on Appeal. If an appeal is taken, the appellant may obtain a stay by supersedeas bond, except in an action described in Rule 62(a)(1) or (2). The bond may be given upon or after filing the notice of appeal or after obtaining the order allowing the appeal. The stay takes effect when the court approves the bond.

(e) Stay Without Bond on an Appeal by the United States, Its Officers, or Its Agencies. The court must not require a bond, obligation, or other security from the appellant when granting a stay on an appeal by the United States, its officers, or its agencies or on an appeal directed by a department of the federal government.

(f) Stay in Favor of a Judgment Debtor Under State Law. If a judgment is a lien on the judgment debtor's property under the law of the state where the court is located, the judgment debtor is entitled to the same stay of execution the state court would give.

(g) Appellate Court's Power Not Limited. This rule does not limit the power of the appellate court or one of its judges or justices:

(1) to stay proceedings—or suspend, modify, restore, or grant an injunction— while an appeal is pending;

or (2) to issue an order to preserve the status quo or the effectiveness of the judgment to be entered.

(h) Stay with Multiple Claims or Parties. A court may stay the enforcement of a final judgment entered under Rule 54(b) until it enters a later judgment or judgments, and may prescribe terms necessary to secure the benefit of the stayed judgment for the party in whose favor it was entered

B. 28 United States Code

§ 1291 – Final decisions of district courts

The courts of appeals (other than the United States Court of Appeals for the Federal Circuit) shall have jurisdiction of appeals from all final decisions of the district courts of the United States, the United States District Court for the District of the Canal Zone, the District Court of Guam, and the District Court of the Virgin Islands, except where a direct review may be had in the Supreme Court. The jurisdiction of the United States Court of Appeals for the Federal Circuit shall be limited to the jurisdiction described in sections 1292(c) and (d) and 1295 of this title.

§ 1292 – Interlocutory decisions

(a) Except as provided in subsections (c) and (d) of this section, the courts of appeals shall have jurisdiction of appeals from:

(1) Interlocutory orders of the district courts of the United States, the United States District Court for the District of the Canal Zone, the District Court of Guam, and the District Court of the Virgin Islands, or of the judges thereof, granting, continuing, modifying, refusing or dissolving injunctions, or refusing to dissolve or modify injunctions, except where a direct review may be had in the Supreme Court;

(2) Interlocutory orders appointing receivers, or refusing orders to wind up receiverships or to take steps to accomplish the purposes thereof, such as directing sales or other disposals of property;

(3) Interlocutory decrees of such district courts or the judges thereof determining the rights and liabilities of the parties to admiralty cases in which appeals from final decrees are allowed.

(b) When a district judge, in making in a civil action an order not otherwise appealable under this section, shall be of the opinion that such order involves a controlling question of law as to which there is substantial ground for difference of opinion and that an immediate appeal from the order may materially advance the ultimate termination of the litigation, he shall so state in writing in such order. The Court of Appeals which would have jurisdiction of an appeal of such action may thereupon, in its discretion, permit an appeal to be taken from such order, if application is made to it within ten days after the entry of the order:

Provided, however,

That application for an appeal hereunder shall not stay proceedings in the district court unless the district judge or the Court of Appeals or a judge thereof shall so order.

(c) The United States Court of Appeals for the Federal Circuit shall have exclusive jurisdiction—

(1) of an appeal from an interlocutory order or decree described in subsection (a) or (b) of this section in any case over which the court would have jurisdiction of an appeal under section 1295 of this title; and

(2) of an appeal from a judgment in a civil action for patent infringement which would otherwise be appealable to the United States Court of Appeals for the Federal Circuit and is final except for an accounting.

(d)

(1) When the chief judge of the Court of International Trade issues an order under the provisions of section 256(b) of this title, or when any judge of the Court of International Trade, in issuing any other interlocutory order, includes in the order a statement that a controlling question of law is involved with respect to which there is a substantial ground for difference of opinion and that an immediate appeal from that order may materially advance the ultimate termination of the litigation, the United States Court of Appeals for the Federal Circuit may, in its discretion, permit an appeal to be taken from such order, if application is made to that Court within ten days after the entry of such order.

(2) When the chief judge of the United States Court of Federal Claims issues an order under section 798(b) of this title, or when any judge of the United States Court of Federal Claims, in issuing an interlocutory order, includes in the order a statement that a controlling question of law is involved with respect to which there is a substantial ground for difference of opinion and that an immediate appeal from that order may materially advance the ultimate termination of the litigation, the United States Court of Appeals for the Federal Circuit may, in its discretion, permit an appeal to be taken from such order, if application is made to that Court within ten days after the entry of such order.

(3) Neither the application for nor the granting of an appeal under this subsection shall stay proceedings in the Court of International Trade or in the Court of Federal Claims, as the case may be, unless a stay is ordered by a judge of the Court of International Trade or of the Court of Federal Claims or by the United States Court of Appeals for the Federal Circuit or a judge of that court.

(4)

(A) The United States Court of Appeals for the Federal Circuit shall have exclusive jurisdiction of an appeal from an interlocutory order of a district court of the United States, the District Court of Guam, the District Court of the Virgin Islands, or the District Court for the Northern Mariana Islands, granting or denying, in whole or in part, a motion to transfer an action to the United States Court of Federal Claims under section 1631 of this title.

(B) When a motion to transfer an action to the Court of Federal Claims is filed in a district court, no further proceedings shall be taken in the district court until 60 days after the court has ruled upon the motion. If an appeal is taken from the district court's grant or denial of the motion, proceedings shall be further stayed until the appeal has been decided by the Court of Appeals for the Federal Circuit. The stay of proceedings in the district court shall not bar the granting of preliminary or injunctive relief, where appropriate and where expedition is reasonably necessary. However, during the period in which proceedings are stayed as provided in this subparagraph, no transfer to the Court of Federal Claims pursuant to the motion shall be carried out.

(e) The Supreme Court may prescribe rules, in accordance with section 2072 of this title, to provide for an appeal of an interlocutory decision to the courts of appeals that is not otherwise provided for under subsection (a), (b), (c), or (d).

28 U.S. Code § 1651 – Writs

(a) The Supreme Court and all courts established by Act of Congress may issue all writs necessary or appropriate in aid of their respective jurisdictions and agreeable to the usages and principles of law.

(b) An alternative writ or rule nisi may be issued by a justice or judge of a court which has jurisdiction.

Literaturverzeichnis

Adams, Michael, The Conflicts of Jurisdictions – an Economic Analysis of Pre-Trial Discovery, Fact Gathering and Cost Shifting Rules in the United States and Germany, European Review of Private Law 53 (1995)

Akerlof, George, The Market for „Lemon": Quality Uncertainty and the Market Mechanism, The Quarterly Journal of Economics 488 (1970)

Alexander, Christian, Kollektiver Rechtsschutz im Zivilrecht und Zivilprozessrecht, JuS 590 (2009)

Alio, Tarec, Grenzenlose US-Jurisdiction: Prozessuale Risiken für deutsche Unternehmen, DAJV Newsletter 128 (2007)

Alle-Murphy, Linda, Are Compulsory Arbitration Clauses in Consumer Contracts Enforceable? A Contractual Analysis, Temp. L. Rev. 125 (2002)

American Jurisprudence, Second Edition Database updated February 2015 The Erie doctrine, AMJUR 2d Federal Courts 310 (2015)

Barz, Carl Hans, Das Klagezurücknahme-Versprechen, Mannheim/Berlin/Leipzig 1933

Baumgärtel, Gottfried, Wesen und Begriff der Prozeßhandlung einer Partei im Zivilprozeß, Berlin 1957

Böhm, Ulrike, Amerikanisches Zivilprozessrecht, Berlin, Köln 2005

Bone, Robert, Agreeing to Fair Process: The Problem with Contractarian Theories of Procedural Fair-ness, B.U.L. Rev. 485 (2003)

Bone, Robert, Who Decides? A Critical Look at Procedural Discretion, Colum. J. Transnat'l L. 1961 (2007)

Bone, Robert, Party Rulemaking: Making Procedural Rules Through Party Choice, Tex. L. Rev. 1329 (2012)

Braun, Johann, Einführung in die Rechtswissenschaft, 3. Aufl., Tübingen 2007

Brazil, Wayne D., The Adversary Character of Civil Discovery: A Critique and Proposals for Change, Vand. L. Rev. 1295 (1978)

Broome, Stephen, An Unconscionable Application of the Unconscionability Doctrine: How the California Courts are Circumventing the Federal Arbitration Act, Hastings Bus. L.J. 39 (2006)

Brudz, Jay/Redgrave, Jonathan, Using Contract Terms to Get Ahead of Prospective eDiscovery Costs and Burdens in Commercial Litigation, Rich. J.L. & Tech. 13 (2012)

Budnitz, Mark, Arbitration of Disputes Between Consumers and Financial Institutions: A Serious Threat to Consumer Protection, Ohio St. J. on Disp. Resol. 267 (1995)

Calamari, John D./Perillo, Joseph M., Contracts, 5th ed., St. Paul Minnesota 2010

Carretto, Carlo, The Right Against Self-Incrimination in Civil Litigation 2001

Carrington, Paul D., Renovating Discovery, Ala. L. Rev. 51 (1997)

Chapman, Nathan/McConnell, Michael, Due Process as Separation of Powers, Yale L.J. 1672 (2012)

Chester S. Chuang, Assigning the Burden of Proof in Contractual Jury Waiver Challenges: How Valuable Is Your Right to a Jury Trial?, Bepress Legal Series (2006)

Chuang, Chester S., Assigning the Burden of Proof in Contractual Jury Waiver Challenges: How Valuable is Your Right to a Jury Trial?, Em. Rts. & Emp. Pol'y J. 205 (2006)

Clark, Robert, Contracts, Elites, and Traditions in the Making of Corporate Law, Colum. L. Rev. 1703 (1989)

Condlin, Robert J., A Formstone of our Federalism: The Erie/Hanna Doctrine & Casebook Law Reform, U. Miami L. Rev. 475 (2005)

Cooper, Edward H., Simplified Rules of Federal Procedure, Mich. L. Rev. 1794 (2002)

Cooter, Robert/Rubinfeld, Daniel, Economic Analysis of Legal Disputes and Their Resolution, J. Econ. Lit. 1067 (1989)

Custis, Jerry, Litigation Management Handbook 2012

Davis, Kevin/Hershkoff, Helen, Contracting for Procedure, Yale L. & Pol'y Rev. 507 (2011)

Dodge, Jaime, The Limits of Procedural Private Ordering, Va. L. Rev. 723 (2011)

Dodson, Scott/Klebba, James, Global Civil Procedure Trends in the Twenty-First Century, B.C. L. Rev. 1 (2011)

Dreben, Ron/Werbach, Johanna, Top 10 Things to Consider in Developing an Electronic Commerce Web Site, Computer Lawyer 17 (1999)

Eichel, Florian/Niehoff, Gerrit Cornelius, US Supreme Court stärkt Gerichtsstandsvereinbarungen, RIW 329 (2014)

Eisenberg, Theodore/Miller, Geoffrey/Sherwin, Emily, Arbitration's Summer Soldiers: An Empirical Study of Arbitration Clauses in Consumer and Nonconsumer Contracts, U. Mich. J.L. Reform 871 (2008)

Eisenberg, Theodore/Miller, Geoffrey/Sherwin, Emily, Mandatory Arbitration for Customers but Not for Peers: A Study of Arbitration Clauses in Consumer and Non-Consumer Contracts, Judicature 118 (2008)

Ely, John Hart, The Irrepressible Myth of Erie, Harv. L. Rev. 693 (1974)

Ewald, Isabelle, Privatisierung staatlicher Aufgaben 2005

Farnsworth, E. Allan, Contracts, 4. Aufl., USA 2004

Fiebig, Andre, The Reality of U.S. Class Actions, GRUR Int. 313 (2016)

Freyherrn von zu Rhein, Friedrich August, Jahrbücher des gemeinen deutschen bürgerlichen Prozesses, Nürnberg 1829

Friedenthal, Jack, The Rulemaking Power of the Supreme Court: A Contemporary Crisis, Stan. L. Rev. 673 (1975)

Friedenthal, Jack, A Divided Supreme Court Adopts Discovery Amendments to the Federal Rules of Civil Procedure, Calif. L. Rev. 806 (1981)

Gensler, Steven S., Federal Rules of Civil Procedure: Rules and Commentary 2015

Geyh, Charles Gardner, Paradise Lost, Paradigm Found: Redefining the Judiciary's Imperiled Role in Congress, N.Y.U. L. Rev. 1165 (1996)

Glenn, Patrick, Prospects for Transnational Civil Procedure in the Americas, Unif. L. Rev. 485 (2003)

Goldman, Lee, My Way and the Highway: The Law and Economics of Choice of Forum Clauses in Consumer Form Contracts, Nw. U. L. Rev. 700 (1992)

Goldschmidt, James, Der Prozess als Rechtslage: Eine Kritik des prozessualen Denkens, Berlin 1962

Goodrich, Herbert, Restatement and Codification: Part Two - Codification of Substantive Law, in: Field, David (Hrsg.), Centenary Essays, Celebrating One Hundred Years of Legal Reform, Buffalo, N.Y. 1949, S. 241–250

Göpfert, Burkard/Berger, Anja, Jury-Ausschlussklauseln in Verträgen mit amerikanischen Unternehmen, ZIP 1540 (2005)

Hahn, Karl (Hrsg.), Die gesammelten Materialien zur Civilprozessordnung und dem Einführungsgesetz zu derselben: vom 30. Januar 1877, Erste Abtheilung Bd. 2, Berlin 1880

Halberstam, Daniel, Gerichtliche Zusammenarbeit im föderalen System der USA: Ein rechtsvergleichender Beitrag zur Diskussion über die Gerichtsreform in der Europäischen Union, RabelsZ 66 (2002), 216

Harvard Law Review Association, Developments in the Law-Class Action, Harv. L. Rev. 1329 (1976)

Hau, Wolfgang, Parteivereinbarungen zur Suspendierung gerichtlichen Rechtsschutzes, in: Trierer Festschrift für Walter F. Lindacher zum 80. Geburtstag, München 2017, S. 139–150

Hay, Peter, US-Amerikanisches Recht: Ein Studienbuch, 5. Aufl., München, Wien 2011

Hazard, Geoffrey C., From Whom No Secrets Are Hid, Tex. L. Rev. 1665 (1998)

Hellwig, Hans-Jürgen, Zur Systematik des zivilprozeßrechtlichen Vertrages, Bonn 1968

Hellwig, Konrad, System des deutschen Zivilprozeßrechts: Ordentliches Verfahren, ausschließlich besondere Prozeßarten und Zwangsvollstreckung, Leipzig 1912

Hellwig, Konrad, Prozesshandlung und Rechtsgeschäft, in: Festgabe der Berliner juristische Fakultät für Otto Gierke zum Doktor-Jubiläum 21. August 1910, Bd. 2, Frankfurt am Main 1969, S. 41

Herbst, Robert, Dictionary of Commercial, Financial and Legal Terms: Volume I: English - German - French, Schweiz 1955

Herbst, Robert, Wörterbuch der Handels-, Finanz- und Rechtssprache: Band II: Deutsch - Englisch - Französisch, Schweiz 1959

Hess, Burkhard, „Private law enforcement“ und Kollektivklagen, JZ 66 (2011)

Higginbotham, Daniel, Buyer Beware: Why the Class Arbitration Waiver Clause Presents a Gloomy Future For Consumers, Duke L.J. 103 (2008)

Hoffman, David, Whither Bespoke Procedure, U. Ill. L. Rev. 389 (2014)

Horton, David, The Shadow Terms: Contract Procedure and Unilateral Amendments, UCLA L. Rev. 605 (2010)

Janger, Edward, Universal Proceduralism, Brooklyn J. Int'l L. 819 (2007)

Kapeliuk, Daphna/Klement, Alon, Contractualizing Procedure (2008)

Kapeliuk, Daphna/Klement, Alon, Changing the Litigation Game: An Ex Ante Perspective on Contractualized Procedures, Tex. L. Rev. 1475 (2013)

Kaser, Max/Knütel, Rolf, Römisches Privatrecht: Ein Studienbuch, 19. Aufl., München 2008

Kashi, Benjamin/Wendler, Matthew, Recent Events in the Timeline of Social Media Discovery and the Evolving Dispute Over the Ultimate Form of Surveillance, Trial Advoc. Q. 19 (2015)

Keeton, Robert, The Function of Local Rules and the Tension With Uniformity, U. Pitt. L. Rev. 853 (1989)

Kessler, Amalia, Our Inquisitorial Tradition: Equity Procedure, Due Process, and the Search for an Alter-native to the Adversarial, Cornell L. Rev. 1181 (2005)

Koch, Harald, Sammelklage und Justizstandorte im internationalen Wettbewerb, JZ 438 (2011)

Kole, Janet S., Why I Love Document Reviews, Litig. 53 (2007)

Kuckes, Niki, Civil Due Process, Criminal Due Process, Yale L. & Pol'y Rev. 1 (2006)

Lahav, Alexandra D., The Law and Large Numbers: Preserving Adjudication in Complex Litigation, Fla. L. Rev. 383 (2007)

Lambros, Thomas, The Summary Jury Trial – Ending the Guessing Game: An Objective Means of Case Evaluation, Ohio St. J. on Disp. Resol. 621 (1997)

Landsman, Stephan, Readings on Adversarial Justice: The American Approach to Adjudication 1988

Langbein, John, The German Advantage in Civil Procedure, U. Chi. L. Rev. 823 (1985)

Lee, Young, Forum Selection Clause: Problems of Enforcement in Diversity Cases and State Courts, Colum. J. Transnat'l L. 663 (1997)

Lind, Allan/Tyler, Tom, The Social Psychology of Procedural Justice, New York 1988

LoPucki, Lynn, Court-System Transparency, Iowa L. Rev. 481 (2009)

Mann, Ronald/Siebeneicher, Travis, Just One Click: The Reality of Internet Retail Contracting, Colum. L. Rev. 984 (2008)

Marcus, David, The Perils of Contract Procedure: A Revised History of Forum Selection Clauses in the Federal Courts, Tul. L. Rev. 973 (2008)

Martin, Peter, Online Access to Court Records: From Documents to Data, Particular to Patterns, Vill. L. Rev. 855 (2008)

McKee, Gwendolyn, Standing on a Spectrum: Third Party Standing in the United States, Canada, and Australia, Barry L. Rev. 115 (2011)

Mehren, Arthur Taylor/Murray, Peter L., Law in the United States, 2. Aufl. 2007

Miller, Meredith, Contracting Out of Process, Contracting Out of Corporate Accountability: An Argument Against Enforcement of Pre-Dispute Limits on Process, Tenn. L. Rev. 365 (2008)

Moffit, Michael L., Customized Litigation: The Case for Making Procedure Negotiable, Geo. Wash. L. Rev. 461 (2007)

Molitoris, Michael, Tabakprozesse in den USA, Deutschland und anderen europäischen Ländern, NJW 3662 (2004)

Montag, Jerzy, Kollektiver Rechtsschutz in Europa und der Gesetzesentwurf zur Einführung von Gruppenklagen, ZRP 172 (2013)

Moss, Scott/Ruan, Nantiya, The Second-Class Class Action: How Courts Thwart Wage Rights by Misapplying Class Action Rules, Am. U. L. Rev. 523 (2012)

Münchener Kommentar zum Bürgerlichen Gesetzbuch: BGB, Band 1: Allgemeiner Teil §§ 1–240, ProstG, AGG, 7. Aufl. 2015

Musielak, Hans-Joachim/Voit, Wolfgang, Grundkurs ZPO: Eine Darstellung zur Vermittlung von Grundlagenwissen im Zivilprozess (Erkenntnisverfahren und Zwangsvollstreckung) mit Fällen und Fragen zur Lern- und Verständniskontrolle sowie mit Übungsklausuren, 13. Aufl., München 2016

Musielak, Hans-Joachim/Voit, Wolfgang, Zivilprozessordnung mit Gerichtsverfassungsgesetz, Kommentar, 14. Aufl. 2017

Nanda, Ved P./Pansius, David K., Litigation of international disputes in U.S. courts, St. Paul Minn. 2003

Niedermaier, Tilman, Schieds- und Schiedsverfahrensvereinbarungen in strukturellen Ungleichgewichtslagen: Ein deutsch-U.S.-amerikanischer Rechtsvergleich mit Schlaglichtern auf weitere Rechtsordnungen 2013

Niehoff, Gerrit Cornelius, Verfahrenskonzentration durch compulsory counterclaims in den US-amerikanischen Zivilprozessordnungen, Tübingen 2014

Niemeyer, Paul V., Is Now the Time for Simplified Rules of Civil Procedure, U. Mich. J.L. Reform 673 (2013)

Noyes, Henry S., If You (Re)Build It, They Will Come: Contracts to Remake the Rules of Litigation in Arbitration's Image, Harv. J.L. & Pub. Pol'y 579 (2007)

Oertmann, Paul, Der vorgängige Rechtsmittelverzicht, ZZP 389 (1915)

Orgel, Marc, Class Arbitration: Von der Gruppenklage zum Gruppenschiedsverfahren und zurück? Eine Untersuchung zum U.S.-amerikanischen Schiedsverfahrensrecht, Tübingen 2013

Parsley, Robert, Litigating Waiver of Issues For Appeal And on Appeal in Federal Courts, in: Parsley, Robert/Ebner, Lawrence/Barney, James u. a. (Hrsg.), Strategies For Appellate Litigation, Leading Lawyers Examine the Unique Differences Between Appellate And Trial Practice 2013

Paulson, Colter L., Evaluating Contracts for Customized Litigation by the Norms Underlying Civil Procedure, Ariz. St. L.J. 471 (2013)

Pfarr, Heide/Kocher, Eva, Kollektivverfahren im Arbeitsrecht – Arbeitnehmerschutz und Gleichberechtigung durch Verfahren, NZA 358 (1999)

Pfeil-Kammerer, Christa, Deutsch-amerikanischer Rechtshilfeverkehr in Zivilsachen: Die Anwendung der Haager Übereinkommen über Zustellungen und Beweisaufnahme im Ausland, Tübingen 1987

Radin, Margaret Jane Radin, Reconsidering Boilerplate: Confronting Normative and Democratic Degradation, Cap. U. L. Rev. 617 (2012)

Rakoff, Todd, Contracts of Adhesion: An Essay in Reconstruction, Harv. L. Rev. 1174 (1983)

Rawls, John, A Theory of Justice, Cambridge, Massachusetts 1971

Rehm, Gehard M., Auf dem Weg zu einer Europäischen Zivilprozessordnung und Instanzgerichtsbarkeit?, in: Lorenz, Stephan (Hrsg.), Festschrift für Andreas Heldrich zum 70. Geburtstag, München 2005, S. 955–972

Reimann, Mathias/Ackmann, Hans-Peter, Einführung in das US-amerikanische Privatrecht, 2. Aufl., München 2004

Resnik, Judith, Procedure as Contract, Notre Dame L. Rev. 593 (2005)

Rhee, Robert, Toward Procedural Optionality: Private Ordering of Public Adjudication, N.Y.U. L. Rev. 514 (2009)

Rice, Bryon Allyn, Enforceable or Not? Class Action Waivers in Mandatory Arbitration Clauses and the Need For a Judicial Standard, Hous. L. Rev. 215 (2008)

Richman, Barak, Norms and Law: Putting the Horse Before the Cart, Duke L.J. 739 (2012)

Rimmelspacher, Bruno, Die Wirkungen des Rechtsmittelverzichts im Zivilprozeß, JuS 953 (1988)

Savigny, Friedrich Carl von, Das Obligationenrecht als Theil des heutigen römischen Rechts, Berlin 1853

Schack, Haimo, Einführung in das US-amerikanische Zivilprozessrecht, 4. Aufl., München 2011

Schäfer, Hans-Bernd/Ott, Claus, Lehrbuch der ökonomischen Analyse des Zivilrechts, 5. Aufl., Berlin, Heidelberg 2012

Schiedermair, Gerhard, Vereinbarungen im Zivilprozess, Bonn 1935

Scott, Robert E./Triantis, George, Anticipating Litigation in Contract Design, Yale L.J. 814 (2006)

Setear, John K., Discovery Abuse Under the Federal Rules: Causes and Cures, Yale L.J. 352 (1982)

Shavell, Steven, Foundations of Economic Analysis of Law, Cambridge, Massachusetts 2004

Solimine, Michael, Forum-Selection Clauses And the Privatization of Procedure, Cornell Int'l L.J. 51 (1992)

Solum, Lawrence, Procedural Justice, S. Cal. L. Rev. 181 (2004)

Sternlight, Jean R., Mandatory Binding Arbitration and the Demise of the Seventh Amendment Right to a Jury Trial, Ohio St. J. on Disp. Resol. 669 (2001)

Sternlight, Jean R./Jensen, Elizabeth, Using Arbitration to Eliminate Consumer Class Actions: Efficient Business Practice or Unconscionable Abuse?, SPG Law & Contemp. Probs. 75 (2004)

Strong, Stacey, Limits of Procedural Choice of Law, Brooklyn J. Int'l L. 1027 (2014)

Stürner, Rolf, Liberalismus und Zivilprozess: Versuch einer rechtsvergleichenden Bilanz, ÖJZ 629 (2014)

Subrin, Stephen N., Federal Rules, Local Rules, and State Rules: Uniformity, Divergence, and Emerging Procedural Patterns, U. Pitt. L. Rev. 1999 (1989)

Subrin, Stephen N., The Integration of Law and Fact in an Uncharted Parallel Procedural Universe, Notre Dame L. Rev. 1981 (2004)

Subrin, Stephen N./Minow, Martha L./Brodin, Mark S./Main, Thomas O./Lahav, Alexandra D., Civil Procedure: Doctrine, Practice, and Context, 4. Aufl., New York, NY 2012

Taylor, David/Cliffe, Sara, Civil Procedure By Contract: A Convoluted Confluence of Private Contract And Public Procedure In Need of Congressional Control, U. Rich. L. Rev. 1085 (2002)

Terry, Griffin, A Critical Analysis of the Formulation and Content of the 1993 Amendments to the Federal Rules of Civil Procedure, U. Cin. L. Rev. 869 (1995)

Thomas/Putzo, ZPO, 36. Aufl., München 2015

Thornburg, Elizabeth, Designer Trials, J. Disp. Resol. 181 (2006)

Thornburg, Elizabeth, The Managerial Judge Goes to Trial, U. Rich. L. Rev. 1261 (2010)

Wagner, Gerhard, Prozeßverträge: Privatautonomie im Verfahrensrecht, Tübingen 1998

Walsmann, Hans, Der Irrtum im Prozeßrecht: Ein Beitrag zur Lehre von den Prozeßhandlungen, AcP 1 (1907)

Ware, Stephen J., Arbitration Clauses, Jury-Waiver Clauses, and other Contractual Waivers of Constitutional Rights, SPG Law & Contemp. Probs. 167 (2004)

Wheeler, Russell R./Harrison, Cynthia, Creating the Federal Judicial System, 3. Aufl. 2005

Wigmore, John Henry (Hrsg.), Evidence in Trials at Common Law, Boston/Toronto 1983

Willging, Thomas E., An Empirical Study of Discovery and Disclosure Practice Under the 1993 Federal Rule Amendments, B.C. L. Rev. 525 (1998)

Woodley, Ann E., Litigation in Federal Courts: A Guide to the Rules, 2. Aufl., North Carolina 2014

Yoon, Albert, The Importance of Litigant Wealth, DePaul Law Review 649 (2010)

Zhang, Mo, Contractual Choice of Law in Contracts of Adhesion and Party Autonomy, Akron L. Rev. 123 (2008)

Entscheidungsverzeichnis

Entscheidungsverzeichnis Amerikanischer Gerichte

U.S. Supreme Court:

14 Penn Plaza LLC v. Pyett, 556 U.S. 247 (2009)
American Pipe & Const. Co. v. Utah, 414 U.S. 538 (1974)
Ankenbrandt v. Richards, 504 U.S. 689 (1992)
Armstrong v. Manzo, 380 U.S. 545 (1965)
AT&T Mobility LLC v. Concepcion, 563 U.S. 333 (2011)
Atlantic Marine Const. Co., Inc. v. U.S. District of Texas, 134 S. Ct. 568 (2013)
Bailey v. Patterson, 369 U.S. 31 (1962)
Barber v. Barber, 62 U.S. 582 (1858)
Brady v. U.S., 397 U.S. 742 (1970)
Burlington Northern R. Co. v. Woods, 480 U.S. 1 (1987)
Byrd v. Blue Ridge Rural Elec. Co-op., Inc., 356 U.S. 525 (1958)
Califano v. Yamasaki, 442 U.S. 682 (1979)
Capron v. Van Noorden, 6 U.S. 126 (1804)
Carnival Cruise Lines, Inc. v. Shute, 499 U.S. 585 (1991)
Chauffeurs, Teamsters and Helpers, Local No. 391 v. Terry, 494 U.S. 558 (1990)
City of Monterey v. Del Monte Dunes at Monterey, Ltd., 526 U.S. 687 (1999)
Cohen v. Beneficial Indus. Loan Corp., 337 U.S. 541 (1949)
Cohen v. State of Virginia, 19 U.S. 264 (1821)
Comcast Corp. v. Behrend, 133 S. Ct. 1426 (2013)
Commodity Futures Trading Com'n v. Schor, 478 U.S. 833 (1986)
D. H. Overmyer Co. Inc., of Ohio v. Frick Co., 405 U.S. 174 (1972)
DelCostello v. International Broth. of Teamsters, 462 U.S. 151 (1983)
Doctor's Associates v. Casarotto, 517 U.S. 681 (1996)
East Texas Motor Freight System Inc. v. Rodriguez, 431 U.S. 395 (1977)
Eisen v. Carlisle and Jacquelin, 417 U.S. 156 (1974)
Erie Railroad Co. v. Tompkins, 304 U.S. 64 (1938)
F.T.C. v. Grolier Inc., 462 U.S. 19 (1983)

Franchise Tax Bd. of State of Cal. v. Construction Laborers Vacation Trust for Southern California, 463 U.S. 1 (1983)

Fuentes v. Shevin, 407 U.S. 67 (1972)

Garner v. U.S., 424 U.S. 648 (1976)

General Tel. Co. of the Northwest, Inc. v. Equal Employment Opportunity Commission, 446 U.S. 318 (1980)

General Telephone Co. of Southwest v. Falcon, 457 U.S. 147 (1982)

Gilmer v. Interstate/Johnson Lane Corp., 500 U.S. 20 (1991)

Gonzalez v. Thaler, 132 S.Ct. 641 (2012)

Green Tree Financial Corp. v. Bazzle, 539 U.S. 444 (2003)

Guaranty Trust Co. of N.Y. v. York, 326 U.S. 99 (1945)

Gulf Oil Corp. v. Gilbert, 330 U.S. 501 (1947)

Hall v. Beals, 396 U.S. 45 (1969)

Hanna v. Plumer, 380 U.S. 460 (1965)

Hickman v. Taylor, 329 U.S. 495 (1947)

Hodges v. Easton, 106 U.S. 408 (1882)

Home Ins. Co. of New York v. Morse, 87 U.S. 445 (1874)

Home Ins. Co. of New York v. Morse, 87 U.S. 445 (1874)

Hutcheson v. U.S., 369 U.S. 599 (1962)

Jaffee v. Redmond, 518 U.S. 1 (1996)

Klaxon Co. v. Stentor Elec. Mfg. Co., 313 U.S. 487 (1941)

Kremens v. Bartley, 431 U.S. 119 (1977)

M/S Bremen v. Zapata Off-Shore Co., 407 U.S. 1 (1972)

Matsushita Elec. Indus. Co., Ltd. v. Epstein, 516 U.S. 367 (1996)

Mississippi Pub. Corp. v. Murphree, 326 U.S. 438 (1946)

Mitsubishi Motors Corp. v. Soler Chrysler-Plymouth, Inc., 473 U.S. 614 (1985)

Mohawk Industries, Inc. V. Carpenter, 558 U.S. 100 (2009)

Moses H. Cone Memorial Hosp. v. Mercury Const. Corp., 460 U.S. 1 (1983)

N. L. R. B. v. Sears, Roebuck & Co., 421 U.S. 132 (1975)

Owens v. Okure, 488 U.S. 235 (1989)

Piper Aircraft Co. v. Reyno, 454 U.S. 235 (1981)

Prima Paint Corp. v. Flood & Conklin Manufacturing. Co., 388 U.S. 395 (1967)

Reed v. United Transp. Union, 488 U.S. 319 (1989)

Rosario v. Rockefeller, 410 U.S. 752 (1973)

Schlesinger v. Reservists Committee to Stop the War, 418 U.S. 208 (1974)

Seattle Times Co. v. Rhinehart, 467 U.S. 20 (1984)

Shady Grove Orthopedic Associates, P.A. v. Allstate Ins. Co., 559 U.S. 393 (2010)

Sibbach v. Wilson & Co., 312 U.S. 1 (1941)

Simler v. Conner, 372 U.S. 221 (1963)

Singleton v. Wulff, 428 U.S. 106 (1976)

Sosna v. Iowa, 419 U.S. 393 (1975)

Southland Corp. v. Keating, 465 U.S. 1 (1983)

Stewart Organization, Inc. v. Ricoh Corp., 487 U.S. 22 (1988)

Stolt-Nielsen S.A. v. AnimalFeeds International Corp., 559 U.S. 662 (2010)

Supreme Tribe of Ben Hur v. Cauble, 255 U.S. 356 (1921)

Surowitz v. Hilton Hotels Corp., 383 U.S. 363 (1966)

Swift v. Tyson, 41 U.S. 1 (1842)

U.S. v. Mezzanatto, 513 U.S. 196 (1995)

U.S. v. Monia, 317 U.S. 424 (1943)

Upjohn Co. v. U.S., 449 U.S. 383 (1981)

Van Dusen v. Barrack, 376 U.S. 612 (1964)

Wagner v. Baird, 48 U.S. 234 (1849)

Wal-Mart Stores, Inc. v. Dukes, 131 S.Ct. 2541 (2011)

U.S. Court of Appeals:

Acton v. Merle Norman Cosmetics, Inc., 163 F.3d 605 (9th Cir. 1998)

Adkins v. Labor Ready, Inc., 303 F.3d 496 (4th Cir. 2002)

Affholder, Inc. v. Southern Rock, Inc., 746 F.2d 305 (5th Cir. 1984)

Aircraft Owners and Pilots Ass'n v. Hinson, 102 F.3d 1421 (7th Cir. 1996)

Alexander v. U.S. Postal Service, 264 F.3d 1067 (Fed. Cir. 2001)

Alioto v. Town of Lisbon, 651 F.3d 715 (7th Cir. 2011)

Alley v. U.S. Postal Service, 10 Fed. Appx. 897 (Fed. Cir. 2001)

Alspaugh v. McConnell, 643 F.3d 162 (6th Cir. 2011)

American Red Cross v. Community Blood Center of the Ozarks, 257 F.3d 859 (8th Cir. 2001)

Andretti v. Borla Performance Industries, Inc., 426 F.3d 824 (6th Cir. 2005)

Arbogast v. Kansas, Dept. of Labor, 789 F.3d 1174 (10th Cir. 2015)

Aurora Nat. Life Assur. Co. v. Ewing, 527 F.3d 1358 (8th Cir. 2008)

Ayuso-Morales v. Merit Systems Protection Bd., 956 F.2d 1172 (Fed. Cir. 1992)

Baker v. Department of Transp., 418 F.3d 1369 (Fed. Cir. 2005)

Baker v. Goldman Sachs & Co., 669 F.3d 105 (2d Cir. 2012)

Bakrac, Inc. v. Villager Franchise Systems, Inc., 164 Fed.Appx. 820 (11th Cir. 2006)

Bell v. United States, 9 F.2d 820 (9th Cir. 1925)

Bernard v. Gulf Oil Co., 596 F.2d 1249 (5th Cir. 1979)

Birdsong v. Department of the Navy, 168 F.3d 1320 (Fed. Cir. 1998)

Bowen v. Amoco Pipeline Co., 254 F.3d 925 (10th Cir. 2001)

Bowen v. First Family Financial Services, Inc., 233 F.3d 1331 (11th Cir. 2000)

Bowens v. U.S. Postal Service, 243 F.3d 561 (Fed. Cir. 2000)

Briscoe v. Department of Veterans Affairs, 55 F.3d 1571 (Fed. Cir. 1995)

Brokers' Choice of America, Inc. v. NBC Universal, Inc., 757 F.3d 1125 (10th Cir. 2014)

Brown v. Gillette Co., 723 F.2d 192 (1st Cir. 1983)

Buchanan v. Department of Energy, 247 F.3d 1333 (Fed. Cir. 2001)

Caidor v. Onondaga County, 517 F.3d 601 (2d Cir. 2008)

Cameron-Grant v. Maxim Healthcare Services, Inc., 347 F.3d 1240 (11th Cir. 2003)

Cardoni v. Prosperity Bank, 805 F.3d 573 (5th Cir. 2015)

Carnegie v. Household Intern., Inc., 376 F.3d 656 (7th Cir. 2004)

Carson v. Hudson, 421 Fed. Appx. 560 (6th Cir. 2011)

Chalk v. T-Mobile USA, Inc., 560 F.3d 1087 (9th Cir. 2009)

Coastal Steel Corp. v. Tilghman Wheelabrator Ltd., 709 F.2d 190 (3d Cir. 1983)

Cypress v. Newport News General and Nonsectarian Hospital Ass'n, 375 F.2d 648 (4th Cir. 1967)

Dade v. Department of Commerce, 368 Fed. Appx. 122 (Fed. Cir. 2010)

Deiter v. Microsoft Corp., 436 F.3d 461 (4th Cir. 2006)

Dominium Austin Partners, L.L.C. v. Emerson, 248 F.3d 720 (8th Cir. 2001)

Dore v. Kleppe, 522 F.2d 1369 (5th Cir. 1975)

Douglass v. United Services Auto. Ass'n, 79 F.3d 1415 (5th Cir. 1996)

Dowling v. Cleveland Clinic Foundation, 593 F.3d 472 (6th Cir. 2009)

E.E.O.C. v. Service Temps Inc., 679 F.3d 323 (5th Cir. 2012)

Ehrheart v. Verizon Wireless, 609 F.3d 590 (3rd Cir. 2010)

Eisen v. Carlisle and Jacquelin, 391 F.2d 555 (2nd Cir. 1968)

El Bey v. Roop, 530 F.3d 407 (6th Cir. 2008)

Elm Ridge Exploration Co., LLC v. Engle, 721 F.3d 1199 (10th Cir. 2013)

Epstein v. MCA, Inc., 179 F.3d 641 (9th Cir. 1999)

Fidelcor Mortg. Corp. v. Insurance Co., 820 F.2d 367 (11th Cir. 1987)

Flores-Silva v. McClintock-Hernandez, 710 F.3d 1 (1st Cir. 2013)

Fordham v. Ventramex, 2007 WL 1598084 (S.D. Ohio 2007)

Foster v. Merit Systems Protection Bd., 976 F.2d 747 (Fed. Cir. 1992)

Fottler v. U.S., 73 F.3d 1064 (10th Cir. 2008)

Frappier v. Countrywide Home Loans, Inc., 750 F.3d 91 (1st Cir. 2014)

Gibson v. Department of Veterans Affairs, 160 F.3d 722 (Fed. Cir. 1998)

Gilbert v. Department of Justice, 334 F.3d 1065 (Fed. Cir. 2003)

Gilbreath v. Guadalupe Hosp. Foundation Inc., 5 F.3d 785 (5th Cir. 1993)

Ginter ex rel. Ballard v. Belcher, Prendergast & Laporte, F.3d 439 (5th Cir. 2008)

Giordano v. Radio Corporation of America, 183 F.2d 558 (3rd Cir. 1950)

Gomez v. Department of Veterans Affairs, 549 Fed. Appx. 990 (Fed. Cir. 2013)

Gonzales v. National Broadcasting Co., Inc., 194 F.3d 29 (2d Cir. 1999)

Grunin v. International House of Pancakes, 513 F.2d 114 (8th Cir. 1975)

Gutierrez v. U.S. Postal Service, 142 Fed. Appx. 451 (Fed. Cir. 2005)

Hagen v. Department of Defense, 87 Fed.Appx. 738 (Fed. Cir. 2004)

Hall v. Warden, Lebanon Correctional Inst., 662 F.3d 745 (6th Cir. 2012)

Harris v. Green Tree Fin. Corp., 183 F.3d 173 (3d Cir. 1998)

Hill v. Department of Transp., 98 F.3d 1357 (Fed. Cir. 1996)

Hoeft v. MVL Group, Inc., 343 F.3d 57 (2d Cir. 2003)

Holmes v. Grubman, 568 F.3d 329 (2d Cir. 2009)

Holmes v. Pension Plan of Bethlehem Steel Corp., 213 F.3d 124 (3d Cir. 2000)

Hunt v. DaVita, Inc., 680 F.3d 775 (7th Cir. 2012)

Hurley v. U.S. Postal Service, 77 F.3d 502 (Fed. Cir. 1996)

Iberia Credit Bureau, Inc. v. Cingular Wireless LLC, 379 F.3d 159 (5th Cir. 2004)

IFC Credit Corp. v. United Business & Indus. Federal Credit Union, 512 F.3d 989 (7th Cir. 2007)

Ilardo v. U.S. Postal Service, 5 F.3d 1504 (Fed. Cir. 1993)

In re American Medical Systems, Inc., 75 F.3d 1069 (6th Cir. 1996)

In re Cement Antitrust Litigation (MDL No. 296), 688 F.2d 1297 (9th Cir. 1982)

In re Deepwater Horizon, 785 F.3d 986 (5th Cir. 2015)

In re Dow Corning Corp., 261 F.3d 280 (2d Cir. 2001)

In re Fitch, Inc., 330 F.3d 104 (2d Cir. 2003)
In re Grand Jury Subpoena, 201 Fed.Appx. 430 (9th Cir. 2006)
In re Lybarger, 793 F.2d 136 (6th Cir. 1986)
In re Real Estate Title and Settlement Services Antitrust Litigation, 869 F.2d 760 (3d Cir. 1989)
In re San Juan Star Co., 662 F.2d 108 (1st Cir. 1981)
In re Western States Wholesale Natural Gas, 715 F.3d 716 (9th Cir. 2013)
InCompass IT, Inc. v. XO Communications Services, Inc., 719 F.3d 891 (8th Cir. 2013)
Jacobs v. Georgia-Pacific West Inc., 144 Fed.Appx. 608 (9th Cir. 2005)
Johnson v. West Suburban Bank, 225 F.3d 366 (3rd Cir. 2000)
Jones v. Department of Interior, 321 Fed.Appx. 925 (Fed. Cir. 2008)
K.M.C. Co., Inc. v. Irving Trust Co., 757 F.2d 752 (6th Cir. 1985)
Kane v. Roxy Theatres Corporation, 63 F.2d 754 (2d Cir. 1933)
King v. Kansas City Southern Industries, Inc., 519 F.2d 20 (7th Cir. 1975)
Krzewinski v. U.S. Postal Service, 1999 WL 446874 (Fed. Cir. 1999)
LaChapelle v. Owens-Illinois, Inc., 513 F.2d 286 (5th Cir. 1975)
Leasing Service Corp. v. Crane, 804 F.2d 828 (5th Cir. 1986)
Link v. Department of Treasury, 51 F.3d 1577 (Fed. Cir. 1995)
Livingston v. Associates Finance, Inc., 339 F.3d 553 (7th Cir. 2003)
Logrono v. U.S. Postal Service, 131 Fed.Appx. 713 (Fed. Cir. 2005)
Long v. U.S. Postal Service, 229 Fed. Appx. 919 (Fed. Cir. 2007)
Luckerman v. Narragansett Indian Tribe, 787 F.3d 621 (1st Cir. 2015)
MACTEC, Inc. v. Gorelick, 427 F.3d 821 (10th Cir. 2005)
Marathon Financial Ins., Inc., RRG v. Ford Motor Co., 591 F.3d 458 (5th Cir. 2009)
McCall v. U.S. Postal Service, 839 F.2d 664 (Fed. Cir. 1988)
McCamey v. Epps, 658 F.3d 491 (5th Cir. 2011)
McKevitt v. Pallasch, 339 F.3d 530 (7th Cir. 2003)
Michalic v. U.S. Postal Service, 25 Fed.Appx. 974 (Fed. Cir. 2001)
Miles v. Barnhart, 374 F.3d 694 (8th Cir. 2004)
Miles v. M/V Mississippi Queen, 753 F.2d 1349 (5th Cir. 1985)
Miller v. Department of Air Force, 178 F.3d 1307 (Fed. Cir. 1998)
Miller v. U.S. Postal Service, 1999 WL 159938 (Fed. Cir. 1999)
Mitsui & Co. (USA), Inc. v. Mira M/V, 111 F.3d 33 (5th Cir. 1998)

Morales-Fernandez v. I.N.S., 418 F.3d 1116 (10th Cir. 2005)
Morris v. Department of Navy, 114 F.3d 1207 (Fed. Cir. 1997)
Murphy v. Department of Defense, 99 F.3d 1158 (Fed. Cir. 1996)
Murphy v. Department of Navy, 89 Fed.Appx. 702 (Fed. Cir. 2004)
Murray v. GMAC Mortg. Corp., 434 F.3d 948 (7th Cir. 2006)
National Equipment Rental, Ltd. v. Hendrix, 565 F.2d 255 (2d Cir. 1977)
Navajo Nation v. Confederated Tribes and Bands of the Yakama Indian Nation, 331 F.3d 1041 (9th Cir. 2003)
North River Ins. Co., Inc. v. Stefanou, 831 F.2d 484 (4th Cir. 2012)
O'Connell v. Hyatt Hotels of Puerto Rico, 357 F.3d 152 (1st Cir. 2004)
Paladino v. Avnet Computer Techs., Inc., 134 F.3d 1054 (11th Cir. 1998)
Paycom Payroll, LLC v. Richison, 758 F.3d 1198 (10th Cir. 2014)
Payne v. S.S. Tropic Breeze, 423 F.2d 236 (1st Cir. 1970)
Perry v. Department of Veterans Affairs, 74 F.3d 1259 (Fed. Cir. 1996)
Pfaffenstiel v. Merrill Lynch, Pierce, Fenner & Smith, 477 F.3d 1155 (10th Cir. 2010)
Pickens v. U.S. Dept. of Justice, 479 Fed. Appx. 460 (4th Cir. 2012)
Porterco, Inc. v. Igloo Products Corp., 955 F.2d 1164 (8th Cir. 1992)
Posey v. Department of Defense, 180 Fed.Appx. 931 (Fed. Cir. 2006)
Pryor v. Department of Army, 989 F.2d 1203 (Fed. Cir. 1993)
Ramos v. U.S. Postal Service, 292 Fed.Appx. 910 (Fed. Cir. 2008)
Ray v. Morris, 170 F.2d 498 (7th Cir. 1948)
Resolution Trust Corp. v. Hallmark Builders, Inc., 996 F.2d 1144 (11th Cir. 1993)
Rhynders v. U.S. Postal Service, 11 F.3d 1071 (Fed. Cir. 1993)
Rimbert v. Eli Lilly and Co., 647 F.3d 1247 (10th Cir. 2011)
Rogan v. Department of Air Force, 92 F.3d 1207 (Fed. Cir. 1996)
Rogers v. U.S. Postal Service, 59 F.3d 181 (Fed. Cir. 1995)
Roldan v. Racette, 984 F.2d 85 (2d Cir. 1993)
Romero v. Drummond Co., Inc., 552 F.3d 1303 (11th Cir. 2008)
Rosell v. Merit Systems Protection Bd., 191 Fed. Appx. 954 (Fed. Cir. 2006)
Rousselle v. Department of Veterans Affairs, 232 F.3d 916 (Fed. Cir. 2000)
Rutledge v. Electric Hose & Rubber Co., 511 F.2d 668 (9th Cir. 1975)
Scott v. Department of Agriculture, 484 Fed. Appx. 522 (Fed. Cir. 2012)
Sherman v. Winco Fireworks, Inc., 532 F.3d 709 (8th Cir. 2008)
Shingara v. Skiles, 420 F.3d 301 (3d Cir. 2005)

Sims v. Wyrick, 743 F.2d 607 (8th Cir. 1984)

Smith v. Department of Defense, 132 F.3d 51 (Fed. Cir. 1997)

Smith v. Department of Veterans Affairs, 169 Fed. Appx. 585 (Fed. Cir. 2006)

Snoddy v. Department of Treasury, 243 F.3d 567 (Fed. Cir. 2000)

Snyder v. Snyder, 139 F.3d 912 (10th Cir. 1998)

Southern Grouts & Mortars, Inc. v. 3M Co., 575 F.3d 1235 (11th Cir. 2009)

Springs v. Dept. of Treasury, 18 Fed.Appx. 889 (Fed. Cir. 2001)

Stewart v. U.S. Postal Service, 926 F.2d 1146 (Fed. Cir. 1991)

Strothers v. U.S. Postal Service, 167 Fed.Appx. 211 (Fed. Cir. 2006)

Sumrall v. Department of Air Force, 130 Fed. Appx. 478 (Fed. Cir. 2005)

Talbot v. Mason, 125 F. 101 (6th Cir. 1903)

Telum, Inc. v. E.F. Hutton Credit Corp., 859 F.2d 835 (10th Cir. 1988)

Ting v. AT&T, 319 F.3d 1126 (9th Cir. 2003)

Trustmark Ins. Co. v. General & Cologne Life Re of America, 424 F.3d 542 (7th Cir. 2005)

Tucker v. Department of Navy, 871 F.2d 1096 (Fed. Cir. 1989)

Tucker v. Department of Veterans Affairs, 287 Fed.Appx. 874 (Fed. Cir. 2008)

Tumminaro v. Astrue, 671 F.3d 629 (7th Cir. 2011)

U.S. v. Beras, 571 Fed.Appx. 68 (2d Cir. 2014)

U.S. v. Cazares, 788 F.3d 956 (9th Cir. 2015)

U.S. v. Ceballos, 789 F.3d 607 (5th Cir. 2015)

U.S. v. Gomez-Perez, 215 F.3d 315 (2d Cir. 2000)

U.S. v. International Broth. of Teamsters, 905 F.2d 610 (2d Cir. 1990)

U.S. v. One Parcel of Real Property, With Buildings, Appurtenances, Improvements, and Contents, Known as: 2121 East 30th Street, Tulsa, Oklahoma, 73 F.3d 1057 (10th Cir. 1996)

U.S. v. Sterling, 724 F.3d 482 (4th Cir. 2013)

U.S. v. Talao, 222 F.3d 1133 (9th Cir. 2000)

U.S. v. Thomas, 724 F.3d 632 (5th Cir. 2013)

U.S. v. Treacy, 639 F.3d 32 (2d Cir. 2011)

U.S. v. U.S. Steel Corp., 520 F.2d 1043 (5th Cir. 1975)

U.S. v. Velazquez, 749 F.3d 161 (3d Cir. 2014)

U.S. v. Yannai, 791 F.3d 226 (2d Cir. 2015)

U.S. v. Kowalczyk, 805 F.3d 847 (9th Cir. 2015)

Uhl v. Komatsu Forklift Co., Ltd., 512 F.3d 294 (6th Cir. 2008)

Union Oil Co. of California v. Leavell, 220 F.3d 562 (7th Cir. 2000)

United States Consolidated Seeded Raisin Co. v. Chaddock & Co., 173 F. 577 (9th Cir. 1909)

United States v. 4003–4005 5th Ave., 55 F.3d 78 (2d Cir. 2006)

Unmack v. Department of Army, 11 F.3d 1069 (Fed. Cir. 1993)

Uranium Contracts Litigation, 570 F.2d 899 (10th Cir. 1978)

Vargo v. Mangus, 94 Fed.Appx. 941 (3d Cir. 2004)

VIBO Corp., Inc. v. Conway, 669 F.3d 675 (6th Cir. 2012)

Video Views, Inc. v. Studio 21, Ltd., 797 F.2d 538 (7th Cir. 1986)

Walls v. Central Contra Costa Transit Authority, 653 F.3d 963 (9th Cir. 2011)

Weathers v. Peters Realty Corp., 499 F.2d 1197 (6th Cir. 1974)

Wells v. Shriners Hosp., 109 F.3d 198 (4th Cir. 1997)

Wetzel v. Liberty Mut. Ins. Co., 508 F.2d 239 (3rd Cir. 1975)

Wharton v. Calderon, 127 F.3d 1201 (9th Cir. 1997)

Williams v. U.S. Postal Service, 11 F.3d 1070 (Fed. Cir. 1993)

Williams v. U.S. Postal Service, 58 Fed. Appx. 469 (Fed. Cir. 2003)

Woodard v. U.S. Postal Service, 965 F.2d 1064 (Fed. Cir. 1992)

Worrell v. Department of Navy, 168 Fed. Appx. 425 (Fed. Cir. 2006)

Wynfield Inns v. Edward LeRoux Group, Inc., 896 F.2d 483 (11th Cir. 1990)

Zahn v. International Paper Co., 469 F.2d 1033 (2nd Cir. 1972)

Zinn v. Department of Army, 25 Fed.Appx. 962 (Fed. Cir. 2001)

Bundesdistriktgerichte:

Abels v. JBC Legal Group, P.C., 227 F.R.D. 541 (N.D. Cal. 2005)

Acorn v. Household Intern., Inc., 211 F.Supp.2d 1160 (N.D. Cal. 2002)

Allied Irish Banks, p.l.c. v. Bank of America, N.A., 875 F.Supp.2d 352 (S.D.N.Y. 2012)

Aurora Nat. Life Assur. Co. v. Harrison, 462 F.Supp.2d 951 (S.D. Iowa 2006)

Avants v. Prospect Mortg., LLC, 987 F.Supp.2d 1218 (D.N.M. 2013)

Bank of America, N.A. v. Jill P. Mitchell Living Trust, 822 F.Supp.2d 505 (D. Md. 2011)

Benitez-Arzate v. U.S., 2006 WL 625509 (N.D.W. Va. 2006)

Booker v. Robert Half Intern., Inc., 315 F.Supp.2d 94 (D.D.C. 2004)

Brown v. Cushman & Wakefield, 235 F.Supp.2d 291 (S.D.N.Y. 2002)

Callicotte v. Carlucci, 698 F.Supp. 944 (D.D.C. 1988)
Capeheart v. Astrue, 2009 WL 902429 (D. Mont. 2009)
Capitol Sprinkler Inspection, Inc. v. Guest, 630 F.3d 217 (D.C. Cir. 2010)
Client Funding Solutions Corp. v. Crim, 943 F.Supp.2d 849 (N.D. Ill. 2013)
Comb v. PayPal, Inc., 218 F.Supp.2d 1165 (N.D. Cal. 2002)
Cozort v. State Farm Mut. Auto. Ins. Co., 233 F.R.D. 674 (M.D. Fla. 2005)
Delaware Coalition for Open Government v. Strine, 894 F.Supp.2d 493 (D. Del. 2012)
Dhiab v. Obama, 787 F.3d 563 (D.C. Cir. 2015)
Elliott-McGowan Productions v. Republic Productions, Inc., 145 F.Supp. 48 (S.D.N.Y. 1956)
Evans v. Union Bank of Switzerland, 2003 WL 21277125 (E.D. La. 2003)
Freedom From Religion Foundation, Inc. v. Cherry Creek School Dist. # 5, 2009 WL 2176624 (D. Colo. 2009)
Garza v. Webb County, Tex., 296 F.R.D. 511 (S.D. Tex. 2014)
GE Commercial Finance Business Property Corp. v. Heard, 621 F.Supp.2d 1305 (M.D. Ga. 2009)
Geiger v. Ryan's Family Steak Houses, Inc., 134 F.Supp.2d 985 (S.D. Ind. 2001)
Glimcher Properties Ltd. Partnership v. NJMM, LLC, 2000 WL 1738415 (S.D.N.Y. 2000)
Goettsch v. Goettsch, 29 F.Supp.3d 1231 (N.D. Iowa 2014)
Goodsell v. Shea, 651 F.2d 765 (C.C.P.A. 1981)
Gough v. Transamerica Life Ins. Co., 781 F.Supp.2d 498 (W.D. Ky. 2011)
Hadley v. Shaffner, 2003 WL 21960406 (D. Del. 2003)
Helms v. Richmond-Petersburg Turnpike Authority, 52 F.R.D. 530 (E.D. Va. 1971)
Hooters of America, Inc. v. Phillips, 39 F.Supp.2d 582 (D. S.C. 1998)
I/P Engine, Inc. v. AOL, Inc., 283 F.R.D. 322 (E.D. Va. 2012)
In re Basile, 472 B.R. 147 (Bankr. D. Ma. 2012)
In re Felice, 480 B.R. 401 (Bankr. D. Ma. 2012)
In re Joint Eastern and Southern Dist. Asbestos Litigation, 129 B.R. 710 (E.D. & S.D. N.Y 1991)
In re Knepp, 229 B.R. 821 (Bkrtcy. N.D. Ala. 1999)
In re Sealed Case (Medical Records), 381 F.3d 1205 (D.C. Cir. 2004)
In re Worlds of Wonder Securities Litigation, 1992 WL 330411 (N.D. Cal. 1992)
In re Zyprexa, 375 F.Supp.2d 190 (E.D. N.Y. 2005)

In Re Relafen Antitrust Litigation, 221 F.R.D. 260 (D. Mass. 2004)

JF Enterprises, LLC v. Fifth Third Bank, 824 F.Supp.2d 818 (N.D. Ill. 2011)

Jones v. U-Haul Co. of Massachusetts and Ohio Inc., 16 F.Supp.3d 922 (S.D. Ohio 2014)

Kaffko v. Quepasa Corp., 2011 WL 4442654 (D. Nev. 2011)

Kapral v. Jepson, 271 F.Supp. 74 (D. Conn. 1967)

Lee v. Department of Justice, 413 F.3d 53 (D.C. Cir. 2005)

Livingston v. Pratt, 1 Brown Adm. 66 (C.C. Mich. 1857)

Lozada v. Dale Baker Oldsmobile, Inc., 91 F.Supp.2d 1087 (W.D. Mich. 2000)

LSREF2 Baron, LLC v. Alexander SRP Apartments, LLC, 15 F.Supp.3d 1295 (N.D. Ga. 2013)

Luna v. Household Finance Corp. III, 236 F.Supp.2d 1166 (W.D. Wash. 2002)

Mason v. Orthodontic Centers of Colorado, Inc., 516 F.Supp. 1205 (D. Colo. 2007)

Morgan Guaranty Trust Co. of New York v. Crane, 36 F.Supp.2d 602 (S.D.N.Y. 1999)

Morris v. McFarland Clinic P.C., 2004 WL 306110 (S.D. Iowa 2004)

Navarro v. Eskanos & Adler, 2007 WL 1574548 (N.D. Cal. 2007)

New Skies Satellites, B.V. v. Home2US Communications, Inc., 9 F.Supp.3d 459 (D.N.J. 2014)

Ortiz v. Hyatt Regency Cerromar Beach Hotel, Inc., 422 F.Supp.2d 336 (D.P.R. 2006)

Ostroff v. Alterra Healthcare Corp., 433 F.Supp.2d 538 (E.D. Pa. 2006)

Ostroff v. Alterra Healthcare Corp., 433 F.Supp.2d 538 (E.D. Pa. 2006)

Phoenix Leasing Inc. v. Sure Broadcasting, Inc., 843 F.Supp. 1379 (D. Nev. 1994)

R & R Sails Inc. v. Insurance Co. of State of PA, 251 F.R.D. 520 (S.D. Cal. 2008)

Redmond v. Sirius Int'l Ins. Corp., 2014 U.S. Dis. Lexis 5089 (E.D. Wis. 2014)

Sledge v. Sands, 182 F.R.D. 255 (N.D. Ill. 1998)

Sly v. U.S., 125 F.Supp. 89 (E.D. Ill. 1954)

Supplies, Inc. v. Aetna Cas. & Sur. Co., 18 F.R.D. 226 (W.D. Pa. 1995)

Ting v. AT & T, 182 F.Supp.2d 902 (N.D. Cal. 2002)

U.S. ex rel. Schwartz v. TRW, Inc., 211 F.R.D. 388 (C.D. Cal. 2002)

U.S. ex rel. TGK Enterprises, Inc. v. Clayco, Inc., 978 F.Supp.2d 540 (E.D.N.C. 2013)

U.S. ex rel. Duncan Pipeline, Inc. v. Walbridge Aldinger Co., 2013 WL 1338392 (S.D. Ga. 2013)

U.S. v. American Tel. and Tel. Co., 642 F.2d 1285 (D.C. Cir. 1980)

U.S. v. Deloitte LLP, 610 F.3d 129 (D.C. Cir. 2010)

U.S. v. Johnson, 76 F.Supp. 538 (M.D. Pa. 1947)

U.S. v. Raniere, 895 F.Supp. 699 (D.N.J. 1995)

Veleron Holding, B.V. v. Morgan Stanley, 2014 WL 1569610 (S.D.N.Y. 2014)

Walker v. Ryan's Family Steak Houses, Inc., 289 F.Supp. 916 (M.D. Tenn. 2003)

Westside-Marrero Jeep Eagle, Inc. v. Chrysler Corp., Inc., 56 F.Supp.2d 694 (E.D. La. 1999)

Staatengerichte:

America Online, Inc. v. Superior Court, 90 Cal.App.4th 1 (Cal. Ct. App. 2001)

Aral v. EarthLink, Inc., 134 Cal.App.4th 544 (Cal. Ct. App. 2005)

Armendariz v. Foundation Health Psychcare Services, Inc., 24 Cal.4th 83 (Cal. 2001)

AutoNation USA Corp. v. Leroy, 105 S.W.3d 190 (Tex. App. 2003)

Barcelona v. Sea Victory Maritime, Inc., 619 So.2d 741 (La. Ct. App. 1993)

Brown v. KFC National Management Co., 82 Hawai'i 226 (Haw. 1996)

C. G. Horman Co. v. Lloyd, 28 Utah 2d 112 (Utah 1972)

Campbell v. Schroering, 763 S.W.2d 145 (Ky. Ct. App. 1988)

Cherokee Nation v. U. S., 355 F.2d 945 (Ct. Cl. 1966)

Cohn Law Form v. YP Southeast Advertising & Publishing, LLC, 2015 WL 3883242 (Tenn. Ct. App. 2015)

Discover Bank v. Superior Court, 36 Cal.4th 148 (Cal. 2005)

Dix v. ICT Group, Inc., 160 Wash.2d 826 (Wash. 2007)

Durdahl v. National Safety Associates, Inc., 988 P.2d 525 (Wyo. 1999)

Eagle v. Fred Martin Motor Co., 157 Ohio App.3d 150 (Ohio Ct. App. 2004)

Eastman v. Conseco Finance Servicing Corp., 2002 WL 1061856 (Wis. Ct. App. 2002)

Fahs v. Darling, 1876 WL 10155 (Ill. 1876)

Ferris v. Coover, 11 Cal. 175 (Cal. 1858)

Gras v. Associates First Capital Corp., 346 N.J.Super. 42 (N.J. Super. Ct. 2001)

Harmina v. Shay, 101 N.J. Eq. 273 (N.J. Err. & App. 1927)

Hauenstein & Bergmeister, Inc. v. Met-Fab Industries, Inc., 320 N.W.2d 886 (Minn. 1982)

Howard v. Bank South, N.A., 209 Ga.App. 407 (Ga. Ct. App. 1993)

In re Credit Suisse First Boston Mortg. Capital, L.L.C., 257 S.W.3d 486 (Tex. App. 2008)

Interfund Corp. v. O'Byrne, 462 N.W.2d 86 (Minn. Ct. App. 1990)

Intershop Communications v. Superior Court, 104 Cal.App.4th 191 (Cal. Ct. App. 2002)

Jenny v. State, 447 So.2d 1351 (Fla. 1984)

John W. Daniel & Co. v. Janaf, Inc., 169 F.Supp. 219 (D.C. Va. 1958)

Johnson v. Halley, 27 S.W. 750 (Tex. Civ. App. 1894)

Jones v. John Hancock Mut. Life Ins. Co., 289 F.Supp. 930 (D.C. Mich. 1968)

Leonard v. Terminix Intern. Co., L.P., 854 So.2d 529 (Ala. 2002)

Louisiana Pacific Corp. v. Beazer Materials & Services, Inc., 842 F.Supp. 1243 (D.C. Cal. 1994)

Lytle v. CitiFinancial Services, Inc., 810 A.2d 643 (Pa. Super. Ct. 2002)

Meyer v. Jones, 696 N.W.2d 611 (Iowa 2005)

Mid-America Dairymen, Inc. v. Herrington, 878 F.2d 1448 (Temp. Emer. Ct. App. 1989)

Miner v. Miner, 10 Wis.2d 438 (Wis. 1960)

Molino v. Sagamore, 105 A.D.3d 922 (N.Y. App. Div. 2013)

Muhammad v. County Bank of Rehoboth Beach, Delaware, 189 N.J. 1 (N.J. 2006)

Nail v. Browning, 74 Fla. 108 (Fla. 1917)

Polzin v. Appleway Equipment Leasing, Inc., 345 Mont. 508 (Mont. 2008)

Powertel, Inc. v. Bexley, 743 So.2d 570 (Fla. Dist. Ct. App. 1999)

Pyburn v. Bill Heard Chevrolet, 63 S.W.3d 351 (Tenn. Ct. App. 2001)

Rains v. Foundation Health Systems Life & Health, 23 P.3d 1249 (Colo. App. 2001)

Runnion v. Ramsay, 1885 WL 1700 (N.C. 1885)

Santasino v. Karnuth, 41 N.Y.S.2d 459 (Sup. Ct. 1943)

Scott v. Cingular Wireless, 160 Wash.2d 843 (Wash. 2007)

Sgitcovich v. Sgitcovich, 150 Tex. 398 (Tex. 1951)

State ex rel. Dunlap v. Berger, 211 W.Va. 549 (W. Va. 2002)

State ex. rel. Polaris Industries, Inc. v. District Court of Thirteenth Judicial Dist. In and For Yellowstone County, 215 Mont. 110 (Mont. 1985)

State v. Lougin, 749 P.2d 173 (Wash. Ct. App. 2009)

Sternberger v. Marathon Oil Co., 257 Kan. 315 (Kan. 1995)

Strand v. U.S. Bank Nat. Ass'n ND, 693 N.W.2d 918 (N.D. 2005)

Szetela v. Discover Bank, 97 Cal.App.4th 1094 (Cal. Ct. App. 2002)

Tjart v. Smith Barney, Inc., 107 Wash.App. 885 (Wash. Ct. App. 2001)

Tsadilas v. Providian Nat. Bank, 786 N.Y.S.2d 478 (N.Y. App. Div. 2004)
Vasquez-Lopez v. Beneficial Oregon, Inc., 210 Or.App. 553 (Or. Ct. App. 2007)
Wallace v. Evans, 109 Ga.App. 692 (Ga. Ct. App. 1964)
Walther v. Sovereign Bank, 386 Md. 412 (Md. Ct. App. 2005)
Warnick v. Natchez Community Hosp., Inc., 904 So.2d 1019 (Miss. 2004)
Whitney v. Alltel Communications, Inc., 173 S.W.3d 300 (Mo. Ct. App. 2005)

FSC®
www.fsc.org
MIX
Papier | Fördert gute Waldnutzung
FSC® C083411

Kolibri 360 GmbH
Ferdinand-Jühlke-Straße 7
99095 Erfurt, Deutschland
produktsicherheit@kolibri360.de

Druck:
CPI Druckdienstleistungen GmbH
im Auftrag der
Kolibri 360 GmbH
Ferdinand-Jühlke-Str. 7
99095 Erfurt